Neue
Kleine Bibliothek 248

Kees van der Pijl
Der Abschuss

Flug MH17, die Ukraine und der neue Kalte Krieg

PapyRossa Verlag

© 2018 by PapyRossa Verlags GmbH & Co. KG, Köln
Luxemburger Str. 202, 50937 Köln
Tel.: +49 (0) 221 – 44 85 45
Fax: +49 (0) 221 – 44 43 05
E-Mail: mail@papyrossa.de
Internet: www.papyrossa.de

Alle Rechte vorbehalten

Übersetzung aus dem Englischen: Jochen Mitschka

Umschlag: Verlag, unter Verwendung eines Bildes
von © Sputnik / Maxim Blinow
Druck: Interpress

Die Deutsche Nationalbibliothek verzeichnet diese Publikation in der Deutschen Nationalbibliografie; detaillierte bibliografische Daten sind im Internet über http://dnb.d-nb.de abrufbar

ISBN 978-3-89438-649-8

Inhalt

Einleitung
EIN ZIVILES LINIENFLUGZEUG UNTER BESCHUSS — 9

1.
DIE GLOBALE LOTTERIE EINES NEUEN KALTEN KRIEGES — 23

Kalte Kriege und kapitalistische Klassenformierung — 25
    Der erste Kalte Krieg und der Klassenkompromiss — 27
    Der zweite Kalte Krieg und
    die Verschiebung zum globalen Finanzkapital — 30

**Der Zusammenbruch der UdSSR und der Vorstoß
des Westens in die postsowjetische Einflusszone** — 38
    Der neoliberale »Blitzkrieg« in Russland — 38
    Die Globalisierung und die Panzerung mit Zwang — 41
    Die Ost-Erweiterung der EU und der NATO — 46
    Russlands neue Rolle als Herausforderer — 52

Der dritte Kalte Krieg und das spekulative Finanzwesen — 59
    Die Jagd auf den »Wilden Osten« –
    Finanzwesen und Zivilgesellschaft — 63
    Der Krieg, um die NATO-Erweiterung aufzuhalten — 68
    Östliche Partnerschaft vs. Eurasische Union — 73
    Die nukleare Lotterie — 80

2.
DIE GESPALTENE UKRAINE — 84

Die doppelte Ukraine und die Dynamik der Unabhängigkeit — 86
    Die Vorgeschichte des ukrainischen Nationalismus — 91
    Die Transformation der Staatsklasse und Politische Parteien — 94
    Das Projekt ukrainischer Nationalstaat — 98

Klassenbildung und Oligarchie 99
    Ursprüngliche Akkumulation unter dem
Vorzeichen der postsowjetischen Staatsklasse 101
    Von Dnjepropetrowsk zum Primat von Donezk 111
Ukrainische Bruchlinien und das Ost-West-Dilemma 118
    Zwischen dem Herzland und
einem neuen Herausforderer-Block:
Russland, BRICS und die Eurasische Union 123
    Atlantische Oligarchen in der Ukraine 133

3.
VOM MAIDAN-AUFSTAND ZUM REGIME-CHANGE 142

Das Vorspiel der Revolte 144
    In Richtung EU-Assoziierung und zurück 146
    Das neue »Große Spiel« hinter der Anti-Putin-Kampagne 153
Die Ereignisse vom Februar 2014 160
    Ultranationalisten und Faschisten kapern die Proteste 163
    Die US-amerikanische Antwort auf die
Vermittlungsversuche der EU und der Putsch 171
Regime-Change und internationale Neuausrichtung 178
Die Sezession der Krim von der Ukraine 186
Der westliche Wirtschaftskrieg 191

4.
DER BÜRGERKRIEG UND DAS MH17-DESASTER 200

**Der Aufstand im Donbass
und die ›Anti-Terror-Operation‹** 201
    Start eines Bürgerkrieges mit US-Unterstützung 204
    Die Massaker von Odessa und Mariupol 213
**Vom Bürgerkrieg zum Patt
zwischen der NATO und Russland** 216
    Die Juli-Offensive und die NATO-Beobachtung 218
    Luft- und Luftabwehrwaffen und ihre Einsatzbereitschaft 225
    Putins Flug zurück von Brasilien 233

Der Abschuss von MH17 238
    Wer sah das Flugzeug am 17. Juli? 243
    Umstrittene Narrative im Propagandakrieg:
    Die BUK-Theorie 248
    Probleme mit der BUK-Theorie und
    mit der Kampfjet-Alternative 254
    Die militärischen Optionen des Westens 261

5.
NACHSPIEL: EIN GESCHEITERTER STAAT AN DER OSTFRONT DER NATO
264

Das Kiewer Veto in der MH17-Untersuchung 265
    Auf dem Weg zum Deal des 7. August 266
    Das Rahmenwerk des MH17-Narrativs 273
    Die Aufbereitung der Angaben von Kiew
    in den DSB- und JIT-Berichten 277
Eine Politik der verbrannten Erde 290
    Der Wettkampf um die Energie
    und die Kosten der Sanktionen 297
    Das Herausbrechen der Ukraine
    aus Russlands industrieller Rüstungsbasis 305
    Vom postsowjetischen industriellen Komplex
    zur Rohstoffbasis für den Weltmarkt 310
Ist MH17 Symbol eines globalen Spiels, das schief ging? 317
    »Markt-Demokratie« in der Praxis 318
    Regime-Change in Moskau… – oder in Washington? 325

Literatur 330

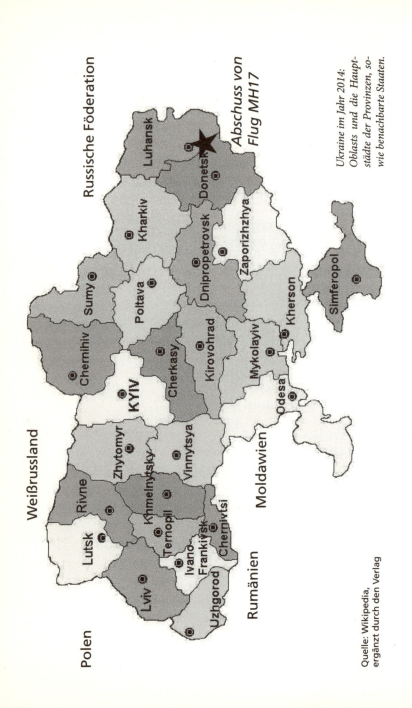

Einleitung

Ein ziviles Linienflugzeug unter Beschuss

Am 17. Juli 2014 wurde der Flug MH17 der *Malaysian Airlines* über der östlichen Ukraine abgeschossen, wenige Minuten bevor er auf seiner Reise von Amsterdam nach Kuala Lumpur in den russischen Luftraum gelangen sollte. Der Vorfall, bei dem alle Insassen getötet wurden, geschah sechs Monate, nachdem ukrainische Nationalisten mit westlicher Unterstützung die Macht in Kiew an sich gerissen hatten, wodurch die Sezession der Krim und der Aufstand der russischstämmigen Ukrainer im Donbass (mit den Provinzen bzw. Oblasts Donezk und Lugansk) ausgelöst wurden.

In diesem Buch wird die bewaffnete Machtübernahme vom 20. bis 22. Februar 2014 als Grund für den Bürgerkrieg im Donbass und dadurch implizit auch für den Abschuss von MH17 angesehen. Auf dem Rücken einer populären Revolte gegen die Plünderei und die Gesetzlosigkeit der Oligarchen – der sogenannten »Revolution der Würde« – konnten ultranationalistische Anführer die Macht übernehmen. Der Putsch erlaubte es Andrij Parubij, dem Mitgründer der faschistischen *Sozial-Nationalen Partei der Ukraine* und Kommandeur rechtsextremer Milizen, bis drei Wochen nach der Katastrophe von MH17 das Kommando über alle militärischen und geheimdienstlichen Operationen im Bürgerkrieg auszuüben.

Parubij war der Mann, der die bewaffneten Gruppen des Maidan-Aufstandes – benannt nach dem Platz im Zentrum Kiews, wo die größten Angriffe gegen die Regierung stattfanden – kommandierte. Am Abend des 20. Februar beriet er mit NATO-Diplomaten, darunter US-Botschafter Geoffrey Pyatt, darüber, wie der gewählte Präsident

Wiktor Janukowytsch gestürzt werden könnte. Am 7. August trat Parubij als Sekretär des *Nationalen Sicherheits- und Verteidigungsrates* (NSDC) zurück, am selben Tag, als sich NATO-Generalsekretär Anders Fogh Rasmussen in Kiew aufhielt und die Ukraine Immunität vor einer Strafverfolgung wegen des Abschusses von MH17 erhalten hatte. Der Ukraine wurde ein Vetorecht gegen alles eingeräumt, was die Ermittlungen ans Licht bringen könnten, eine Neuheit in der modernen Luftfahrtgeschichte. Ob Rasmussen kommen musste, um seine Unterstützung für den nach dem Maidan-Putsch ins Amt gelangten neuen Präsidenten Petro Poroschenko auszudrücken, und die Immunität vor Verfolgung der Preis war, mit dem ein weiterer Staatsstreich verhindert wurde, ist eine der Fragen, mit der wir uns in dieser Studie beschäftigen werden.

Der Westen hatte sich sofort dem Putsch-Regime in Kiew verpflichtet und sogar diejenigen benannt, die die neue Regierung führen sollten, wie das berüchtigte Telefonat zwischen der für Europa zuständigen Staatssekretärin im US-Außenministerium, Victoria Nuland, und Botschafter Pyatt deutlich machte. Der Abschuss von MH17, wie auch der Bürgerkrieg selbst, wurde als russische Intervention in der Ukraine dargestellt. Drei Tage nach dem Ereignis erklärte US-Außenminister John Kerry: »Wir sahen den Start, wir sahen die Flugbahn, wir sahen den Einschlag. Wir sahen, wie das Flugzeug von den Radarschirmen verschwand. Deshalb ist es wirklich kein Geheimnis, woher die Rakete kam und woher diese Waffen kamen«. Es gab kaum Zweifel, dass er von Russland sprach.[1]

In Wahrheit wurden aber weder durch USA und NATO noch von der EU, die der NATO in der Argumentation folgte, Beweise zur Verfügung gestellt, die diese Behauptung untermauern konnten.

---

1   Zitiert in: Pieter Omtzigt, »MH17 en de radar«. *Jalta.nl*, 23. Oktober 2015 (online). Alle Online-Quellen sind mit voller Web-Adresse, mit kompletter Bibliographie veröffentlicht auf https://sussex.academia.edu/KeesVanderPijl und auf https://der-abschuss.blogspot.nl – In den Fußnoten sind die Online-Quellen im Folgenden der besseren Lesbarkeit halber teilweise gekürzt.

Am 18. Juli erklärte der niederländische Ministerpräsident Mark Rutte, dass er persönlich dafür sorgen werde, dass die ganze Wahrheit ans Licht komme. Da das Regime in Kiew sein Recht, ja seine gesetzliche Verpflichtung, die Tragödie zu untersuchen, abtrat an die Niederlande, das Land mit den meisten Opfern, hatte die niederländische Regierung ausreichend Gelegenheit, das Versprechen einzulösen. Was allerdings dann schließlich herauskam, hätte vom Innenminister der Ukraine, Arsen Awakow und seinem Sprecher Anton Geraschtschenko verfasst sein können, und zu einem beträchtlichen Teil ist es mit dem ukrainischen Vetorecht zu erklären. Die technische Untersuchung des *Dutch Safety Board* (DSB) stellte im Oktober 2015 fest, dass das Flugzeug durch eine BUK (SA-11) Boden-Luft-Rakete getroffen worden war. Die strafrechtlichen Ermittlungen durch das *Joint Investigation Team* (JIT), dessen Fortschrittsbericht im September 2016 vorgestellt wurde, bestätigten die DSB-Ergebnisse und fügten hinzu, dass die BUK-Einheit von Russland aus zum Abschussgebiet transportiert, die Rakete vom Aufständischengebiet abgefeuert und schließlich die Einheit nach Russland zurückgebracht worden sei. Dies war originalgetreu das Awakow/Geraschtschenko-Szenario, das diese direkt nach dem Abschuss verbreitet hatten, während die anderen Behörden noch von einer Tragödie (und kurz danach, von einem Terroranschlag) sprachen (Poroschenko) oder von einer BUK, die von russischem Gebiet abgefeuert worden war (Parubijs NSDC). Die vierte Version, verbreitet durch den Kopf des berüchtigten ukrainischen Geheimdienstes SBU, Walentyn Nalywajtschenko, dass es sich um einen Versuch der Rebellen gehandelt habe, Russland zu einer Intervention zu bewegen, indem ein Aeroflot-Flugzeug abgeschossen werden sollte, diese aber auf den falschen Flieger gezielt hätten, sollte besser gleich vergessen werden.

Auch Russland hat eine seltsame, Misstrauen erregende Position in dem ganzen Prozess eingenommen. Natürlich ist aus der Sicht Russlands die Katastrophe von MH17 nur ein Element in einem wesentlich größeren Bild eines Staatsstreiches und Bürgerkrieges, mit seinen mehr als zehntausend Toten und mehr als einer Million Flüchtlingen. Aber sogar als Russland von beiden Ermittlungen ausgeschlossen wurde, trat es nicht mit überzeugenden Beweisen vor, um sich selbst und/oder die Aufständischen von jedem Verdacht zu befreien. Auf einer Pressekonferenz am 21. Juli nannte das russische Militär zehn Probleme, die die Beschuldigungen gegen Russland in Frage stellen sollten. Aber diese wurden nur in Form von offenen Fragen dargelegt, die die Behauptung in Zweifel ziehen sollten, dass »von Russland unterstützte Separatisten« die verhängnisvolle Rakete abgefeuert hätten. Sonst verließ Moskau sich auf Korrekturen durch private Quellen, insbesondere auf den Produzenten des BUK-Systems, Almas-Antei. Neben der Zurückhaltung in der Frage, was die russische Satelliten- und Radar-Aufklärung leisten kann, ist die einzige Erklärung für diese verdeckten Hinweise und Enthüllungen in letzter Minute, dass es für Moskau andere Prioritäten in der Ukraine und in seinen Beziehungen zum Westen gibt, als die Wahrheit über MH17 zu enthüllen. So wie auch für die USA und die NATO, die bis heute darin versagten, irgendeine ihrer Behauptungen hinsichtlich der Verantwortung Russlands oder der Aufständischen zu belegen, geopolitische Überlegungen im Vordergrund stehen.

Eine Untersuchung des MH17-Desasters kann sich nicht auf forensische Ergebnisse beschränken oder auf abgehörte Telefonate durch den Geheimdienst des Regimes der Ukraine verlassen, das selbst ein potentieller Täter ist. Die Untersuchung muss ihr Netz wesentlich weiter auswerfen, denn wie ein Ermittler von Flugzeugunglücken schreibt: »Das Netzwerk der gewerblichen Luftfahrt (Regierungen, Aufsichtsbehörden, Fluglinien, Aktionäre, Kunden usw.) brütete über ein Desaster wie das von MH17, bis am 17. Juli 2014 ein Raketenteam [ein] ›auslösendes Ereignis‹, [ein] ›aktives Versagen‹ hinzufügte.«[2]

---

2   Simon A. Bennett, »Framing the MH17 Disaster – More Heat than Light?« *International Journal of Aviation, Aeronautics, and Aerospace*, 2 (4) 2015, Scholarly Commons (online), S. 10.

EINLEITUNG: EIN LINIENFLUGZEUG UNTER BESCHUSS

Darüber hinaus sind an einem Konflikt, wie er in der Ukraine stattfindet, viele Akteure beteiligt, die mit ihren Wahrnehmungen und Aktionen dazu beitragen können, dass der Auslöser aktiviert wird. So war es auch im September 1983, als ein koreanisches Linienflugzeug, eine Boeing 747 auf dem Flug von Anchorage nach Seoul, von einem sowjetischen Kampfjet Su-15 abgeschossen wurde. Die Boeing war mehrere hundert Kilometer innerhalb des russischen Luftraums geflogen, etwa zur gleichen Zeit, wie ein US-amerikanisches militärisches Aufklärungsflugzeug ebenfalls in der Luft war, möglicherweise um Radaranlagen zu testen, die sich in den höchst sensiblen militärischen Einrichtungen auf der Sachalin Insel und der Kamschatka-Halbinsel befanden. Als das Flugzeug auf wiederholte Aufforderungen, auf seine normale Flugroute zurückzukehren, nicht reagierte, wurde es abgeschossen. Der Vorfall kann nicht isoliert betrachtet werden. Die Kriegsrhetorik des damaligen US-Präsidenten Ronald Reagan, mit der er die Sowjetunion als »Reich des Bösen« titulierte, führte dazu, dass die sowjetische Führung begann, am Verstand des Präsidenten zu zweifeln. In Kombination mit der Aufstellung der Pershing-II-Raketen in Europa und der Tatsache, dass das große NATO-Manöver *Able Archer* kurz vor dem Beginn stand, erzeugte dies echte Kriegsangst im Kreml. Das setzte sich bis in die Ränge der Kommandeure fort, wo dann die tödliche Entscheidung gefällt wurde, auf das Flugzeug zu schießen. Was folgte, war ein Mediensturm, auf den Moskau keine Antwort außer ungeschickter Verleugnung hatte.[3]

Ein Grund, nicht über ein Kriegsgebiet zu fliegen, müsste deshalb sicherlich der Wunsch sein, ein ziviles Linienflugzeug nicht in eine Serie von unheilvollen Ereignissen geraten zu lassen.

Um den Abschuss von Flug MH17 in den notwendigen Zusammenhang zu setzen, benutze ich den umfassenden politökonomischen Ansatz, den ich in meinen früheren Arbeiten entwickelt ha-

---

3 Mel Goodman, »The ›War Scare‹ in the Kremlin, Revisited: Is History Repeating Itself?« *CounterPunch*, 27. Oktober 2015 (online); Bennett, »Framing the MH17 Disaster«, S. 11.

be.⁴ Das Identifizieren des strategischen Handelns von Klassen steht im Mittelpunkt dieser Methode und umfasst notwendigerweise das, was Peter Dale Scott »Analyse der Tiefenpolitik« nennt. Wegen der Berücksichtigung von verdeckten Operationen wird ein solcher Ansatz zu einfach und zu schnell als Verschwörungstheorie abgelehnt.

Die Analyse der Tiefenpolitik, schreibt Scott, »verbreitert die traditionelle Struktur-Analyse, schließt Uneindeutigkeiten ein, wie sie von der Chaostheorie untersucht werden«. Ein tiefes politisches System oder ein Prozess, so sagt er, greift »üblicherweise auf die Entscheidungsfindung und Durchsetzungsweisen zurück, die sich sowohl innerhalb als auch außerhalb des durch Recht und Gesetz sanktionierten gesellschaftlichen Konsenses bewegen«.⁵ Diese Einsichten sind auch auf den Fall MH17 anzuwenden, in dem Sinn, dass politische und wirtschaftliche Kräfte motiviert sind, einen ukrainischen Bürgerkrieg bis zu dem Punkt zu treiben, an dem eine Konfrontation mit Russland provoziert wird, oft durch »tiefe« Kanäle agierend, die nicht durch die Behörden bestätigt werden, die die legitime staatliche Macht ausüben. Und sie werden ganz sicher nicht den Lesern der Mainstream-Presse mitgeteilt.⁶

Das Gesagte schließt ein eindeutiges »Wer tat es« aus, denn die für eine Einschätzung notwendigen finalen Details wurden durch den Nebel des Propagandakrieges verschleiert, der unmittelbar nach dem Abschuss von MH17 begann. Angesichts der verfügbaren

---

4   Insbesondere *The Making of an Atlantic Ruling Class*. London: Verso 1984, new edition, 2012; *Transnational Classes and International Relations*. London: Routledge, 1998; *Global Rivalries from the Cold War to Iraq*. London: Pluto und New Delhi: Sage Vistaar, 2006.

5   Peter Dale Scott, *Deep Politics and the Death of JFK* [Mit einem neuen Vorwort]. Berkeley, Cal.: University of California Press, 1996 [1993], S. xiii, xi-xii and xiv, respectively. Scotts jüngstes Werk in einer langen Liste ist *The American Deep State. Wall Street, Big Oil, and the Attack on U.S. Democracy*. Lanham, Maryland: Rowman & Littlefield, 2015. Siehe auch Eric Wilson, Hg. *Government of the Shadows. Parapolitics and Criminal Sovereignty*. London: Pluto, 2009.

6   Karel van Wolferen, »The Ukraine, Corrupted Journalism, and the Atlanticist Faith«. *Unz Review*, 14. August 2014 (online).

Beweise, Motive und Zusammenhänge kann man nur Schlussfolgerungen in Hinsicht auf größere oder geringere Wahrscheinlichkeit ziehen. Wir sehen mit dem Zerbrechen des Staatssozialismus und dem Vordringen des Westens nach 1991 in das postsowjetische Gebiet großflächige geopolitische Verschiebungen. Nachdem die drei baltischen Sowjetrepubliken 2004 in die NATO und in die EU aufgenommen worden waren, eskalierte der Westen vier Jahre später seine Strategie sogar noch und versuchte, Georgien und die Ukraine dazu zu bewegen, die Seiten zu wechseln und sich gegen Russland zu stellen. In der Ukraine konnte ein solcher Wechsel nur mit Gewalt erreicht werden, denn das Land war in zwei gleich starke Lager gespalten. Das erklärt den Staatsstreich vom Februar 2014. Die Mächte jedoch, die durch diesen Putsch und im Auftrag der NATO nun die staatliche Macht ausüben, werden sich nicht einfach zügeln lassen.

Es hat daher Sinn, den Abschuss von MH17 im Kontext des Zusammentreffens von Ost-West-Spannungen, transnationaler und ukrainischer Klassenbildung und des Fakts, dass das Kommando der militärischen und geheimdienstlichen Struktur der Ukraine in den Händen von Faschisten wie Parubij lag, zu betrachten. In die Betrachtungen einbezogen werden muss, dass sich die westliche globale Politik von einem eher provisorischen, anfangs unfreiwilligen Block großer Staaten, angeführt von China und Russland, herausgefordert fühlt. Russland ist das Zentrum der Eurasien-Alternative zur neoliberalen EU, während China das offensichtliche Zentrum der BRICS-Staaten darstellt (die anderen sind Brasilien, Russland, Indien und Südafrika). Am Tag vor dem Abschuss von MH17 unterzeichneten die Staatsoberhäupter der BRICS-Staaten die Statuten einer neu eingerichteten Entwicklungsbank, die eine direkte Herausforderung der USA, der vom Westen dominierten Weltbank und des Internationalen Währungsfonds (IWF) bedeutet. Eingeladen hatte die brasilianische Präsidentin Dilma Rousseff, die im Mai 2016 durch einen Verfahrensputsch der brasilianischen politisch-wirtschaftlichen Elite gestürzt wurde.

Vor seinem Rückflug von Brasilien vereinbarte der russische Präsident Wladimir Putin am Rande des Endspiels der Fußballweltmeisterschaft mit der deutschen Bundeskanzlerin Angela Merkel, einen »Land für Gas«-Deal weiterzuverfolgen, in dem der Status der Krim im Tausch für einen massiven wirtschaftlichen Wiederaufbauplan und Erdgasrabatte für die Ukraine normalisiert werden sollte.[7]

Russlands Energiereserven sind der Aktivposten in dieser Vereinbarung, und sie bilden auch die Grundlage für die Abhängigkeit der EU, insbesondere Deutschlands und Italiens. Nach der 2005 vereinbarten *Nord Stream*-Pipeline quer durch die Ostsee, die Russland und Deutschland direkt verbindet, war das Gegenstück, die *South Stream*-Pipeline durch das Schwarze Meer, mit der italienischen *ENI* im Jahr 2007 abgesprochen worden. Sie sollte durch ein Pipeline-Netzwerk ins südliche Europa weiterführen bis Österreich, und auch deutsche Firmen sollten beteiligt werden. Diese Art der deutsch-russischen Annäherung geht zurück bis zu den Tagen Bismarcks. Ungefähr an der Wende zum 20. Jahrhundert entstand in Anglo-Amerika, dem Herzland des liberalen Kapitalismus, das von einer solchen Vereinbarung potenziell ausgeschlossen war, die Meinung, dass die Verhinderung dieser Annäherung als Priorität ihrer Europa-Diplomatie angesehen werden müsse. Durch die Kombination von europäischer Industrie mit russischen Ressourcen und durch das Ausmaß der dadurch entstehenden ökonomischen Macht waren die Staaten, die die eurasische Landmasse beherrschten (für die eigentlich der Ausdruck »Herzland« ursprünglich erschaffen worden war) in der Lage, die Vorherrschaft des anglophonen Westens in Frage zu stellen.[8]

---

7   Margareta Pagano, »Land for gas: Merkel and Putin discussed secret deal could end Ukraine crisis«. *The Independent*, 31. Juli 2014 (online); Richard Sakwa, *Frontline Ukraine. Crisis in the Borderlands*. London: IB Tauris, 2015, S. 171f.

8   Halford J. Mackinder, »The Geographical Pivot of History«. *The Geographical Journal*, 23 (4) 1904, S. 421-437.

Mehr als die Sorge um die Ukraine steckte diese Strategie hinter den aufeinander folgenden Sanktionen, die nach dem Putsch in Kiew gegen Russland verhängt wurden. Bezeichnenderweise wurde die neue Runde von Sanktionen durch die Vereinigten Staaten am 16. Juli 2014 verkündet, einen Tag vor dem Abschuss von MH17, und die Maßnahmen sollten auf einem EU-Gipfel unterzeichnet werden. Es wurde erwartet, dass dies kein einfacher Vorgang sein würde, denn verschiedene EU-Staaten schreckten vor der Aussicht auf weitere Unterbrechungen der Gasversorgung, landwirtschaftlicher Exporte und anderer wirtschaftlicher Verbindungen zurück. Das Zögern wurde durch den Abschuss am nächsten Tag prompt überwunden, und die »Land für Gas«-Verhandlungen wurden ebenfalls aufgegeben. Die *South Stream*-Pipeline, bereits vorher durch EU-Wettbewerbsregeln bekämpft, wurde schließlich am 1. Dezember 2014 aufgegeben. Der Plan wurde durch eine Absichtserklärung Russlands mit der Türkei ersetzt, mit der eine alternative Route gewählt wurde. Dieser Vertrag wurde durch den Abschuss eines russischen Jets über Syrien durch eine türkische F-16, die im November 2015 von der NATO-Basis Incirlik in der südlichen Türkei aus gestartet war, zum Entgleisen gebracht. Die Pläne wurden erst nach einem fehlgeschlagenen Staatsstreich gegen Erdoğan im Juli 2016 wieder aufgenommen. Man kann sich fragen, ob dies nun das Ende der Torpedierung von Maßnahmen ist, mit russischem Gas europäische Energiesicherheit herzustellen.

Aus einem weiteren Blickwinkel gesehen, ist der Konflikt in der Ukraine Teil einer Auseinandersetzung mit jener losen Gruppe von Herausforderern, zu denen auch die 2001 gegründete *Schanghai-Organisation für Zusammenarbeit* (SCO) gehört. Diese Auseinandersetzungen gehen ganz entscheidend um die Frage, ob die großen europäischen Volkswirtschaften zumindest teilweise in diese Gruppe integriert werden oder, unter angloamerikanischer Führung, diesen losen Block bekämpfen. Die beiden Seiten des Konflikts repräsentieren ultimativ im Streit liegende soziale

Ordnungen: Neoliberaler Kapitalismus unter der Ägide spekulativer, risikoreicher Finanztransaktionen einerseits, andererseits ein vom Staat dirigierter Kapitalismus, der von Oligarchen ausgenutzt wird. Der Bürgerkrieg in der Ukraine ist einer von mehreren miteinander verknüpften Kämpfen zwischen diesen beiden Gesellschaftsformen, und dazu gehört auch die Auseinandersetzung in Syrien. Wie alle modernen Kriege stellt auch dieser, um Gabriel Kolko zu folgen, »die Belastbarkeit der jeweiligen politischen, kulturellen und ökonomischen Netzwerke auf eine schwere Probe, was ihren Ausgang zumindest ebenso beeinflusst wie die traditionell betonte militärische Stärke«.[9] In der politischen Sackgasse nach dem Abschuss von MH17 war ein Beispiel hierfür die offenkundige Überlegenheit des Westens im Nachrichtenmanagement über Russland.

Die Aufgabe besteht also darin, den Makro-Kontext der Struktur von Herzland-Herausforderer in der globalen politischen Ökonomie mit der Mikro-Struktur des Abschusses von Flug MH17 im ukrainischen Bürgerkrieg zu verbinden. Diese Verbindung wird unvermeidlich verschleiert durch den Nebel des Krieges, mit Tiefenpolitik in seinem Zentrum, was die tatsächlichen Vorgänge weiter verdunkelt. Die Komplexität der Zusammensetzung der Einfluss nehmenden Kräfte schließt aus, dass ein einzelner Agent oder eine Gruppe als allein schuldig identifiziert werden kann. »Nun bleibt aber der Mensch mit seiner unvollkommenen Organisation immer hinter der Linie des Absolut-Besten zurück«, schrieb der Kriegstheoretiker Carl von Clausewitz, »und so werden diese von beiden Seiten in Wirksamkeit tretenden Mängel ein ermäßigendes Prinzip«.[10] Wie im globalen Wettbewerb zwischen einem von Krisen geschüttelten Westen und einem aufmüpfigen Rest letztendlich

---

9   Gabriel Kolko, *Das Jahrhundert der Kriege*, Frankfurt a. M. 1999, S. 11.
10 Carl von Clausewitz, *On War* [ed. and intro. A. Rapoport; Übers.: J. J. Graham]. Harmondsworth: Penguin, 1968 [1832], S. 106. Deutscher Originaltext *Vom Kriege* (online) S. 11f. Wir kennen dies auch als Murphys Gesetz: »Was schief gehen kann, geht schief.«

menschliche Unvollkommenheit das MH17-Desaster tragischerweise jenem Blutbad hinzufügte, das in der Ukraine ohnehin bereits stattfindet, wird Inhalt dieser Studie sein.

* * *

Die vorliegende Arbeit entstand aus der Kampagne für ein NEIN im niederländischen Referendum über die Ratifizierung des EU-Assoziierungsvertrages mit der Ukraine vom 6. April 2016. Unsere Gruppe, *OorlogIsGeenOplossing.nl* (Krieg ist keine Lösung) und das Zentrum für Geopolitik in Utrecht, das uns unterstützt, unternahmen nachhaltige Anstrengungen, um nicht nur ein Nein zu erreichen (was schließlich mit einer Zweidrittelmehrheit gelang), sondern auch um die Debattenqualität zu verbessern und um zu vermeiden, dass die Abstimmung zu einem reinen Anti-EU-Votum wurde.

Unsere Kampagne wurde am 20. März 2016 mit einer Veranstaltung im Amsterdamer Debattenzentrum *De Balie* gestartet. Dabei waren die Professoren Nicolai Petro (*Rhode Island University*) und Richard Sakwa von der *Kent University*, der niederländische Journalist Stan van Houcke und zwei mit der Materie vertraute Mitglieder von Parlamenten, Andrej Hunko von der deutschen Partei *Die Linke* und Tiny Cox von der Sozialistischen Partei der Niederlande. Bei dieser Gelegenheit präsentierte Chris de Ploeg sein gerade rechtzeitig fertig gewordenes Buch über die Ukraine, auf das ich in der vorliegenden Studie reichlich Bezug nehme.[11]

Beim Verfassen des Buches haben mich meine Freunde von *OorlogIsGeenOplossing* und dem *Zentrum für Geopolitik* mit einem in höchstem Maß unterstützenden Umfeld versorgt. Joël van Dooren war ein beständiger kritischer Partner in der ganzen MH17-Untersuchung und lieferte Schlüsselmaterial. Hans van Zon las den gesamten Text und machte wichtige Kommentare. Bas van Beek

---

11 Die Reden der Veranstaltung im Balie wurden auf der Website *OorlogIsGeenOplossing.nl* veröffentlicht.

von der *Platform for Authentic Journalism* versorgte mich mit Dokumenten der niederländischen Regierung in Bezug auf den EU-Assoziierungsvertrag, die durch das niederländische *Freedom of Information*-Gesetz (WOB) zugänglich wurden.

Während eines Treffens am 26. Oktober 2016, auf Einladung von Harry van Bommel von der Sozialistischen Partei, in Anwesenheit des einzigen Christdemokratischen Parlamentsabgeordneten, Pieter Omtzigt, der die niederländische Regierung hartnäckig wegen ihrer Behandlung der Krise kritisiert hat (er wurde im November 2017 durch eine Pressekampagne als Sprecher seiner Fraktion zu diesem Thema verdrängt), sowie von Mitgliedern des Komitees für Auswärtige Angelegenheiten der zweiten holländischen Kammer, hatte ich die Gelegenheit, die Kernthesen meiner vorliegenden Arbeit vorzutragen. Unser Versuch die Abgeordneten davon zu überzeugen, sich nicht auf die Resultate der internationalen Ermittlergruppe zur MH17-Tragödie (Joint Investigation Team) zu stützen und keine weitere Runde der Spannungen mit Russland zu beginnen, schlug weitgehend fehl. Aber nachdem unser Besuch auf der Website des öffentlich-rechtlichen Senders Niederländische Rundfunkstiftung (NOS) veröffentlicht worden war, erhielten wir zahlreiche neue Kontakte mit entscheidenden neuen Informationen. Dies betrifft zuallererst die Künstlerin und Energiepolitik-Aktivistin Babette Ubink van der Spek, die mich auf die Ladung einer Fracht von Lithium-Ionen-Batterien an Bord des Flugzeugs aufmerksam machte und eine Vielzahl von Informationen darüber lieferte, welche Rolle die Gas-Verbindungen mit Russland, wie z. B. *South Stream*, im neuen Kalten Krieg spielen. Auch kam ich so in Kontakt mit einer Gruppe von MH17-Bloggern, ohne deren detailliertes Wissen ich zweifelsohne dem Propagandakrieg, der dem Abschuss folgte, in die Falle gegangen wäre. Insbesondere Hektor Reban spielte eine entscheidende Rolle, ebenso wie Herman Rozema. Durch Max van der Werff, einen der gewissenhaftesten Experten in dieser Angelegenheit, kam ich in Kontakt mit Roger Annis von der NewColdWar.org, einer kanadischen Internetseite, die das Thema ebenfalls behandelt. Roger steuerte viele wichtige Kommentare bei, sowohl zur Substanz als auch zur Gestaltung des Buchs.

Andere haben mit Quellen und Erkenntnissen geholfen, wie Ewout van der Hoog, Willy Klinkenberg, Henk Overbeek, Cees Wiebes, Yuliya Yurtschenko und verschiedene Korrespondenten in der Ukraine, die um Anonymität baten, um Verfolgung in einem gefährlichen Umfeld – auch außerhalb der Kampfzonen – zu vermeiden.

Bei meiner Suche nach der Gelegenheit, das Buch in die deutsche Sprache zu übersetzen, halfen mir Loren Balhorn und Lothar Peter und besonders mein lieber Freund und Kollege Frank Deppe. Schon bevor ich einen Verlag für das englischsprachige Original gefunden hatte, brachte mich Frank durch sein weitreichendes Netzwerk ehemaliger Marburger Studenten in Kontakt mit Jürgen Harrer vom PapyRossa Verlag, einem Verlag, den ich schon lange kannte und der die vorliegende Arbeit mit dem üblichen Geschick handhabte. Der Rest ist Geschichte, dazu gehört nicht zuletzt das Glück, Jochen Mitschka zu finden, der bereit war, das Manuskript zu übersetzen. Ich hatte vorher seinen aufschlussreichen Konspekt über Richard Sakwas »Frontline Ukraine« gelesen. Trotz seiner Rolle als kenntnisreicher Übersetzer bleibt die Verantwortung für alle Fehler, Fakten und Urteile alleine bei mir.

Nachtrag
Am 24. Mai 2018 hielt das Joint Investigation Team eine Pressekonferenz ab, in der es angeblich neue Beweise vorlegen wollte, um die Schuld Russlands am Abschuss von Flug MH17 zu belegen. Dabei wurden zusammen mit einem unbeschädigten Teil einer BUK-Rakete Bilder der 53. BUK-Brigade aus Kursk gezeigt die, wie in diesem Buch weiter unten bereits erwähnt, vom englischen, mit dem Atlantic Council verbundenen Forschungskollektiv Bellingcat schon zwei Jahre früher in die Öffentlichkeit gebracht, damals aber vom JIT als Beweis abgelehnt worden waren. Diesmal aber waren dies für das JIT dennoch ausschlaggebende Beweise und für die niederländische und die australische Regierung Anlass, um Russland formell als Täter zu

brandmarken. Da das JIT-Mitglied Malaysia diese Beurteilung nicht unterschreiben wollte, und weil auch Belgien derzeit die Beschuldigung Moskaus nicht mitträgt, ist damit die Zukunft des JIT unsicher geworden, nicht aber die Gefahr eines großen Konfliktes mit Russland.

Amsterdam, im Juli 2018

Anmerkungen zur Übersetzung
Namen von Personen und Orten im Text des Buches wurden nicht generell transkribiert, sondern es wurde geprüft, unter welchen Namen eine Suche in eingängigen Suchmaschinen möglich ist. Wurde ein Name nicht in der eingedeutschten Form gefunden, verblieb er auch im Text wie im englischsprachigen Original. In den Fußnoten wurden Namen und Ortsbezeichnungen nicht geändert, also in der englischen Form belassen, um weitergehende Nachforschungen zu erleichtern.

1.
Die globale Lotterie eines neuen Kalten Krieges

Der Abschuss von Flug MH17 der Malaysia Airlines fand in einem Umfeld statt, das in weiten Teilen der Welt als neuer Kalter Krieg zwischen dem Atlantischen Block und Russland angesehen wird, und stellt einen Vorfall dar, der diesen zu einem großen Teil verschärfte. Das Desaster muss auch in einem weiteren Zusammenhang gesehen werden, als die Pattsituation zwischen dem Osten und dem Westen in Europa aufzuzeigen scheint. Denn bis zum Jahr 2014 hatte sich eine weitere Konfrontation herauskristallisiert: die Gegnerschaft zwischen einem brüchigen westlichen liberalen Bündnis und einem losen Block von ›Herausforderern‹ mit verschiedenen, relativ unzusammenhängender Interessen. Darunter waren die von Russland ins Leben gerufene Eurasische Union und als weitere Herausforderungen das Staatenbündnis BRICS (Brasilien, Russland, Indien, China und Südafrika, gemeinsam die Hälfte der Weltbevölkerung repräsentierend) sowie die Shanghaier Organisation für Zusammenarbeit (SCO). Flug MH17 wurde genau in dem Moment abgeschossen, als die Schlüsselfigur in allen drei Bündnissen, der russische Präsident Wladimir Putin, auf dem Rückflug von Fortaleza, Brasilien war. Dort hatte er mit den fünf Staatschefs der BRICS-Staaten die Charta der *Neuen Entwicklungsbank* (New Development Bank) unterzeichnet. Ob es sich nur um zufällig zeitlich verbundene Vorfälle handelte oder ob ein verborgener Zusammenhang besteht, wird im Verlaufe dieses Buches diskutiert werden.

Putins Aufstieg zur Macht im Jahr 2000 war das Ergebnis der schwindenden Bereitschaft in Russland, den westlichen politisch-ökonomischen Prioritäten zu folgen, Prioritäten, die das Land erniedrigt und zu einem sozialen Notstandsgebiet gemacht hatten. Am Ende seiner zwei Amtsperioden als Präsident hatte er die Restauration eines starken Staates in Russland erreicht, unterstützt durch steil gestiegene Öl- und Gaspreise, dem Hauptteil der Staatseinkünfte.[12] In Washington wurde dies mit wachsendem Unbehagen beobachtet, besonders im Licht von Russlands eurasischen Bestrebungen und seiner Mitgliedschaft im BRICS-Block. Aus diesem Grund begann der Westen im Jahr 2008 mit aggressiveren Sondierungen im postsowjetischen Gebiet, um die Einkreisung Russlands zu verstärken. Dies geschah sowohl durch die NATO (auf dem Gipfeltreffen in Bukarest im April) als auch über die EU, die mit einer Serie von postsowjetischen Republiken im Mai Verhandlungen über eine »Östliche Partnerschaft« begann. Im August folgte dann die missglückte Invasion Südossetiens durch Georgien, mit der die Regierung Saakaschwili, bewaffnet und ermutigt durch die USA und Israel, gehofft hatte, die abtrünnige Provinz mit Gewalt zurückgewinnen zu können. All dies passierte inmitten einer folgenschweren Finanzkrise, auf welche das transnationale Kapital und die Regierungen antworteten, indem sie die Einsätze erhöhten für das, was der späte Peter Gowan »Das Globale Spiel« (The Global Gamble) nannte.[13] Dies eröffnete eine Periode lange nicht gekannter politischer und wirtschaftlicher Instabilität, die häufige Vergleiche mit dem Vorspiel zum Ersten Weltkrieg heraufbeschworen.

In diesem Kapitel konzentriere ich mich auf die Periode, die zur Krise von 2008 geführt hat. Denn um die Art und Geisteshaltung des Westens in seiner Reaktion darauf zu verstehen, müssen wir bei

---

12 Siehe Philip Hanson, »An Enfeebled Economy«. In: K. Giles et al., *The Russian Challenge* [Chatham House Report, Juni]. London: The Institute of International Affairs, 2015.

13 Peter Gowan, *The Global Gamble. Washington's Faustian Bid for World Dominance*. London, Verso, 1999.

der Benutzung des Begriffs »Kalter Krieg« drei verschiedene aufeinander folgenden Phasen der kapitalistischen Entwicklung unterscheiden. Im derzeitigen Kalten Krieg wurde die Ukraine zu einem Schlüsselbereich in der Frontlinie, zusammen mit dem Konflikt in Syrien, jedoch weitaus gefährlicher aufgrund der Nähe zu Russland.[14]

Kalte Kriege und kapitalistische Klassenformierung

Abgesehen von den finanziellen Verwüstungen, welche die Krise von 2008 verursachte, stellte diese auch die Hegemonie des liberalen, englisch sprechenden Westens in Frage. Hegemonie ist nicht nur Führung, sondern die Form der Klassenherrschaft, die eher auf Konsens denn Zwang basiert. Dieser Konsens wirkt *aktiv* unter den Gruppen, die Teil eines historischen Blocks von Kräften sind. Sie sind einem gegebenen Herrschaftskonzept verpflichtet und folgen denselben ungeschriebenen Gesetzen und dem »gesunden Menschenverstand« einer Periode. Durch diesen Konsens wird die Macht ausgeübt.[15] Der Konsens wirkt jedoch *passiv* in jenen Gruppen, die nicht dazu gehören und keine Möglichkeiten haben, ihn zu verändern, und/oder bei jenen, die die Regeln der Welt anders begreifen. Aber selbst die vollumfängliche Hegemonie muss, wie Gramsci es nennt, »gepanzert mit Zwang« werden.[16]

Die Aufgabe, die Mittel zur Panzerung mit Zwang für das liberalkapitalistische »Herzland« (nach der Ideologie des 17. Jh. von John

---

14 Was den Titel von Richard Sakwas unentbehrlichen Buches erklärt. *Frontline Ukraine. Crisis in the Borderlands*. London: IB Tauris, 2015. Sakwa nennt die russische Abwehr der Invasion Georgiens in Südossetien den »Krieg um die NATO-Erweiterung«.

15 Ries Bode, »De Nederlandse bourgeoisie tussen de twee wereldoorlogen«, *Cahiers voor de Politieke en Sociale Wetenschappen*, 2 (4) 1979, S. 9-50.

16 Antonio Gramsci, *Selections from the Prison Notebooks* [Übers. und Herausg. Q. Hoare und G. N. Smith]. New York: International Publishers, 1971 [verfasst 1929-35], S. 263.

Locke) bereit zu stellen, war erst dem Britischen Imperium zugefallen und dann – nach einem Interregnum in den 1930er Jahren – den Vereinigten Staaten von Amerika. Die Durchsetzung der Marktdisziplin des Kapitals basierte durchweg auf dieser spezifischen geopolitischen und -ökonomischen Struktur, von der sie nicht getrennt werden kann. In neuerer Zeit wurde diese gesamte Konstellation, ausgeweitet durch die – wenn auch nicht vollständig vollzogene – Aufnahme der Europäischen Union, aufgeweicht, und die konsensualen Aspekte der liberalen Ordnung schwinden mehr und mehr. In diesem Prozess offenbart sich die erzwingende Panzerung der *Pax Americana* nun unverhüllt, und die Gewalt verbreitet sich über den ganzen Globus.[17]

Historisch gesehen war nur eine beschränkte Anzahl von Staaten und sozialer Formationen in der Lage, sich gegen die westliche Vormachtstellung zu behaupten. Sie sind, wie ich sie nenne, Herausfordererstaaten. In einem solchen Staat wird die politische Macht typischerweise ausgeübt von einer »Staatsklasse«, zu der die herrschende Eigentümerklasse (soweit eine solche überhaupt existiert), verschiedene Fraktionen der Manager- und Regierungskader und die Spitzen des Militärs verdichtet sind. Der Begriff hebt die Einordnung aller Teile in den Staatsapparat hervor, anders als in der Staats- und Gesellschaftskonfiguration von Locke, in der sie um den Staatsapparat herum gruppiert sind (mit einer klar ausgeprägten herrschenden Klasse, zu der die Zugehörigkeit ererbt ist, am Kommando). Der Staatssozialismus der Sowjetunion verkörperte die äußerste Form eines Herausfordererstaates. Die chinesische Staatsklasse hingegen kann, auch wenn sie unter vergleichbaren Bedingungen entstanden ist, nicht länger reduziert werden auf eine Rolle als Herausforderer, weil es scheint, dass sich heute das gesamte Konstrukt von Herzland vs. Herausforderer entlang der ökonomischen Infrastruktur des globalisierten Kapitals auflöst.

---

17 Schon in Lockes Original gibt es eine Regelung für den Notfall: John Locke, *Two Treatises of Government* [intro. S. Laslett]. New York: Mentor, 1965 [1690], S. 421, 425

Während der Westen langsam aus den Kommandohöhen der globalen politischen Ökonomie ausscheidet und in diesem Prozess seinen inneren Zusammenhalt verliert, werden seine Rivalen, die sich zu einem staatsoligarchischen Kapitalismus gewandelt haben, aber den Kniefall vor der überragenden Stellung und globalen Vorherrschaft des Westens verweigern, fast entgegen ihren eigenen Präferenzen zu Herausforderern um den Vorrang werden. Das gilt auch für Putins Russland. Daraus folgt die eigentlich unbeabsichtigte und in gewisser Weise inkohärente Bildung von Zusammenschlüssen wie der Eurasischen Union, der BRICS-Staaten und der Shanghai Cooperation Organisation.

Wenn wir nun im Zusammenhang mit dem Konflikt in der Ukraine und über sie von einem neuen Kalten Krieg sprechen, ist es wesentlich festzustellen, mit *welchem* Kalten Krieg wir diesen vergleichen. Der Begriff »Kalter Krieg« bezieht sich auf Bestrebungen des Westens nach 1945, die Gewinne einzudämmen und zurückzudrängen, die der sowjetische Staatssozialismus im Kampf gegen Nazi-Deutschland errungen hatte, und doch, angesichts des Risikos eines großen nuklearen Konfliktes, einen »heißen« Krieg in Europa (nicht in der imperialen Peripherie) zu vermeiden. Ich unterscheide zwischen drei Kalten Kriegen, in deren Verlauf die Vereinigten Staaten stets die Oberhand gewonnen haben, bis 2008 das »unipolare Momentum«[18] vorbei war. Jeder einzelne Kalte Krieg war auch Teil einer bestimmten Phase der kapitalistischen Entwicklung und ein besonderer Schub in der transnationalen Klassenformierung, in der jeweils eine Kapitalfraktion (Produktiv-, Geld- oder Handelskapital) die Richtung vorgab.

Der erste Kalte Krieg und der Klassenkompromiss
Der erste Kalte Krieg begann direkt nach dem Zweiten Weltkrieg und dauerte bis in die späten 1960er und frühen 1970er Jahre. Der Westen war zu diesem kritischen Zeitpunkt gezwungen, einer ganzen Reihe

---

18 Hans van Zon, *Globalized Finance and Varieties of Capitalism*. Basingstoke: Palgrave Macmillan, 2016, S. 174.

von Kompromissen zuzustimmen: mit einer organisierten Arbeiterklasse in den kapitalistischen Zentren, einer erwartungsvollen Elite im Prozess der Entkolonialisierung im globalen Süden und auch – paradoxerweise – mit einem Staatssozialismus sowjetischen Typs. Das Herrschaftskonzept, das sich in dieser Periode flächendeckend verbreitete, geht zurück auf die 1930er Jahre, als in den USA die Massenproduktion das Format von Ford annahm. Der Fordismus basiert auf kollektiven Verhandlungen über die Verteilung des Produktivitätszuwachses in der Massenproduktion. Die 5-Jahres-Pläne in der UdSSR starteten eine Industrialisierung mit den gleichen Grundmerkmalen, wobei allerdings die Rolle der Gewerkschaften durch die Staatsklasse übernommen wurde.[19] Als die Vereinbarung von Jalta im Februar 1945 Europa zwischen den westlichen Alliierten und der Sowjetunion in Einflusszonen aufteilte, also in den Bereich des amerikanischen »Fordismus« einerseits und der Stalinschen Massenproduktion andererseits, geschah dies unter der Übereinkunft, dass keiner von beiden sich in die inneren Angelegenheiten des jeweils anderen einmischt.

Die vorhandene Macht-Balance der Nachkriegszeit erforderte es, dass die »Souveränität« der großen Zusammenschlüsse respektiert werden musste. Für den Westen spreche ich von einem »korporativen Liberalismus«[20]. Liberalismus ist die organische Ideologie des Kapitals. Sein politischer Aspekt, individuelle Freiheit, ist der wichtigste Bezugspunkt in der anglophonen Ideologie, aber seine Essenz ist das Prinzip formaler Gleichheit. Dies erlaubt es dem Liberalismus wirtschaftliche Ausbeutung als gleichwertigen Austausch zwischen

---

19 »Fordismus« ist die hier erwähnte Lehre des Autobauers Henry Ford. Sie beschreibt die Pioniertat, Massenproduktion mit Massenkonsum als Form der sozialen Disziplinierung zu verbinden. Siehe Mark Rupert, *Producing Hegemony: The Politics of Mass Production and American Global Power*. Cambridge: Cambridge University Press, 1995. Hélène Carrère d'Encausse, *Le pouvoir confisqué. Gouvernants et gouvernés an U.R.S.S.* Paris: Flammarion, 1980, S. 26.

20 Siehe Kees van der Pijl, *The Making of an Atlantic Ruling Class*. London: Verso, 1984, S. 90-94.

Individuen zu verschleiern.[21] Das Ausmaß, in dem die Marktgesetze Gesellschaften durchdrangen, ist jedoch unterschiedlich. Seit den 1940er Jahren war es Unternehmen, gewerkschaftlich organisierter Arbeiterschaft, Staaten und Staatenblöcken jeweils zugestanden, intern nach ihren eigenen Prinzipien zu funktionieren, liberal oder anders. Die Einheiten zu disziplinieren, denen diese Eigenständigkeit gewährt wurde, war eine kritische Komponente des Kalten Krieges. Dem Kapital waren in den USA die finanziellen Flügel bereits während der Weltwirtschaftskrise, der Großen Depression, durch die Regierung Roosevelt gestutzt worden. Die Arbeiterklasse wurde ebenfalls diszipliniert, zuerst durch die Kriegswirtschaft, dann durch das Taft-Hartley-Gesetz von 1946 sowie die Kampagne, die der »tiefe Staat« in Form des McCarthyismus gegen die Linke führte.[22]

Das Kapital und der Westen befanden sich nach der Weltwirtschaftskrise und nach zwei Weltkriegen in einer relativ schwachen Position. Wenn, was Wolfgang Streeck den »Gesellschaftsvertrag« nennt, der Kapitalismus erneuert und ein Wiederauftreten des Faschismus oder ein Abgleiten in eine geplante Wirtschaft nach sowjetischem Muster verhindert werden sollten, waren Konzessionen unvermeidbar.[23] Im Prozess der Entkolonialisierung der großen europäischen Kolonialreiche konnte man den gleichen Ablauf umkämpfter Entwicklungen (Revolution, Repression, Krieg) beobachten, aus denen der letztendliche Kompromiss hervorging. Insofern waren, schrieb Radhika Desai in diesem Zusammenhang, »souverä-

---

21 Karl Marx, *Grundrisse. Introduction to the Critique of Political Economy (Rough Draft)* [Einl. und Übers.: M. Nicolaus]. Harmondsworth: Pelican, 1973 [verfasst 1857-58], S. 247. Deutsch: Marx-Engels Werke, Berlin: Dietz. Bd. 42, S. 174

22 Peter Dale Scott, *The American Deep State. Wall Street, Big Oil, and the Attack on U.S. Democracy*. Lanham, Maryland: Rowman & Littlefield, 2015, S. 135 & passim.

23 Wolfgang Streeck, *Gekaufte Zeit. Die vertagte Krise des demokratischen Kapitalismus* [Frankfurter Adorno-Vorlesungen 2012]. Frankfurt: Suhrkamp, 2013, S. 51.

ne Gleichheit und Nichteinmischung notwendige Vortäuschungen, denn der Imperialismus war in der Defensive«.[24]

Der Fordismus fiel zusammen mit einer stabilen Aufteilung Europas in Ost und West und mit einem zerbrechlicheren Kompromiss mit nationalen »Staatsklassen« in der Dritten Welt.

Hier, wo es kein »Jalta« gab, erbten die Vereinigten Staaten die Kolonialkriege der europäischen Mächte, da sie nicht willens waren, Prätendenten, die zu weit links standen, souveräne Gleichheit zuzugestehen. In dieser Hinsicht schwächte Vietnam den Westen nur noch mehr und trug zu den grundlegenden Kompromissen der Periode bei. Heute wissen wir, dass der Übergang des Kalten Krieges zu Beginn der 1970er Jahre in eine Detente sowie in Verhandlungen mit der Dritten Welt über eine neue internationale Wirtschaftsordnung durch jene Kompromisse vorherbestimmt waren, mit denen der Liberale Korporatismus von Beginn an zementiert werden sollte. Die Abschaffung des Gold-Dollar-Standards im Jahr 1971 und die dadurch erzeugte Inflation führten sogar noch zu einer Verlängerung der Kompromisse auf diesen drei Ebenen – mit der Arbeiterklasse, dem Sowjetblock, und der Dritten Welt – für die Dauer eines weiteren Jahrzehnts. Die sich im System ausbreitende Inflation erlaubte es den herrschenden Klassen zu verdecken, was Streeck, unter Bezugnahme auf Jürgen Habermas die Legitimationskrise nannte, oder was in gramscianischer Terminologie einen Hegemonieverlust darstellte.[25]

Der zweite Kalte Krieg und die Verschiebung zum globalen Finanzkapital

Nach einer Periode der Krisen und Kompromisse war der zweite Kalte Krieg vollkommen anderer Art als der erste. Jetzt gruppierte sich der Westen neu hinter einer aggressiven Roll-Back-Strategie. Wenn

---

24 Radhika Desai, *Geopolitical Economy. After US Hegemony, Globalization and Empire*. London: Pluto, 2013, S. 92.
25 Streeck, *Gekaufte Zeit*, a. a. O., S. 49-51. Siehe auch: Jürgen Habermas, *Legitimationsprobleme im Spätkapitalismus*. Frankfurt: Suhrkamp, 1973.

wir ein Vorbild für den derzeitigen »neuen« Kalten Krieg suchen, finden wir ihn hier. Der zweite Kalte Krieg hob die Souveränität auf, welche der UdSSR und ihrem Block, der Dritten Welt und den Arbeiterorganisationen gewährt worden war. Diese Suspension war Teil eines neuen Herrschaftskonzeptes, des Neoliberalismus. Indem man den politischen Liberalismus radikal dem »Markt« unterordnete, versuchte der Neoliberalismus eine flächendeckende Souveränität des Kapitals zu etablieren, in der Art, wie sie im englischsprachigen« »Locke'schen Herzland« entwickelt worden war. Während die Profitabilität der einheimischen Industrie erodierte, erwies sich der korporative liberale Kapitalismus als unfähig, gleichzeitig Kapitalakkumulation und jene Kräfte zu bedienen, die ihr durch Umverteilung entgegenstanden. »Der Wachstumseinbruch seit den 1970er Jahren«, um noch einmal Radhika Desai zu zitieren, »egal, ob wir ihn die Krise des Fordismus oder das Ende des Langen Booms nennen, war eine viel größere Krise des Kapitalismus, als bisher wahrgenommen.«[26]

Das Kapital setzte jetzt die Marktlogik formaler Gleichheit auch *innerhalb* von bisher geschützten Bereichen durch und erzwang die Öffnung national abgesicherter Ökonomien und Arbeitsmärkte. Auf diese Weise begann eine Restrukturierung der Produktion, die sich von den Arenen der kollektiven Vereinbarungen in neue Investitionsgebiete zurückzog, innerhalb des Westens sowie außerhalb. In diesem Prozess wurde der Rückfall in den Faschismus für verschiedene große Drittweltstaaten eine sehr reale Option, von Brasilien und Indonesien in den 1960er Jahren bis Chile und Argentinien in den 1970ern. In Westeuropa müssen wir in diesem Zusammenhang an die Strategie der Spannung in Italien und die faschistischen Staatsstreiche am Rande der NATO, in Griechenland und der Türkei, denken. Als Beispiele, wie weit das transnationales Kapital bereit ist, die Waffen des Zwangs einzusetzen, um seine Macht zu erhalten,

---

26 Radhika Desai, »Look back in Hope? Reassessing Fordism today«. In: Kees van der Pijl, ed. *Handbook of the International Political Economy of Production*. Cheltenham: Edward Elgar, 2015, S. 210.

bleiben diese Episoden von historischer Relevanz und ein Schlüssel für das Verständnis der Gegenwart.[27]

Bis zum Jahr 1979 waren sämtliche Kompromisse, auf denen der Liberale Korporatismus basiert hatte, in Frage gestellt. Die Abschaffung des Gesellschaftsvertrags vorheriger Jahrzehnte führte zur Unterwerfung der Gewerkschaften, während die Bourgeoisie Steuerrevolten startete und versuchte, die Konzessionen abzuschaffen, denen sie in vorherigen Perioden zugestimmt hatte.[28] Diese Gegenbewegung kulminierte im »Volcker-Schock«. Paul Volcker, damals Vorsitzender der US-Notenbank, schraubte die Zinsen bis auf 20 Prozent hoch, um die Inflation zu bekämpfen. Dies unterlief die Kompromisse der vergangenen Periode und stürzte die Welt in eine Schuldenkrise. Der Sowjetblock, insbesondere Polen, und auch das blockfreie Jugoslawien fanden sich in einer ernsthaften Zahlungskrise wieder. Der finale Niedergang der UdSSR und ihres Blocks als Ganzes muss daher auf die frühen 1980er Jahre datiert werden. Wie oft genug festgestellt wurde, war der »Volcker-Schock« zerstörerischer für die Kräfte, die sich gegen das Kapital und den Westen positioniert hatten, als es jede militärische Operation gewesen wäre.[29]

Im gleichen Jahr beschloss die NATO, das Raketenarsenal, das auf die Zentren des Warschauer Paktes gerichtet war, zu erneuern. Der Nationale Sicherheitsberater des Präsidenten Jimmy Carter, Zbigniew Brzezinski, empfahl, die afghanischen Islamisten gegen das kommunistische Regime in Kabul zu bewaffnen, was eine sowjeti-

---

27 Vgl. Kees van der Pijl, *Global Rivalries from the Cold War to Iraq*. London: Pluto and New Delhi: Sage Vistaar, 2006. Kapitel 5

28 Siehe Mike Davis, *Prisoners of the American Dream. Politics and Economy in the History of the US Working Class*. London: Verso, 1986, besonders Teil II, »The Age of Reagan« und zu Großbritannien; Henk Overbeek, *Global Capitalism and National Decline. The Thatcher Decade in Perspective*. London: Unwin Hyman, 1990, bes. Kapitel 6 und 7.

29 Yanis Varoufakis, *The Global Minotaur. America, Europe and the Future of the Global Economy* [rev. ed]. London: Zed Books, 2013 [2011], S. 108.

sche Intervention provozierte.[30] Eine nach der anderen wurden die Kräfte, die als gegen das Kapital und den Westen gerichtet galten, angegriffen. Ein langwieriger Prozess des Zurückdrängens von (quasi-)sozialistischen oder anderweitig unabhängigen Regimen in der Dritten Welt wurde begonnen. Alexander Haig, der erste Außenminister von Ronald Reagan, stellte allein schon die Vorstellung einer »Dritten Welt« in Frage und denunzierte »nationale Befreiung« als »Terrorismus«. Sein Nachfolger George Shultz behauptete im Januar 1984 sogar, dass die Aufteilung Europas nach dem Zweiten Weltkrieg »von den USA niemals anerkannt worden war«. Auf diese Weise signalisierten sie, dass die internationalen Kompromisse, auf denen die Nachkriegsordnung aufgebaut war, aufgekündigt wurden.[31]

Wichtig ist, dass der zweite Kalte Krieg auch darauf ausgerichtet war, die wirtschaftliche Entspannung zwischen Westeuropa und der Sowjetunion zu zerstören. Die Öl- und Gasfelder, die immer noch einen großen Teil zum russischen Bruttoinlandsprodukt beitragen, wurden Ende der 1960er Jahre entdeckt. Die Öl-Pipeline *Freundschaft* wurde im Jahr 1964 gebaut, und die Leitungen Soyuz, Urengoi und Yamal folgten, nachdem Westdeutschland begonnen hatte, sowjetisches Gas zu kaufen.[32] Diese Entwicklung gipfelte 1980 in dem Vertrag für eine Gas-Pipeline von Urengoi in Nord-Sibirien nach Bayern, abgeschlossen durch ein Konsortium der Schwerindustrie, angeführt durch die Deutsche Bank. Sowjetisches Gas würde unter diesem fünfundzwanzigjährigen Vertrag die UdSSR zu einem wichtigen, stabilen Markt für deutsche und europäische Exporte machen, eine widerwärtige Vorstellung für Washington. Die USA antworteten mit einem, wie Verteidigungsminister Richard Perle es nannte, »gut

---

30 Deepak Tripathi, *Imperial Designs. War, Humiliation and the Making of History* [Vorwort: J. Galtung]. Washington, D.C.: Potomac Books, 2013, S. 44f.

31 Zitierungen in *Global Rivalries*, a.a.O., S. 231 und 203; siehe auch Fred Halliday, *The Making of the Second Cold War*, 2nd ed. London: Verso, 1986 [1983].

32 Peter Rutland, »Russia as an Energy Superpower.« *New Political Economy*, 13 (2) 2008, S. 204.

angelegten Programm wirtschaftlicher Sanktionen, [die] sowohl die Entwicklung der sowjetischen Wirtschaft schädigen als auch die Basis ihrer Rüstungsindustrie schwächen [sollten]«.[33] Eine transatlantische Übereinkunft, die Kredite für Moskau teurer machen sollte, kam auf dem G7-Gipfel 1982 in Versailles zwar noch nicht zustande, aber ein darauf folgender Erlass Washingtons zwang US-Firmen und Lizenzinhabern, jegliche Beteiligung am Pipelinebau abzubrechen. Durch verschiedene Akte wirtschaftlicher Sabotage wurde das Projekt ernsthaft untergraben. Massives Deficit Spending zur Finanzierung einer umfassenden Aufrüstung verschob die europäische Aufmerksamkeit wieder auf die andere Seite des Atlantiks, und damit wurde die Disziplin des Kalten Krieges wieder hergestellt.[34]

Unfähig, sich auf die Intensität des zweiten Kalten Krieges einzustellen, sank die Stimmung der alternden Führung in Moskau allmählich ab zu Mutlosigkeit und einem Gefühl unaufhaltsamen Abstiegs.[35] Dieses Mal wurde der Kalte Krieg wirklich »gewagt«, nicht nur als Pose auf Basis eines (unvollständigen) Sets von Kompromissen, sondern als Kampf bis zum bitteren Ende. Genau das spielt sich jetzt wieder vor unseren Augen ab. Gerade so wie Gorbatschow gezwungen worden war, 1991 die Kapitulationsurkunde zu unterzeichnen, zielt die derzeitige Kampagne des Westens gegen »Putin« auf eine komplette Unterwerfung Russlands, das heißt auf einen pro-westlichen Regime-Change in Moskau.

Wie das produktive Kapital im Liberalen Korporatismus des ersten Kalten Krieges die dominante Kapitalfraktion darstellte, können wir auch jetzt eine bestimmte Fraktion ausmachen, die den Ausgangspunkt für ein Herrschaftskonzept bietet. In diesem Fall war es der Finanzsektor, das »Geldkapital«, dessen Sichtweise nun als neue

---

33 Zitiert in: Ronald Brownstein and Nina Easton, *Reagan's Ruling Class. Portraits of the President's Top One Hundred Officials*, 2nd ed. New York: Pantheon, 1983 [1982], S. 459.

34 Details und Quellen in *Global Rivalries*, a. a. O., S. 228-37.

35 Dusko Doder, *Shadows and Whispers. Power Politics Inside the Kremlin from Brezhnev to Gorbachev*. New York: Random House, 1986.

Normalität, zum gesunden Menschenverstand einer ganzen Periode verallgemeinert wurde. Der Finanzsektor war 1933 unter strenge Kontrolle gestellt worden, als das Glass-Steagall Gesetz die Banken zwang, ihre hochriskanten internationalen Investmentoperationen zu trennen vom Depositengeschäft, also von der Annahme fremder Gelder als Einlagen, die zur Kreditfinanzierung der Massenproduktion der Industrie und für den Handel benötigt wurden. Wie Gary Burn dokumentiert hat, überwinterte transnationales Geldkapital während der Periode der finanziellen Kontrolle jedoch sehr effektiv in der City of London.[36]

Um die Produktion jenseits des Bereichs des Klassenkompromisses der Nachkriegszeit zu restrukturieren, waren riesige Investitionsfonds notwendig. Diese wurden durch die Londoner Märkte für Eurodollar[37] und den europäischen Kapitalmarkt bereitgestellt. Ein Großteil der Erträge aus den Preiserhöhungen der OPEC von 1973 und 1979, die eine Reaktion auf die Dollar-Inflation waren, nachdem die festen Wechselkurse in den Jahren 1971 bis 1973 aufgegeben worden waren, fanden sich in der Londoner City als Geldkapital hinterlegt.[38]

Nach dem Zins-Schock von 1979 hatte der globale Fluss von Investitionsgeldern die Marktdisziplin wieder hergestellt und verlieh so dem Prozess der Überwindung der vorhergehenden kapitalistischen Ordnung eine systemische, natürliche, selbstverständliche Natur. Dies inspirierte den herrschenden Block zu einem größeren Klassenbewusstsein, einer noch mehr auf Gewinn orientierten Sichtweise auf die globale Wirtschaftspolitik als Ganzes, verbunden mit der

---

36 Gary Burn, *The Re-emergence of Global Finance*. Basingstoke: Palgrave Macmillan, 2006.

37 Als Eurodollar werden auf US-Dollar lautende Bankeinlagen bezeichnet, die bei Banken außerhalb der USA liegen. Die Entstehung des Eurodollarmarktes in den 1950er Jahren ist auf das wachsende Handelsbilanzdefizit der USA sowie den Marshall-Plan zurückzuführen, in deren Folge das Vermögen in US-Dollar außerhalb der USA kontinuierlich anstieg.

38 Duccio Bassosi, *Finanza & Petrolio. Gli Stati Uniti, l'oro nero e l'economia politica internazionale*. Venice: Studio IT2, 2012.

Verunglimpfung von Allem, was auch nur im Entferntesten mit kollektiven Werten oder gar mit Sozialismus zu tun hatte. Das Prinzip des Liberalismus, mit anderen Worten die formale Gleichstellung, wurde tiefer in die sozialen Strukturen eingeprägt und verdrängte bisherige soziale Schutz-Vereinbarungen. Die sozialen Strukturen in den Ländern, in die die Produktion verlagert wurde, waren in den meisten Fällen nicht auf funktionierende soziale Kompromisse gegründet; diese Länder mussten mit allen Mitteln den Export steigern, um harte Währung zur Bedienung des Schuldendienstes zu erwirtschaften. Dies erforderte eine Restrukturierung, die die Welt in neue Runden der extremen Gewalt warf, wovon künftig noch mehr zu erwarten sind.

Dies zeigt uns die unterschiedlichen Rollen, die das Geld in der kapitalistischen Wirtschaft spielt. Die Aufhebung der Restriktionen für Bankoperationen aus der Glass-Steagall Periode[39] setzte nicht nur Kapitalmobilität für internationale Investitionen frei. Sie führte unweigerlich auch zu einer Wiederauferstehung von finanziellen Operationen wie dem Geldhandel, dem Portfolio-Management und dem Makeln, dem spekulativen Geschäft mit Währungen und vielem mehr. Selbst angenommen, Volcker und seine Entourage wurden nur von den Notwendigkeiten des kapitalistischen Systems beeinflusst, so resultierte der Anstieg des so genannten »Rentier Income«, des Nicht-Arbeitseinkommens, dennoch auch aus dem Volcker Schock, und die Entwicklung nahm schon bald das Format einer wahren »Rache des Couponschneiders« an.[40] Die Rache also jener, deren »Euthanasie« Keynes in den 1930er Jahren empfohlen hatte, um Massenproduktion und die Erreichung eines nationalen Klas-

---

39 Das Gesetz selbst wurde schließlich 1999 von der Regierung Clinton aufgehoben, lange nachdem es aufgehört hatte, ernsthaft etwas zu bewirken.

40 Jacob Morris, »The revenge of the rentier or the interest rate crisis in the United States«. *Monthly Review*, 33 (8) 1982, S. 28-34. Vgl. Gerald Epstein und Dorothy Power, »The Return of Finance and Finance's Returns: Recent Trends in Rentier Incomes in OECD Countries, 1960-2000«, *Research Brief, Political Economy Research Institute* (University of Massachusetts Amherst), Nr. 2, November 2002.

1. DIE GLOBALE LOTTERIE EINES NEUEN KALTEN KRIEGES

senkompromisses zu ermöglichen. Die Privatisierungspolitik verschaffte der über Geldkapital verfügenden Mittelschicht die Chance für Profite aus boomenden Börsenmärkten, während die Eigentumspreise, besonders für Wohneigentum, stiegen und so dieser Schicht erlaubten, Geld gegen Hypotheken auf den Wert ihres Eigentums aufzunehmen. Auf diese Weise wurde der Klassenkompromiss der Nachkriegszeit in den 1980er und 90er Jahren auf einen Kompromiss mit der besitzenden Mittelschicht und dem Top-Management verengt.[41]

In dem darauf folgenden Prozess der Übernahme des Staates durch das Finanzkapital senkten Regierungen die Steuern auf hohe Einkommen und nahmen dann von jenen, die nicht länger hoch besteuert wurden und freies Kapital hatten, Kredite auf, denn die staatlichen Ausgaben mussten weiterhin finanziert werden. So erhöhten sie die öffentlichen Schulden.[42] So lange der staatssozialistische Block intakt blieb, reichte das alleine schon, um Veränderungen in der Entwicklungsrichtung des Systems, einschließlich bei der Entspannung, im zweiten Kalten Krieg, enge Grenzen zu setzen. Nach der (staats-)kapitalistischen Restauration in China und besonders nach dem Zusammenbruch des Sowjetblocks und der UdSSR, was die gesamte im weitesten Sinne staatssozialistische Dritte Welt mit sich riss (gefeiert von Fukuyamas These vom *Ende der Geschichte*[43]), waren so gut wie keine Systemgegner des Kapitalismus und des Westens mehr übrig. Dies befreite die Kräfte des Spekulationskapitals von ihren Fesseln und eröffnete eine epochale Restrukturierung unter einem neuen Herrschaftskonzept, das man am besten als räuberischen Neolibe-

---

41 Gérard Duménil/Dominique Lévy, »Neo-Liberal Dynamics – Towards a New Phase?« in: K. van der Pijl/L. Assassi/D. Wigan, eds. *Global Regulation. Managing Crises After the Imperial Turn.* Basingstoke: Palgrave Macmillan, 2004, S. 30.

42 François Chesnais, *Les dettes illégitimes. Quand les banques font main basse sur les politiques publiques.* Paris: Raisons d'agir, 2011, S. 113.

43 Francis Fukuyama, »The End of History?« *The National Interest*, 16 (1989), S. 3-18.

ralismus bezeichnen kann. Unter diesem derzeitigen Konzept wird der neue Kalte Krieg geführt. Schauen wir kurz zurück auf die Nachwehen des zweiten Kalten Krieges, um die Kräfte zu verstehen, die in der postsowjetischen Einflusszone entfesselt wurden.

Der Zusammenbruch der UdSSR und der Vorstoß des Westens in die postsowjetische Einflusszone

Der zweite Kalte Krieg enthüllte wie der erste in seinem Endstadium die ihm zugrunde liegende Zielrichtung. Nachdem die antagonistischen Hemmnisse abgeflaut waren, wurde das Projekt der radikalen Privatisierung noch intensiviert. So, wie der dem ersten Kalten Krieg zugrunde liegende Kompromissrahmen sich in der Entspannungspolitik niederschlug, setzte sich nun ein räuberischer Kapitalismus in der Beziehung zum postsowjetischen Raum machtvoll durch. In der Tat lässt sich sagen, dass die sozialistischen Sowjetrepubliken, die sich in unabhängige Staaten verwandelt hatten, zum ersten Terrain wurden, auf dem das spekulative, Geldhandelskapital und sein eher auf Handel als auf Produktion ausgerichtetes Gesellschaftskonzept freie Hand bekamen. Diese Entwicklung beinhaltete durch die Erosion des Klassenkompromisses rückwirkend auch eine autoritäre Wende.

Der neoliberale »Blitzkrieg« in Russland
Im Juli 1991 wurde Gorbatschow, der zum G7-Gipfel in London eingeladen worden war, mitgeteilt, dass er unverzüglich eine radikale Schocktherapie einzuleiten habe. Man erwartete von der UdSSR, dass sie dieselbe Politik zu befolgen habe, für die sich der einflussreiche US-amerikanische Ökonom und Harvardprofessor Jeffrey Sachs in Polen im Jahr 1989 eingesetzt hatte, nur viel schneller.[44] Während Gorbatschow Ausflüchte machte, eröffnete ein plumper und halbher-

---

44 Naomi Klein, *The Shock Doctrine. The Rise of Disaster Capitalism.* Harmondsworth: Penguin, 2007, S. 219.

ziger Staatsstreich durch Elemente des sowjetischen Sicherheitsapparates im August 1991 ungewollt den Weg für eine Radikalisierung der Wende. Der versuchte Staatsstreich ist möglicherweise dadurch provoziert worden, dass Gorbatschow seinem Rivalen Boris Jelzin versprochen hatte, alle Konservativen auszuschalten, was vom KGB abgehört worden war.[45] Westliche Geheimdienste, die die Lockerung staatlicher Kontrolle im Zeichen der Perestroika genutzt hatten, um die UdSSR zu durchdringen, hatten aber ebenfalls mitgehört. Deshalb war die *National Security Agency* (NSA) in der Lage, Jelzin mit Abhörprotokollen von Gesprächen zwischen dem KGB und dem Verteidigungsminister auszustatten, was diesem wiederum umzusetzen erlaubte, was David Lane als »Gegenputsch« bezeichnete.[46]

Im Dezember erklärte Jelzin nach Konsultationen mit den Führern von Weißrussland und der Ukraine die Sowjetunion für aufgelöst und zwang Gorbatschow in einer erniedrigenden Quasi-Zeremonie zum Rücktritt. Was folgte, war ein regelrechter »Blitzkrieg« zur Beseitigung sozialer Sicherheit. Wie Richard Sakwa schreibt: »das vom Westen dominierte internationale System übernahm, besonders in der Form der internationalen Finanzorganisationen, höchstselbst die Rolle der einstigen Komintern und hielt schwache einheimische Regierungen dazu an, immer radikalere Liberalisierungsmaßnahmen zur Transformation der einheimischen Wirtschaft vorzunehmen.«[47] Die zerstörerische Wirtschaftspolitik, verordnet durch die internationalen Finanzorganisationen und ihre Ideologen wie Jeffrey Sachs oder Anders Åslund vom *Carnegie Endowment for International Peace*, wurde begleitet von einem brutalen einheimischen Autorita-

---

45 Seymour M. Hersh, »The Wild East«. *The Atlantic Monthly*, 273 (6) 1994, S. 84-6.

46 David Lane, *The Rise and Fall of State Socialism. Industrial Society and the Socialist State*. Cambridge: Polity Press, 1996, S. 131.

47 Richard Sakwa, »Russian Political Evolution: A Structural Approach«. In: M. E. Cox, ed., *Rethinking the Soviet Collapse. Sovietology, the Death of Communism and the New Russia*. London: Pinter, 1998, S. 189; David M. Kotz [mit F. Weir], *Revolution from Above. The demise of the Soviet system*. London: Routledge, 1997, S. 165ff.

rismus, der den Verheißungen der Perestroika Hohn sprach und insbesondere Russland in den sozialen Abgrund stürzte.

Quer durch die ehemalige UdSSR wurden durch den Verkauf von Vorräten an Öl und Mineralien und durch die Privatisierung von staatlichem Eigentum private Vermögen angehäuft. Die neoliberale Wende ermöglichte, wie Misha Glenny es nennt, den »größten Raubzug in der Geschichte«, gefolgt von »der mit Abstand größten Kapitalflucht, die die Welt jemals gesehen hat«.[48] Während normale Menschen mit den liberalisierten Preisen für Alltagsartikel zu kämpfen hatten, waren die Preise für Vorräte an Rohstoffen auf Sowjet-Niveau eingefroren worden, während die Weltmarktpreise oft bis zu vierzig Mal höher waren. Dies brachte innerhalb kürzester Zeit große Geschäftsimperien hervor. In Russland, und wie wir sehen werden, mit einer gewissen Verzögerung auch in der Ukraine, wurden durch die Umverteilung der Profite unter der neuen Schicht der Oligarchen kriminelle Machenschaften in großem Ausmaß hervorgebracht. Am anderen Ende zerfiel die Gesellschaft und explodierte die Armut. »Für die große Mehrheit der russischen Familien«, schrieb Stephen Cohen ein Jahrzehnt später zutreffend, »befand sich ihr Land nicht in einem ›Umbau‹, sondern in einem nicht endenden Zusammenbruch aller Bedingungen, die für eine annehmbare Existenz notwendig sind.«[49] Das soziale Drama der rücksichtslosen Bereicherung und der Austerität, das im Westen im Zeitlupentempo stattfand, wurde hier in einem Rutsch abgewickelt.[50]

Im Licht der dramatischen Konsequenzen dieser Schock-Therapie beschloss das russische Parlament im März 1993, Jelzin die ihm gewährten außerordentlichen Vollmachten wieder zu entziehen. Der Präsident erklärte daraufhin den Ausnahmezustand, der jedoch durch

---

48 Misha Glenny, *McMafia. Seriously Organised Crime*. London: Vintage, 2009, S. 71-73; Kotz, *Revolution from Above*, a.a.O., S. 185.

49 Stephen F. Cohen, »Russia: Tragedy or Transition«. In: Cox, ed. *Rethinking the Soviet Collapse*, a.a.O., S. 245.

50 Saskia Sassen, »A Savage Sorting of Winners and Losers. Contemporary Versions of Primitive Accumulation«. *Globalizations*, 7 (1-2) 2010, S. 23-50.

das Verfassungsgericht verworfen wurde. Als das Parlament dann ein Regierungsbudget verabschiedete, das die Sparvorschriften des IWF missachtete, ließen die Vereinigten Staaten wissen, dass die Unterstützung der internationalen Finanzinstitute zukünftig nur gewährt werde, wenn die »Reform« intensiviert wurde. Jelzin setzte daraufhin die Verfassung außer Kraft und ließ, um weiteren Widerstand zu brechen, das Parlament mit Panzern und loyalen Truppen angreifen. Warren Christopher, Bill Clintons erster Außenminister, reiste eilig nach Moskau, um die Unterstützung der USA zu demonstrieren.[51]

Die Schock-Therapie wurde weitergeführt, und die Oligarchen revanchierten sich für Jelzins Hilfe, als sie sich am Rande des Welt-Wirtschafts-Forums 1996 in Davos bereit erklärten, großzügig seine Wahlkampagne zu finanzieren. In Kombination mit Wahlbetrug sicherte das Jelzins Sieg über den Kommunisten Sjuganow und ließ ihn, entgegen aller Wahlprognosen, wieder in den Kreml einziehen.[52]

Die Globalisierung und die Panzerung mit Zwang

Der »Volcker-Schock« und der zweite Kalte Krieg stützten sich auf eine umfassende systematische Politik, die darauf ausgerichtet war, die UdSSR zu Fall zu bringen, da sie der Dreh- und Angelpunkt für alle globalen Kräfte war, die dem kapitalistischen Westen widerstanden hatten. Nach dem Niedergang der Sowjetunion richtete sich das Ausplünderungsstreben einer Vielzahl von Rentiers auf Aktivitäten, mit denen nun alle Staaten gewaltsam zur Unterwerfung unter das Marktregime und die transnationale Ausbeutung geöffnet werden sollten – mit dem Ziel, »den ›stillen Zwang des Marktes‹ einzuführen und zu verstärken, und zwar quer zu politischen Rechtsordnungen, die vor einer vollständigen Entfesselung von Marktimperativen schützen«.[53] Regime-Change ist die logische Folge. Denn obwohl die

---

51 Klein, *Shock Doctrine*, a. a. O., S. 226-30.

52 *Global Rivalries*, a. a. O., S. 354f.

53 Tim Di Muzio, »The ›Art‹ of Colonisation: Capitalising Sovereign Power and the Ongoing Nature of Primitive Accumulation«. *New Political Economy*, 12 (4) 2007, S. 519, 531-32.

Profite, die in den neu erschlossenen Weltmärkten gemacht werden, zum überwiegenden Teil in den Westen fließen,[54] kann das nicht als garantiert angesehen werden, so lange staatliche Souveränität existiert. Und so ist, um es mit den Worten von Claude Serfati auszudrücken, »die Verteidigung der »Globalisierung« gegen jene, die sie bedrohen könnten, zusammen mit militärischen Drohungen an die erste Stelle der Sicherheits-Agenda zu setzen«.[55]

Auch das neue Herrschaftskonzept zur »Verteidigung der Globalisierung« kam nicht ohne gesellschaftliche Hegemonie aus. Während des Übergangs waren deshalb sofortige Begründungen für Einmischung und Gewalt notwendig. Deshalb wurden ab 1991 verschiedene strategische Doktrinen formuliert, um die Anwendung von Gewalt mit einem Mantel der Plausibilität zu umgeben. Die erste und vielleicht grundlegende ist die Wolfowitz-Doktrin, benannt nach Paul Wolfowitz, stellvertretender Verteidigungsminister in der Regierung von Bush sen. Wolfowitz zeichnet verantwortlich für die *Defence Planning Guidance for Fiscal* (DPG) von 1992, mit der die USA als einzige Supermacht der Welt proklamiert werden. Aus diesem Grunde sollten sie allen Konkurrenten in Hinsicht auf die Waffentechnologie überlegen sein und nicht länger eine militärische Pattsituation akzeptieren, wie sie mit der UdSSR während der ersten beiden Kalten Kriege bestanden hatte. Um das neu gefundene Selbstbewusstsein der Europäischen Union zu zügeln, musste auch sie indirekt gewarnt werden, dass ausschließlich die USA die Weltpolitik bestimmen würden.[56]

Obwohl die Clinton-Regierung an der Wolfowitz-Doktrin keinen Anstoß nahm, einschließlich der »einseitigen Nutzung von Ge-

---

54 Sean Starrs, »The Chimera of Convergence«. *New Left Review*, 2nd series (87) 2014, S. 81-96.

55 Claude Serfati, *La mondialisation armée. Le déséquilibre de la terreur*. Paris: Textuel, 2001, S. 12.

56 James Mann, *Rise of the Vulcans. The History of Bush's War Cabinet*. New York: Penguin, 2004, S. 209-15. *Defence Planning Guidance, FY 1994-1999* (16. April 1992, freigegeben 2008). Original Fotokopie.

walt«,[57] stützte sie sich in ihrer Politik auch auf andere Doktrinen. Eine davon wird in einem Bericht des ehemaligen US-Botschafters Morton Abramowitz, dem Präsidenten der *Carnegie Endowment for International Peace*, niedergelegt. Im Jahr 1992 veröffentlicht, empfahl das Papier die Verschleierung von US-Interventionen als Unterstützung von »Gruppen innerhalb eines Staates, die nach Unabhängigkeit, größerer Autonomie oder dem Sturz einer Regierung streben«,[58] und die bei diesen Bestrebungen Gefahr laufen, »humanitären Katastrophen« zum Opfer zu fallen. Auf diese Weise stellte die Abramowitz-Doktrin die moralische Rechtfertigung für »humanitäre Interventionen« bereit. Sie sollte in Jugoslawien angewandt werden und blieb in Reserve für spätere Regime-Change-Unternehmungen, sicher auch im postsowjetischen Raum.

Eine dritte Doktrin betrifft den »Krieg gegen den Terror«, der in der Regel mit den Angriffen auf die Zwillingstürme am 11. September 2001 verbunden wird. Tatsächlich war das Konzept bereits in einer Serie von Konferenzen zwischen 1979 und 1984 entwickelt worden, und zwar aufgrund einer Initiative von israelischen Likud-Politikern und unter Teilnahme von hochrangigen angloamerikanischen Neokonservativen.[59] Die ursprüngliche Absicht war, damit Israels Besatzungspolitik in Palästina und seinen Einfall in den Libanon zum Teil des (zweiten) Kalten Krieges zu machen. Der unerwartete Untergang der UdSSR behinderte aber vorübergehend die Umsetzung des Konzeptes. Wie jedoch Samuel Huntington in seinem *Clash of Civilizations* von 1993 argumentierte, lieferte es sowohl das Narrativ für einen Krieg gegen den Terror (stellvertretend für Aufstandsbekämpfung in der Dritten Welt, einhergehend mit einem

---

57 Verteidigungsminister William Cohen, zitiert in: Bastiaan van Apeldoorn / Naná de Graaff, *American Grand Strategy and Corporate Elite Networks. The Open Door since the end of the Cold War*. London: Routledge, 2016, S. 133.

58 Zitiert in: Diana Johnstone, *Queen of Chaop. The Misadventures of Hillary Clinton*. Petrolia, Cal.: CounterPunch Books, 2016, S. 43-44.

59 Siehe z. B. Benjamin Netanyahu, ed. *Terrorism. How the West Can Win*. London: Weidenfeld & Nicolson, 1986.

Ausnahmezustand, der die autoritäre Entwicklung im eigenen Land rechtfertigt, Themen, über die Huntington bereits früher geschrieben hatte), als auch die Begründung für die westliche Vormachtstellung im postsowjetischen Raum.

Indem er Russland und China gemeinsam mit dem Islam außerhalb der Grenzen westlicher Zivilisation ansiedelt, stellt Huntington gegen die allzu optimistische These vom »Ende der Geschichte« wieder eine umfassende »Logik des Zusammenpralls der Gegensätze«, die die Welt aus einem einzigen Blickwinkel betrachtet, aus dem Zweifel und Ungewissheit beseitigt sind, nämlich dem Blickwinkel des entfesselten globalen Kapitals.[60] Huntington legte die Grenze zur slawischen Zivilisation in den Osten der baltischen Staaten, während Weißrussland und die Ukraine (sowie Rumänien und Jugoslawien) als »gespaltene Länder« charakterisiert wurden. Aus diesem Grund, so Huntington, konnte ein Staat wie die Ukraine nicht in die NATO (»die Sicherheitsorganisation der westlichen Zivilisation«) aufgenommen werden, ohne die Beziehungen mit Russland und letztendlich ihre eigene Integrität zu beschädigen.[61]

Diese Beschränkung wurde von Zbigniew Brzeziński, dem Förderer Huntingtons, dem wir die Konzeption der vierten US-Doktrin nach 1991 zuschreiben können, nicht anerkannt. In »*The Grand Chessboard*« [Die einzige Weltmacht] von 1997 macht Brzezinski sogar Vorschläge, Russland in drei separate Republiken zu zerteilen. Hinsichtlich der Ukraine argumentiert er, dass, wenn einmal irgendwann zwischen 2005 und 2010 Reformen diesen Staat in die zentraleuropäische »Familie« gebracht hätten, »wird das Land bereit sein für ernsthafte Verhandlungen mit der EU und der NATO«.[62] Um das

---

60 Samuel Huntington, »The Clash of Civilizations?« *Foreign Affairs*, 72 (3) 1993, S. 22-49; Martin Coward, »The Globalization of Enclosure: interrogating the geopolitics of empire«. *Third World Quarterly*, 26 (6) 2005, S. 868.

61 Samuel S. Huntington, *The Clash of Civilizations and the Remaking of World Order*. London: Touchstone Books, 1998, S. 161; Karten auf S. 159, 166.

62 Zbigniew Brzezinski, *The Grand Chessboard. American Primacy and its Geostrategic Imperatives*. New York: Basic Books, 1997, S. 202, 84, 121

Jahr 2010 herum werde damit dann ein »entscheidender Kern der europäischen Sicherheit« geschaffen, der aus Frankreich, Deutschland, Polen und der Ukraine bestehe. Diese erweiterte geopolitische Formation werde dem Westen die so sehr benötigte strategisch-militärische Tiefe gegen Russland geben, jene Tiefe, die es umgekehrt Russland in der Vergangenheit ermöglichte, die großen Landinvasionen des napoleonischen Frankreich und Nazi-Deutschlands aufzufangen und zurückzuschlagen. Außerdem hatte die Ukraine, Brzezinski zufolge, bereits ihr großes Potential bei der Auflösung der UdSSR bewiesen, als sie »die sowjetischen Armeeeinheiten auf ukrainischem Gebiet, in der Art eines Putsches, unter ukrainische Kommandohoheit gestellt hatte, was verhinderte, dass die *Gemeinschaft Unabhängiger Staaten* (GUS), lediglich ein neuer Name für eine föderalere UdSSR wurde«. Ohne die Ukraine würde Russland auf der anderen Seite »asienisiert«, von Europa entfernt werden. Deshalb sei es essentiell, sicher zu stellen, dass Russland »klar und unmissverständlich« die Abtrennung der Ukraine aus seinem Einflussbereich akzeptiert.[63]

In unterschiedlichen Kombinationen zeigen diese verschiedenen Doktrinen die Strategie und Sicht der US-Politik, ganz besonders in Hinsicht auf den postsowjetischen Raum. Während die Wolfowitz-Doktrin die allgemeine Grundlage war, fügten Abramowitz, Huntington und Brzezinski regional spezifische Variationen hinzu. Und für unsere Fragestellung sind die Vorstellungen des Letzteren zur Ukraine und die darin enthaltene Missachtung russischer Empfindlichkeiten und Sicherheitsbelange sicherlich die relevantesten. Als die zweite Außenministerin der Regierung von Bill Clinton, Madeleine Albright, eine Anhängerin von Brzezinski, die sich selbst zugute hielt, die Vorstellung von den USA als der »unersetzlichen Nation«[64] geprägt zu haben, im April 2000 Kiew besuchte, nannte sie die

---

63 Brzezinski, *The Grand Chessboard*, a.a.O., S. 92f., 113, 119. vgl. S. 85 Karte des »kritischen Kerns«.

64 Mann, *Rise of the Vulcans*, a.a.O., S. 214.

Ukraine eines von vier Schlüsselländern, mit denen die USA die Verbindungen zu vertiefen wünschten. Noch im Jahr 2007 erklärte die Staatssekretärin im Außenministerium Elissa Slotkin, dass die ukrainische Armee im Jahr 2020 in der Lage sein werde, mit der NATO vollständig kompatibel zu sein.[65] Natürlich ließen diese Signale bei den Politikern in Moskau alle Alarmglocken schrillen.

Die Ost-Erweiterung der EU und der NATO

Das militärische und politische Gleichgewicht in Europa wurde komplett beseitigt, als der Sowjetblock implodierte und West-Deutschland die verschiedene Deutsche Demokratische Republik vereinnahmte. Indem seine nominelle Souveränität wieder hergestellt war, wurde das vereinte Deutschland mit einem Schlag wieder die dominante Macht in Europa. Im Zuge davon richtete die neue EU, die mit dem Vertrag von Maastricht 1991 gebildet wurde, die Hauptachse der europäischen Integration, die in den 1980er Jahren (mit der Aufnahme von Griechenland im Jahr 1981, und Spanien und Portugal 1986) noch im Süden gelegen hatte, neu aus in Richtung Osten.[66]

Der Maastricht-Vertrag und die deutsche Wiedervereinigung beendeten das Format der korporativen, liberalen westeuropäischen Integration, das diese vom Marshallplan und dem Schumanplan für die Montanunion von 1950 an charakterisiert hatte. Während dieser Phase hatte Frankreich Westdeutschlands Wiederaufstieg erfolgreich in Grenzen gehalten, indem Bonns politische und/oder wirtschaftliche Bestrebungen (oft ermutigt durch die USA und Großbritan-

---

65 Albright Zitiert in: Yuliya Yurchenko, *Capitalist bloc formation, transnationalisation of the state and the transnational capitalist class in post-1991 Ukraine*. D Phil Thesis University of Sussex, 2013, S. 164; Slotkin zitiert in: Chris Kaspar de Ploeg, *Oekraïne in het kruisvuur. Beeld en werkelijkheid achter de informatieoorlog* [Übers.: M. Grootveld]. n. S.: Papieren Tijger, 2016, S. 147.

66 Otto Holman, *Integrating Southern Europe. EC Expansion and the Transnationalisation of Spain*. London: Routledge, 1996, S. 26-30; und: »Integrating Eastern Europe. EU Expansion and the Double Transformation in Poland, the Czech Republic, and Hungary«. *International Journal of Political Economy*, 28 (2) 1998, S. 12-43.

nien im Kontext des Kalten Krieges) in Strukturen der permanenten
»europäischen Konsultationen« einbezogen worden waren.[67] Der
Neustrukturierung weg vom Klassen- und internationalen Kompromiss wollte sich jedoch auch das europäische Kapital anschließen. Nach einer kurzen Phase des Flirts mit dem Protektionismus,
die den Ausklang des sich verabschiedenden korporativen Liberalismus begleitete (besonders in Frankreich unter Mitterrand in den
Jahren 1980-83), wurde der »Round Table of European Industrialists
(ERT)« zur Speerspitze der Neuorientierung hin zum neoliberalen
Kapitalismus. Der ERT entwickelte die Strategie zur Aufkündigung
des Gesellschaftsvertrags mit der organisierten Arbeiterschaft; seine Berichte heben »unflexible Arbeitsmärkte« als Behinderung der
Wettbewerbsfähigkeit hervor.[68] Das traf insofern zu, als die historischen Niederlagen der Arbeiterbewegung im angelsächsischen
Herzland den dortigen Unternehmen einen Wettbewerbsvorteil verschafft hatten. Insbesondere die Vereinigten Staaten von Amerika
setzten erfolgreich kostengünstige Lohnsenkungen durch und wurden so, von der Reaganschen »Revolution« an, zu einem Magneten
für ausländische Investitionen.[69]

Mit der deutschen Wiedervereinigung hatte sich die französische
Politik, die an der korporativen liberalen Integration festhielt, verbraucht. Es gelang Frankreich nicht mehr, die Bestrebungen seines
Nachbarn im Zaum zu halten. In der neuen Situation war es für die
Vereinigten Staaten zwingend notwendig, jeden Versuch Europas
klein zu halten, sich aus den atlantischen Bindungen, die in den beiden ersten Kalten Kriegen geformt worden waren, zu lösen. Daher
waren die Zusagen bald vergessen, die Außenminister James Baker
Gorbatschow gegeben hatte, dass nämlich Ostdeutschland nicht militarisiert würde, wenn ein vereintes Deutschland der NATO beiträ-

---

67 Siehe mein Buch *Global Rivalries*, a. a. O., S. 50-60 & passim.

68 Bastiaan van Apeldoorn, *Transnational Capitalism and the Struggle over European Integration*. London: Routledge, 2002, S. 67-68.

69 Varoufakis, *Global Minotaur*, a. a. O., S. 104f.

te, und dass, wenn Russland seine 24 Divisionen aus Ostdeutschland abgezogen hätte, die Allianz keinen Zoll weit vorrücken würde.[70]

Als Frankreich Mitte 1991 die Idee einer unabhängigen europäischen Militärmacht als Alternative zur NATO wieder ins Gespräch brachte, wurde diese mit »sofortiger und unmissverständlicher Opposition« aus Washington beantwortet.[71] Ebenso zähmten die USA, ganz im Sinne der Wolfowitz-Doktrin, deutsche Ambitionen, als die Bundesrepublik, als Reaktion auf die Auflösungstendenzen in Jugoslawien, slowenische und kroatische Bestrebungen auf eine Sezession von der Föderation unterstützte. Stattdessen begannen die Amerikaner das islamische Bosnien und später die Eigenstaatlichkeit von Kosovo-Albanien zu unterstützen, teilweise motiviert durch das Bedürfnis, dem Misstrauen in der moslemischen Welt nach dem ersten Golfkrieg entgegen zu wirken, teilweise aufgrund der Planungen, Zugang zu zentralasiatischen Energiequellen zu erhalten, die nach der Auflösung der UdSSR ohne Schutz geblieben waren. Oberflächlich schien es, wie Susan Woodward schreibt, dass »die Vereinigten Staaten beschlossen hatten, Einflusssphären im Norden und Süden Osteuropas mit Deutschland zu teilen«.[72]

Tatsächlich aber gingen die Ambitionen Washingtons noch viel weiter, als es auf ein NATO-Protektorat abstellte, das dafür sorgen würde, dass der Drang des Westens in Richtung Osten unter amerikanischer Kontrolle bliebe. Schon im November 1991 hatten NATO-Länder sich auf Operationen »out of area«, also auf militärische Einsätze außerhalb des Vertragsgebietes, verpflichtet[73], und zum Ende

---

70 Für eine Liste, wer sonst noch vergleichbare Versicherungen abgegeben hatte, siehe *House of Lords, The EU and Russia: Before and Beyond the Crisis in Ukraine*. [EU Committee, 6th Report of Session 2014-2015], 2015, S. 35f. und Sakwa, *Frontline Ukraine*, a. a. O., S. 44f.

71 Susan L. Woodward, *Balkan Tragedy. Chaos and Dissolution After the Cold War*. Washington, D.C.: The Brookings Institution, 1995, S. 174.

72 Woodward, *Balkan Tragedy*, a. a. O., S. 159f.

73 Vassilis K. Fouskas / Bülent Gökay, *The New American Imperialism, Bush's War on Terror and Blood for Oil* [foreword, Peter Gowan]. Westport, Connecticut: Praeger, 2005, S. 61f.

der ersten Amtsperiode Clintons wuchs der Druck für eine NATO-Erweiterung. Ölfirmen erkundeten Möglichkeiten rund um das Kaspische und das Schwarze Meer. Auch die US-Luftfahrtindustrie und die Wall-Street-Banken, die mit einer Reihe von Mega-Zusammenschlüssen aufwarteten, waren dafür.[74] Dem US-Botschafter bei der NATO Robert E. Hunter zufolge würde eine NATO-Erweiterung den Einfluss des Westens sichern, und »robuste Alliierte würden eine große Rolle in der Sicherung des Kontinents spielen«.[75] Im Januar 1994 beschloss der Nord-Atlantik-Rat in Brüssel, die Allianz zu erweitern und Polen, Ungarn und die Tschechische Republik aufzunehmen. Und gegen Ende des gleichen Jahres unternahm die NATO bei der Zerstörung Jugoslawiens ihre erste Operation »out of area« gegen die bosnischen Serben. Die Bereitwilligkeit, die Risiken einzugehen, die mit dieser Verabschiedung von der bisherigen Aufgabe der NATO verbunden waren, geht auf den Aufstieg des spekulativen Finanzwesens zurück und passt sich ein in die Weltsicht, die es vertritt. »Seit 1989 hat die Allianz versucht, eine neue Reihe von Normen zu institutionalisieren und sich eine neue Identität zu geben«, schreibt Michael Williams. »Wie in ihren frühen Tagen arbeitet die NATO daran, eine neue ›soziale Realität‹ zu erschaffen – dieses Mal eine Realität, die den Zeitgeist der Risikogesellschaft wieder in Kraft setzt.«[76]

Die NATO-Erweiterung sollte nicht in Mitteleuropa enden. Im Jahr 1994 wurde die Ukraine der erste GUS-Staat, der der »Partnerschaft für den Frieden« beitrat, ein neu geschaffener Warteraum für zukünftige NATO-Mitgliedschaften. Präsident Leonid Krawtschuk unterzeichnete auch ein Abkommen zur Beseitigung des Atom-

---

74 Der Vorsitzende des *US-Komitees für die Ausweitung der NATO* war Direktor für strategische Planung von Lockheed Martin.

75 Zitate und weitere Details in meinem Buch *Global Rivalries*, a. a. O., S. 272f.

76 Michael J. Williams, *NATO, Security and Risk Management: From Kosovo to Kandahar*. Abingdon, Oxon: Routledge, 2009, S. 25. Williams unterstreicht die Ursprünge der Risikogesellschaft in einer »neuen Art des Kapitalismus«. (S. 5) und einer »auswuchernden Globalisierung« (S. 11).

Arsenals des Landes, im Gegenzug für Garantien (durch die USA, Großbritannien und Russland), »die Unabhängigkeit und die Souveränität und die existierenden Grenzen der Ukraine zu respektieren«.[77] Wie der Investment-Banker und Diplomat Richard Holbrooke, dem die Jugoslawien-Abteilung des US-Außenministeriums anvertraut war, 1995 in einem Artikel in *Foreign Affairs* mit dem Titel »Amerika, eine europäische Macht« ausführte, »muss der Westen sich so schnell wie möglich, tatsächlich ebenso wie mental, nach Mitteleuropa ausdehnen, und die USA sind bereit, den Weg zu weisen.«[78] Dieser Anspruch könnte sehr wohl in Hinsicht auf die nichtrussischen ehemaligen Sowjetrepubliken wiederholt werden. Um die russischen Bedenken zu zerstreuen, legte die NATO-Russland-Grundakte von 1997 in ihrem Kapitel IV fest, dass keine NATO-Atomwaffen und Truppen in den neuen Mitgliedsstaaten stationiert werden.[79]

Angesichts des unaufhaltsamen westlichen Vorrückens gründeten die Länder Georgien, Ukraine, Aserbaidschan und Moldawien 1997 eine unauffällige Organisation ehemaliger Sowjet-Republiken (genannt nach den Initialen GUAM) unter der Schirmherrschaft der USA, Großbritanniens und der Türkei[80]. Die Mitglieder dieser Organisation nahmen, ebenso wie Usbekistan, an der 50-Jahres-

---

77 Die Vereinbarung wurde im Jahr 2009 erneuert. *Budapest Memorandums on Security Assurances*, 1994. Council on Foreign Relations, 5. Dezember 1994 (online). Alle diese Vereinbarungen wurden evtl. verletzt, die erste Zwei durch den pro-westlichen Putsch, der dritte durch die Eingliederung der Krim nach einem dortigen Referendum.

78 Richard Holbrooke, »America, A European Power«, *Foreign Affairs*, 74 (2) 1995, S. 42. Zu dem Konsens unter US-Politikern in dieser Hinsicht: Van Apeldoorn und de Graaff, *American Grand Strategy*, a. a. O., S. 128f.

79 Strobe Talbott, *Text: Talbott Speech On Nato Enlargement at Atlantic Council*, 20. Mai 1997 (online).

80 1999 trat Usbekistan der Organisation bei und fügte ein weiteres U dem Namen hinzu, aber im Jahr 2005 nach einer (vom Westen unterstützten aber misslungenen) ›Farbrevolution‹ trat es wieder aus. (Mahdi Darius Nazemroaya, *The Globalization of NATO* [Vorwort: Denis J. Halliday]. Atlanta, Georgia: Clarity Press, 2012, S. 166.)

Konferenz der NATO im April in Washington teil. Hier wurde die Transformation der Allianz von einem Verteidigungsbündnis in den militärischen Arm des westlichen Globalisierungs-Kapitalismus durch eine neue Doktrin in Stein gemeißelt. Bereits während der Intervention der NATO im Kosovo 1999, die mit der ersten Runde der NATO-Erweiterung zusammen fiel, demonstrierten die GUAM Mitglieder Ukraine und Aserbaidschan ihre neue atlantische Gefolgschaft, indem sie Russland daran hinderten, die serbische Armee zu beliefern, und sogar daran, seine eigenen Friedenssicherungskräfte am Flughafen von Priština zu versorgen.[81]

Jugoslawien sollte zum immer noch weitgehend unangefochtenen Vorzeigeprojekt für die neue westliche Strategie in Richtung Osteuropa werden. Das Auftreten der USA als »europäische Macht« profitierte von der humanitären Fassade der Abramowitz-Doktrin, die Holbrooke mit verfasst hatte. Sie half auch dabei, die EU-Erweiterung nach Osten in diejenige der NATO einzubinden. Mit dem Maastrichter Vertrag hatte die EU nicht nur einen quasi-verfassungsmäßigen Rang der Wirtschafts- und Währungs-Union, die eine Austeritäts-Politik für die Mitgliedsstaaten vorschreibt, sondern auch einen verfassungsmäßigen Rang für die gemeinsame Außen- und Verteidigungspolitik vereinbart. Während der Jugoslawien-Krise sollte die EU entdecken, dass es keinen Weg gab, diese gemeinsame Politik von der NATO zu trennen, und das gleiche sollte für die Ukraine-Krise von 2013/14 gelten. Im Rückblick lässt sich feststellen, dass die Auflösung Jugoslawiens als eine Generalprobe angesehen werden kann – mit Serbien in der Rolle Russlands und der UCK-Gangster des Kosovo als Prototyp der ukrainischen Ultranationalisten und Faschisten, die im Februar 2014 die Macht ergriffen.[82] Die NATO-Erweiterung setzte die EU auch direkt den wirtschaftlichen Konsequenzen einer jeden amerikanischen Konfrontation gegen Russland aus, wie sich schon bald zeigen sollte.

---

81 *Global Rivalries*, a. a. O., S. 281.

82 Johnstone, *Queen of Chaos*, a. a. O., S. 98.

Russlands neue Rolle als Herausforderer

Nachdem Wladimir Putin zum Präsidenten gewählt worden war, fuhr er zunächst mit der Strategie fort, Russland Europa anzunähern, indem er dessen kapitalistischen Kurs fortsetzte und dabei sogar die zivile wirtschaftliche Entwicklung als Mittel hervorhob, die Rolle des Landes in der Welt wiederherzustellen. In seinem *Jahrtausend Manifest* von 1999, kurz bevor er die Präsidentschaft übernahm, erkannte Putin ausdrücklich die Tradition der Rolle Russlands als Herausforderer an. Wie Frankreich im langen 18. Jahrhundert, Deutschland und Japan bis 1945 und die Sowjetunion basieren Herausforderer-Staaten historisch gesehen auf einem starken zentralisierten Machtapparat, um in unterschiedlichem Maße in der Lage zu sein, der Unterordnung unter das anglophone Herzland Widerstand entgegenzusetzen. Über die Jahrhunderte hatte sich das angesichts des westlichen liberalen Kapitalismus als notwendige Voraussetzung der eigenen Souveränität herauskristallisiert. Oder wie Putin in seinem Manifest feststellte, »unser Staat und seine Institutionen und Strukturen haben immer eine außerordentliche Rolle im Leben des Landes und seiner Menschen gespielt«. Ein Jahr später fügte er hinzu, dass diese führende Rolle des Staates durch eine anpassungsfähige Gesellschaft ergänzt werden solle, oder es galt, sich anzustrengen, um – wie er es nannte – die Zivilgesellschaft zu »einem vollwertigen Partner des Staates« zu machen.[83]

Putin und seine Entourage sahen, vielleicht aus Naivität, in dieser Rückkehr zu einem historisch effektiven Staats-Gesellschafts-Komplex keinen Konflikt angelegt. Im Jahr 2002 jedoch, nach früheren vergeblichen Versuchen, eine gemeinsame Sicherheitsorganisation ehemaliger Sowjetrepubliken zu organisieren, richtete Moskau als Antwort auf das ständige Anwachsen westlicher Positionen in den baltischen Staaten und anderen postsowjetischen Republiken mit Hilfe der GU(U)AM eine kollektive Sicherheitsorganisation (die

---

[83] Zitiert in: Roderic Lyne, »Russia's Changed Outlook on the West: From Convergence to Confrontation«. In: Giles et al., *The Russian Challenge*, a. a. O., S. 35.

Collective Security Treaty Organization – CSTO) ein. Die CSTO vereinte Armenien, Weißrussland, Russland, Kirgistan, Kasachstan, Tadschikistan und bis 2005, als Turkmenistan seine Mitgliedschaft zum Assoziierten Mitglied abwertete, auch dieses Land.[84] In Übereinstimmung mit der Wolfowitz-Doktrin weigerten sich die USA von Beginn an, dieser Sicherheitsgemeinschaft irgendeine Berechtigung zuzugestehen. Als bekannt wurde, dass NATO-Generalsekretär Anders Fogh Rasmussen an eine mögliche Kooperation mit der CSTO dachte, intervenierte der US-Botschafter bei der NATO, da die Sicherheitsgemeinschaft als den US-Interessen in den ehemaligen Sowjet-Republiken entgegenstehend angesehen wurde.[85]

Putins anfängliche Einschätzung in seinem Jahrtausend-Manifest, dass in der neuen Epoche wirtschaftliche und nicht militärische Macht die Stellung eines Staates in der Weltordnung bestimmen werde, wurde durch die angloamerikanische Invasion des Irak im Jahr 2003 brutal widerlegt. Der Präsident entschied, sich den Invasionskräften nicht direkt entgegenzustellen, verzichtete aber nicht auf die Feststellung, dass »gewisse Länder ihre starken und gut bewaffneten nationalen Armeen eher dazu benutzen, ihre strategischen Einflusszonen auszuweiten, als den Bedrohungen entgegen zu treten, denen wir alle ausgesetzt sind«.[86] Selbst die NATO-Expansion wurde heruntergespielt, so lange die russischen strategischen Interessen (in der GUS) respektiert wurden, weil – wie der Präsident hervorhob – Dutzende Millionen von Russen in den neuerdings unabhängig gewordenen ehemaligen Sowjet-Ländern lebten. Allerdings begannen wichtige Schritte der USA Moskaus Bereitschaft, sich mit der NATO abzufinden, ernsthaft zu unterminieren: im Jahr 2002 der Rückzug der USA aus dem ABM-Vertrag, der aus den Rüstungskontrollverhandlungen der 1970er und 80er Jahre stammte, und ihre entsprechenden Pläne für ein Raketenabwehrsystem, das in

---

84 Nazemroaya, *The Globalization of NATO*, a.a.O., S. 169.
85 Sakwa, *Frontline Ukraine*, a.a.O., S. 36.
86 Zitiert in: Lyne, »Russia's Changed Outlook«, a.a.O., S. 4.

der Tschechischen Republik, Polen und Rumänien aufgebaut werden sollte.[87]

Das notgedrungene Wiederaufleben der Herausforderer-Rolle Russlands bewirkte auch, dass sich die unterschiedlichen Elemente des neuen Reichtums und der staatlichen Macht in eine kapitalistisch ausgerichtete klientelhafte neue Staatsklasse verwandelten, die sich um die bonapartistische Figur des Präsidenten sammelte. Als Resultat wurde von 2004 an »die Idee des Zurückdrängens der staatlichen Rolle umgekehrt. Sie wurde stattdessen zur Politik, die Kommandohöhen der Wirtschaft unter die Kontrolle großer Organisationen zu bringen (viele davon ganz oder teilweise im Eigentum des Staates), die von Menschen geführt wurden, die dem Kreml nahe standen.«[88] Die hohen Weltmarktpreise für Energie erweiterten die Möglichkeiten deutlich, einen starken und führenden Staat wiederherzustellen, aber die Eigentumsverhältnisse, denen Russlands Ressourcen unterstanden, waren auch Teil der Wiedererrichtung seiner Herausforderer-Rolle.

Von Anfang 2000 an griff Putin gegen den Klientelkapitalismus durch, d.h. gegen den direkten Zugriff von Oligarchen auf staatliche Macht; zuallererst gegen jene, die seinem politischen Projekt entgegenstanden. Aus diesem Grund emigrierte der Medien-Tycoon Wladimir Gussinski im Juni nach Israel, und Boris Beresowski, dessen Millionen durch das Ausschlachten des Autoherstellers Lada (AwtoWas) über seine Handelsorganisationen zustande gekommen waren, zog im November nach London um.[89] Andererseits versuchte Michail Chodorkowski, der Energie-Oligarch (geschätztes Vermögen 8 Milliarden US-Dollar im Jahr 2003), eine Opposition gegen Putin aufzubauen, indem er unter anderem Mitglieder der Duma kaufte, um Unterstützung für seinen Plan einer Trans-Sibirien-Pipeline

---

87 Van Apeldoorn and De Graaff, *American Grand Strategy*, a.a.O., S. 179f.
88 Lyne, »Russia's Changed Outlook«, a.a.O., S. 6.
89 Richard Sakwa, »Putin and the Oligarchs«. *New Political Economy*, 13 (2) 2008, S. 186f.

nach China zu erhalten. Er verhandelte auch mit *ExxonMobil* und *Chevron* über eine US-Beteiligung an seinem Öl-Imperium *Yukos*, das er plante mit *Sibneft* zur größten Ölgesellschaft der Welt zu verschmelzen. Chodorkowski wurde Ende 2003 verhaftet und erhielt 2005 eine Gefängnisstrafe wegen Betrugs. *Yukos* wurde durch die vom Staat kontrollierten Aktiengesellschaften *Rosneft* und *Gazprom* wieder unter russischen Besitz gebracht, als Teil einer breiter angelegten Unterwerfung der Wirtschaft unter den Staat.[90]

Schon früher im Jahr 2005 hatte die russische Regierung verkündet, dass ausländische Firmen zukünftig nicht mehr berechtigt seien, Gebote für die Ausbeutung der Öl-, Gas-, Gold- oder Kupfer-Vorkommen abzugeben. Gegen Ende 2006 wurde *Shell* gezwungen, seine Mehrheitsbeteiligung an der Ausbeutung natürlicher Gasvorkommen, bekannt als Sachalin 2, an Gazprom zu verkaufen, und ein halbes Jahr später, im Juni 2007, musste die britisch-russische Holding *TNK-BP* ebenso ihre Konzessionen im Osten Sibiriens an *Gazprom* abtreten.[91]

Die Drehtürpolitik zwischen *Gazprom* und dem russischen Staat ist charakteristisch für die Rolle der »Staatsklasse« in einem Herausforderer-Staat und war schon unter Jelzin bei seinem Ministerpräsidenten Wiktor Tschernomyrdin sichtbar geworden. Dmitri Medwedew, der Vorsitzende des Aufsichtsrats der *Gazprom* (nicht zu verwechseln mit dem stellvertretenden Vorstandsvorsitzenden Alexander Medwedew), war – und ist es derzeit wieder – unter Putin Ministerpräsident und von 2008 bis 2012 selber Präsident. Ihm folgte bei *Gazprom* der ehemalige Ministerpräsident Wiktor Subkow. Solche Beispiele gibt es viele.

---

90 *Global Rivalries*, a.a.O., S. 356f. and 353, table 10.2. Sakwa, »Putin and the Oligarchs«, a.a.O., S. 187-90; Lyne, »Russia's Changed Outlook«, a.a.O., S. 5.

91 Ida Garibaldi, »NATO and European Energy Security«. *European Outlook*, Nr. 1 (März). Washington: American Enterprise Institute, 2008, S. 3. Über die Rolle von *Gazprom* als staatliches Monopol siehe Rutland, »Russia as an Energy Superpower.« a.a.O., S. 205.

Daher hatte es unmittelbare geopolitische Konsequenzen, als *Gazprom* Allianzen zur Sicherung seines europäischen Marktes zu bilden begann. 2005 vereinbarte *Gazprom* während der scheidenden Regierung von Gerhard Schröder, eine Pipeline, die *Nord Stream*, durch das Baltikum direkt nach Deutschland zu bauen. Ein Vorhaben, für das Berlin eine Kreditbürgschaft in Höhe von eine Milliarde Euro vergab.

E.On und *Ruhrgas* verbanden sich für dieses Projekt mit *Gazprom* und *Wintershall* (BASF) mit *Urengoy Gazprom*, jetzt *Gazprom Dobycha Urengoy*. Ex-Bundeskanzler Schröder wurde Vorsitzender des Aufsichtsrates von *Achimgaz*.[92] Dieses Joint-Venture-Projekt passte zu einer Strategie staatlicher russischer Energiekonzerne, Beziehungen mit westlichem Kapital aufzunehmen. *Gazproms* Verbindungen mit europäischen Firmen steigerten sich im Jahr 2007 auf 66, verglichen mit nur 37 zehn Jahre zuvor.[93]

Im Juni 2007 vereinbarten *Gazprom* und die italienische *ENI*, eine Pipeline unter dem Schwarzen Meer zu verlegen. Die *South Stream* sollte das unzuverlässige ukrainische Netzwerk umgehen, das aufgrund von Zahlungsrückständen im Januar 2006 und noch einmal ein Jahr danach abgeschaltet worden war. Damit sollte auch die rivalisierende *TGI-Pipeline* (Türkei-Griechenland-Italien) umgangen werden, ebenso wie die geplante Pipeline *Nabucco* (durch die Türkei), die beide Russland umgehen sollten. Es war in der Tat der Plan der EU, durch die *Nabucco* Zugang zum Kaspischen Erdgas zu bekommen, der das 40 Milliarden Dollar schwere *South Stream*-Projekt hervorgerufen hatte, das bis dahin teuerste Pipeline-Projekt in der Geschichte.[94] Mit

---

92 Kees van der Pijl / Otto Holman / Or Raviv, »The Resurgence of German Capital in Europe: EU Integration and the Restructuring of Atlantic Networks of Interlocking Directorates After 1991«. *Review of International Political Economy*, 18 (3) 2011, S. 401.

93 Chinas CNPC andererseits strebt nach Afrika, Zentralasien und Asien. Naná de Graaff, *Towards a Hybrid Global Energy Order. State-owned oil companies, corporate elite networks and governance*. Ph. D. diss., Free University Amsterdam, 2013, S. 113, 118-20.

94 Zeyno Baran, »EU Energy Security: Time to End Russian Leverage«. *The Washington Quarterly*, 30 (4) 2007, S. 139.

dem Plan, an der bulgarischen Küste an Land zu kommen, sich dann über Ost-Europa nach Österreich zu verzweigen, involvierte *South Stream* neben dem russischen staatlichen Gas-Monopolisten die italienische *ENI* (zu 30 Prozent selbst in staatlicher Hand), die *Électricité de France* und noch einmal *Wintershall*. Romano Prodi, Ministerpräsident Italiens (und Ex-Vorstandschef von *Maserati [FIAT)]*), der das Projekt zum ersten Mal gegen Ende 2006 ins Gespräch gebracht hatte, wurde der Vorsitz angetragen. Er lehnte ab, vielleicht, weil er als ehemaliger Präsident der Europäischen Kommission erkannte, dass dies aus verschiedenen Gründen ein umstrittenes Projekt werden würde.[95]

Russland schloss von 2007/8 an eine Serie von Vereinbarungen mit der Türkei, an die es bereits Gas durch die *Blue Stream*-Pipeline durch das Schwarze Meer lieferte, und mit Bulgarien, Griechenland, Serbien, Ungarn, Mazedonien, Kroatien und der Slowakei. Diese Vereinbarungen sicherten nicht nur die entsprechenden Abschnitte der *South Stream*-Pipeline, sondern begründeten auch engere Bindungen zwischen diesen Ländern, von denen einige NATO und EU-Staaten waren, und Russland. Am Ende der 3.300 km langen Pipeline sollte das Gas in Österreichs Gas-Lager und Verteilzentrum Baumgarten, das ursprünglich für iranisches Gas geplant und als Teil der Energie-Infrastruktur des *Trans-European Networks* (TEN) der EU vorgesehen war, gesammelt werden. Durch die Partnerschaft mit Österreichs Energie-Konzern *OMV*, sicherte sich *Gazprom* den Zugang zum Handelsplatz Baumgarten.[96]

Ganz offensichtlich stellte diese EU-Eurasien-Verbindung, besonders in Zusammenhang mit der kurzzeitig durch Rasmussen ins Spiel gebrachten Kooperation mit der CSTO, eine direkte Bedrohung der US-Hegemonie dar. Die Konsolidierung des russischen Staates traf mit Plänen für einen eurasischen Wirtschaftsblock und mit dem

---

95 Zeyno Baran, *Security Aspects of the South Stream Project*. Brüssel, European Parliament, Oktober 2008, S. 25 (online). Im selben Jahr schloss *Gazprom* eine Vereinbarung mit *NIOC* (Iran), Ibid., S. 24. Vgl. De Graaff, *Towards a Hybrid Global Energy Order*, a. a. O., Kapitel 4 und 5.

96 Baran, Security Aspects of the South Stream Project, a. a. O., S. 7, 18.

Auftreten der BRICS-Staaten zusammen. Obwohl weit entfernt vom bewussten Versuch, einen rivalisierenden Zusammenschluss zu bilden, war das Akronym *BRICS* von *Goldman Sachs*-Ökonomen geprägt worden, um die »aufstrebenden Märkte« Brasilien, Russland, Indien und China (und später Südafrika) zu beschreiben. Als sich aber abzeichnete, dass das angloamerikanische Abenteuer im Irak ein teurer Sumpf werden würde, verwandelten sich die Länder, die unter diesem Namen firmierten, langsam zu Herausforderern, die »in paralleler bzw. abgestimmter Weise für andere Akteure die Bedingungen internationaler Interaktionen verändern – unabhängig davon, ob es Staaten, Firmen oder internationale Organisationen sind.«[97]

*Gazprom*s Vereinbarung mit der iranischen *National Iranian Oil Company* (NIOC) und auch der Abschluss eines Joint Venture mit der italienischen *ENI* zur Ausbeutung von libyschem Gas ließen in Washington und anderen NATO-Hauptstädten alle Alarmglocken schrillen. Der Deal mit der *ENI* wurde während eines Treffens mit Ministerpräsident Berlusconi abgeschlossen, als Putin von Tripolis zurückkehrte, wo er dem Land Schulden in Höhe von 4,5 Milliarden US-Dollar erlassen hatte.[98] Schon im Mai 2006, nach der Unterbrechung der russischen Gaslieferungen über die Ukraine im Januar, hatte der US-Senat einstimmig eine Resolution angenommen, die die NATO dazu aufrief, die Energie-Sicherheit ihrer Mitglieder zu schützen und eine Diversifikationsstrategie zu entwickeln. Senator Richard Lugar trat in einer viel beachteten Rede im Vorfeld des NATO-Gipfels in Riga im November 2006 dafür ein, die Einstellung von Energielieferungen als eine »Waffe« zu bezeichnen, die Artikel 5 des NATO-Vertrages (Verteidigung der Gemeinschaft) in Kraft setzen kann.[99]

---

97 Leslie Elliott Armijo, »The BRICs Countries (Brazil, Russia, India, and China) as Analytical Category: Mirage Or Insight?« *Asian Perspective*, 31(4) 2007, S. 9.

98 Baran, *Security Aspects of the South Stream Project*, a. a. O., S. 26.

99 Zitiert in: Garibaldi, »NATO and European Energy Security«, a. a. O., S. 4, und in: Baran, *Security Aspects of the South Stream Project*, a. a. O., S. 30.

Der dritte Kalte Krieg und das spekulative Finanzwesen

So wie der erste Kalte Krieg Teil des Komplexes an Kompromissen gewesen war, der durch das Konzept des korporativen Liberalismus reguliert wurde, bei dem die fordistische Industrie die dominierende Kapitalfraktion darstellt; und so wie der systemische Neoliberalismus des globalen Finanzwesens den zweiten Kalten Krieg befeuerte, wird auch der dritte durch eine spezifische Koalition oder einen historischen Block angetrieben. Dieser Block ist gruppiert um das spekulative, Geldhandelskapital mit seinen sowohl politischen als auch ökonomischen Hoch-Risiko-Operationen und mit vielen Verbindungen mit dem öffentlichen und privaten Sicherheitssektor, der »Panzerung des Kapitals mit Zwang«. Nach dem Zusammenbruch des Staatssozialismus nutzten Handels- und Finanz-Akteure neue Buchführungsregeln und legale Schlupflöcher, sammelten Verbündete unter Politikern und (»Mikro«-)Ökonomen in einer schnell wachsenden Schar um sich, allesamt aus vielfältigen Gründen darauf erpicht, Teil an dem neuen Trend zu haben. Streeck beleuchtet, wie dieser Rausch durch eine neue Theorie der Kapitalmärkte unterstützt wurde, die für fähig gehalten wurden, sich ohne jegliche staatliche Kontrolle selbst zu regulieren (die These vom »effizienten Markt«).[100]

Anders als das Investitionskapital mit seinem systemischen Blick auf den Akkumulationszyklus (der Volcker-Blickwinkel von 1979), hat das mit Geld handelnde Kapital, oder um es in zeitgenössischer Sprache zu benennen, der »Handel mit Finanzdienstleistungen«, keine Langzeitvorstellung von einer sozialen Ordnung. Dieses Kapital ist lediglich marginal verbunden mit der Erzeugung von Mehrwert, den es sich außerhalb der Produktionssphäre, lediglich im Prozess der Gewinnverteilung aneignet. Im Ergebnis sind für diese Kapitalform andere Geschäfte als »billig kaufen und teuer verkaufen« – also

---

Garibaldi arbeitete zu diesem Zeitpunkt für das American Enterprise Institute; Zeyno Baran ist Direktor des Center for Eurasian Policy am Hudson Institute, beides stark rechtslastige Institutionen.

100 Streeck, *Gekaufte Zeit*, a. a. O., S. 69.

Angelegenheiten wie Forschung und Entwicklung, Langzeitinvestitionen und die soziale Stabilität, die sie brauchen, um sich zu lohnen – sekundär für den eigenen Modus Operandi. Peter Gowan erfasst diese Umschichtung, wenn er schreibt, »Handelsaktivitäten bedeuten hier keine Langzeitinvestitionen ... in diese oder jene Wertpapiere, sondern das Kaufen und Verkaufen von finanziellen und realen Vermögenswerten, um Preisunterschiede und Preisänderungen auszunutzen – nicht zuletzt sie selbst zu generieren« (»Spekulation auf Kursunterschiede«).[101]

Und so haben die Plünderungen von Firmen und Pensionsfonds und die Benutzung von Derivaten als Sicherheit für wachsende Kreditaufnahme dazu geführt, dass Banken mit einer vollkommen im Hintergrund agierenden Schatten-Banken-Wirtschaft wunderbar florierten. Jedenfalls dachten sie das. »Eigenhandel«, nicht nur Spekulation auf Kommissionsbasis, sondern auch Einsatz des eigenen Geldes der Bank und der Einlagen, wurde von John Meriwether bei *Salomon Brothers* eingeführt. Im Jahr 1994 gründete Meriwether einen eigenen Hedgefonds, LTCM (*Long Term Capital Management*), gemeinsam mit zwei »ehrbaren« Nobel-Preisträgern für Wirtschaftswissenschaften (gestiftet von der Schwedischen Reichsbank).[102]

Die Bereitschaft zu Risiko und Manipulationen, um durch undurchschaubare Verbriefungen an die Spitze zu gelangen, stehen im Mittelpunkt des mentalen und moralischen Universums dieser Fraktion von Kapitaleignern und der Werte, die sie propagieren. Gestützt auf schnell anwachsende Einkommensströme hatte sich ihre spezifische Klassenperspektive bis 2000 zur neuen Normalität entwickelt, zum Herrschaftskonzept für einen aufstrebenden historischen Block. Die globale Arbeiterklasse, die sich auf drei Milliarden Menschen mehr als verdoppelte, zählt wenig in dieser Perspektive, genauso wenig wie die Ersparnisse der Mittelklasse vor Raubzügen geschützt

---

101 Peter Gowan, »Crisis in the Heartland. Consequences of the New Wall Street System«. *New Left Review*, 2nd series (55) 2009, S. 9.
102 Ebenda.

sind. Die soziale Existenz ist reduziert auf ein endloses »Wählen können«, wodurch eine unsichere, desorientierte und letztendlich ungeschützte menschliche Masse erzeugt wird, die sich innerhalb eines mikro-ökonomischen Universums mit keinem anderen Kompass als dem des Eigeninteresses bewegt. Dies wiederum bringt eine spezifische Auffassung vom Menschen und seiner Entwicklung hervor. Der Arbeiter als verantwortlicher Staatsbürger wie in den 1950er Jahren wird zum atomisierten »menschlichen Elementarteilchen« von heute, gefeiert in den Romanen von Michel Houellebecq.[103]

Das letzte Element, das für ein wirklich umfassendes Herrschaftskonzeptes notwendig ist, ist die Übernahme des Staates, mit der die öffentlichen Angelegenheiten der Logik und den Interessen dieser Form des Kapitals unterworfen werden. Deshalb wurde Meriwethers LTCM, als es im Jahr 1998 zusammenbrach vom Chef der US-Notenbank, dem ehemaligen *JP Morgan*-Banker Alan Greenspan mit 3,6 Milliarden US-Dollar gerettet, ein Muster, das sich in der grenzüberschreitenden Bankenkrise von 2008 wiederholen sollte, die ebenfalls von den ›Handelsplattformen‹ der Finanzmärkte ausgelöst wurde. Durch die Hochgeschwindigkeitsbewegungen der Geldfonds und den Weg über Offshore-Finanzplätze wurden Vermögensblasen zu einer regelmäßigen Eigenschaft des Post-1990er Kapitalismus.

Der Zahlungsausfall Russlands bei seinen Auslandsschulden in Höhe von 193 Milliarden US-Dollar war eine der Folgen, eine andere der Raubzug auf den »aufstrebenden Märkten« Asiens in den Jahren 1997 und 1998. Inmitten des Sturms schlugen die japanischen Finanzbehörden einen Asiatischen Währungsfonds vor, um die Situation zu stabilisieren (nicht unähnlich dem Geldmarktfonds der BRICS-Bank vom 16. Juli 2014). Jedoch legten die USA sofort ihr Veto ein, und der Vorschlag wurde abgewürgt, so dass »der IWF an vorderster Front der Rettungsaktion verblieb«.[104]

---

103 Für eine Charakterisierung dieses Autors und ihm Gleichgesinnter in Paris als »Pseudo-Nihilisten« siehe Shlomo Sand, *La fin de l'intellectuel français? De Zola à Houellebecq* [Übers.: M. Bilis]. Paris : La Découverte, 2016, S. 207-22.

104 *Financial Times* cited in *Global Rivalries*, a. a. O., S. 319f.

Diese Rettungsaktionen »ermöglichten es dem finanziellen Tumult, sich in eine weitere Aktien/Immobilien-Blase zu verwandeln«, ein Prozess, der durch eine neue Regulierung unterstützt wurde, die, wie Christopher Rude erklärte, »ebenso wichtig für die Erhaltung des globalen Kapitalismus unter der Dominanz der USA ist, wie die Rolle, die das US-Militär im Kosovo, Afghanistan, dem Irak und an anderen Stellen spielt«.[105] Die Kombination beider kann nur als abschließendes, äußerst gefährliches Stadium im Prozess der Globalisierung des Kapitals gesehen werden.

Durchtränkt mit der Denkweise der spekulativen, mit Geld handelnden Fraktion als Kern einer breiteren Klassenkonfiguration scheut das Kapital heute kein Risiko, wie groß auch immer, solange der Ertrag es wert zu sein scheint. In Abwesenheit eines funktionierenden sozialen Kompromisses sowohl in den Unternehmen als auch in der Gesellschaft als Ganzes pflegen westliche Regierungen, aktiv oder passiv, eine generelle Tendenz zum Autoritarismus, die Hand in Hand geht mit der Vergiftung der öffentlichen Sphäre durch Verdrehung und falsche Darstellung von Fakten. Gramsci charakterisiert das als die Übergangsphase aus »Korruption/Betrug« zwischen Konsens und Zwang, wenn die Hegemonie nur noch schwer zu erreichen und der offene Zwang noch zu riskant ist.[106] Auf diese Weise erhalten rechte Parteien, ja sogar Neonazi-Bewegungen ein für sie vorteilhaftes Umfeld. Die Mainstreammedien unterstützen diese Tendenz. Die Ukraine-Krise ist ein Fall, in dem offenbar wird, wie Demagogie und Panikmache eine nüchterne Einschätzung der Weltsituation verhindern. Echte Gefahren wie die endlose Spirale neuer Waffenentwicklungen, Waffenhandel und -verbreitung werden andererseits

---

105 Christopher Rude, »The Role of Financial Discipline in Imperial Strategy«. In: L. Panitch / M. Konings, Hg., *American Empire and the Political Economy of Global Finance*. Basingstoke: Palgrave Macmillan, 2008, S. 211 bzw. 199.

106 Antonio Gramsci, Fragment aus den *Notes on Machiavelli*, in: *Selections from the Prison Notebooks*, a. a. O., S. 80 n. Vgl. *Dizionario Gramsciano 1926-1937* [Guido Liguori / Pasquale Voza, eds.] Roma: Carocci, 2009, S. 167, »*corruzione*«.

meist ignoriert. Selbst die Zerstörung der Biosphäre wird noch zum Objekt spekulativer Gewinnerzielung durch den Handel mit Abgas-Zertifikaten bzw. -Derivaten und anderen Finanzoperationen.[107]

**Die Jagd auf den »Wilden Osten« –
Finanzwesen und Zivilgesellschaft**
In Hinsicht auf den postsowjetischen Raum war das Ziel des räuberischen Neoliberalismus, aus den skrupellosesten Plünderern eine neue herrschende Klasse zu schaffen. Mit Gowans Worten: »Der Westen drängte darauf, dass jene, die es geschafft hatten, unter dem Kommunismus Geldkapital anzusammeln, den Kern der neuen einheimischen Kapitalistenklasse bilden sollten. Diese Menschen waren hauptsächlich illegale Wechselkursspekulanten und Schwarzmarkthändler sowie korrupte Mitglieder der staatlichen Verwaltung, besonders im Import/Export-Bereich. Solche Menschen haben unternehmerischen Geist, wenn auch von krimineller Art, bewiesen.«[108]

George Soros, ein aus Ungarn emigrierter Finanzier, verkörpert wie kein anderer die Beziehung zwischen der Welt des zerstörerischen Finanzkapitalismus des Westens und der Transformation der postsowjetischen Gesellschaft auf neoliberalen Pfaden, bei der die Mobilisierung der »Zivilgesellschaft« als bevorzugtes Mittel eingesetzt wurde. Im Jahr 1992 sicherte Soros seinen Platz als einer der prominentesten Geld-Händler der Welt, als er 950 Milliarden Dollar verdiente, indem er 10 Milliarden gegen das Britische Pfund wettete. Auf diese Weise zwang er Großbritannien, das Europäische Währungssystem, den Vorläufer der Euro-Zone, zu verlassen. Kurz darauf

---

107 Siehe Peter Newell, *Globalization and the Environment. Capitalism, Ecology and Power*. Cambridge: Polity Press 2012, besonders das Kapitel »Global Finance and the Environment: Gambling on Green«.

108 Gowan, *The Global Gamble*, a. a. O., S. 230. Er zitiert Geoffrey Howe, Thatchers ehemaligen Schatzkanzler, der als Berater für die ukrainische Regierung im Jahr 1991 ernannt worden war, demzufolge »Bandenkriminalität«, wie die US-amerikanischen skrupellosen Kapitalisten des 19. Jahrhunderts bewiesen hätten, der Situation bei der Einführung der neuen Ordnung angemessen sei.

wurde Soros in den Aufsichtsrat der *Carlyle Gruppe* aufgenommen, einem schnell wachsenden und inzwischen größten Private Equity Fonds der Welt, spezialisiert auf Kauf und Verkauf von Geldanlagen in der Rüstung. Dazu ist die Firma bestückt mit Top-Politikern wie James Baker (der uns schon als Außenminister in der Regierung von G. W. H. Bush begegnet ist) und vielen weiteren.[109]

Soros Bewunderung für die Lehre der Gründer der Mont Pèlerin Society, Friedrich Hayek und Karl Popper, beschränkte sich nicht auf deren Ansicht zum sich selbst regulierenden Markt, sondern umfasste auch und speziell die Zurückweisung der aktiven Rolle des Staates, es sei denn, dass es darum ginge, die Märkte zu fördern. Das brachte ihn dazu, seinen *Open Society Fund* (OSF) zu gründen, genannt nach dem Titel eines Buches von Popper, als Mittel, um im ehemaligen Sowjetblock die »Zivilgesellschaften« zu aktivieren und jede Form der sozialen Absicherung durch den Staat zu diskreditieren oder die staatliche Zuständigkeit für diesen Bereich zu unterminieren. Schon vor 1989 hatte Soros große Summen ausgeschüttet, um oppositionelle Gruppen zu finanzieren, nicht nur durch den OSF, sondern auch durch andere »Nichtregierungsorganisationen« (NGOs). Im Widerstand gegen den Putsch konservativer Kommunisten gegen Gorbatschow im Jahr 1991 wurden auch Gruppen aktiv, die von Soros finanziert wurden. Ebenso bezahlte er Reisen von Jeffrey Sachs kreuz und quer durch den ehemaligen Sowjetblock. Die Gründung des *Open Media Research Institute* in Prag, der *Central European University*, schlussendlich in Budapest, und andere Aktivitäten machten Soros zu einer Schlüsselfigur in der »Transition«. Natürlich pickte er sich auch Vermögenswerte im ehemaligen Sowjetblock heraus, da weder ihm und seinen Anteilseignern, noch

---

109 Sogar John Major, britischer Ex-Premierminister gehört zu Carlyle, während der Meister der Undercover Operationen, Frank Carlucci, ehemaliger Vizedirektor der CIA, Vice-Chairman von Carlyle war, wodurch die enge Affinität zwischen den Geheimdiensten und dem spekulativen Kapital deutlich wird. Dan Briody, *The Iron Triangle. Inside the Secret World of the Carlyle Group* [Vorwort: C. Byron]. Hoboken, N.J.: John Wiley, 2003, S. 21ff.

den Zielländern die goldenen Möglichkeiten »verweigert« werden sollten, die dort entstanden.[110] Wie wir noch sehen werden, gründete er für die Ukraine eine für diese Aufgabe bestimmte *Renaissance Foundation*.

Aktivitäten von Nichtregierungsorganisationen waren die Hauptkomponente des »Project Democracy« der Regierung Reagan, das 1981 unter Federführung des Nationalen Sicherheitsrates installiert worden war. Zwei Jahre später wurde als sein »offener«, öffentlicher Arm das *National Endowment for Democracy* (NED) gegründet, im November 1983 vom Kongress formell eingerichtet. Die westliche Intervention sollte über verdeckte Aktionen der Geheimdienste oder über militärische Gewalt hinaus verbreitet werden und die Mobilisierung der Zivilgesellschaft einbeziehen, wofür US-amerikanische Wissenschaftler die probaten Lehren entwickelt hatten. Das Konzept bewährte sich in einer Serie von »Farbenrevolutionen«, die den ehemaligen Sowjetblock zerrissen, und es zeigte zudem seine Effektivität auf den Philippinen und später im Nahen Osten.[111]

Der Begriff der »Zivilgesellschaft« bezieht sich hier auf jene potentiell unterdrückten oder benachteiligten, aber nicht der Arbeiterklasse oder der Linken angehörenden, Gruppen, derer man sich als Vorwand für eine humanitäre Intervention bedienen kann. Dies umfasst, um mit den Worten von Diana Johnstone zu sprechen, »einen Komplex verschiedener Minderheiten, und daher ist die Verteidigung ethnischer, religiöser oder sexueller Minderheitsrechte ein

---

110 Klein, *Shock Doctrine*, a. a. O., S. 235f.; van der Pijl, *Global Rivalries*, a. a. O., S. 255f. Das Ja-Lager während der holländischen Wahlkampagne zum Referendum über den EU-Assoziationsvertrag mit der Ukraine erhielt ebenfalls im März 2016 eine Spende von 200.000 Dollar von Soros. *NOS*, »Amerikaanse miljardair sponsort ›ja‹-campagne Oekraïne-referendum«, 22. Januar 2016 (online).

111 Ich habe das dokumentiert in: *The Discipline of Western Supremacy*. Vol. III of *Modes of Foreign Relations and Political Economy*. London: Pluto, 2014, S. 214-19. Siehe auch: William I. Robinson, *Promoting polyarchy: Globalization, US intervention, and hegemony*. Cambridge: Cambridge University Press, 1996.

fruchtbares Feld für Bewegungen mit dem Potential, die Unterstützung für die Zentralregierung zu schwächen.«

»Durch ihren emotionalen Einfluss können identitätspolitische Bewegungen Regierungen destabilisieren, ohne sich in irgendeiner Art in die wachsende Dominanz des Finanzkapitals einzumischen, indem sie ökonomische und soziale Beziehungen festlegen, wie es wirtschaftlich basierte Bewegungen tun könnten. Die Zivilgesellschaft ist ein guter Nährboden für die Bildung einer selbsternannten Elite, die geeignet ist, für die von den USA bestimmte Globalisierung rekrutiert zu werden.«[112]

US-amerikanische Zivilgesellschafter haben bereits die Opposition in Litauen im Jahr 1990 beraten, und die baltischen Staaten wurden im Jahr 2004 schlussendlich NATO- und EU-Mitglieder. Wie Chris de Ploeg dokumentierte, schloss dies emigrierte Anhänger des Westens ein. Dazu gehörten T. H. Ilves, ehemaliger Präsident des unabhängigen Estland, der in den USA für den anti-sowjetischen Propagandakanal »Radio Free Europe« gearbeitet hatte; V. Adamkus, ehemaliger Präsident von Litauen, zuvor schon drei Jahrzehnte lang US-Staatsbürger und dort die meiste Zeit als Geheimdienstbeamter tätig; Vaira Vike-Freiberga, ehemalige Präsidentin von Lettland, aufgewachsen in Kanada.[113]

Im Jahr 2003 richtete sich das Augenmerk der USA auf Georgien und die Ukraine, die beide die Invasion im Irak unterstützt hatten und zu deren Ablehnung durch Mitteleuropa und Russland auf Distanz gingen.[114] Die Pflege pro-westlicher Eliten in Georgien war durch die Tatsache motiviert, dass das Land eine Station der geplanten *Baku-Ceyhan-Pipeline* von Aserbaidschan an die türkische

---

112 Johnstone, *Queen of Chaos*, a.a.O., S. 25, Hervorhebungen hinzugefügt. – Hier und im Folgenden wird nicht nach der deutschsprachigen Ausgabe zitiert (*Die Chaos-Königin. Hillary Clinton und die Außenpolitik der selbsternannten Weltmacht*, Frankfurt a. M.: Westend, 2016)

113 De Ploeg, *Oekraïne in het kruisvuur*, a.a.O., S. 146.

114 Vicken Cheterian, »Entre Union européenne, OTAN et Russie. Le pendule ukrainien.« *Le Monde Diplomatique*. Oktober 2004. *Archiv 1954-2012* [CD-Rom ed.].

Mittelmeerküste und zudem strategisch günstig am Schwarzen Meer gelegen war. Wie ein ehemaliger britischer Botschafter in Georgien nach dem fehlgeschlagenen Militärabenteuer meinte, mit dem das Land die rebellische Provinz Südossetien mit Gewalt zurückerobern wollte, sollten NATO-Truppen entsandt werden, »um Georgiens Gebietshoheit und die ost-westliche Öl- und Gaspipeline aus der kaspischen Region und Zentralasien abzusichern.«[115]

Das neue Regime des im Westen ausgebildeten Michail Saakaschwili war durch die »Rosen-Revolution« von 2003 an die Macht gekommen, die Gorbatschows ehemaligen Außenminister und Georgiens Ex-KGB-Chef Eduard Schewardnadse hinweggefegt hatte. Dieser Übergang führte dazu, in Moskau den Verdacht zu wecken, dass es Gefahr lief, von unfreundlichen Staaten umringt zu werden. Ebenso fachte er separatistische Gefühle unter jenen Nationalitäten an, die durch den Zusammenbruch der UdSSR von ihren Landsleuten in der Russischen Föderation getrennt worden waren. Von 2001 an hatte Israel auf Rechnung der USA Waffen an Georgien geliefert, und israelische Spionage-Drohnen absolvierten Aufklärungsflüge für Georgien über dem südlichen Russland (ebenso wie über dem Iran, als Vorbereitung einer möglichen israelischen Aggression gegen dieses Land).[116] In der Zwischenzeit führten tschetschenische Terrorangriffe in Russland und die offenkundige Bereitschaft Großbritanniens und der USA, den Tätern Schutz zu gewähren, zu Befürchtungen Moskaus, dass der Westen »die Zerstörung Russlands und das Auffüllen seines riesigen Gebietes mit einer Vielzahl an funktionsunfähigen quasi-staatlichen Gebilden« anstrebe.[117]

In der Ukraine sorgten nach der Unabhängigkeit ebenfalls einzelne Anführer für eine Umorientierung des Landes in Richtung Wes-

---

115 Zitiert in: Julie Hyland/Chris Marsden, »Danger grows of NATO-Russian clash in Black Sea«. *World Socialist Website*, 1. September 2008 (online).

116 Arnaud de Borchgrave, »Commentary: Israel of the Caucasus«, *Middle East Times*, 2. September 2008 (online).

117 Vladislav Surkov zitiert in: Lyne, »Russia's Changed Outlook«, a. a. O., S. 6. *Global Rivalries*, a. a. O., S. 348f.

ten. Dabei handelt es sich um Personen wie den westlich orientierten ehemaligen Zentralbank-Direktor Wiktor Juschtschenko, der dann im Jahr 2004 zum Präsidenten gewählt werden sollte, und um eine Flut von ehemaligen ukrainischen Auswanderern nach Nordamerika, die so genannten »Galizischen Vettern«. Der erste US-Botschafter in Kiew, Roman Popadiuk, half bei der Errichtung von gemeinsamen Aktiengesellschaften in der Ukraine und etablierte einen Zweig der US-amerikanischen Handelskammer (ACC-UA), deren Angestellte ebenfalls von ukrainischen Emigranten abstammten.[118] 1,2 Millionen Ukrainer alleine in Kanada, die höchste Konzentration außerhalb Russlands und der Ukraine selbst, waren ein riesiges Publikum für ultranationalistische Narrative wie die des »Holodomor«, mit dem die katastrophale Kollektivierung der sowjetischen Landwirtschaft zu einem stalinistischen Genozid speziell an den Ukrainern verdreht wird.[119]

Georg W. Bush besuchte Kiew im Jahr 2002 und in einer gemeinsamen Erklärung mit dem polnischen Präsidenten Kwasniewski sicherte er seine Unterstützung für eine Integration der Ukraine in die westliche Ordnung zu. Ukrainisch-amerikanische Organisationen, besonders hervorzuheben das *Ukrainian Congress Committee of America* (UCCA), organisierten begleitende Veranstaltungen wie jährliche Runde Tische über die Eigenstaatlichkeit der ukrainischen Nation. Der erste fand im November 2000 statt; Teilnehmer waren neben dem ukrainischen Außenminister Boris Tarasjuk auch Paul Wolfowitz und die bereits erwähnten Åslund und Brzezinski.[120]

Der Krieg, um die NATO-Erweiterung aufzuhalten

Die Orangene Revolution in der Ukraine im Jahr 2004 wird uns im Kapitel 2 beschäftigen. An dieser Stelle möchte ich nur kurz festhalten, dass sich unmittelbar nach der Bestätigung von Juschtschenko als

---

118 Yurchenko, *Capitalist bloc formation*, a. a. O., S. 158f.
119 Eine wissenschaftliche Sicht findet sich in Moshe Lewin, *The Making of the Soviet System. Essays in the Social History of Interwar Russia*. London: Methuen, 1985, S. 150-56.
120 Yurchenko, *Capitalist bloc formation*, a. a. O., S. 165f.

rechtmäßigem Präsidenten die USA, die EU und die internationalen Finanzinstitutionen beeilten, aus dem Sieg der pro-westlichen Kräfte Kapital zu schlagen. In den WikiLeaks Enthüllungen wurde aufgedeckt, dass der stellvertretende Außenminister der USA, Daniel Fried, in die Ukraine fuhr, um der neuen Regierung zu versichern, dass die USA ihr beistehen würden, sollte sie sich gegen Russland wenden, so wie Polen und die baltischen Staaten es schon getan hatten, und wenn sie die Marktreform fortsetze, so würden auch ihre NATO- und euroatlantischen Bestrebungen unterstützt werden.[121]

Dies blieb Moskau natürlich nicht verborgen, und Russland wechselte nun von seiner nachsichtigen Haltung gegenüber der EU- und der NATO-Erweiterung hin zu einer Politik des »Neo-Revisionismus«. In einer Rede im Jahr 2005 bestand Putin auf Moskaus Recht, »selbst über die Geschwindigkeit, die Bedingungen und Umstände seiner Entwicklung zur Demokratie« zu entscheiden, während er vor Destabilisierungsversuchen in der Art der Farbenrevolutionen in Georgien und der Ukraine (»ungesetzliche Methoden der Auseinandersetzung«) warnte.[122] Auf der jährlichen Münchner Sicherheitskonferenz im Januar 2007 brachte Putin noch einmal die russische Enttäuschung über die Nutzung der sogenannten »Demokratie-Förderung« als Mittel der Ausweitung westlichen Einflusses zum Ausdruck. Er warnte auch davor, dass Versuche, eine Hauptstütze europäischer Sicherheit, die OSZE, zu einem Instrument der NATO-Außenpolitik zu machen, nach hinten losgehen würden. Und wenn die OSZE Beobachter in verschiedene umkämpfte Gebiete, darunter Südossetien in Georgien und später in die östliche Ukraine, entsende (sie waren unter den ersten, die die Unglückszone nach dem Abschuss von Flug MH17 besichtigten), sollten sie sich auf »Armeslänge« von der NATO entfernt halten. Der russische Präsident erinnerte seine Zuhörer auch an die Zusagen, die NATO nicht zu erweitern,

---

121 Sakwa, *Frontline Ukraine*, a. a. O., S. 53.

122 Zitiert in: Andrei S. Tsygankov, »Russia's International Assertiveness: What Does It Mean for the West?« *Problems of Post-Communism*, 55 (2) 2008, S. 39.

und warnte davor, dass weitere einschlägige Versuche große Risiken in sich bergen würden.[123]

Trotzdem wurde der Ukraine und Georgien auf dem Bukarester Gipfeltreffen der NATO im April 2008 signalisiert, dass sie Kandidaten für eine Mitgliedschaft seien, obwohl die Verfassung der Ukraine das Land klar für neutral erklärt. Frankreich und Deutschland hielten zu diesem Zeitpunkt die Bush-Regierung noch davon ab, den NATO-Eingliederungsprozess zu beginnen.[124] Aber der »nicht eine Zoll ostwärts«, von dem US-Außenminiser Baker im Februar 1990 gegeüber Gorbatschow gesprochen hatte, hatte sich schon weit ausgedehnt. Während Russland mit seinen Gaslieferungen nach Westen vordrang, taten dies die NATO und die EU in entgegengesetzter Richtung – und im Vorzeichen einer giftigen Kombination von Spekulationskapital und der »Panzerung mit Zwang«.

Im März 2008, einen Monat vor dem Gipfeltreffen in Bukarest, war der Autor zu einer Konferenz in Tiflis eingeladen, die den Titel trug: »Sicherheit von Europa über die Türkei bis zum Südlichen Kaukasus«, organisiert von einer Gesellschaft von »Young Professionals« unter der gemeinsamen Schirmherrschaft der georgischen *Foundation for Strategic and International Studies* und der *Yeditepe Universität* in der Türkei.[125] Zur gleichen Zeit hatte Saakaschwili den USA erlaubt, ein hochentwickeltes Radar-System in Georgien aufzubauen, und russische Jets hatten getestet, ob es funktionsfähig war, was während der Konferenz stark diskutiert wurde. Ein polnischer

---

123 Zitiert in: Sakwa, *Frontline Ukraine*, a.a.O., S. 30-32, 34, 54; Lyne, »Russia's Changed Outlook«, a.a.O., S. 8. Vollständiger Text von Putins Rede in München in: Tsygankov, »Russia's International Assertiveness«, a.a.O., S. 40-44.

124 Sakwa, *Frontline Ukraine*, a.a.O., S. 55.

125 Unter den »Young Professionals« waren einige, die in Großbritannien und den USA studiert hatten, während viele der Studenten, von denen die meisten aus Ländern des Kaukasus stammten (und ein paar aus der Ukraine), sich von vorherigen »Farbrevolutionen« her kannten. Auch ein Amerikaner, der in Tiflis wohnte und Stipendien für das Studium in den USA verteilte, nahm daran teil.

Redner, der die NATO repräsentierte, erklärte, dass Georgien und Aserbaidschan (nicht Armenien, das als zu nahe an Russland gelegen angesehen wurde), bereits Teil eines Programms seien, um die Kompatibilität mit der NATO herzustellen, und dass die Länder bezahlt würden, um die notwendige Kommunikationsausrüstung zu kaufen. Ein britischer Vertreter von BP sprach über die Baku-Tiflis-Ceyhan-Pipeline und so weiter und so fort.

All das verlor natürlich sein verhältnismäßig unschuldiges Image, als Saakaschwili zu seinem militärischen Abenteuer aufbrach, um Südossetien zurückzuerobern, bewaffnet und ermutigt von Hardlinern in Washington. In der zweiten Hälfte des Juli 2008 führten unter dem Codenamen »Immediate Response« 1000 US-Soldaten gemeinsame Manöver mit der Armee Georgiens durch, während ein Assistent von Vize-Präsident Dick Cheney, Joseph R. Wood, Tiflis kurz vor dem Angriff besuchte. Israelische Waffenlieferungen, die teilweise im Austausch gegen die Nutzung von Landeplätzen im Süden des Landes erfolgten, waren vom georgischen Verteidigungsminister Keseraschwili, einem israelischen Staatsbürger, abgewickelt worden. Dessen Kollege Temur Iakobaschwili, Minister für die Wiedereingliederung Südossetiens und Abchasiens, ehemaliger Botschafter in den USA und ebenfalls mit engen Kontakten nach Israel, hatten diesem Land öffentlich für seine Militärhilfe gedankt.[126]

Der georgische Präsident und sein Team wählten den 8. August, den Tag der Eröffnungsfeiern der Olympischen Spiele in Peking, für den Angriff, den die westlichen Medien routinemäßig immer noch als »russische Invasion« betiteln. Tatsächlich wartete die russische 58. Armee an der Grenze zu Nord-Ossetien. Und auch wenn ihre damalige Leistungsfähigkeit sehr beschränkt war, hatte Misha Glenny recht, als er sich eine Woche später im New Statesman darüber wunderte, wie »Saakaschwili und die Falken um ihn auf den absurden Glauben

---

126 Die *Los Angeles Times* veröffentlichte am 26. August die Schlagzeile, »Why Was Cheney's Guy in Georgia Just Before the War?« Cited in Hyland and Marsden, »Danger grows of NATO-Russian clash«, a. a. O.; De Borchgrave, »Commentary: Israel of the Caucasus«, a. a. O.

kommen konnten, dass es Georgiens Streitkräfte, in einem konventionellen Krieg mit der militärischen Stärke ihres nördlichen Nachbarn aufnehmen und diesen gewinnen könnten.«[127] Keseraschwili wird wohl die USA gebeten haben, Georgien im Kampf »gegen das große Russland« zu helfen, aber wie Arnaud de Borchgrave berichtete, erlitt die georgische Armee nicht nur eine demütigende Niederlage. Russlands Spezialkräfte zerstörten außerdem zwei Landebahnen im südlichen Georgien, die für israelische Kampfbomber bei einem Angriff auf den Iran vorgesehen waren, und sie erbeuteten dabei israelische Drohnen, die sie zur Untersuchung mitnahmen.[128]

In einem Interview mit CNN beschuldigte Putin am 28. August die Bush-Regierung, deren Amtszeit zu Ende ging, das Georgien-Abenteuer angestiftet zu haben, um mit dem Ausbruch einer internationalen Krise »einem der Kandidaten, der sich um den Posten des US-Präsidenten bewirbt, einen Wettbewerbsvorteil zu verschaffen«. Der mutmaßliche Nutznießer war der republikanische Kandidat John McCain, dessen außenpolitischer Berater ein Lobbyist für die Regierung Saakaschwili war und dessen Frau Cindy zu dieser Zeit Georgien besuchte.[129] Dies wurde damals zum »Krieg um die NATO-Erweiterung aufzuhalten« wie Richard Sakwa es nannte. Dem Debakel folgte die Unabhängigkeitserklärung Südossetiens und Abchasiens. Von nun an würde jede ehemalige Sowjetrepublik, die damit liebäugelte, der NATO beizutreten, mit der russischen Unterstützung für Gruppen zu rechnen haben, die sich einem solchen Beitritt widersetzen, unabhängig davon, ob es sich tatsächlich um Russen oder um Angehörige irgendeiner anderen aus den fast zweihundert Nationalitäten der ehemaligen UdSSR handelt.

Das würde gewiss auch für die Ukraine gelten, doch die Verfechter der NATO-Erweiterung waren unerschrocken in ihrem Bestre-

---

127 Zitiert in: Hyland und Marsden, »Danger grows of NATO-Russian clash«, a. a. O.; Florence Mardirossian, »Géorgie-Russie, les enjeux de la crise«. *Le Monde Diplomatique*. August 2008. *Archiv 1954-2012* [CD-Rom ed.].

128 De Borchgrave, »Commentary: Israel of the Caucasus«, a. a. O.

129 Hyland and Marsden, »Danger grows of NATO-Russian clash«, a. a. O.

ben, die Bindungen der Ukraine an Russland zu trennen.[130] Noch während der Georgienkrieg in Gang war, besuchte der britische Außenminister David Miliband Kiew und bekundete die Unterstützung Großbritanniens für die Ukraine – was auch immer das zu diesem Zeitpunkt bedeuten mochte. Der ukrainische Präsident Juschtschenko seinerseits besuchte Tiflis, um zu unterstreichen, dass die Verpachtung der Marinebasis Sewastopol, der Heimatbasis der russischen Schwarzmeerflotte, an Russland, die im Jahr 1997 vereinbart worden war, im Jahr 2017 verfallen würde.[131] Juschtschenko unterzeichnete auch ein Dekret, das die Vorankündigung jeder Bewegung russischer Schiffe und Flugzeuge in Sewastopol forderte.[132]

Östliche Partnerschaft vs. Eurasische Union

In der Zwischenzeit wurden die Elemente für einen umfassenden Kalten Krieg als Antwort auf Russlands neue Rolle als Herausforderer durch die Neokonservativen in Washington und einen Ostseeblock, angeführt von Polen und Schweden, in Stellung gebracht. Auch wenn es nach außen den Anschein eines EU-Unterfangens hatte, so war es in Wahrheit ein atlantisches Unternehmen, bei dem die EU nur Subunternehmerin war, und wieder zur Seite geschoben wurde, als es im Februar 2014 zur Sache ging.

Schon vor dem Georgien-Debakel war die Bush-Regierung gegenüber den Ergebnissen der Rosen- und Orangenen Revolution skeptisch geworden, weil sie erkannte, dass die neuen Herrscher in Tiflis und Kiew sowie die Oligarchen, die hinter ihnen standen, es gegenüber allem anderen vorzogen, sich weiterhin selbst zu bereichern.

---

130 Im Jahr 2006 wurde berichtet, dass Mitglieder der nationalistischen ukrainischen UNA-UNSO in Estland in Straßenkampftechniken ausgebildet werden. Manlio Dinucci, »The Art of War. The New Gladio in Ukraine«. Voltaire Network, 21. März 2014 (online).

131 Sakwa, *Frontline Ukraine*, a.a.O., S. 55, 47; der Hafen Feodosia an der Ostküste der Krim wurde unter dem selben Vertrag vermietet, Pflimlin, »Ukraine, une société bloquée«, a.a.O.

132 Hyland and Marsden, »Danger grows of NATO-Russian clash«, a.a.O.

US-amerikanische Planer begannen daher Wege zu ersinnen, um nach einem Regime-Change in den betreffenden Staaten die »Markt-Demokratie« in Verfassungsrang zu erheben.[133] Unzufrieden mit den zahmen Vorschlägen ihres ursprünglichen Leiters der Abteilung Politische Planung, holte Condoleezza Rice 2005 Stephen Krasner, einen Politikwissenschaftler der Stanford University auf dem Gebiet Internationale Beziehungen, ins Außenministerium. Krasner war langjähriger Kritiker einer »Ausübung von Souveränität durch schwache Staaten«. In seiner neuen Rolle arbeitete Krasner mit Carlos Pascual zusammen, einem ehemaligen Direktor des Nationalen Sicherheitsrates, verantwortlich für Russland, die Ukraine und Eurasien und im Jahr 2000 zum Botschafter in Kiew ernannt. Pascual wurde hoch angerechnet, dass er Kiew überzeugt hatte, sich an der Invasion des Irak zu beteiligen, flankiert von der allgemeinen Zustimmung zu diesem Abenteuer seitens der Regierungen im »neuen Europa«.[134]

Nach seiner Rückkehr in die USA Ende 2003 wurde Pascual im Außenministerium zum Koordinator für »Wiederaufbau und Stabilisierung« gemacht, wobei er mit Krasner zusammenarbeitete. Gemeinsam entwarfen sie eine Strategie zur präventiven Intervention in schwachen Staaten (»Schwäche« beinhaltete auch ethnische oder religiöse Spaltungen) und ein Drehbuch zu deren Stabilisierung und Rekonstruktion, das die Maßnahmen aufzählte, mit deren Hilfe die »Markt-Demokratie« etabliert werden sollte.[135] Auf dieser Basis wurde eine Liste von Ländern erstellt, die anfällig dafür waren« »im Konfliktfall zusammenzubrechen«, für die dann »Wiederher-

---

133 Zur Idee der Konstitutionalisierung von »Markt-Demokratie« siehe Stephen Gill, »European Governance and New Constitutionalism. Economic and Monetary Union and Alternatives to Disciplinary Neoliberalism in Europe«, *New Political Economy*, 3 (1) 1998, S. 5-26.

134 Thomas Schreiber, »Le rêve américain de la ›nouvelle Europe‹. Depuis la guerre froide jusqu'à l'élargissement de l'union«. *Le Monde Diplomatique*, Mai 2004. Pascual details from *Wikipedia*, »Carlos Pascual«.

135 Stephen D. Krasner/Carlos Pascual, »Addressing State Failure«. *Foreign Affairs*, 84 (4) 2005, S. 156f.; vgl. *La Jornada* 2009. »LA JORNADA Profiles Cuban-Am, Carlos Pascual, New Ambassador to Mexico«, 27. März (online).

stellungsplanungen« vorzubereiten seien, selbst wenn sie tatsächlich noch gar nicht zusammen gebrochen waren. In einem Gespräch an der *Georgetown University* im Oktober 2004 erklärte Pascual, dass das Konzept nicht nur eine schnelle Intervention durch Reaktionsteams aus privaten Firmen, NGOs und Denkfabriken ermögliche (was »drei bis sechs Monate an Reaktionszeit einspart«), sondern diese auch in die Lage versetze, auf Basis des Genannten das »ganze soziale Gewebe einer Nation zu verändern«.

> »Das Mandat des Büros besteht nicht darin, alte Staaten wiederaufzubauen …, sondern ›demokratische und marktorientierte‹ zu erschaffen. So könnten z. B. … seine schnell agierenden Sanierer dabei helfen, ›staatliche Unternehmen, die eine nicht lebensfähige Wirtschaft erzeugten, abzustoßen‹. Manchmal bedeutet Wiederaufbau, so erklärte er, das Zerstören des Alten.«[136]

Ein zerrissenes Land, so beobachtet Naomi Klein, ist ein attraktiver Partner für den Westen und die internationale Finanzinfrastruktur, weil in zusammengebrochenen Ländern die Regierungen »Befehle gut annehmen«.[137] Dies sollte für alle Nachfolgerstaaten der Sowjetunion, einschließlich Russlands unter Jelzin, zur Anwendung kommen, und in Anbetracht des Werdegangs von Pascual und der antirussischen Strömung in Washington diente diese Überlegung auch als Vorlage für eine Intervention in der Ukraine. Es ging nicht um eine regellose Ausübung von Macht, sondern um eine spezifische Politik, in der Demokratieförderung, wirtschaftliche Kriegführung und die Anwendung von militärischer Gewalt zusammengeschweißt

---

136 Naomi Klein, »The Rise of Disaster Capitalism. Rebuilding is no longer the primary purpose of the reconstruction industry«. *The Nation*, 14. April 2005 (online). In der Ukraine war es Ukrnaftogas, die Gas- und Öl-Holding der Ukraine, eine dem Staat gehörende Unternehmung, die, in Pascuals Worten, eine »nicht lebensfähige Wirtschaft« aufrechterhielt. Wie wir jedoch in Kapitel 5 sehen werden, würde der Versuch die Firma zu zerschlagen und privatisieren angesichts der Widerstände der Oligarchen scheitern.

137 Klein, »The Rise of Disaster Capitalism«, a. a. O. Pascual ist gemäß seinem Wikipedia-Eintrag inzwischen als Direktor von Centrica, der Holding Gesellschaft von British Gas, in das Energiegeschäft eingestiegen.

wurden zu einer »neuen Art der militärischen Intervention, unter der Voraussetzung einer zeitweiligen Besetzung und technokratischer Rekonstruktion und Umformung illiberaler Gesellschaften.«[138] Ein Staat, dem dies zuteil werde, werde auch seine Souveränität eingeschränkt finden, oder, wie Krasner es nennt, einer »geteilten Souveränität« unterworfen sein, d. h. »einer freiwilligen Vereinbarung zwischen anerkannten nationalen politischen Autoritäten und einem externen Akteur wie etwa einem anderen Staat oder einer regionalen oder internationalen Organisation.«[139]

Die Vereinbarung einer begrenzten Souveränität für die Ukraine sollte schließlich die Form einer EU-Assoziation – die ihre Ausarbeitung paradoxerweise in Washington erfuhr – in Kombination mit einem weitreichenden und umfassenden Freihandelsabkommen (DCFTA – *Deep and Comprehensive Free Trade Agreement*) annehmen. Das Abkommen war eingebettet in die vom Ostseeblock initiierte *Östliche Partnerschaft*. Diese Partnerschaft, ein Ableger der EU-Nachbarschaftspolitik von 2004, wurde dem »vielschichtigen Expansionsbestreben sogenannter europäischer Institutionen wie der NATO, der Europäischen Union und aller sie ergänzenden Organisationen«[140] hinzugefügt. Dieses Bestreben fokussierte zunehmend darauf, die Eurasische Wirtschaftsgemeinschaft Russlands, Weißrusslands, Kasachstans, Kirgistans und Tadschikistans, in der die Ukraine und andere Länder im Jahr 2002 einen Beobachterstatus erhalten hatten, zu hintertreiben. Die erste konkrete Maßnahme, die Einführung einer Zollunion, war für 2009 geplant gewesen.[141]

---

138 Di Muzio, »The ›Art‹ of Colonisation«, a. a. O., S. 517f.
139 Stephen D. Krasner, »The Case for Shared Sovereignty«. *Journal of Democracy*, 16 (1) 2005, S. 70.
140 Nazemroaya, *The Globalization of NATO*, a. a. O., S. 29.
141 Ray Silvius, »Understanding Eurasian Integration and Contestation in the Post-Soviet Conjuncture: Lessons from Geopolitical Economy and Critical Historicism«. In: Radhika Desai (Hg.), *Theoretical Engagements in Geopolitical Economy* [*Research in Political Economy*, vol. 30A]. Bingley: Emerald, 2015, S. 246.

1. DIE GLOBALE LOTTERIE EINES NEUEN KALTEN KRIEGES 77

Die Östliche Partnerschaft war eine Idee des polnischen Außenministers Radoslaw Sikorski, der seit seinem Studienjahr in Oxford britischer Staatsbürger war. Er gab seinen britischen Pass erst 2006 ab, als er zum Verteidigungsminister ernannt wurde. Seine Ansichten über die Beziehungen zu Russland wurden deutlich, als er das *Nord Stream*-Projekt mit *Gazprom* eine Wiederholung des Molotow-Ribbentrop-Paktes von 1939 nannte.[142] Über seine Frau, die Autorin und US-Bürgerin Anne Applebaum, ist Sikorski Teil eines neokonservativen Klüngels, dem auch die Mitgründer des *Project for a New American Century*, Robert Kagan und seine Frau, die ehemalige Staatssekretärin im US-Außenministerium, Victoria Nuland, angehören. Nuland war in den Bush-Jahren in Cheneys Mitarbeiterstab, aber unter Obama im Amt geblieben, wurde sie schließlich die Inspizientin des Staatsstreichs in Kiew. Um ihm mehr Anziehungskraft in der EU zu verschaffen und um seine atlantische Handschrift zu vertuschen, konzipierte Sikorski den Partnerschaftsvorschlag zusammen mit Schwedens ehemaligem Außenminister Carl Bildt, dem neoliberalen Erzfeind des ehemaligen Ministerpräsidenten Olof Palme in den 1980er Jahren.[143]

Es war Bildt, der den Assoziierungsvertrag mit der EU als Markt-Demokratie-Kontrakt kennzeichnete, der eine komplette Überholung der Regeln des Landes zu Eigentum und Wettbewerb verlange, was im Gegenzug »auf lange Sicht wirklich fundamentale Transformationen nach sich ziehen wird.«[144]

---

142 Zitiert in: Raban, *Security Aspects of the South Stream Project*, a.a.O., S. 12.

143 De Ploeg, *Oekraïne in het kruisvuur*, a.a.O., S. 146. Applebaum war einer der Unterzeichner eines offenen Briefes an den *Guardian* zur Unterstützung der Euromaidan-Demonstrationen im Januar 2014. Der Brief wurde auch von bekannten Intellektuellen im weiter linken Lager unterzeichnet. Siehe Volodymyyr Ishchenko, »Ukraine's Fractures« [interview], *New Left Review*, 2nd series (87) 2014, S. 15f. Zu Bildt und Palme siehe van der Pijl, *Global Rivalries*, a.a.O., S. 253 und 240f.

144 Zitiert in: Julien Verceuil, »Aide russe ou plan du FMI, Kiev acculé par ses bienfaiteurs. Aux racines économiques du conflit ukrainien.« *Le Monde Diplomatique* (Juli 2014).

Die Östliche Partnerschaft wurde im Mai 2008 formuliert und sechs ehemaligen Sowjetrepubliken angeboten: Georgien, der Ukraine, Aserbaidschan und Moldawien (die vier GUAM -Staaten), ebenso Weißrussland, das bis kurz vorher noch als »Europas letzte Diktatur« gebrandmarkt worden war, sowie Armenien. Formell wurde sie auf dem EU-Gipfel in Prag 2009 gestartet. Weil die Ukraine und das Schwarze Meer offensichtlich Schlüsselziele für das ganze Unternehmen waren[145], hatte Moskau noch 2009 eine Dreiparteien-Struktur mit der EU und der Ukraine vorgeschlagen, um das Pipelinenetz des Landes zu modernisieren und zukünftige Unterbrechungen in der Belieferung Europas zu vermeiden (was im Januar dieses Jahres wieder der Fall gewesen war). Das wurde aber abgelehnt.[146] Ebenso wurden Vorschläge, die Kompatibilität der Eurasischen Zollunion und des Freihandelsabkommens mit der EU, dem DCFTA, zu prüfen, von Seiten der EU als inakzeptabel zurückgewiesen. Nach dem Georgien-Konflikt hatten Deutschland und Frankreich bereits signalisiert, dass sie ihren früheren Widerstand gegen eine NATO-Assoziation dieses Landes aufgäben. In Bezug auf die Ukraine empfahl der *European Council on Foreign Relations*, dass die EU auch Schritte in deren Richtung unternehmen solle, da jede Verzögerung bei der Vertiefung der Bindungen, »schädlich« sei.[147]

Dass es die EU war, die zur Vollstreckerin dessen würde, was ein von Grund auf atlantisches Projekt war, war einem vorübergehenden Nachlassen des US-amerikanischen Drucks aufgrund der Finanzkrise in einem Präsidentenwahljahr geschuldet. Außerdem wurde angenommen, dass der Regime-Change-Enthusiasmus der Bush-Ära gedämpft werden würde. Andererseits hatte die EU ihr lange hoch-

---

145 Die Partnerschaft beinhaltete auch die »Black Sea Synergy« (BSS), die von Kiew im Jahr 2009 aufgelegt worden war. Nazemroaya, *The Globalization of NATO*, a. a. O., S. 41f.

146 Elena A. Korosteleva, »Eastern partnership and the Eurasian Union: bringing ›the political‹ back in the eastern region«. *European Politics and Society*, 17 (sup1) 2016, S. 67-81; Sakwa, *Frontline Ukraine*, a. a. O., S. 36f.

147 Zitiert in: Hyland / Marsden, »Danger grows of NATO-Russian clash«, a. a. O.

gehaltenes Selbstbild als konsensual verfasste hegemoniale Kraft schon beim Projekt einer gemeinsamen europäischen Verfassung aufgegeben.[148] Diese Verfassung wurde 2005 in Referenden in Frankreich und den Niederlanden abgelehnt, aber sie wurde ohne Änderungen (abgesehen von trivialen Dingen wie einer europäischen Nationalhymne) als Lissabon-Vertrag wieder aufgelegt. Unter dem Vertrag, der 2007 beschlossen wurde und 2009 in Kraft trat, wurden angeschlossene Staaten nicht nur verpflichtet, ihre Wirtschaft zu öffnen, sondern auch ihre Verteidigungs- und Sicherheitspolitik mit der NATO zu harmonisieren.[149] Wie wir in Kapitel 3 sehen werden, übernahm der Ostseeblock (Polen, Schweden und die drei baltischen Länder) die Führung bei den Anstrengungen, die anderen EU-Staaten von einer Einbeziehung der Ukraine zu überzeugen, während die Obama-Regierung »aus dem Hintergrund die Fäden zog«. Nachdem Putin wieder die russische Präsidentschaft übernommen hatte, legten die USA einen Gang zu, nahmen die Zügel in die Hand und dirigierten den Regime-Change in Kiew.

Von 2010 an ging die EU dann dazu über, die zur Östlichen Partnerschaft eingeladenen Staaten durch einen Vertrag mit beschränkter Souveränität an das westliche Lager zu binden. Darunter fielen auch Schlüsselvereinbarungen zur Verteidigung, eine Strategie, die gravierende Konsequenzen nach sich ziehen sollte, da Europa dafür sowohl unvorbereitet als auch schlecht eingerichtet war.[150] In Bezug auf die Ukraine schreibt Richard Sakwa, dass »die effektive Verschmelzung der Verteidigungsintegration der EU mit der atlantischen Sicherheitsgemeinschaft bedeutete, dass die Assoziation [des Landes] mit der EU ... eine gefährliche Bedeutung für die Sicherheitspolitik annahm und ebenso Moskaus Pläne für eine wirtschaftliche Integration Eurasiens bedrohte«.

---

148 Robert Cooper, *The Breaking of Nations. Order and Chaos in the Twenty-first Century*, rev. ed. London: Atlantic Books, 2004 [2003], S. 59-61, für das bisherige zivile EU-Profil.

149 Sakwa, *Frontline Ukraine*, a. a. O., S. 30.

150 *House of Lords, The EU and Russia*, a. a. O., S. 49.

»Die EU war auf den Pfad des geopolitischen Wettbewerbs getreten, etwas, wofür sie weder institutionell noch intellektuell vorbereitet war. Nicht nur war das Assoziierungsabkommen unvereinbar mit den existierenden Freihandelsvereinbarungen der Ukraine mit Russland, sondern es ergab sich aus dem Lissabon-Vertrag auch die Forderung an die Ukraine, ihre Verteidigungs- und Sicherheitspolitik der der EU anzupassen. Dies war eine außerordentliche Verkehrung: Statt die Logik des Konfliktes zu überwinden, wurde die EU zum Instrument von dessen Reproduktion in neuen Formen.«[151]

Da der neue Kalte Krieg, ebenso wie der zweite, auf einen Regime-Change in Moskau abzielte, während gleichzeitig jede europäische Unabhängigkeit in die Schranken gewiesen wurde, setzte er auf die Panzerung mit Zwang auf allen Gebieten, Kernwaffen eingeschlossen.

Die nukleare Lotterie

Die ultimative Bedingung für eine neoliberale globale Herrschaft ist eine vollständige militärische Dominanz. Dies beinhaltet auch Kernwaffen und auch das, was Mike Davis »nuklearen Imperialismus« nennt. Nuklearer Imperialismus gibt demjenigen Staat, dessen Überlegenheit anerkannt ist, einen großen Spielraum für lokale Operationen. Die Machtübernahme in Kiew im Jahr 2014 sollte ein Beispiel dafür werden, sie krönt die NATO-Expansion während der gesamten Periode seit 1991.

Es besteht kein Zweifel daran, dass in Washington die Vorstellung, dass die Ära einer US-amerikanischen nuklearen Überlegenheit schnell näher komme, schon seit einiger Zeit an Boden gewann. Wie zwei Experten in dem maßgeblichen US-Journal *Foreign Affairs* im Jahr 2006 schrieben: »Es wird den USA wahrscheinlich schon bald möglich sein, die Arsenale Russlands und Chinas an nuklearen Langstreckenraketen mit einem Erstschlag zu zerstören – und der Rest der Welt wird für viele darauffolgende Jahre im Schatten der amerikanischen Atomwaffenüberlegenheit leben.« Den Autoren

---

151 Sakwa, *Frontline Ukraine*, a.a.O., S. 55 bzw. 41.

zufolge war ein solcher Erstschlag eine bewusste US-Strategie, ein Versuch aus dem kläglichen Zustand der russischen Abschreckung Kapital zu schlagen.[152] Dies stellt eine gefährliche Aktualisierung der Wolfowitz-Doktrin dar, derzufolge es keinem Rivalen erlaubt werden dürfe, den USA jemals wieder ein nukleares Patt aufzuzwingen, wie es in den beiden vorherigen Kalten Kriegen mit der UdSSR unter dem Gleichgewicht des Schreckens und der Doktrin der gesicherten gegenseitigen Zerstörung der Fall gewesen war.

Das US-Raketenabwehrsystem, das in den osteuropäischen NATO-Ländern stationiert wird, seit die Bush-Regierung 2002 den ABM-Vertrag über die Begrenzung von Raketenabwehrsystemen aus dem Jahr 1972 einseitig gekündigt hat, spielt hier eine entscheidende Rolle. Es ist nicht gegen einen vollumfänglichen Atomwaffenangriff ausgelegt, gegen den es weitgehend ineffizient wäre, sondern gegen verbliebene Raketen, die als Gegenmaßnahme nach einem US-Erstschlag noch abgefeuert werden könnten.[153] Außerdem können die Vorrichtungen, aus denen die Anti-Raketen-Raketen abgefeuert werden, auch mit Angriffsraketen einer neuen Generation ausgestattet werden, was das mögliche Spektrum eines entwaffnenden Erstschlages noch darüber hinaus vergrößert. Mit einem langfristigen Erneuerungsprogramm ihres Atomwaffenarsenals in Höhe von 1.000 Milliarden US-Dollar, das bereits im Gange ist, würden die USA einen strukturellen Vorteil gewinnen (wenn man die Konsequenzen eines einem Atomkrieg folgenden »nuklearen Winters« für die Menschheit als Ganzes einmal außer Acht lässt), mit dem sie in lokalen, eigentlich begrenzten Interventionen, eine Politik am Rande des Abgrunds betreiben könnten.[154]

---

152 Keir A Lieber/Daryl G. Press, »The Rise of U.S. Nuclear Primacy«. *Foreign Affairs*, 85 (2) 2006, S. 43, 50. Mike Davis, »Nuclear Imperialism and Extended Deterrence«. *New Left Review*, eds., *Exterminism and Cold War*. London: Verso, 1982.

153 Lieber/Press, »The Rise of U.S. Nuclear Strategy«, a. a. O., S. 52.

154 David Taylor/Ben Hoyle, »US starts $1 trillion upgrade to Cold War nuclear arsenal«, *The Times*, 15. November 2014, S. 30.

Als der Ukraine und Georgien offen angeboten wurde, dem westlichen Block beizutreten, drang dieser Vorstoß in den postsowjetischen Raum in die unmittelbare russische Sicherheitszone ein. Dies war ein großes Lotteriespiel, bedingt durch die Bestrebungen, die Handlungen und die Logik, die der Strategie von USA, NATO und EU zugrunde lagen und die gegen 2008 effektiv zu einer einzigen Stoßrichtung verschmolzen worden waren. In der Tat ließen die Bedingungen für die EU-Assoziation und Mitgliedschaft nach 2008 allen Anschein fallen, einen anderen Rahmen als den eines allgemeinen westlichen Vorstoßes zu bilden. Gelegentliche Rivalitäten würden sichtbar bleiben, wie beim Behandeln der Maidan-Revolte von 2014 in der Ukraine und schließlich auch im unmittelbaren Anheizen der MH17-Katastrophe im Juli desselben Jahres, aber sie würden nie lange andauern.

Mit Medien, die jede Antwort Moskaus auf US- und NATO-Provokationen an seinen Grenzen als »russische Aggression« mit zugehöriger »hybrider Kriegsführung« hinstellen, würde die öffentliche Meinung im Westen das fortgesetzte Austesten der russischen Entschlossenheit fortan ohne nennenswerten Widerspruch hinnehmen.[155] Kann es also sein, dass es nach Auslösung eines Bürgerkriegs durch den US-gestützten Regime-Change in Kiew innerhalb der NATO und/oder der neuen ukrainischen Regierung Kräfte gab, die gewillt waren, auf einen großen Konflikt mit Moskau zu setzen, um Russlands Eurasien-Projekt zu unterminieren, den BRICS-Staatenbund einschließlich der Neuen Entwicklungsbank entgleisen zu lassen oder die Verhandlungen über »Land für Gas« zu beenden, die Putin und Merkel begonnen hatten, um eine umfassende Lösung für die Ukraine-Krise zu finden? Um das weiter zu

---

155 Alastair Crooke, »Pushing Russia Towards War«. *Consortium News*, 20. Mai 2016 (online). Im Mai 2016 wurde der bodengestützte Raketenkomplex ›Aegis Ashore‹ in Deveselu, Rumänien als Teil des US-Raketenabwehrschirms in Betrieb genommen, um 2018 durch einen zweiten Komplex in Redzikowo, Polen vervollständigt zu werden. Adriel Kasonta und Richard Sakwa, »Taking the War Out of Warsaw«. *AntiWar.com*, 7. Juli 2016 (online).

untersuchen, müssen wir zuerst die Brüche und die Verwerfungen innerhalb der Ukraine bewerten und Licht auf das politische Profil und die Mentalität jener werfen, denen im Februar 2014 zur Macht verholfen wurde.

2.
Die gespaltene Ukraine

Fassen wir zusammen: Das Eindringen des Westens in den Raum der ehemaligen Sowjetunion schloss ein, einstige Republiken der UdSSR in den Einflussbereich der NATO zu bringen. 1994 unterzeichnete die Ukraine die »Partnerschaft für den Frieden«, den Warteraum für eine Mitgliedschaft in der Atlantischen Allianz. Später in diesem Jahrzehnt wurde das Land Mitglied der GUAM-Gruppe mit Georgien, Aserbaidschan und Moldawien, kurzzeitig auch Usbekistan. Danach trug die US-amerikanische ›Demokratieförderung‹ 2003 zur Rosenrevolution in Georgien und 2004 zur Orangenen Revolution in der Ukraine bei. Vier Jahre später fällte Georgiens Präsident Saakaschwili trotz wiederholter Warnungen aus Moskau, dass es das Vordringen der NATO gegen seine Grenzen nicht länger akzeptiere, die unheilvolle Entscheidung, Südossetien mit Gewalt zurückzuerobern. Im gleichen Jahr gehörten die Ukraine und Georgien auch zu jenen Ländern, die ausgesucht wurden, Mitglied in der Östlichen Partnerschaft zu werden, einem nur dürftig verkleideten euro-atlantischen Vorhaben, um sie davon abzuhalten, der Eurasischen Union Russlands beizutreten. Die NATO-Mitgliedschaft wurde nur wegen deutsch-französischer Einwände früh im Jahr 2008 auf Wartestellung belassen.

Die Ukraine spielte nicht nur in ihren außenpolitischen Beziehungen zu Russland mit dem Feuer. Sie riskierte auch die Zerstörung ihrer eigenen zerbrechlichen Einheit als unabhängiger Staat, denn seit den 1920er Jahren bestand die ukrainische Sowjetrepublik aus zwei ethnischen Hauptformationen, der russischen und der

2. DIE GESPALTENE UKRAINE

ukrainischen, und aus einem Rest kleinerer Nationalitäten. Hieraus einen ukrainischen »Nationalstaat« zu bilden, wäre unter allen Umständen eine gigantische Aufgabe gewesen. Eine aufgezwungene Wahl zwischen Ost und West würde er nicht überleben. Wie der ehemalige tschechische Präsident Vaclav Klaus vor dem EU-Ausschuss des britischen Oberhauses sagte, ist die Ukraine ein »heterogenes, gespaltenes Land, und ... ein Versuch, künstlich und mit Gewalt seine geopolitische Orientierung zu verändern, würde unzweifelhaft in einem Zerbrechen des Landes, wenn nicht in seiner Zerstörung enden«.[156]

Der Abschuss von Flug MH17 fand im Kontext dieser Zerstörung statt. Die Analysen in diesem Kapitel sollen uns mit dem Profil der Ultranationalisten und der zum Teil faschistischen Kräfte bekannt machen, jenen Kräften, die die Maidan-Protestbewegung kaperten und im Februar 2014 in Kiew die Macht übernahmen und die immer noch an den Befehlsspitzen von Militär und Geheimdiensten standen, als die Maschine des Flugs MH17 abgeschossen wurde. Wir werden auch eine zweite Bruchlinie durch die Ukraine untersuchen, eine innerhalb der kapitalistischen Oligarchie, die den Reichtum des Landes unter sich aufgeteilt hat. Dabei sollen die Umrisse der wichtigsten oligarchischen Fraktionen skizziert werden, die sich seit dem Zusammenbruch des Staatssozialismus herauskristallisiert haben und die politischen Machtzentren der sowjetischen Ukraine in nun privatisierter Form reproduzierten. Ich werde darlegen, dass sowohl die Orangene Revolution von 2004 als auch der Staatsstreich von 2014 durch anti-russische Oligarchen unterstützt wurden. Nur durch Parteinahme für solche populären Aufstände konnten sie hoffen, das Terrain zurückzugewinnen, das sie an die aufsteigenden und letztlich mächtigeren russisch-ukrainischen Milliardäre verloren hatten.

---

156 Zitiert in: *House of Lords, The EU and Russia: Before and Beyond the Crisis in Ukraine.* [EU Committee, 6th Report of Session 2014-2015], 2015, S. 64f. Klaus selbst war Präsident während der Teilung der Tschechoslowakei 1993.

Die doppelte Ukraine und die Dynamik der Unabhängigkeit

Die Ukraine wurde einmal als ein »anarcho-demokratischer Halbstaat der Kosaken« charakterisiert, der eine lange Tradition religiöser und ethnischer Vielfalt, einen entwickelten bürgerlichen Sinn und Misstrauen gegenüber der Macht habe, deutlich zu erkennen in den beiden Maidan-Aufständen (2004 und 2013/14).[157] Der Name des Landes bedeutet »Grenzland«; die Kosaken waren Grenzsoldaten, die die südlichen »Marken« des russischen Imperiums für die Zaren bewachten und dabei die nomadischen Gesellschaftsformen annahmen, wie sie die Stämme hatten, die ihnen dabei gegenüber standen. Der westlichste Teil der heutigen Ukraine dagegen, Ost-Galizien, war seinerseits eine Grenzprovinz des Österreichisch-Ungarischen Imperiums.

Die Grenze entlang eines Imperiums ist typischerweise ein Gebiet dichter Interaktion und wechselseitiger Anpassung zwischen den sesshaften sozialen Kräften des Reiches und den ortsungebundenen Elementen in seinem Umfeld. Als Ergebnis genießen soziale Kräfte an den Grenzen eindeutige Vorteile gegenüber vielen anderen Gruppen der imperialen Gesellschaft, die nicht an der Grenze leben, egal ob wir nach Rom, China, oder anderswohin schauen.[158] Auch die Ukraine kann sicher nicht auf bloße Abhängigkeit (»interner Kolonialismus«) herabgestuft werden.[159] Selbst als Sowjetrepublik zeigte sie immer noch viele Eigenschaften einer Grenzformation. Der sowjetische Führer Nikita Chruschtschow machte seine Karriere in

---

157 James Sherr, »A War of Narratives and Arms«. In: K. Giles et al., *The Russian Challenge* [Chatham House Report, Juni]. London: The Institute of International Affairs, 2015, S. 26.

158 Der Aufstieg des kapitalistischen Herzlandes kann auch zurückgeführt werden auf seinen Ursprung als Grenzland der westlichen Christenheit. Siehe mein Buch *Nomads, Empires, States*, vol. I of *Modes of Foreign Relations and Political Economy*, London: Pluto, 2007, Kapitel 3 und 4.

159 Taras Kuzio, *Ukraine. State and Nation Building*. London: Routledge, 1998, S. 19f.

2. DIE GESPALTENE UKRAINE

der Ukraine, und Leonid Breschnew, der ihn 1964 ablöste, war vorher Parteisekretär in der Provinz (Oblast) Saporischschja im Osten des Landes gewesen, ein Vorzeigeprojekt Stalinscher Industrialisierung.[160] Die Schwerindustrie war damals das Rückgrat der sowjetischen Macht, ost-ukrainische Parteikader dominierten die zentrale Parteihierarchie in Moskau, und über die Hälfte der Elite der ukrainischen kommunistischen Partei stammte aus dem Hauptzentrum Dnjepropetrowsk.[161]

Ausschlaggebend ist, dass 1922, nach dem roten Sieg im Bürgerkrieg, der auf die russische Revolution folgte, ein Teil des südlichen Russlands, der ebenso groß war, wie die ursprüngliche Ukraine, der ukrainischen Sowjet-Republik hinzugefügt wurde.[162] Die Industrialisierung dieses neuen Teils, der östlichen Ukraine, ließ den Anteil der Russen anschwellen. Im Jahr 1954 fügte Chruschtschow der Ukraine die Krim als Belohnung für die vermeintliche Loyalität zur UdSSR im Zweiten Weltkrieg hinzu. Am Vorabend des Zusammenbruchs der UdSSR machten Ukrainer 72 Prozent der Bewohner der Ukraine aus, 22 Prozent waren Russen. Im Jahr 2001, bei der ersten Volkszählung nach der Unabhängigkeit, war der Anteil der Russen um 5 Prozent gesunken; drei Viertel der Juden, die den Genozid der Nazis und der ukrainischen Faschisten überlebt hatten, waren in den 1970er Jahren emigriert, was ihren Anteil auf 0,9 Prozent verminderte.[163]

Die sowjetische Phase kompliziert auch die ethnische und politische Zugehörigkeit in sprachlicher Hinsicht. Praktisch alle gebil-

---

160 Hans van Zon, André Batako und Anna Kreslavska. *Social and Economic Change in Eastern Ukraine: The Example of Zaporizhzhya*. Aldershot: Ashgate, 1998, S. 10f.

161 Yuliya Yurchenko, *Capitalist bloc formation, transnationalisation of the state and the transnational capitalist class in post-1991 Ukraine*. D Phil Thesis University of Sussex, 2013, S. 81f.

162 Hélène Carrère d'Encausse, *Decline of an Empire. The Soviet Socialist Republics in Revolt* [Übers.: M. Sokolinski, H.A. La Farge] New York: Harper & Row, 1979 [1978], S. 22.

163 Richard Sakwa, *Frontline Ukraine. Crisis in the Borderlands*. London: IB Tauris, 2015, S. 11, table 11.

deten Ukrainer sprechen Russisch (die Sprache von Bildung und Kultur und der Medien, einschließlich des Internets), und viele derjenigen, die sich selbst ethnisch als Ukrainer verstehen, haben russisch als erste Sprache. Auch wenn in den Umfragen eine überwiegende Mehrheit Ukrainisch als Muttersprache angab (83 Prozent im Jahr 1996), so bediente sich doch nur die Hälfte davon dieser Sprache regelmäßig.[164] Menschen im Osten tendierten dazu, überhaupt nicht Ukrainisch zu sprechen. Obwohl Ukrainisch also eine schwache Startposition hatte, drängten die Regierungen nach der Unabhängigkeit auf sprachliche »nationale« Einheit, auch weil befürchtet wurde, das Land könne nicht zusammengehalten werden, wenn den einheimischen »Russen« zu früh Zugeständnisse gemacht würden.[165] Die Krim hatte sich darüber hinaus nie mit ihrem Platz in einer unabhängigen Ukraine abgefunden. Sie stimmte schon 1991 gegen ihre Eingliederung, erklärte im Mai 1992 ihre Unabhängigkeit und genoss einen Autonomiestatus, bis sie 2014 endgültig von der Ukraine wegbrach. Andererseits fand sich die russische Ost- und Süd-Ukraine mit ihrer neuen Nationalität aufgrund des Föderalismus ab. Er erlaubt den Provinzen, Bildung und kulturelle Angelegenheiten selbst zu regeln, während die Außen- und Verteidigungspolitik und die nationale Wirtschaftspolitik normalerweise für das Zentrum reserviert sind.

Eine Aufschlüsselung der letzten landesweiten Wahlen 2010 und 2012 nach regionalen Gesichtspunkten zeigt, dass die Bruchlinien, die von den Erweiterungen von 1922 und 1954 herrührten, auch nach Jahrzehnten noch immer vorhanden waren. Das Gebiet, in dem Wiktor Janukowytsch (bzw. im Jahr 2012 seine föderalistische *Partei der Regionen*) die Mehrheit gewann, stimmte fast vollkommen mit den

---

164 Kuzio, *Ukraine. State and nation building*, a.a.O., S. 171; Van Zon et al. *Social and Economic Change in Eastern Ukraine*, a.a.O., S. 54 n. 9.

165 Kuzio, *Ukraine. State and nation building*, a.a.O., S. 69, zitiert nach: Kravchuk; und Andrew Wilson, zitiert in: Taras Kuzio, »›Nationalising states‹ or nation-building? A critical review of the literature and empirical evidence«. *Nations and Nationalism*, 7 (2) 2001, S. 141.

Territorien überein, die 1922 bzw. 1954 der Ukraine hinzugefügt worden waren. In den anderen erreichten Julija Tymoschenko und ihre ethnisch orientierte ukrainische *Vaterlandspartei* (Batkivshchyna) die Mehrheit. Deshalb war keine »russische Invasion« notwendig, damit der Osten und Süden des Landes Widerstand leisteten und sogar zu den Waffen griffen, nachdem die ukrainischen Ultranationalisten im Februar 2014 die Macht an sich gerissen hatten, denn Russen, bzw. russischsprachige Ukrainer, praktisch die halbe Bevölkerung, lebten dort bereits . »Für viele Menschen im Osten und Süden der Ukraine, die historischen Regionen Donbass, Novorossia, Slobozhanshchina und auf der Krim bedeutete Ukrainer zu sein, Teil einer eigenen Nation zu sein, die in enger Harmonie mit Russland lebt«, schreibt Nicolai Petro. »Auch wenn sie nicht Russland beitreten wollen, so wollen sie doch auch nicht gezwungen werden, ihre russische Kultur aufzugeben, um als loyale Ukrainer anerkannt zu werden«.[166]

Aber selbst zur Herausbildung dieser Loyalität brauchte es Zeit. Noch im Oktober 1989 zog nur eine Minderheit von 20,6 Prozent der Wähler eine ukrainische Selbstbestimmung vor. Es brauchte zwei Staatsstreiche in Russland im Jahr 1991, den halbherzigen konservativen und den von Boris Jelzin, bevor die Ukrainer mit 90,3 Prozent für eine Unabhängigkeit stimmten. Mit der Ausnahme der Krim, die mit ihrer russischen Mehrheit von Anfang an nicht gewillt war, sich in den neuen Staat einzugliedern, hatten sich alle Regionen der Ukraine zu diesem Zeitpunkt für eine Unabhängigkeit des Landes ausgesprochen.[167] Die Unterstützung hierfür war mobilisiert worden durch nationalistische Propaganda hinsichtlich angeblicher Hilfsgüter der reichen Ukraine für das Zentrum in Moskau, ein altbekanntes Thema aller separatistischen Bewegungen, sei es in Jugoslawien,

---

166 Nikolai Petro, »Political assistance: Keeping the focus on Ukraine«. In: Adriel Kasonta, ed. *The Sanctions on Russia*. Bow Group Research Paper, August (online), S. 82.

167 Sakwa, Frontline Ukraine, a. a. O., S. 9; David Lane, *The Rise and Fall of State Socialism. Industrial Society and the Socialist State*. Cambridge: Polity Press, 1996, S. 128.

Spanien oder Großbritannien.[168] Diese Stimmung kann dann einfach gegen jene gewendet werden, die eine Sezession nicht für genauso dringlich halten und die demzufolge zu Ausländern, einer fünften Kolonne, usw. erklärt werden können.

Durch das Streben nach einem mono-nationalen Staat trennte sich der Weg der Ukraine von dem Russlands, weil die russische Föderation auch nach dem Aufstieg Putins zur Macht und der Wiederauferstehung des starken Staates weiterhin alle unterschiedlichen ethnischen Gruppen im Geiste der sowjetischen Nationalitätenpolitik behandelte. Diese Politik baute ursprünglich auf den Grundlagen des Internationalismus und der Autonomie auf, während die Ukraine nun einen Prozess der Nationenbildung (»nation building«) einleitete.[169] Die Kräfte, die im Februar 2014 die Macht übernahmen, hängen der nationalistischen Idee an, die Menschen würden durch Blutsbande zusammengehalten, das »ius sanguinis«, in welchem der Status des »Fremden« problematisch, wenn nicht sogar illegitim ist. Die unterschiedliche russische und ethnisch-ukrainische Sichtweise, von denen die letztere aktiv durch den Westen unterstützt wurde, sorgen auch für gegensätzliche Ansichten über den Status ehemaliger Sowjetrepubliken. Ein Bericht von *Chatham House* spricht von »einem latenten Interessenkonflikt zwischen dem Westen und Russland hinsichtlich des Status der anderen 14 postsowjetischen, neu gegründeten unabhängigen Staaten«. Der Westen sieht diese Staaten als souverän an, »frei, ihre eigenen Bindungen ohne Bedrohung oder Zwang wählen zu können«. In Russland herrscht eine andere Sichtweise, derzufolge

> »diese Staaten historisch mehr oder weniger Teil Russlands sind, ihre Unabhängigkeit eher zufällig als durch eine formelle Bereinigung der Nach-Kalte-Kriegs-Ordnung, durch Myriaden von personellen und

---

168 Van Zon et al. *Social and Economic Change in Eastern Ukraine*, a. a. O., S. 49.
169 Denys Kiryukhin, »Russia and Ukraine: the clash of conservative projects.« *European Politics and Society*, 17 (4) 2016, S. 442. Zur sozialistischen Nationalitäten-Politik siehe van der Pijl, *The Discipline of Western Supremacy*, vol. III of *Modes of Foreign Relations and Political Economy*. London: Pluto, 2014, S. 34-41.

wirtschaftlichen Verbindungen eng mit Russland verknüpft sind und dessen Sicherheitsumfeld darstellen. Sie müssen daher als innerhalb von Russlands »strategischer Interessenssphäre« liegend anerkannt werden und dürfen nicht in einer Art und Weise agieren oder Zusammenschlüsse bilden, die den strategischen Interessen Russlands entgegen stehen.«[170]

Diese Dissonanz bestimmte auch die auswärtige Unterstützung für die unterschiedlichen Gebilde, in die die Ukraine nach der Machtübernahme im Februar 2014 zerfiel.

Die Vorgeschichte des ukrainischen Nationalismus

Der ukrainische Nationalismus entstand in einem langen historischen Kampf gegen Polen, Russland und die Sowjetunion. Wegen der spezifischen ethnischen Zusammensetzung der Ukraine (und Südrusslands) gab es auch eine mächtige und ebenso mörderische antijüdische Tradition, die gegen die große Konzentration von Juden in der Ukraine, in Süd-Russland und Polen mobilisiert wurde. Dies geht letztendlich zurück auf die Übernahme des Judentums durch das Reich der Chasaren im späten Mittelalter und die Diskriminierung jüdischer Gemeinschaften nach dessen Niedergang.[171]

Als das russische Reich in der Revolution von 1917 zerfiel, besetzten deutsche Truppen Kiew. Unter ihrer Leitung wurde eine antibolschewistische Regierung errichtet, die zusammenbrach, als die Deutschen sich wieder zurückzogen und die westliche Region der Ukraine im Jahr 1919 Polen abgetreten wurde. Ukrainer waren nun die größte Minderheit in Polen (4 Millionen), und die antipolnische Einstellung wurde nur teilweise durch die gemeinsame antijüdische Stimmung überlagert. Auf dieser Basis vereinbarte der Anführer der ukrainischen Nationalisten, Symon Petljura, mit dem polnischen starken Mann, Pilsudski, dass die Ukrainer des polnischen Galizien

---

170 Roderic Lyne, »Russia's Changed Outlook on the West: From Convergence to Confrontation«. In: K. Giles et al., *The Russian Challenge*, a. a. O., S. 7.

171 Arthur Koestler, *The Thirteenth Tribe. The Khazar Empire and Its Heritage*. New York: Random House, 1976.

Teil einer unabhängigen Ukraine werden könnten, sollte es den Nationalisten gelingen, die östliche Ukraine der UdSSR zu entreißen.[172] Ukrainischem Nationalismus wurde in den 1920er Jahren tatsächlich auch in der Sowjetunion Rechnung getragen, da die Sprachen und Kulturen der einzelnen Nationalitäten aufgrund des Bedarfs der Revolution an gebildeten Kadern wiederaufleben durften. Nach der erzwungenen Kollektivierung, die quer durch die Sowjet-Ukraine und Südrussland massenhaftes Verhungern nach sich zog, und dem halsbrecherischen Tempo der Industrialisierung innerhalb des Fünfjahresplans wurden Zentralismus und die vorrangige Nutzung der russischen Sprache wieder eingeführt. Eine einzige große politische Einheit zu bilden, erschien sowohl aus wirtschaftlichen Gründen notwendig als auch deshalb, weil die UdSSR sich gegen den aufstrebenden Nazismus verschanzte.[173]

1929 wurde in Wien die Organisation der ukrainischen Nationalisten (OUN) gegründet. Wie alle Bewegungen, die danach streben, eine imaginäre glorreiche Vergangenheit zu restaurieren, stellte die OUN schon faschistische Themen wie die nationale Wiedergeburt, die Wiederherstellung der »Gesundheit« des Landes, Elitismus und militärische Werte in den Vordergrund.[174] 1933 wurde Stepan Bandera zum Kopf der Bewegung. Er führte den radikalsten Flügel (OUN-B), der die deutsche Invasion in die UdSSR begrüßte, in der Hoffnung, dass Hitler eine unabhängige Ukraine errichten werde. Die Nazis rekrutierten in der West-Ukraine eine Waffen-SS-Division namens »Galizien«, hatten aber wenig Zeit für Bandera, der den Krieg größtenteils im Konzentrationslager Sachsenhausen verbrachte. OUN-Anhänger begingen unsagbare Verbrechen gegen Polen,

---

172 Louis Fischer, *The Soviets in World Affairs. A History of the Relations between the Soviet Union and the Rest of the World 1917-1929*, abridged ed. New York: Vintage, 1960 [1951; 1933], S. 533f. Petljura wurde von einem jüdischen Aktivisten 1928 in Paris ermordet, Alexander Werth, *Russia at War, 1941-1945*. London: Pan, 1964, S. 558.

173 Carrère d'Encausse, *Decline of an Empire*, a.a.O., S. 25-36.

174 Sakwa, *Frontline Ukraine*, a.a.O., S. 15.

2. DIE GESPALTENE UKRAINE 93

Juden, Kommunisten und als Sowjetinformanten Verdächtigte und töteten Hunderttausende. Bandera wurde erst 1944 entlassen, als die Deutschen hofften, die UPA, den militärischen Flügel der OUN-B, gegen den Ansturm der Roten Armee einsetzen zu können. Nach dem deutschen Zusammenbruch wurde der ukrainische nationalistische Widerstand als Partisanenkrieg weitergeführt.[175]

Im Jahr 1946, als die Zusammenarbeit der Alliierten zerfiel und die gemeinsame Verfolgung der Nazi-Kriegsverbrechen endete, wurde die OUN/UPA ebenso wie die anti-sowjetische Wlassow-Armee[176] und andere bewaffnete Gruppen, die mit dem Nazi-Regime kollaboriert hatten, in den Aufmarsch des Kalten Krieges einbezogen.[177] Das *Committee of Subjugated Nations*, welches 1943. von den Nazis erschaffen worden war, wurde 1946 unter der Schirmherrschaft der USA als *Anti-Bolschewistischer Block der Nationen* (ABN) wieder aktiviert. Ukrainische Faschisten waren ein wichtiger Teil davon. Ihr berüchtigter Polizeichef aus Kriegszeiten, Mykola Lebed, wurde in die USA gebracht, um an einer ukrainischen Exilregierung mitzuwirken, während die Überlebenden der Division Galizien, insgesamt 11.000 Mann, eine neue Heimat in Kanada, Großbritannien und den Vereinigten Staaten erhielten.[178] Zurück in der UdSSR, verzeichneten Guerillas im Untergrund in den nichtrussischen und in muslimischen Gebieten gelegentliche Erfolge. Ihre verdeckten Aktionen hatten den zusätzlichen Nutzen, dass sie den repressiven Aspekt des sowjetischen Staates immer wieder in Großaufnahme zeigten. Frank Wisner, der Kopf der verdeckten Operationen der USA, erklärte,

---

175 Werth, *Russia at War*, a. a. O., S. 708f.
176 Wlassow war ein General der Roten Armee, der die Seiten gewechselt und gegen die UdSSR gekämpft hatte.
177 Magnus Linklater / Isabel Hilton / Neal Ascherson, *Het Vierde Reich. Het Barbie-dossier* [Übers.: G. Grasman]. Utrecht: Bruna, 1984, S. 46.
178 Russ Bellant, *Old Nazis, the New Right, and the Republican Party*, 3rd ed. [preface Chip Berlet]. Boston, Mass.: South End Press, 1991 [1988], S. 73; Christopher Simpson, *Blowback. America's Recruitment of Nazis and Its Effects on the Cold War*. New York: Weidenfeld & Nicolson, 1988, S. 167, 180f.

dass in der Ukraine bis 1951 Zehntausende von Mitgliedern der Roten Armee und der sowjetischen Polizei sowie andere Parteikader durch die OUN/UPA eliminiert worden waren.[179]

Als der bewaffnete Widerstand in den sowjetischen Grenzgebieten weitgehend gebrochen war, begann ein auf Rache sinnender Kreis von Emigranten, sich auf bessere Zeiten vorzubereiten. Sie wurden eine wichtige Komponente in dem *Captive Nations Committee*, das 1959 offizielle Anerkennung erhielt, als der US-Kongress eine *Woche der Unterworfenen Nationen* veranstaltete. Sie wurden selbst dann als von Russland unterjochte »Nationen« bezeichnet, wenn die betroffenen Gebilde von den Nazis erschaffen worden waren. Die zweite Frau von Wiktor Juschtschenko (Präsident der Ukraine nach der Orangenen Revolution von 2004) war Vorsitzende des *Captive Nations Committee* in den Vereinigten Staaten. Ihr Ehemann wollte schließlich im Jahr 2010 Bandera rehabilitieren, was jedoch sofort von Wiktor Janukowytsch wieder aufgehoben wurde, als dieser zum Präsidenten gewählt worden war.[180] Die Aussage »Die Helden der westlichen Ukraine sind die Verräter der östlichen Ukraine«[181] ist eine weitere mahnende Erinnerung an die zerbrechliche Einheit des Landes.

Die Transformation der Staatsklasse und Politische Parteien

Die sozialen Strukturen der unabhängigen Ukraine enthüllen wichtige Kontinuitäten seit der Sowjet-Ära. Der kommunistische Parteichef Leonid Krawtschuk blieb bis 1994 als Präsident im Amt. Die Kaderstruktur der Partei wurde in eine Neo-Nomenklatura mit bewährten und geeigneten Funktionären aus der Sowjetzeit umgewandelt. Sie war konzentriert auf Kiew und Dnjepropetrowsk, mit politischen Positionen und Verbindungen, die zum größten Teil intakt geblieben waren. Die Struktur der Staatsklasse wurde auf niedrigeren

---

179 Simpson, *Blowback. America's Recruitment of Nazis*, a. a. O., S. 102, 140, 149.
180 Sakwa, *Frontline Ukraine*, a. a. O., S. 19.
181 Valeria Mesherikov, zitiert in: Kuzio, *Ukraine. State and nation building*, a. a. O., S. 52.

2. DIE GESPALTENE UKRAINE

Ebenen der Bürokratie ebenfalls reproduziert, und die Anzahl der Menschen, die vom Staat beschäftigt wurden, nahm sogar noch zu. Im Fall der Provinzhauptstadt Saporischschja (auf Ukrainisch Zaporizhzhya) wurde die Zahl der Angestellten im Öffentlichen Dienst der Kommunalverwaltung und der Provinz zwischen den Jahren 1990 und 1996 mehr als verdoppelt. Hans van Zon und seine Koautoren beschreiben das aufsteigende neue System als quasi-feudal, mit einer komplizierten Struktur der »gegenseitigen horizontalen Abhängigkeiten, ohne ein klares Zentrum, aber betrieben von den gleichen Leuten«.[182] So sollte es nicht überraschen, dass bis 2013 geschätzte 30 Prozent der Ukrainer eine geplante Wirtschaft dem Kapitalismus vorzogen, und falls eine Marktwirtschaft eingeführt werden sollte, hielten es 45-50 Prozent für notwendig, sie mit einer starken Rolle des Staates zu kombinieren.[183]

Leonid Krawtschuks politische Machtbasis war eine nationalistische Partei, die *Ruch*, die sich in den westlichsten Teilen der Ukraine schon in den 1980er Jahren zu organisieren begonnen hatte. Die Partei war nicht monolithisch ukrainisch-nationalistisch, im Unabhängigkeitslager wurde anfangs auch die föderalistische Vision artikuliert.[184] Auf der anderen Seite fand der extreme ukrainische Nationalismus seine Stimme in der *Sozial-Nationalen Partei der Ukraine*, die in der Tradition von Bandera und der OUN steht. Die SNPU war 1991 in Lwiw von Oleh Tjahnybok, Andrij Parubij und anderen gegründet worden. Ihr Markenzeichen war das Nazi-Emblem der »Wolfsangel«, und organisierte Skinheads und Fußball-Hooligans bildeten ihren paramilitärischen Flügel unter dem Namen *Patriot der Ukraine*. Parubij war von 1998 bis 2004 ihr Anführer.[185]

---

182 Van Zon et al., *Social and Economic Change in Eastern Ukraine*, a.a.O., S. 35f.
183 Kiryukhin, »Russia and Ukraine«, a.a.O., S. 440.
184 Sakwa, *Frontline Ukraine*, a.a.O., S. 23.
185 Im Zweiten Weltkrieg war die Wolfsangel das Symbol der Waffen-SS-Division »Das Reich« und des holländischen, nazistischen »Landsturm«. Siehe: *Ukraine Antifascist Solidarity*, »Who is Andriy Parubiy? Protest UK visit of Ukrainian politician with far right links«. 13. Oktober 2015 (online).

Nach dem Putsch von 2014, in dem er eine Schlüsselfigur und der Kopf der bewaffneten Maidan-Gruppen war, wurde er zum Sekretär des *Nationalen Sicherheits- und Verteidigungsrates* (NSDC) ernannt. Der NSDC überwachte alle militärischen und geheimdienstlichen Aktivitäten, und Parubij blieb an seiner Spitze bis drei Wochen nach dem Abschuss von MH17. Im Bürgerkrieg wurde die »Wolfsangel« zusammen mit vielen anderen Wahrzeichen aus der faschistischen Vergangenheit vom *Asow-Bataillon* übernommen, einem der extremsten Freiwilligen-Bataillone, die gegen die russisch-ukrainischen Aufständischen vorgingen.

Die Verflechtung des ukrainischen Nationalismus mit dem Atlantischen Block, die auf die Zeit des ersten Kalten Krieges zurückgeht, erhielt eine neue Qualität nach dem Zusammenbruch der UdSSR. Einige der OUN-Nationalisten, die in Nordamerika einen sicheren Hafen gefunden hatten und den Spitznamen »Galizische Vettern« trugen, begannen in die Ukraine zurückzuströmen. Andere blieben in den Vereinigten Staaten und Kanada, um dort Unterstützung für den ukrainischen Nationalismus zu organisieren. Noch im Jahr 1991 gründeten OUN-Veteranen und mit ihnen verbundene Nationalisten aus verschiedenen extrem rechten Gruppierungen der Ukraine die Ukrainische Nationalversammlung (UNA), an ihrer Seite ihr bewaffneter Arm, die UNSO (Ukrainische Selbstverteidigung des Volkes).[186]

Im Jahr 2004, dem der Orangenen Revolution, wurde die *Sozial-Nationale Partei der Ukraine* (SNPU) in *Swoboda* (Freiheit) umbenannt. Parubij verließ die Partei und die *Patrioten der Ukraine*, um sich Wiktor Juschtschenkos Partei *Unsere Ukraine* anzuschließen. *Swoboda* blieb antisemitisch und anti-russisch und ist verbunden mit dem französischen *Front National* und anderen extrem rechten und Neonazi-Parteien[187]. Ihr Anführer, Oleh Tjahnybok, gelangte

---

186 Chris Kaspar de Ploeg, *Oekraïne in het kruisvuur. Beeld en werkelijkheid achter de informatieoorlog* [Übers.: M. Grootveld]. n. S.: Papieren Tijger, 2016, S. 4; *Wikipedia*, »Ukrainian National Assembly-Ukrainian People's Self-Defence«.

187 Im März 2016 kam es zum Bruch mit einigen rechten Parteien, insbesondere dem *Front National*, nachdem diese sich positiv zur Sezession, dem

als Abgeordneter der Partei *Unsere Ukraine* ins Parlament. Er wurde jedoch nach einer Rede, in der er die Völkermorde während des Krieges und den militärischen Flügel der OUN gelobt hatte und zur Befreiung des Landes von der »Moskauer Juden-Mafia« aufgerufen hatte, von Juschtschenko ausgeschlossen.[188] In einem Telegramm der US-Botschaft in Kiew, die von WikiLeaks veröffentlicht worden ist, wurde die *UNA-UNSO* als faschistisch bezeichnet. Es hieß darin über sie, dass sie von 1992 an mit Moldawiens Truppen in Transnistrien, auf der Seite Georgiens gegen Abchasien, mit Tschetschenen gegen Russland und an der Seite von Serben im Kosovo gekämpft habe, bevor sie Wiktor Juschtschenko in den Wahlen von 2004 zu unterstützen begann. Juschtschenko wiederum stellte den neoliberalen Technokraten mit Einfluss im rechtsextremen ukrainischen Nationalismus dar.

Am anderen Ende des politischen Spektrums postsowjetischer Parteien war die *Sozial-Demokratische Partei* zu finden, ursprünglich im Jahr 1990 gegründet und neu gegründet im April 1996 als *Vereinigte Sozial-Demokratische Partei der Ukraine* (SDPU[o]). Sie wurde geführt von Wiktor Medwedtschuk, politischer Anführer der ursprünglich mächtigen Kiew-Fraktion der Oligarchie, Kopf von Leonid Kutschmas Präsidialverwaltung und Vertrauter der russischen Führung – Funktionen, denen nach 2004 eine immer geringere Bedeutung zukam.[189] Und schließlich gab es noch die *Kommunistische Partei*. Sie blieb bis Mitte der 1990er Jahre eine mächtige Kraft mit ca. einem Viertel der Stimmen. Danach begann ihr Abstieg, und sie wurde, ebenso wie die Ruch, in die Opposition verbannt. Nach

---

Referendum und der Eingliederung der Krim in die Russische Föderation geäußert hatten. http://en.Swoboda.org.ua/news/events/00010596/ Link am 17. Februar 2017 nicht mehr aufrufbar.]

188 Zitiert in: De Ploeg, *Oekraïne in het kruisvuur*, a. a. O., S. 19f.; vgl. Sakwa, *Frontline Ukraine*, a. a. O., S. 21.

189 Slawomir Matuszak, *The Oligarchic Democracy. The Influence of Business Groups on Ukrainian Politics*. [*OSW Studies*, Nr. 42]. Warschau: Centre for Eastern Studies, 2012, S. 14f., 25f.

dem Putsch von 2014 wurde die Partei verboten. Andere Parteien sollten entstehen, aber diese sollen in Verbindung mit dem Aufstieg der Oligarchen diskutiert werden.

Das Projekt ukrainischer Nationalstaat
Was die ethnisch einheitliche Ausrichtung des Landes angeht, entwickelte sich zuerst unter Leonid Krawtschuk und von 1994 an unter Leonid Kutschma (dessen ukrainische Sprachkenntnisse beschränkt waren) eine aggressive Politik der Ukrainisierung, angetrieben durch eine zunächst antisowjetische, später antirussische Dynamik. Krawtschuk hoffte, durch die Fokussierung eher auf eine ethno-nationale Vereinheitlichung als auf wirtschaftliche Reformen den Einfluss der postsowjetischen Staatsklasse neutralisieren zu können.[190] Gewiss sollte dann Kutschma darauf achten, in Wahlzeiten gegenüber Russland verschiedene Gesten zu machen, um seine Position bei den russisch-ukrainischen Wählern zu sichern, die ihn als einen der Ihren ansahen. Aber auch er signalisierte im Jahr 1996, dass die Ukraine ihre Unabhängigkeit gegenüber Russland stärken wolle, indem sie sich an den Westen anlehne. »Wir sind nicht die Schweiz. ... Die NATO sollte keinem Staat verschlossen sein, und wir wollen mit der NATO kooperieren«.[191] Wie wir in Kapitel 1 sahen, unterzeichnete er die GUAM-Vereinbarung 1998 und blockierte in der Kosovo-Krise russische Lieferungen an die Serben.

Die Verfassung von 1996 definierte die Ukraine als einheitlichen Nationalstaat, mit Ukrainisch als einer einzigen Staatssprache und mit Russisch als einer der Minderheitensprachen. Dieser Abstieg des Russischen, der Sprache von Wissenschaft und Kultur, auf den Status eines Minderheitendialekts, führte zu weit verbreiteter Unzufriedenheit.[192] Gehaltserhöhungen für Lehrpersonal wurden davon abhän-

---

190 Kuzio, *Ukraine. State and nation building*, a. a. O., S. 24.
191 Zitiert in: Edouard Pflimlin, »Ukraine, une société bloquée : paix à l'extérieur, tensions à l'intérieur«. *Le Monde Diplomatique*. Mai 1998. *Archiv 1954-2012* [CD-Rom ed.].
192 Kiryukhin, »Russia and Ukraine«, a. a. O., S. 444.

gig gemacht, dass von Russisch zu Ukrainisch gewechselt wurde, und Anfang 1997 schaffte die staatliche Universität von Saporischschja die Fakultät für russische Sprache und Literatur ab, versetzte die Dozenten in andere Sprachfakultäten und reduzierte die Anzahl der Studierenden. Da Ukrainisch kaum als moderne Sprache entwickelt worden war, bewirkte der nationalistische Kurs einen Niedergang des kulturellen Niveaus des Landes. Die russischsprachige Bevölkerung wurde in eine diskriminierte Minderheit verwandelt, ihre Geschichte verleugnet.[193]

Klassenbildung und Oligarchie

Die Privatisierung der ukrainischen Wirtschaft führte, wie in den anderen postsowjetischen Republiken auch, zur Bildung einer Oligarchie von Milliardären und Multimilliardären, die den Reichtum des Landes unter sich aufteilten. Zählt die faschistische Vorgeschichte des ukrainischen Ultranationalismus zu den Schlüsselaspekten des Putsches von 2014 und des folgenden Bürgerkriegs gegen die russischstämmigen Ukrainer mit seinen brutalen Massakern und Kriegsverbrechen, so stellten sich die ukrainischen Oligarchen an die Seite gegen ihre Rivalen aus dem Donbass und fügten noch die verbrecherische Bereicherung hinzu. Beide, Ultranationalismus wie die damit verbundenen ukrainischen Oligarchen, waren vereint durch eine vehement antirussische Haltung.

Anders Åslund, Direktor des russischen und eurasischen Programms des *Carnegie Endowment for International Peace*, einer der Architekten der neoliberalen »Transition« und Teilnehmer

---

[193] Van Zon et al., *Social and Economic Change in Eastern Ukraine*, a.a.O., S. 50-52; Sakwa, *Frontline Ukraine*, a.a.O., S. 58-60. Taras Kuzio, »Nationbuilding, history writing and competition over the legacy of Kyiv Rus in Ukraine«. *Nationalities Papers*, 33 (1) 2005, S. 29-58. Vom Westen wurde alles ermutigt, was eine ausgeprägte antirussische Haltung zeigte, und die Ukrainisierung erhielt vollkommen unbeschränkte Unterstützung.

am Runden Tisch des *Ukrainian Congress Committee of America* (UCCA, s. Kapitel 1), behauptet, dass Oligarchie ein »natürliches« Phänomen sei. Potentiell sei sie sogar eine nützliche Etappe der kapitalistischen Entwicklung, wie im Goldenen Zeitalter in den Vereinigten Staaten und so auch im »Wilden Osten«.

> »Neue Eigentümer wurden verdächtig reich ... [aber] da ihre Eigentumsrechte schwach waren, sicherten die neuen Unternehmer, allgemein Oligarchen genannt, ihre Eigentumsrechte ab, indem sie Politiker, Richter und andere Beamte kauften, was man Korruption oder Übernahme des Staates nennt.«[194]

Korruption ginge zurück, wenn erst einmal die »Absicherung« durch den Kauf von Politikern und Richtern durch den rechtlichen Schutz des Eigentums ersetzt worden sei und die formale Trennung von Politik und Wirtschaft stattgefunden habe. Das sei vorgegeben durch die ursprüngliche Locke'sche Beschaffenheit Anglo-Amerikas (und in den USA verstärkt worden durch die »populistischen« und fortschrittlichen Bewegungen, eine wichtige Bedingung, die aber in der Ukraine fehle).

Wie wir noch sehen werden, blieb die Ukraine jedoch auf dem oligarchischen Weg stecken, und es kam zu keiner Wiederzentralisierung der staatlichen Macht, die die Rockefellers des Landes disziplinierte, wie es in Russland unter Putin geschah. Die beiden Gelegenheiten, bei denen kleinere Oligarchen mit westlicher Unterstützung den mächtigsten Milliardären die Macht unter Ausnutzung der öffentlichen Unzufriedenheit abzuringen versuchten, nämlich die Orangene Revolution und die Maidan-Revolte von 2014, beseitigten mitnichten die Oligarchie selbst.

---

194 Anders Åslund, *Comparative Oligarchy: Russia, Ukraine and the United States*. Working Paper, Nr. 296. Warschau: Centre for Social and Economic Research (CASE), 2005, S. 15. Åslund war zu diesem Zeitpunkt der nicht leitende Direktor von *Vostok Nafta Ltd.*, einer schwedischen Offshore-Holding von Gazprom-Anteilen. Sein Papier wurde vom holländischen Außenministerium finanziert.

Ursprüngliche Akkumulation unter dem Vorzeichen der postsowjetischen Staatsklasse

Die anfänglichen Trennlinien zwischen den Hauptfraktionen der ukrainischen kapitalistischen Oligarchie widerspiegeln die regionalen Machtzentren in der ehemaligen Ukrainischen Sowjetrepublik in privatisierter Form (Kiew, Dnjepropetrowsk und der Donbass, mit Donezk als Hauptknotenpunkt). Damit vermengt ist die Spaltung zwischen den ethnisch-ukrainischen und den russisch-ukrainischen Hälften des Landes.[195] Obwohl eine Schematisierung der Verhältnisse ihre eigene Gefahr in sich trägt, wird in der umseitigen Tabelle versucht, die wichtigsten Trennlinien zu skizzieren (nur in diesem Kapitel genannte Personen).

Die Präsidentschaft von Leonid Kutschma zwischen 1994 und 2004 war die Inkubationszeit, in der von der postsowjetischen Neo-Nomenklatur die Macht auf eine Oligarchie überging, die diese direkt ausübte. Kutschma war Mitglied im Zentralkomitee der *Ukrainischen Kommunistischen Partei* und Direktor von *Juschmasch* gewesen, dem Hersteller sowjetischer Interkontinentalraketen mit Hauptsitz in Dnjepropetrowsk. Er war ein Jahr lang Ministerpräsident unter Leonid Krawtschuk, gründete dann aber seine eigene Partei, mit der er die aufstrebende kapitalistische Klasse hinter sich vereinte. Von den frühen Oligarchen in seiner Umgebung mussten einige aus dem Land fliehen, um der Strafverfolgung wegen Diebstahls zu entgehen, darunter mehrere Ministerpräsidenten. Der spektakulärste Fall war der von Pawlo Lasarenko (1996/97), der 1999 in die Vereinigten Staaten floh und dort wegen Betrugs verurteilt wurde.[196] Vermögen wurden gemacht in einer Atmosphäre der Unterschlagung und gewaltsamen Enteignung. Ursprünglich waren die Neureichen zum

---

195 Taras Kuzio, »Regime type and politics in Ukraine under Kuchma«. *Communist and Post-Communist Studies*, 38, 2005, S. 170f.

196 Lazarenko hatte 200 Millionen US-Dollar aus staatlichen Fonds unterschlagen. Sergii Leshchenko, »Ukraine's puppet masters. A typology of oligarchs«. *Transit*, 45, 15. Mai 2014 (online). Im Jahr 1999 floh ebenso der Händler Y. Zviahilsky, dem aber später erlaubt wurde, zurück zu kehren.

Tabelle 1: Trennlinien innerhalb der ukrainischen Oligarchie unter Kutschma

Politiker			
ukrainisch-nationalistisch		*föderal*	
Leonid Krawtschuk	Leonid Kutschma		
	Pawlo Lasarenko		Wiktor Janukowytsch
Julija Tymoschenko	Ihor Bakai*	Wiktor Medwedtschuk	Mykola Asarow
Wiktor Juschtschenko		Serhij Ljowotschkin	Jurij Boiko*

Oligarchen (Fraktionen)		
Dnjepropetrowsker / Orangener Block	*Kiewer Block / Kutschmas Verbündete*	*Donezker / föderaler Block*
Julija Tymoschenko (EESU)	Wiktor Medwedtschuk (Medien)	Rinat Achmetow (1, SMC)
Wiktor Pintschuk (4, Interpipe)	Hrihori Surkis	Borys Kolesnikow (28, Ukrinvest)
Ihor Kolomojskyj (3, Privat)	Ihor Surkis (Banken, Fußball)	Sergey Taruta (15, ISD)
Henadij Boholjubow (2, Privat)		Oleg Mkrtschan (16, ISD)
Kostjantyn Schewaho (5, Ferrexpo)	Ihor Bakai (Interhaz)	Witalij Haiduk (25, ISD)
Serhij Tihipko (22, TAS)		Andrej Werewskij (17, Kernel)
Petro Poroschenko (13, Ukrprominvest)		
Jurij Kosiuk (11, MHP)		Dmytro Firtasch (7, RUE)

*Direktoren von Naftogaz Ukrainiy. Die Zahlen geben die Reihenfolge des Reichtums an (*Korrespondent* Liste für 2011); vgl. Slawomir Matuszak, *The Oligarchic Democracy. The Influence of Business Groups on Ukrainian Politics*. [*OSW Studies* no. 42]. Warschau: Centre for Eastern Studies, 2012, S. 84f.

2. DIE GESPALTENE UKRAINE

größten Teil Rohstoffhändler, die mit Gas aus Russland oder Turkmenistan dealten, für das die Ukraine ein Transitknoten ist. Eines der ersten Pflänzchen dieser Oligarchen, Ihor Bakai, erklärte 1998, dass »alle wirklich reichen Menschen in der Ukraine ihr Geld mit Gas gemacht haben«.[197]

Pawlo Lasarenko förderte in seinen verschiedenen Ämtern (Gouverneur des Verwaltungsbezirks Dnjepropetrowsk und Ministerpräsident) den Aufstieg einer Oligarchin aus Dnjepropetrowsk, der späteren Ministerpräsidentin Julija Tymoschenko. Wie die Karriere verschiedener anderer postsowjetischer Millionäre, begann auch die Tymoschenkos während Gorbatschows Perestroika in der kommunistischen Jugend, dem *Komsomol*. 1991 gründeten sie und ihr Mann die KUB (*Ukrainian Petrol Corporation*), ein Unternehmen, das Treibstoffe und Öle aus Russland für den ukrainischen Landwirtschaftsmarkt importierte. Nachdem sie in das Geschäft des Gasvertriebs eingestiegen war, erhielt sie schließlich den Spitznamen »Die Gasprinzessin«. Lasarenko half ihr und der KUB, eine Zeitlang zum größten Gasimporteur der Ukraine zu werden. Doch obwohl Tymoschenko die ganze Zeit über Lasarenkos Geschäftspartnerin war und, wie das FBI herausfand, mindestens 100 Millionen Dollar von einer Offshore-Firma in Zypern auf dessen Konten überwies, unterlag sie weder ukrainischer noch US-amerikanischer Strafverfolgung.[198] (Sie sollte erst im Gefängnis landen, nachdem Wiktor Janukowytsch 2010 die Präsidentschaft übernommen hatte.[199]) Tymoschenko und Lasarenko bemühten sich auch, die Dnjepropetrowsker Fraktion der Oligarchie, die auf dem Höhepunkt ihrer Macht war, als Lasarenko Ministerpräsident war, auf einer Seite der regionalen Spaltung, der ethnisch-ukrainischen nämlich, zu verankern. Im März 1994 wurde

---

197 Zitiert in: Åslund, *Comparative Oligarchy*, a.a.O., S. 10; Bakai wurde in Kutschmas zweiter Amtsperiode dabei ertappt, über 100 Millionen US-Dollar der staatlichen Öl- und Gasgesellschaft *Naftogaz Ukrainy* unterschlagen zu haben, wie wir weiter unten sehen werden.

198 Leshchenko, »Ukraine's puppet masters«, a.a.O.

199 Matuszak, *The Oligarchic Democracy*, a.a.O., S. 15.

als politisches Vehikel dafür die *Hromada Partei* gegründet, mit Tymoschenko als Galionsfigur. Als Markenzeichen diente ihr geflochtener Haarkranz, der ihr das Aussehen einer ukrainischen Maid gab, was bei den Nationalisten gut ankam. 1996 wurde sie ins Parlament in Kiew gewählt und unterstützte weiterhin Kutschma, der bei der Vertreibung des populären Lasarenko ins Exil geholfen haben könnte.[200]

Die Privatisierung der ukrainischen Wirtschaft begann ernsthaft, als der IWF am 31. Oktober 1994 375 Millionen Dollar Hilfsdarlehen für die Systemtransformation verfügbar machte. Der zukünftige Präsident Wiktor Juschtschenko, damals Chef der neuen *Nationalbank der Ukraine*, wurde zum Vollstrecker der geforderten Reformen (während er von dem Geld, das ihm der IWF anvertraute, auch für sich selbst etwas abzweigte). Nach der Abwertung der ukrainischen Währung sank die Inflation von Weimarer Niveau von fast fünftausend Prozent im Jahr 1993 auf 10 Prozent 1997.[201] Die Abwertung zog einen Absturz der Reallöhne und drastische Preiserhöhungen für Brot, Elektrizität, öffentlichen Verkehr und Treibstoffe nach sich, was zu weitverbreitetem Hunger führte. Handelserleichterungen ermöglichten den Absatz von US-Weizenüberschüssen auf dem ukrainischen Markt; zusammen mit Nahrungsmittelhilfen unterminierte dies die Konkurrenzfähigkeit der lokalen Getreideanbauer, die bereits mit steigenden Energie- und Transportkosten zu kämpfen hatten.[202]

Wie in Kapitel 1 ausgeführt, wandelte sich der Kapitalismus in den 1990er Jahren zu einem räuberischen Neoliberalismus. Ursprüngliche Aneignung und Akkumulation ist immer mit Gewalt

---

200 Matuszak, *The Oligarchic Democracy*, a. a. O., S. 14.

201 Pflimlin, »Ukraine, une société bloquée«, a. a. O.; Yuliya Yurchenko, »›Black Holes‹ in the Political Economy of Ukraine: The Neoliberalization of Europe's ›Wild East‹.« *Debatte: Journal of Contemporary Central and Eastern Europe*, 20 (2-3) 2012, S. 131.

202 Ken Hanly, »Ukraine and the TTIP«. *The Digital Journal*, 27. März 2014 (online)

2. DIE GESPALTENE UKRAINE

verbunden, doch die postsowjetischen Staaten kombinierten kriminelle Privatisierung mit volatilem Kapital, das sich durch Offshore-Finanzplätze bewegte.[203] In einem Land mit einem ausgedehnten Pipeline-Netz, das sowohl für die Gasverteilung innerhalb des Landes als auch für die nach Europa ausgelegt ist, bestand der Hauptpreis in der Privatisierungslotterie nicht nur aus dem Gas, sondern auch aus der Produktkette, die es mit der Herstellung der Röhren und der Eisenindustrie verband.[204] Durch den Zusammenbruch der Geldwirtschaft aufgrund von Inflation und nicht bedienten Schulden wurde der Handel auf Tauschgeschäfte reduziert. Der direkte Tausch von Produkten wurde von darauf spezialisierten Handelsfirmen organisiert. Im Fall der wichtigen Produktkette Gas – Röhren – Metall wurde Gas gegen überteuerte Röhren getauscht, so dass deren Hersteller und Händler von den Preisunterschieden profitierten. Wiktor Pintschuk, ein weiterer Oligarch aus der Kohorte des *Komsomol*, stieg mit seinen Gas-Röhren-Geschäften zum Hauptakteur auf. Diese wurden dann in Form des auf Zypern ansässigen Unternehmens Interpipe konsolidiert.[205]

Pintschuk war 1994-95 Geschäftspartner von Tymoschenko. Gemeinsam mit Lasarenko waren sie Eigentümer der Firma, die turkmenisches Gas zur weiteren Verteilung durch das ukrainische Netz importierte. Als Tymoschenko die KUB als EESU (*Vereinigte Energiesysteme der Ukraine*) neu registrierte, war Lasarenko noch immer ihr Teilhaber. Es war die Protektion durch Kutschma, die ihnen diese Möglichkeiten verschaffte (im Jahr 2002 sollte Pintschuk Kutschmas Tochter heiraten). Mitte der 1990er betrieben Pintschuk, Lasarenko

---

203 Ronen Palan, *The Offshore World. Sovereign Markets, Virtual Places, and Nomad Millionaires*. Ithaca, NY: Cornell University Press, 2003.
204 Yurchenko, *Capitalist bloc formation*, a. a. O., S. 67. Andere Ziele der aufstrebenden Big Player waren die Wertschöpfungsketten durch die Verbindung von Kokskohle und Blechproduktion (auch für Rohre/ Pipelines, und die Ketten, die Kraftwerkskohle, Stromerzeugung und Metall verbinden. Ebd.
205 Van Zon et al., *Social and Economic Change in Eastern Ukraine*, a. a. O., S. 24, 27, 39; Yurchenko, *Capitalist bloc formation*, a. a. O., S. 72, 82.

und Tymoschenko sehr erfolgreich die Produktkette Gas-Röhren-Metall gemeinsam mit der *Itera*, einer Firma, die in Florida angesiedelt war und turkmenisches Gas unter einer *Gazprom*-Lizenz in die Ukraine importierte. Dmytro Firtasch, eine der vier oder fünf reichsten Personen der Ukraine und eine Schlüsselfigur im Kampf gegen den russischen Einfluss in der Ukraine, war sowohl mit der *Itera* als auch mit *Gazprom* verbunden.[206]

Auf Pintschuk werde ich am Ende des Kapitels zurückkommen, ebenso auf Ihor Kolomojskyj, einen weiteren frühen Verbündeten von Tymoschenko in Dnjepropetrowsk. Kolomojskyj und Hennadij Boholjubow starteten 1989 mit dem Aufbau einer Kooperative und gründeten 1992 *Privatbank*, inzwischen die größte Bank der Ukraine, um ihre wuchernden Geschäftsinteressen zu stützen.[207] Kolomojskyj und Boholjubow sollten die Hauptgewinner der Spitzengruppe der Oligarchen aus der Machtübernahme von 2014 werden. An dieser Stelle sei nur kurz festgehalten, wie Kolomojskyjs Ölinteressen die Art und Weise illustrieren, in der die Oligarchen mit den staatlichen Monopolen verflochten sind. Das beste Beispiel, um die Worte von Carlos Pascual zu benutzen, einer »Firma in staatlichem Eigentum«, die eine »nicht lebensfähige Wirtschaft« aufrechterhält, ist *Naftogaz Ukrainy*. Aus einem neoliberalen Blickpunkt wäre sie ein dringender Fall für Privatisierung als Teil der vom Westen unterstützten »Markt-Demokratie«. Die heimischen ukrainischen Plünderer hatten jedoch andere Prioritäten. Bis 2015 besaß *Privatbank* 42 Prozent der Tochtergesellschaft der *Naftogaz Ukrainy* namens *Ukrnafta*, die mit 50 Prozent und einer Aktie der *Naftogaz* gehörte. Allerdings war Hennadij Boholjubow der Vorsitzende des Aufsichtsrates von *Ukrnafta* und wurde die Firma tatsächlich durch Kolomojskyj kontrolliert. *Naftogaz* war auch Haupteigentümer jener Gesellschaft, (*Ukrtatnafta*), die in Krementschuk die größte und als einzige funktionierende Raffine-

---

206 Misha Glenny, *McMafia. Seriously Organised Crime.* London: Vintage, 2009, S. 96; Yurchenko, »›Black Holes‹ in the Political Economy of Ukraine«, a. a. O., S. 133.

207 Yurchenko, *Capitalist bloc formation,* a. a. O., S. 72.

rie der Ukraine betrieb, von der wiederum 42 Prozent der Anteile der *Privatbank* gehörten. 2007 übernahm Kolomojskyj auch in diesem Unternehmen die operative Kontrolle.[208]

Gegen Ende der 1990er Jahre war die oligarchische Struktur so fest verwurzelt, dass nach der Entlassung von Lasarenko als Ministerpräsident 1997 der Versuch einer Gruppe neoliberaler Reformer, angeführt von Serhij Tihipko, einem ehemaligen Direktor der *Privatbank* und zu diesem Zeitpunkt politischer Führer der Dnjepropetrowsker Oligarchenfraktion, Reformen durchzusetzen, schnell auf Grund lief.[209] Nachdem Lasarenko in die USA geflohen war, hatte Tymoschenko eine neue ethnisch-ukrainische nationalistische Partei gegründet, die *Allukrainische Vereinigung Vaterland* (*Batkivshchyna*), doch merkte sie nun, dass Kutschma zur Sicherung seiner Wiederwahl versuchte, auch die aus dem Donbass stammenden Oligarchen mit Interessen im Gasgeschäft einzubeziehen. EESU wurde vom Gasmarkt entfernt und die Vermögenswerte unter anderem auf Pintschuk übertragen, während Firtasch (verbunden mit *Itera*) ins Geschäft eintrat. Tymoschenko erfand sich alsdann neu als Heldin der Demokratie und begann, den Präsidenten für seine autoritäre Politik anzugreifen. (Durch Verfassungsänderungen im Jahr 1995 war dem Präsidenten mehr Macht eingeräumt worden.) Sie ging so weit vorzuschlagen, die Präsidentenwahlen von 1999 zu verschieben, woraufhin der Generalstaatsanwalt der Ukraine beantragte, ihre parlamentarische Immunität aufzuheben. Aber das Parlament lehnte ab.

Kutschma hatte in seiner ersten Amtsperiode mit Erfolg die verschiedenen kapitalistischen Clans ausbalanciert und auf diese

---

208 «Ukrtatnafta evaluated at $2 billion«, *Tatarinform*, 31. März 2011 (online); »Ukraine Oil Refineries«. *A Barrel Full*, n.d. (online). Vgl. *Wikipedia*, »Ukrnafta« und »Ihor Kolomoiskiy«.

209 Es endete mit der Entlassung des Justizministers S.Holovaty, der eine Kampagne gegen Korruption begonnen hatte. Pflimlin, »Ukraine, une société bloquée«, a.a.O. Kuzio, »Regime type and politics in Ukraine«, a.a.O., S. 170ff.

Weise ihren fortschreitenden Aufstieg kontrolliert. Als Ergebnis litt sein Ansehen in der Öffentlichkeit, zumal gleichzeitig das ukrainische Bruttoinlandsprodukt zwischen 1990 und 1999 von 81,5 auf 31,6 Milliarden US Dollar fiel.[210] Er musste PR-Manager aus Moskau anheuern, die zuvor Jelzin 1996 bei seiner unwahrscheinlichen Wiederwahl zum russischen Präsidenten assistiert hatten. Sympathisierende Oligarchen wie insbesondere Medwedtschuk und Pintschuk fingen nun damit an, in einem solchen Umfang Medien aufzukaufen, dass der Begriff »Oligarch« in der öffentlichen Wahrnehmung gleichgesetzt wurde mit Medieneigentümer.[211] Außerdem starben während des Wahlkampfs zwei rivalisierende Kandidaten. Der ehemalige Zentralbanker Wadym Hetman wurde 1998 von einem Donezker Gangster erschossen, Wjatscheslaw Tschornowil, der Sprecher des gemäßigten Flügels der nationalistischen Volksbewegung der Ukraine, Ruch, starb ein Jahr später bei einem Verdacht erregenden Verkehrsunfall.[212] Dieser war mutmaßlich im Auftrag von Kutschma-Kräften durch Innenminister Jurij Krawtschenko, General der Miliz, organisiert worden. Krawtschenko setzte auch Finanzmittel ein, um die *Ruch-Partei* gegen Ende 1999 zu spalten. In der Stichwahl schlug Kutschma dann den kommunistischen Kandidaten.[213]

Nach seinem Wahlsieg von 1999 musste Kutschma Wege finden, um seine rapide abnehmende Popularität zu verbessern und sich gleichzeitig den Rücken sowohl in Dnjepropetrowsk wie im Westen des Landes freizuhalten. Dies gelang ihm, indem er Wiktor Juschtschenko zum Ministerpräsidenten machte und Tymoschenko zur Stellvertreterin, verantwortlich für Treibstoffe und Energie. Tymoschenko nutzte ihre Position in der Regierung, um den Gaseinkauf

---

210 Sakwa, *Frontline Ukraine*, a.a.O., S. 51.
211 Åslund, *Comparative Oligarchy*, a.a.O., S. 9
212 Sakwa, *Frontline Ukraine*, a.a.O., S. 23.
213 Yurchenko, *Capitalist bloc formation,* a.a.O., S. 101f.; *Wikipedia*, »Kravchenko«.

in der *Naftogaz* zu zentralisieren, während sie gleichzeitig versuchte, alle Mittelsmänner durch direkte Vereinbarungen mit der *Gazprom* auszuschalten. Damit endete der Kampf um die Kontrolle freilich noch keineswegs.[214] Die Dnjepropetrowsker Fraktion war nun als Block effektiv auseinandergefallen, die wirtschaftlich schwache, aber politisch stärkste Fraktion der Oligarchie, die Kiew-Gruppe, übernahm stattdessen vorübergehend (bis ca. 2002) die Kommandohöhen. Wiktor Medwedtschuk, der Vorsitzende der *Sozialdemokratischen Partei*, war Kopf der präsidialen Administration während Kutschmas zweiter Amtszeit. Er war einer der so genannten »Sieben Kiewer«, zu denen auch die Surkis Brüder, Hryhoriy und Ihor (die Eigentümer des Fußballclubs *Dynamo Kiew*), gehörten. Medwedtschuk stand der russischen Führung nahe, und die Beziehungen zwischen Kiew und Moskau verbesserten sich während dieser Periode.[215]

Unzufriedenheit über die Raffgier der Oligarchen mitten in einer Zeit ökonomischer Stagnation und über die sich ausbreitende Armut kochte über, als Ende November 2000 Tonbänder aus Kutschmas Büro im Kiewer Parlament veröffentlicht wurden. Eine der Aufnahmen, die verbotenerweise durch den Präsidentenleibwächter Mykola Melnytschenko aufgezeichnet worden waren, zeigte eine undurchsichtige Anweisung von Kutschma, sich mit dem kritischen Journalisten Heorhij Gongadse, der über Geschäfte aus dem Kreis um Kutschma berichtet hatte, zu beschäftigen. Gongadse wurde im September 2000 entführt, und sein enthaupteter Körper mit Zeichen furchtbarer Folter wurde in der Nähe von Kiew zwei Monate später aufgefunden. »Die Tschetschenen müssen ihn rauben und wegwerfen«, hört man Kutschma als Antwort auf einen unbekannten Gesprächspartner sagen, der vorschlägt, den Journalisten in sein

---

214 Matuszak, *The Oligarchic Democracy*, a.a.O., S. 16; Yurchenko, *Capitalist bloc formation*, a.a.O., S. 104.

215 Matuszak, *The Oligarchic Democracy*, a.a.O., S. 14f. Wladimir Putin und die Frau von Dmitri Anatoljewitsch Medwedew waren die Paten von Medwedtschuks Tochter.

Geburtsland Georgien zu deportieren.[216] Später wurde enthüllt, dass Innenminister Jurij Krawtschenko einem General Pukatsch befohlen hatte, Gongadse zu entführen und zu töten. Pukatsch gestand vor Gericht; Krawtschenko selbst wurde im März 2005 in der Nacht vor seiner Aussage ermordet. »Kuchmagate« löste Massenproteste gegen die Regierung aus, und oppositionelle Demonstranten forderten Kuchmas Rücktritt. Die Medien Pintschuks mussten sämtliche Register ziehen, um die Reputation seines Schwiegervaters zu retten.[217]

Die Melnytschenko-Bänder geben auch Einblick darin, wie die Oligarchen den Reichtum der Ukraine unter sich aufgeteilt hatten. Auf einer Aufnahme hört man M. Asarow, damals Chef der Steuerfahndung (und später Ministerpräsident von Janukowytsch), wie er Kutschma mitteilt, entdeckt zu haben, dass der oben erwähnte Ihor Bakai, damals Chef der *Naftogaz*, mindestens einhundert Millionen US-Dollar unterschlagen habe. Er erklärt dann, dass er Bakai geraten habe, »alle Spuren darüber zu verwischen«. Kutschma stimmt zu und betont, er selbst habe Bakai gewarnt, »wir werden deinen Hintern nicht ewig retten«.[218] Und statt den Amoklauf der Oligarchen unter Kontrolle zu bringen, brachte »Kuchmagate« den Präsidenten dazu, die Basis seiner Regierung in der Oligarchie zu verbreitern, indem er die Donbass-Fraktion hinzuzog und ihren politischen Frontmann Wiktor Janukowytsch als Ministerpräsidenten einsetzte.

Melnytschenko, der Urheber der Bänder, war bis zu seinem Asyl in den Vereinigten Staaten Offizier des Geheimdienstes der unabhängi-

---

216 Glenny, *McMafia*, a. a. O., S. 102.

217 Isobel Koshiw, »Victor Pinchuk: Friend or foe of Ukraine?« *Kyiv Post*, 14. Oktober 2016 (online).

218 Keith A. Darden, »Blackmail as a Tool of State Domination. Ukraine under Kuchma«. *East European Constitutional Review*, Spring/Summer 2001, S. 68. Die Melnytschenko-Bänder wurden auf einer Harvard-Website veröffentlicht, wurden dann aber wieder entfernt, möglicherweise, weil Kutschma in der Zwischenzeit Teil der westlichen Fraktion geworden war.

gen Ukraine SBU gewesen, einer Institution, die nach Misha Glenny, »den Superkleber lieferte für die Fusion zwischen staatlicher Macht und den Oligarchen« bei ihren kriminellen Operationen.[219] Über die unterschiedlichen Regime-Changes hinweg sollte der Geheimdienst eine Brutstätte für Korruption und Verbrechen bleiben, unter anderem auch für Kunstraub. Walentyn Nalywajtschenko, der nach der Orangenen Revolution zum Kopf des SBU gemacht worden war, bis ihn Janukowytsch feuerte, wurde nach dem Maidan-Staatsstreich wieder eingesetzt und im Juni 2015 schließlich erneut entlassen. Er war dabei erwischt worden, wie er Antiquitäten schmuggelte, als er noch Diplomat war, und der Geheimdienst sollte später noch in andere spektakuläre Raubfälle verwickelt sein. Trotz der Tatsache, dass der SBU von der UNO beschuldigt wurde, systematisch zu foltern, sollte dieser später die Leitung bei der strafrechtlichen Untersuchung des Unglücks von Flug MH17 der Malaysian Airlines übernehmen, wie wir in Kapitel 5 sehen werden.[220]

Von Dnjepropetrowsk zum Primat von Donezk

Von November 2002 an war die Oligarchie nicht mehr nur gelegentlich von dieser oder jener Person im Kabinett vertreten, sondern hatte sich als solche in der Regierung eingenistet. Der letzte Schritt wurde dabei von der Donezk-Fraktion gemacht.[221] Von nun an entwickelten sich die Kämpfe zwischen den verschiedenen Fraktionen der Oligarchie so, dass die weniger reichen Oligarchen aus Dnjepropetrowsk sich mit Protestbewegungen der Bevölkerung verbinden mussten, um ihren Rivalen zu widerstehen: Das geschah zuerst in der »Orangenen Revolution« von 2004 und dann noch einmal im Maidan-Aufstand von 2014, gefolgt von dem bewaffneten Staatsstreich.

---

219 Glenny, *McMafia*, a. a. O., S. 100f.

220 Robert Parry, »MH-17 Probe Trusts Torture-Implicated Ukraine«. *Consortium News* (13. Juni 2016, online).

221 Kuzio, »Regime type and politics in Ukraine«, a. a. O., S. 169; Åslund, *Comparative Oligarchy*, a. a. O., S. 8f.

Die ursprüngliche Akkumulation hatte hier in viel höherem Maße auf Gewaltverbrechen beruht als im Rest des Landes, wo sie in erster Linie eine Sache von Betrug und Unterschlagung war. Zwischen 1988 und 1997 stieg die Kriminalität in der Ukraine um den Faktor 2,5, die Mordrate stieg von 9 pro 100.000 Einwohner im Jahr 1990 auf 21 im Jahr 1995. Aber in Donezk alleine fanden im Jahr 1991 55 Morde statt, die Zahl stieg auf 5-6 pro Woche im Jahr 1992.[222]

Während im Orbit der ursprünglichen Dnjepropetrowsk-Fraktion Männer mit jüdischem Hintergrund wichtige Rollen spielten (Lasarenko, Pintschuk, Kolomojskyj und verschiedene andere), gehörten im Donbass die aufgestiegenen Kapitalisten von ihrer Minderheitenherkunft her zu der ethnischen Gruppe der Tataren und zur Gang von Akhat Brahin (»Alex der Grieche«) und seinem Kumpan Rinat Achmetow. Im Jahr 1995, nach einer Serie von Morden, mit denen sie ihr gemeinsames Wirtschaftsimperium vergrößert hatten, wurde Akhat Brahin selbst in seiner VIP-Lounge eines Fußballstadions in die Luft gesprengt, wodurch Achmetow zum Haupteigentümer wurde. In den Jahren 1995 und 1996 folgende Aufkäufe, abgesichert durch strategische Morde, ermöglichten es Achmetow, sich eine ganze Anzahl von Firmen einzuverleiben und schließlich im *System Capital Management* (SCM) zusammenzulegen.[223] SCM kontrollierte schon bald die größten Anteile an der Kohle- und Stahlindustrie der Ukraine. Achmetows Geschäfte machten am Ende ein Viertel der Wirtschaft der Ukraine aus und machten ihn zum reichsten Mann des Landes. Das SCM ist in Zypern ansässig, die *Metinvest Finance Company* in Den Haag, Niederlande. Daneben verfügt es über Büros in London und Genf.[224]

---

222 Yurchenko, *Capitalist bloc formation*, a. a. O., S. 74, 76; Van Zon et al., *Social and Economic Change in Eastern Ukraine*, a. a. O., S. 102.

223 Yurchenko, »›Black Holes‹ in the Political Economy of Ukraine«, a. a. O., S. 132; *Capitalist bloc formation,* a. a. O., S. 73, 76f, table 3.1.

224 Leshchenko, »*Ukraine's puppet masters*«, a. a. O.; Arno Wellens, »*Stop het associatieverdrag: Oekraïense oligarchen moeten óók belasting betalen* [925 Kamervragen]« 925.nl., 29. Januar 2016 (online).

2. DIE GESPALTENE UKRAINE

Das politische Vehikel der aufgestiegenen Donezk-Fraktion war der *Interregionale Block für Reformen*, der 1993 gegründet worden war und formal 1995 registriert wurde. Der *Interregionale Block* war Vorläufer der *Föderalistischen Partei der Regionen*, die an der Macht bleiben sollte, bis sie durch den Staatsstreich vom Februar 2014 ausgeschaltet wurde.[225] Anders als die Dnjepropetrowsker oder Kiewer Fraktionen, die sich um Figuren der postsowjetischen Staatsklasse herum kristallisierten, mussten die Kapitalisten aus Donezk neue Politiker rekrutieren, die für sie Wahlen gewinnen konnten. Achmetow und sein Verbündeter Borys Kolesnikow wählten nach der Ermordung von Akhat Brahin für diese Rolle Viktor Janukowytsch aus. Den Aufstieg verdankt Janukowytsch zum großen Teil seinen Gefängnisaufenthalten wegen Gewaltverbrechen in der Sowjet-Ära, während denen er sich mit dem Sicherheitssektor, der die Gefängnisse verwaltete, bekannt machte. Nach seiner Entlassung entwickelte er bemerkenswerte administrative Talente und stieg auf zum Haupt des Kohletransports (Schlüsselsektor in zwei der drei hauptsächlichen Wertschöpfungsketten in der Ukraine). In dieser Eigenschaft lernte er Achmetow und Kolesnikow näher kennen. Sie sorgten dafür, dass er 1996 zum Gouverneur des Verwaltungsbezirks Donezk ernannt wurde.[226]

Ein weiterer Grund, warum die Formierung einer Donezker Kapitalfraktion, verglichen mit den anderen, zeitlich im Rückstand war, stellte die enge Integration der Schwerindustrie des Ostens in die Wirtschaft der ehemaligen UdSSR dar. Wie Yuliya Yurtschenko erklärt, arbeiteten 69 Prozent der Industrieunternehmen im Gebiet von Donezk-Lugansk-Dnjepropetrowsk-Saporischschja unter der Aufsicht von All-Unions-Ministerien, besonders des Verteidigungsministeriums, gegenüber 56 Prozent in der Ukraine insgesamt.[227] Um

---

225 Die Partei »Party of Regional Revival of Ukraine« wurde 1997 gegründet und die Partei der Regionen im Jahr 2000. Matuszak, *The Oligarchic Democracy*, a. a. O., S. 14.

226 Sakwa, *Frontline Ukraine*, a. a. O., S. 51; Yurchenko, »›Black Holes‹ in the Political Economy of Ukraine«, a. a. O., S. 134.

227 Yurchenko, *Capitalist bloc formation*, a. a. O., S. 73.

sich von der Trennung von Russland zu erholen und die Schwerindustrie wieder zu beleben, war der Energiesektor der Schlüssel, aber dieser war unter der Kontrolle von Tymoschenko und Lasarenko. Der Erfolg jeder großen industriellen Unternehmung im Donbass hing deshalb von nun an, da die Planwirtschaft keinen Schutz mehr bot, von billiger Energie ab. Denn der Energieverbrauch z. B. in der Stahlproduktion war doppelt so hoch wie in den modernen Stahlwerken des Westens.[228]

Schon 1995 antworteten die Kräfte aus Donezk auf die Errichtung von Tymoschenkos und Lasarenkos EESU, indem sie die Industrieunion Donbass (ISD) gründeten. Ihr Kopf war Jewhen Schtscherban, ein Kumpan von Achmetow, der in der Brahin-Achmetow-Gang aufgestiegen war. Er wurde Mitte 1996 nach einem verfehlten Anschlag auf Lasarenko zusammen mit anderen Oligarchen aus Donezk ermordet.[229] Um dann die Interessen des Donezk zu beschwichtigen, berief Lasarenko, zu diesem Zeitpunkt Ministerpräsident, Janukowytsch auf eine einflussreiche Position in der regionalen Verwaltung. »Ein Jahr später, 1997, hatte Janukowytsch die Region übernommen«, schreibt Serhij Leschtschenko. »In den folgenden fünf Jahren baute der Achmetow-Clan unter dem Schutz von Janukowytsch finanzielle Reserven und politische Macht auf«.[230] Kurz nach Lasarenkos Rücktritt im Jahr 1997 kontrollierte die ISD, jetzt in der Hand der Getreuen von Achmetow, Taruta und Mkrtschan, 80 Prozent des Gasmarktes im Verwaltungsbezirk Donezk und hatten die EESU fast vom Markt verdrängt.[231]

Der Aufstieg Wladimir Putins und seiner Entourage aus dem Sicherheitsbereich zur Macht in Russland beeinflusste ebenfalls schon bald auch die Gaslieferungen in die Ukraine. Die Wiederauferste-

---

228 Van Zon et al., *Social and Economic Change in Eastern Ukraine*, a.a.O., S. 57f, 23.

229 Pflimlin, »Ukraine, une société bloquée«, a.a.O.

230 Leshchenko, »Ukraine's puppet masters«, a.a.O.

231 Yurchenko, »›Black Holes‹ in the Political Economy of Ukraine«, a.a.O., S. 133.

hung des starken Staates setzte, wie wir schon gesehen haben, ein hartes Durchgreifen gegen jene Oligarchen voraus, die ihre wirtschaftliche Macht und ihre Kontrolle über Medien zur Verfolgung politischer Ziele einsetzten. Putin ersetzte Rem Iwanowitsch Wjachirew, den Vorsitzenden von *Gazprom*, durch seinen ehemaligen KGB-Kollegen Alexei Miller. Die Folgen dieser Ernennung fanden ihren Widerhall auch in der Ukraine, wo nach der Flucht von Lasarenko in die USA Julija Tymoschenko und ihr Mann wegen ihrer Rolle in der EESU zum Ziel von Betrugsverfahren wurden. 2001 wurde Tymoschenko gezwungen, als stellvertretende Ministerpräsidentin zurückzutreten, wodurch sie die Kontrolle über das staatliche Monopol der *Naftogaz* verlor. Das Vermögen der EESU wurde reprivatisiert, was 2002/2003 in Achmetows SCM endete.[232]

Gazprom beendete nun auch die Zusammenarbeit mit der in Florida ansässigen *Itera* als Zwischenhändler für die Gasverkäufe in die Ukraine und ersetzte sie 2002 durch die *EuralTransGaz* (ETG), die als Offshore in einem kleinen Dorf in Ungarn ansässig war. Der ETG wurde das Monopol für den Gashandel zwischen *Gazprom* und der *Naftogaz* erteilt. Beide waren in Staatsbesitz, auch wenn private Interessen die Zügel in der Hand hielten.[233] In wahrem Operettenstil waren die nominellen Eigentümer der ETG eine arbeitslose rumänische Schauspielerin, ein rumänisches Paar und Ze'ev Gordon, der in Tel Aviv ansässige Anwalt des Verbrecherbosses Simeon Mogilevich der in Moskau beheimateten Solntsevo Bruderschaft. In diesem Fall arbeitete Gordon für Dmytro Firtasch, der in die Itera involviert und auch mit Mogilewitsch verbunden war.[234]

Als sich herausstellte, dass die ETG eine große Geldwäsche-Organisation war, entfernte die *Gazprom* das Unternehmen wieder aus dem Gashandel mit der Ukraine. Sie wurde dann 2004 durch die

---

232 Yurchenko, *Capitalist bloc formation,* a. a. O., S. 105.

233 Ich erwähnte Kolomojskyjs Kontrolle der Tochtergesellschaften der *Naftogaz*, *Ukrnafta* und *Ukrtatneft*.

234 Glenny, *McMafia*, a. a. O., S. 93ff.; Yurchenko, »›Black Holes‹ in the Political Economy of Ukraine«, a. a. O., S. 138.

RosUkrEnergo ersetzt, ein Joint Venture zwischen *Gazprom* und der *Centragas Holding*, einer weiteren Offshore-Gesellschaft (dieses Mal in Österreich). Firtasch transferierte seine Anteile an der *Itera* auf die *Centragas*. Mit Jurij Boiko, seinem engen Vertrauten und Vorsitzenden der *Naftogaz*, sowie Kutschmas Berater Serhij Ljowotschkin kontrollierte er nun sehr effektiv die Gasversorgung der Ukraine.[235] Im November 2004, während seiner letzten Tage als Ministerpräsident unter Kutschma, unterzeichnete Janukowytsch ein Dekret, das der *RosUkrEnergo* das Monopol auf den Gashandel in der Ukraine einräumte.[236]

Firtaschs Geschäftsinteressen sind laut Slawomir Matuszak nicht leicht nachverfolgbar (in der Art, wie es die von Achmetow oder Pintschuk sind) und er könnte tatsächlich der Vertreter anderer, insbesondere russischer Interessen sein. Von der *RosUkrEnergo* und der Finanzgruppe, die aus ihr entstand, der RUE, »nimmt man an, dass sie die am meisten prorussische Gruppe innerhalb der ukrainischen politischen und wirtschaftlichen Elite ist, da ihre Vertreter bei zahlreichen Gelegenheiten für russische Interessen geworben haben«.[237] Das wirft ein wichtiges Licht auf die späteren Rollen, die Firtasch spielen sollte. So übten die USA während seines Aufenthalts in Wien durch Einleitung und Aufhebung eines Auslieferungsverfahrens durch Victoria Nuland in der Hochphase des EU-Gipfeltreffens in Vilnius im November 2013 größtmöglichen Druck auf ihn aus, damit er Janukowytsch dazu bewege, den EU-Assoziationsvertrag zu unterzeichnen. Auch im März 2014, einen Monat nach dem Putsch, war es Firtasch, der Poroschenko die Präsidentschaft und das Amt des Bürgermeisters von Kiew dem einzigen echten Herausforderer, dem Boxer Vitali Klitschko, zuteilte.

---

235 Matuszak, *The Oligarchic Democracy*, a.a.O., S. 18.

236 Yurchenko, »›Black Holes‹ in the Political Economy of Ukraine«, a.a.O., S. 133f., 138; Leshchenko, »Ukraine's puppet masters«, a.a.O.

237 Matuszak, *The Oligarchic Democracy*, a.a.O., S. 18.

2. DIE GESPALTENE UKRAINE

Im Jahr 2004 wurde der Aufstieg der Donbass-Fraktion noch unterbrochen von der Orangenen Revolution, nachdem das Ergebnis der Präsidentenwahl im Wettbewerb zwischen Juschtschenko und Janukowytsch sich als gefälscht herausstellte. Für die antirussischen und prowestlichen Oligarchen der Ukraine und die von ihnen kontrollierten politischen Gruppen bestand die einzige Chance, den Aufstieg der vom mächtigen Donezk-Block und von Firtaschs RosUkrEnergo unterstützten föderalen Kräfte aus dem russisch-ukrainischen Süden und Osten des Landes aufzuhalten, darin, den Ausbruch politischer Unzufriedenheit auszunutzen und sich der Bewegung anzuschließen, um die staatliche Macht auf diese Weise zurückzugewinnen. Dieses Szenario funktionierte 2004 in der Orangenen Revolution und dann noch einmal in den Maidan-Revolten und mit der Machtübernahme im Februar 2014. Hierbei waren die USA, die NATO und die EU aber noch viel direkter involviert.

Schon in den Parlamentswahlen 2002 hatte die Abscheu gegenüber der kriminellen Art und Weise, wie die herrschende Klasse vorging, der Juschtschenko Partei *Unsere Ukraine* geholfen, obwohl auch sie von Oligarchen unterstützt worden war, darunter zwei aus der Donezker Fraktion Ausgebrochene, Taruta und Mkrtchan, und vor allem der künftige Präsident im späteren Bürgerkrieg, Petro Poroschenko. Unsere Ukraine gewann 24 Prozent der Stimmen, und damit 111 Sitze. Dennoch wurde Janukowytsch zum Ministerpräsidenten gewählt, da seine von Achmetow unterstützte Partei in den Parlamentswahlen von 2002 gut abgeschnitten hatte. Alle großen Oligarchen aber fürchteten, dass die von Juschtschenko versprochenen neoliberalen Reformen ihre Interessen verletzen würden und sie zögerten, ihm ihre Rückendeckung zu geben. Selbst Ihor Kolomojskyj mit seinem mächtigen Medienkonglomerat *Glavred* hielt sich von der Kampagne fern. Kutschma unterstützte Janukowytsch nicht aus Enthusiasmus, sondern um nicht wegen Kuchmagate verurteilt zu werden.[238]

---

238 Matuszak, *The Oligarchic Democracy*, a. a. O., S. 20-22; Leshchenko, »Ukraine's puppet masters«, a. a. O.

Die Präsidentschaftskampagne von 2004 wurde mit den Methoden geführt, in denen die kriminellen Handlanger der Oligarchen Experten waren. Hier war der Donbass eine Klasse für sich. Juschtschenko musste mit einem Gesicht, das durch einen Giftangriff entstellt war, in den Wahlkampf gehen, während Janukowytsch seinen Sieg durch Wahlbetrug errang. In dem üblichen Eröffnungsschachzug aller »Farbenrevolutionen« zweifelten zwei NGOs den Ausgang der Wahl auf Basis von Nachwahlumfragen an. Diesmal wurde der Wahlbetrug aber ordnungsgemäß festgestellt, ebenso wie die Komplizenschaft der Wahlkommission. Julija Tymoschenko rief nun zu Massendemonstrationen auf, und eine halbe Million Demonstranten versammelten sich auf dem Maidan-Platz in Kiew unter dem Dach der Bewegung *Pora* (Genug). Als es so schien, dass der einzige Weg, die Proteste zu unterdrücken, der Einsatz von Gewalt war, desertierten einige der Donbass-Oligarchen aus dem Janukowytsch-Lager, insbesondere die Männer hinter der ISD, Taruta und Mkrtschan.

Ukrainische Bruchlinien und das Ost-West-Dilemma

Der Donbass-Block setzte seinen Aufstieg indes fort, war aber zentrifugalen Tendenzen ausgesetzt, die sich mit den West-Ost-, den ehemaligen Dnjepropetrowsk/Donbass-Bruchlinien überschnitten. Diese Rivalitäten, schreibt Yuliya Yurchenko, »wurden der Hauptgrund für die sich hinziehende Krise in der Zeit nach der Orangenen Revolution, was, neben anderen Entwicklungen, schließlich zum Sieg der *Partei der Regionen* in den Wahlen von 2007 führte«.[239] Von da an sollte der föderalistische Block seine Macht nur so lange konsolidieren, bis er vertrieben wurde, als Janukowytsch die Dreiecksbeziehung mit der EU und Russland nicht länger managen konnte.

---

239 Yurchenko, »›Black Holes‹ in the Political Economy of Ukraine«, a.a.O., S. 126f.; Matuszak, *The Oligarchic Democracy*, a.a.O., S. 22.

2. DIE GESPALTENE UKRAINE

Die Orangene Revolution ist als »Revolte der Millionäre gegen die Milliardäre«[240] charakterisiert worden. Wiktor Juschtschenko versprach, eine scharfe Linie zwischen Unternehmen und Regierung zu ziehen, aber trotzdem platzierte er mehrere Oligarchen in seiner ersten Regierung.[241] Im Januar 2005 ernannte er, wie vor den Wahlen vereinbart, Tymoschenko zur Ministerpräsidentin. Sie eröffnete einen »Krieg gegen die Oligarchen«, was bedeutete, die *anderen* Oligarchen: Pintschuk und Achmetow. Diese waren gegen Ende der Präsidentschaft von Kutschma bei der Privatisierung von *Kryworischstal* als neue Eigentümer hervorgetreten. Die beiden zahlten 800 Millionen US-Dollar für diesen größten metallverarbeitenden Industriekonzern des Landes.[242] Nun wurde ihnen von Tymoschenko das Unternehmen wieder weggenommen und für 4,2 Milliarden Dollar an den indischen Unternehmer Lakshmi Mittal verkauft. Das enthüllte die verbrecherische Natur der ersten Privatisierung.[243] Borys Kolesnikow, Achmetows Kumpan, ein Vertreter der Autonomie des Donbass und zu dieser Zeit Kopf des Bezirksrates von Donezk, wurde verhaftet, weil er eine Geschäftsgruppe geplündert hatte, die zu Unterstützern der Orangenen gehörte. Andererseits hatte die *Privat Gruppe* von Kolomojskyj und Boholjubow, die Tymoschenkos Wahlkampagne finanziert hatte, nicht zu leiden.[244]

---

240 Matuszak, *The Oligarchic Democracy*, a.a.O., S. 23, ein Ausspruch, der Åslund zugeschrieben wird.

241 Yurchenko, »›Black Holes‹ in the Political Economy of Ukraine«, a.a.O., S. 126f.; Matuszak, *The Oligarchic Democracy*, a.a.O., S. 22.

242 Anders Åslund, *Comparative Oligarchy*, a.a.O., S. 11, der behauptet, dass der Verkauf »substantielle Einnahmen generierte und verhältnismäßig transparent war«, obwohl er zugesteht, dass der Verkauf nicht »im Wettbewerb« erfolgte. Dass diese Privatisierung alleine, wie auch Pintschuk behauptete, dem Staat mehr einbrachte als die Privatisierung aller anderen Stahlverarbeiter der Ukraine zusammen, betont nur, wie betrügerisch insgesamt die Privatisierung war.

243 Leshchenko, »Ukraine's puppet masters«, a.a.O.

244 Matuszak, *The Oligarchic Democracy*, a.a.O., S. 23f. Als stellvertretender Ministerpräsident nach Janukowytschs Wahl sollte Kolesnikow mit der ukrainischen Hälfte der Fußball-Europameisterschaft 2012 betraut werden.

Poroschenko hatte erwartet, Ministerpräsident zu werden, und als Tymoschenko stattdessen ausgewählt wurde, führte diese Enttäuschung zu einer andauernden Fehde zwischen ihr und dem zukünftigen Präsidenten. Er wurde zum Vorsitzenden des *Nationalen Sicherheits- und Verteidigungsrates* gemacht, aber im September 2005 wegen Korruptionsvorwürfen entlassen.[245] Poroschenko ist ein enger Familienfreund Juschtschenkos aus der Zeit, als er noch ein Oligarch der zweiten Reihe war. Er machte sein Vermögen bei der Privatisierung großer sowjetischer Unternehmen, eines davon trug den Namen Lenins (die Schiffbaufirma *Leninskaya kuznitsa*), ein anderes war nach Marx benannt und wurde 1996 nach dem mittleren Namen des neuen Eigners in *Roshen* umbenannt. Die Unternehmen wurden in seiner Holding *Ukrprominvest* zusammengeführt. 2001 hatte Poroschenko die kurzlebigen Marktreformen Juschtschenkos unterstützt.[246] 2010 kaufte er die *Sewastopol-Werft*, eine der größten der Ukraine, die unter anderem für die russische Schwarzmeerflotte arbeitete.[247] Poroschenko ist ein typischer politischer Opportunist oder, je nach dem, ein pragmatischer Politiker des politischen Zentrums. Er stieg ursprünglich als Abgeordneter der *Sozialdemokraten* (Kiewer Fraktion) in die Politik ein, war dann einer der Gründer von Janukowytschs *Partei der Regionen* (Donezk), bevor er schließlich 2001 zu Juschtschenkos Block *Unsere Ukraine* wechselte. Er spielte eine Rolle in der Orangenen Revolution von 2004, und 2009/10 diente er als Juschtschenkos Außenminister. Als die Orangene Revolution in einer neuen Runde der Veruntreuungen auf Grund lief, kehrte Poroschenko zum Lager Janukowytschs zurück, der ihm zu einem (weniger wichtigen) Ministerposten verhalf.[248]

Tymoschenko war indes nicht in der Lage, ihre Position als Ministerpräsidentin noch weiter auszunutzen. Sie brachte nur noch

---

245 Matuszak, *The Oligarchic Democracy*, a.a.O., S. 109.

246 Leshchenko, *Ukraine's puppet masters*, a.a.O.

247 Matuszak, *The Oligarchic Democracy*, a.a.O., S. 110.

248 Annabelle Chapman, »Ukraine's Chocolate King to the Rescue«. *Foreign Policy*, 22. Mai 2014 (online); Matuszak, *The Oligarchic Democracy*, a.a.O., S. 108.

eine Person aus ihrer Partei in die Regierung, A. Turtschynow, den künftigen Präsidenten des Putsches, der zum Chef des berüchtigten Geheimdienstes SBU gemacht wurde.[249] Zwischen Juschtschenko und Tymoschenko kochte ebenfalls bald Feindseligkeit über, doch in den Parlamentswahlen von 2006 schnitt ihre Partei besser ab als die des Präsidenten, dessen Anhängerschaft bei den Präsidentschaftswahlen von 2010 auf fünf Prozent schrumpfen sollte.

Eine Koalition aus der *Partei der Regionen*, Sozialisten und Kommunisten wählte im August 2006 Janukowytsch wieder als Ministerpräsident ins Amt. Diese Stellung sollte er bis zu den Parlamentswahlen von 2007 behalten. Das erleichterte den erneuten Aufstieg des Donezk-Blocks und der *Partei der Regionen*. Im September 2007 wurden vorzeitige Wahlen durchgeführt. Als Hauptergebnis dieser beiden Wahlen verfinsterten sich die Chancen der Kiewer Fraktion und ihres politischen Vehikels, der *Sozialdemokratischen Partei* von Medwedtschuk.[250] Auf der anderen Seite hielt sich Tymoschenkos Block gut. Das brachte sie, mit Unterstützung von Juschtschenko, noch einmal auf den Posten der Ministerpräsidentin. Diesmal blieb sie im Amt bis März 2010. Nun setzte sie ihre Kampagne zur Übernahme der Kontrolle über die Gasversorgung fort. Firtaschs Unternehmen *RosUkrEnergo*, das die Orangene Revolution überlebt hatte und während der Zeit von Janukowytsch als Ministerpräsident seine Position sogar noch verstärken konnte, wurde nun aus dem Gasgeschäft verdrängt. Im Januar 2009 führte das zu einem Gaslieferstopp durch Russland, der nicht unerheblichen Schaden verursachte.[251]

---

249 Yurchenko, *Capitalist bloc formation*, a.a.O., S. 126. Tymoschenko wurde bald entlassen und durch einen Kompromisskandidaten ersetzt (mit dem Donezk-Kapital), A. Moroz, dem Anführer der *Sozialistischen Partei*.

250 Matuszak, *The Oligarchic Democracy*, a.a.O., S. 25f.

251 2007 reorganisierte Firtasch sein ukrainisches Geschäftsimperium und nannte es nach seinen Initialen um in *DF Group* mit Sitz auf den British Virgin Islands und mit verschiedenen Firmen auch in Österreich und der Schweiz. Sakwa, *Frontline Ukraine*, a.a.O., S. 53f., 62f.; Yurchenko, *Capitalist bloc formation*, a.a.O., S. 126, 133; Leshchenko, »Ukraine's puppet masters«, a.a.O.

Die Amerikaner wurden in der Zwischenzeit gut auf dem Laufenden gehalten über die Kämpfe zwischen den Oligarchen um die politische Kontrolle. Aus Washington wurde die Konsolidierung des föderalistischen Blocks mit großem Misstrauen beobachtet, aber wie man aus geleakten Telegrammen weiß, machten ihnen auch die populistischen Wahlkampfversprechen Tymoschenkos Sorge. Nun übernahm Firtasch die Rolle des Königmachers. Dies sollte dann in der Wiener Übereinkunft zwischen Poroshenko und Klitschko vom März 2014 gipfeln. Da der Vorschlag Kutschmas, die Rolle des Präsidenten zu stärken, nicht als Gesetz verabschiedet worden war, lag der Schwerpunkt nun auf der Bildung parlamentarischer Koalitionen, und Firtasch war dabei am geschicktesten. Er erwies sich auch als die entscheidende Kraft in der *Partei der Regionen* und war mächtiger als Achmetow.[252] WikiLeaks-Telegrammen zufolge erklärte er dem US-Botschafter, er habe eine Koalition von Tymoschenkos *Vaterlandspartei* und der *Partei der Regionen* verhindert und sich stattdessen für eine Koalition der *Partei der Regionen* mit Juschtschenkos *Unsere Ukraine* eingesetzt.[253] Dies stärkte die *Partei der Regionen*, spiegelte aber auch Bedenken unter den Oligarchen wider (und in den USA und Europa), dass Tymoschenko in ihrer Anti-Oligarchen-Kampagne zu weit gehen könnte.

Gegen 2009/2010 befanden sich der Tymoschenko- und der Juschtschenko-Flügel der Orangenen Revolution im offenen Krieg miteinander. Tymoschenko wurde durch Kostjantyn Schewaho, dem reichsten Oligarchen in ihrem Block, und einer Reihe weniger wichtiger Figuren unterstützt, Juschtschenko durch Poroschenko. Einige Oligarchen wie Kolomojskyj und Boholyubov von der *Privat Gruppe* nutzten diese Fehde aus, um ihre eigenen Belange voranzubringen, indem sie jede der beiden Seiten unterstützten, wenn es ihnen nutzte. Als die Unterstützung für Juschtschenko weiter bröckelte, wechselten einige seiner früheren Unterstützer aus dem Kreis der Oligarchen

---

252 Matuszak, *The Oligarchic Democracy*, a. a. O., S. 24, 33.
253 Sakwa, *Frontline Ukraine*, a. a. O., S. 52ff., 64.

zu Tymoschenko, wie die Eigentümer von ISD, Witalij Haiduk und Taruta.[254] Alles in Allem kontrollierten die 100 reichsten Oligarchen nun 80 bis 85 Prozent des Bruttoinlandsproduktes der Ukraine.[255]

Zwischen dem Herzland und einem neuen Herausforderer-Block: Russland, BRICS und die Eurasische Union
Die Unterbrechung der internen Arbeitsteilung durch die Auflösung der UdSSR hatte auch in der Ukraine Chaos angerichtet. Nach der Unabhängigkeit verschlechterten sich die wirtschaftlichen Beziehungen mit Russland – erst langsam, dann nach 1994 schneller. Im Jahr 1994 wurden noch 68 Prozent der Exporte der Ukraine mit den ehemaligen Sowjetrepubliken getätigt, bis 1996 gingen sie auf 36 Prozent zurück. Trotz der Ausrufung einer Freihandelszone der »Gemeinschaft Unabhängiger Staaten« (GUS) wurden Handelsbarrieren errichtet, und Ende 1996 klagte Kutschma über einen Wirtschaftskrieg, als Russland eine 20-prozentige Abgabe auf Importe aus der Ukraine erhob, auf die Kiew in der gleichen Weise reagierte. Die Möglichkeit, alternative Märkte in Europa zu finden, führte intern zu einer Kette von Konkursen, weil ehedem sowjetische oder andere lokale Anbieter durch neue von außerhalb ersetzt wurden.[256]

Die Verheißungen eines Marktes mit mehr als 40 Millionen Konsumenten hatten eine Reihe von westlichen Unternehmen in die Ukraine gelockt, darunter verschiedene große US-amerikanische Konzer-

---

254 Matuszak, *The Oligarchic Democracy*, a.a.O., S. 26, 28f. Er erwähnt nicht Mkrtchan, den Generaldirektor.

255 Olha Holoyda, »Ukrainian Oligarchs and the ›Family‹, a New Generation of Czars – or Hope for the Middle Class?« *Scholar Research Brief*. Washington DC: IREX, 2013, S. 2. Zum Vergleich: Die 100 reichsten Russen kontrollieren 35 % des Wohlstand des Landes, Sakwa, *Frontline Ukraine*, a.a.O., S. 61.

256 Van Zon et al., *Social and Economic Change in Eastern Ukraine*, a.a.O., S. 134f. Sie nennen als Beispiel, wie ein Lederjacken-Exporteur sein Geschäft verlor, als der Leder-Lieferant es profitabler fand, sein Leder direkt in den Westen zu verkaufen, was eine Serie von Konkursen auslöste, da auch andere in der Supply-Chain Möglichkeiten sahen, direkt in die europäischen Märkte zu verkaufen.

ne, besonders aus der Konsumgüterindustrie. Schon 1996 hatten sich aber Firmen wie *Coca Cola* und *Reynold's Tobacco* wieder aus dem Markt zurückgezogen, was den Anteil der US-Investitionen an allen Auslandsinvestitionen von 26,5 Prozent 1997 auf 6,7 Prozent im Jahr 2007 fallen ließ. Der Anteil der Investitionen aus Deutschland kletterte in der gleichen Zeit von 12,8 Prozent auf 26,5 Prozent. Gleichzeitig hatten aber Investitionen aus Zypern und anderen Offshore-Standorten alle anderen überholt und standen bei 34,6 Prozent, was im Wesentlichen auf recyceltes Kapital ukrainischer Oligarchen zurückzuführen war.[257]

In der Zwischenzeit aktivierte der Unilateralismus der Bush-Ära nach 9/11 die Konkurrenzreflexe zwischen potentiellen Rivalen. Im Jahr 2003, dem Jahr der Irak-Invasion, rührten sich erste Signale der Unzufriedenheit unter einigen großen Ländern, die nicht bereit waren, sich den Launen der USA zu unterwerfen. Aus dieser unzusammenhängenden Runde potentieller Anhänger einer Alternative zum »Washington Konsens«, der neoliberalen globalen Governance also, traten zwei entscheidende Formationen hervor, zu denen die Ukraine gleichermaßen bedeutsame wirtschaftliche Beziehungen pflegte. An erster Stelle war das die Eurasische Union (eine Zollunion, 2007 vorgeschlagen, 2011 in Kraft getreten und 2015 in eine vollumfängliche Wirtschaftszone transformiert), zum Zweiten – und indirekt, soweit es um die Ukraine ging – handelte es sich um die Gruppe der BRICS-Staaten. Darüber stand, wenn auch stets im Hintergrund, die Shanghaier Organisation für Zusammenarbeit (SOZ) auf dem Spielfeld.

Die Eurasische Union ist der einzige glaubwürdige langfristige Plan, den Russland unter Putin verfolgt. Sie bestimmt die Politik des Landes gegenüber der Außenwelt und dient nicht etwa der Wiederherstellung der ehemaligen UdSSR, wie so oft im Westen gemutmaßt. Natürlich spielte die Ukraine darin auch eine Rolle aufgrund

---

257 Yurchenko, *Capitalist bloc formation*, a. a. O., S. 140, 145, table 5.1 und 146, table 5.2.

der aus der Sowjetzeit ererbten umfangreichen wirtschaftlichen Beziehungen. Aber weit entfernt davon, die westliche Vormachtstellung und schon gar nicht den Kapitalismus herauszufordern, streben die »Staatsklassen« Russlands, Chinas, des Iran und einiger weniger wichtigen Länder danach, Teil der kapitalistischen Weltwirtschaft zu werden. Es war nur die aggressive Politik des Westens, wodurch sie langsam und tatsächlich beinahe unfreiwillig begannen, einen Block von Herausforderern zu bilden.

Alle Herausforderstaaten haben seit dem langen 18. Jahrhundert um sich herum größere Blöcke geschaffen, um menschliche und materielle Ressourcen zu mobilisieren, die notwendig waren, um der westlichen Vormacht zu widerstehen. Seit dem napoleonischen Imperium und Kontinentalsystem, über Nazi-Europa und die japanische »Großasiatische Wohlstandssphäre« bis zum Sowjetblock hatte die Staatsklasse der hauptsächlichen Herausforderer darum gekämpft, eine ausgleichende transnationale Einheit innerhalb ihres jeweiligen Blocks zu erreichen, um mit der älteren, organischen Einheit von Lockes Herzland gleichziehen zu können. Ein Teil dieser Integration bestand in einer mehr oder weniger überzeugenden Ideologie, die vom Kernstaat der Herausforderer ausstrahlte und in der Lage war, den Locke'schen Liberalismus zu bedrohen. Auch in diesem Sinne müssen die verschiedenartigen Ideologien von Aufklärung, Faschismus und Nationalsozialismus, der ›Asien zuerst‹-Rassismus und der Marxismus-Leninismus verstanden werden. Blockfreiheit als Aspekt der Koalition für eine neue internationale Weltwirtschaftsordnung der späten 1960er und frühen 1970er Jahre war in diesem Sinne auch eine Art Herausforderer-Ideologie.[258] Der zaghaften Blockbildung um die Herausforderer des neuen Jahrtausends fehlt jedoch eine solche Ideologie. Sie sind begierig, Teil der »Internationalen Gemeinschaft« zu werden, wollen sich aber nicht dem gefährlichen Mix aus globalen Herrschaftsansprüchen und militärischem Abenteurertum

---

258 Vgl. Kees van der Pijl, *Transnational Classes and International Relations*, London: Routledge 1998, S. 79-84; *Global Rivalries. From the Cold War to Iraq*, London: Pluto und New Delhi: Sage, 2006., S. 123f, entsprechend.

des anglophonen Westens und seiner EU-Satrapie unterwerfen. Das ist der Grund, warum die sich überlappenden Blöcke, die sie gebildet haben und immer noch bilden, als so geflickschustert, zersplittert und halbherzig erscheinen, zerstritten zudem durch Rivalitäten.

Der eine mögliche Kandidat für eine Block-Ideologie im Fall der Eurasischen Union wäre der Eurasismus, eine Idee aus den 1920er Jahren von »weißen« russischen Emigranten. Sie sahen in der bolschewistischen und Stalin'schen Revolutionen einen Hebel zur Modernisierung des Landes, das dann, unter einem neuen konservativen Regime seinen Platz in der Welt beanspruchen werde.[259] In den 1990er Jahren fand diese Vision neuen Zuspruch durch Alexander Dugin, »einen rechten Intellektuellen und Bohemien, der in den 1980er Jahren der Perestroika-Ära als einer der Hauptnationalisten auftauchte«, schrieb Charles Clover. Dugins *Grundlagen der Geopolitik: Die geopolitische Zukunft Russlands* aus dem Jahr 1997 entstand aus Diskussionen mit der Militärakademie des russischen Generalstabes und verschiedenen rechten oder nationalistischen Kreisen, darunter auch Eduard Limonovs *Nationalbolschewistischer Partei Russlands* (NBP). Das Buch spricht von einem »Eurasischen Imperium«, das auf der Basis der Zurückdrängung des US-Einflusses und seines Liberalismus aus Eurasien aufgebaut werden solle. Von den verschiedenen Vorschlägen, den postsowjetischen Raum in diesem Sinn neu zu organisieren, ist die Warnung von Dugin, »dass die Ukraine, als unabhängiger Staat mit gewissen territorialen Ambitionen, eine große Gefahr für das gesamte Eurasien darstellt«[260], die relevanteste Aussage, die hier erwähnt werden soll.

Die Ideen Dugins bestimmten über den konservativen nationalistischen Izborsky Club – zwangsläufig nur in verwässerter Form – die Herausbildung der Politik Russlands mit. Folgt man Richard Sakwa, so hat Sergei Jurjewitsch Glasjew, Putins engster Berater für

---

259 *Global Rivalries*, a. a. O., S. 353.
260 Zitiert in: Charles Clover, »The Unlikely Origins of Russia's Manifest Destiny«. *Foreign Policy*, 27. Juli 2016 (online).

die Eurasische Integration, viele der antiwestlichen Positionen übernommen, die sich der Izborsky Club angeeignet hatte, darunter auch die Befürwortung einer autoritären Führung und des Staatskapitalismus.[261] Dieser Strang der Ideologie eines Herausforderer-Staates überschneidet sich mit einer anderen supermodernen und progressiven Eurasien-Perspektive, der transeurasischen Landbrücke (TBER auf Russisch). Die Idee sieht neue Städte entlang integrierter Energie-Transport-Wege vor und hat eine wesentlich positivere Sicht auf die Rolle der Hilfe Japans, Deutschlands und Italiens bei der Realisierung des Projekts. Diese Länder werden als notwendige Lieferanten für Know-How und Finanzen angesehen, um eine Vision zu realisieren, deren Ursprung in fundamentaler russischer Ökologie und Philosophie liegt (d. h. Theorien zur Biosphäre und zur Noosphäre), der aber die Dimension angewandter Wissenschaft und Technologie fehlt.[262]

Es gab zweifellos Impulse, die Idee einer Eurasischen Gemeinschaft zu einer der institutionellen Säulen eines »größeren Europas« zu entwickeln, verwandt den gaullistischen Bestrebungen für »ein pluralistisches Europa, vereint von Lissabon bis Wladiwostok«, und ähnlich Gorbatschows Vision eines »Gemeinsamen Europäischen Hauses«, aber es gab im Westen keine Abnehmer für diese Vorstellung.[263] Der Konsens gegen die Invasion im Irak von 2003 mag kurzzeitig den Glauben inspiriert haben, dass eine dauerhafte Zusammenarbeit möglich sein könnte, aber er verflüchtigte sich innerhalb eines Jahres. Der deutsche Bundeskanzler Gerhard Schröder wurde in Pipeline-Ventures aktiv, die Russland und Europa verbinden (das *Nord Stream*-Projekt), andererseits fügten sich die EU-Staaten schon

---

261 Richard Sakwa, »How the Eurasian elites envisage the rôle of the EEU in global perspective«. *European Politics and Society*, 17 (sup 1), 2016, S. 14.

262 Yury Gromyko, »Beyond the ›BRICS‹ – New Patterns of Development Cooperation in the Trans-Eurasian Corridor«. In: K. van der Pijl, ed. *Handbook of the International Political Economy of Production*. Cheltenham: Edward Elgar, 2015.

263 Sakwa, »The Eurasian elites«, a. a. O., S. 5.

bald wieder in die NATO-Reihen ein. Innerhalb eines Jahres nach der Invasion vereinbarten Frankreich und Deutschland mit Großbritannien und den USA, die irakischen Vorkriegsschulden zu erlassen.[264]

Nicht lange und das Eurasienprojekt begann sich mit dem Aufstieg der BRICS-Staaten zu überlagern. Zunächst eine Wortspielerei von Bankern entwickelte der Begriff BRICS nach und nach eine subjektive Dimension bei jenen Staaten, die unter dem Namen gefasst wurden, während gleichzeitig auch ihre wirtschaftliche Bedeutung spürbar wurde. Die Hälfte der Weltbevölkerung repräsentierend, holte der Block am Vorabend der Finanzkrise von 2008 gegenüber dem Westen auf. Gemessen an der Kaufkraftparität hatte China nunmehr dreiviertel der Größe der US-Wirtschaft, und Indien war auf Platz 4 hinter Japan gelangt, während Brasilien und Russland die wichtigsten EU-Staaten einholten.[265] Natürlich war der Zusammenbruch von 2008 ein epochaler Einschnitt beim Aufstieg des Herausforderer-Blocks. Aber er schwächte den Westen auch in einer tieferen, strukturellen Art. Wolfgang Streeck zufolge bezeichnete die Krise den Moment, in dem alle Versuche westlicher Regierungen, das »Hegemoniedefizit« zu verschleiern (Inflation, staatliche und private Schulden), sich abgenutzt hatten.[266] Yanis Varoufakis stellt unterstützend fest, dass die Rolle der Vereinigten Staaten als Ziel des weltweiten Überschusses an Geld und Produkten seit 2008 reduziert ist auf einen bloßen Hafen für Fluchtkapital. Dies beließ dem »Globalen Minotaurus« nur noch ein Standbein, den Verkauf von US-Schuldverschreibungen und anderen Vermögenswerten ins Ausland.[267] Die

---

264 Mahdi Darius Nazemroaya, *The Globalization of NATO* [Vorwort von Denis J. Halliday]. Atlanta, Georgia: Clarity Press, 2012, S. 36.

265 Leslie Elliott Armijo, »The BRICs Countries (Brazil, Russia, India and China). As Analytical Category: Mirage Or Insight?« *Asian Perspective*, 31 (4) 2007, S. 12.

266 Wolfgang Streeck, *Gekaufte Zeit. Die vertagte Krise des demokratischen Kapitalismus* [Frankfurter Adorno-Vorlesungen 2012]. Frankfurt: Suhrkamp 2013.

267 Yanis Varoufakis, *The Global Minotaur. America, Europe and the Future of the Global Economy* [rev. ed]. London: Zed Books, 2013 [2011].

Basis der westlichen Hegemonie zerbröckelt somit im Inland, während die globale Herrschaft des Westens immer mehr von Gewalt abhängt: der »Verteidigung der Globalisierung«.

Auch die Ukraine erlitt eine ernste Krise, und 2008 entbrannte ein wahrer Wettkampf über die politisch-ökonomische Orientierung des Landes. Der ukrainische Wirtschaftssektor, in dem sowohl westliches Kapital als auch zumindest zwei Staaten des Eurasischen und BRICS-Blocks ihren Herrschaftsbereich auszubauen bestrebt waren, war die Landwirtschaft. Die Ukraine verfügt über 32 Millionen Hektar fruchtbaren Ackerlandes, die berühmte »Schwarzerde«; das entspricht etwa einem Drittel der gesamten landwirtschaftlichen Fläche der EU. Trotz der unzweifelhaften Verarmung der Böden aufgrund von Missmanagement und Raubbau zum Zeitpunkt der Unabhängigkeit wiesen die meisten Experten auf »die Landwirtschaft als eines der wichtigsten Wirtschaftsgüter des Landes hin«.[268] Doch war bis in die späten 1990er Jahre die Privatisierung der kollektiven Landwirtschaftsbetriebe noch nicht weit fortgeschritten, und nur etwa die Hälfte des Landes war unter Bauern verteilt oder verpachtet an Nicht-Bauern. »Die Landwirtschaft war in einer tiefen Krise, und über viele Jahre war praktisch nichts investiert worden. Die Ernten gingen aufgrund der Verschlechterung der Böden sowie organisatorischer und finanzieller Probleme der Kolchosen immer mehr zurück.«[269]

Trotzdem war die Ukraine 2008 und 2009 der drittgrößte Getreideexporteur der Welt.[270] Da eine der Auswirkungen der Finanzkrise

---

268 Elizabeth Fraser, *The Corporate Takeover of Ukrainian Agriculture* [mit Frédéric Mousseau]. (Country Fact Sheet, Dezember). Oakland, California: The Oakland Institute. 2014, S. 2f.

269 Dazu kam, dass die Ukraine gleich nach der Unabhängigkeit von Nahrungsprodukten aus West- und Mitteleuropa überschwemmt wurde, Van Zon et al., *Social and Economic Change in Eastern Ukraine*, a. a. O., S. 78, 68.

270 Christina Plank, »Ukraine. Land Grabs in the Black Earth: Ukrainian Oligarchs and International Investors«. In: Jennifer Franco / Saturnino M. Borras, Jr, eds. *Land concentration, land grabbing and people's struggles in Europe*. Amsterdam: Transnational Institute, 2013, S. 184.

der Ausbruch von Hunger und Hungeraufständen in vielen ärmeren Ländern war, suchten betroffene Regierungen in der ganzen Welt nach Möglichkeiten, in potentielle Produzenten von landwirtschaftlichem Überschuss zu investieren. China mit 14 bis 15 Prozent der globalen Bevölkerung, aber nur 9 Prozent des Ackerbodens beabsichtigte, einen Teil seiner 1.800 Milliarden Dollar an Devisen dazu einzusetzen, um Ackerland zu kaufen oder zu pachten oder Nahrungsmittel von transnationalen Agrarunternehmen zu kaufen, die ihrerseits landwirtschaftliche Flächen geleast hatten.[271] In Kombination mit Russlands Rolle beim ›Land Grabbing‹ auf dem Gebiet seines südlichen Nachbarn trug dies möglicherweise zu einer Orientierung der Ukraine in Richtung BRICS und der Eurasischen Union bei. Ein weiterer Grund war ihr schwerindustrieller Beitrag zur ehemals sowjetischen Wirtschaft im Austausch gegen Gas. Westliche Politikplaner hatten sicher realisiert, dass eine Fortsetzung der wirtschaftlichen Beziehungen zwischen der Ukraine und Russland Moskaus Hoffnungen unterstützt hätte, sich aus der Rolle eines einseitigen Energielieferanten zu befreien, was wiederum die Eurasische Union gestärkt und Russlands Position in der BRICS-Gruppe weiter ausgebaut hätte. Deshalb verbargen westliche Kommentatoren nach dem Staatsstreich vom Februar 2014 nicht ihre Erleichterung darüber, dass die Verbindung der Ukraine mit dem Eurasischen Block verhindert wurde. Mit den Worten eines Autors von *Chatham House*: »Wäre die Ukraine der Eurasischen Union beigetreten, hätte diese sich nach Westen direkt bis an die Grenzen der EU ausgedehnt. Aber dieses wesentliche Bauelement – und vielleicht das ganze Unternehmen – ist aufs Beste blockiert worden, weil die Ukrainer neue Fakten vor Ort geschaffen haben.«[272]

---

271 Sue Branford, »The Great Global Land Grab«. In: Marcin Gerwin, ed. *Food and Democracy. Introduction to Food Sovereignty*. Krakow: Polish Green Network, 2011, S. 79f.

272 James Nixey, »Russian Foreign Policy Towards the West and Western Responses«. In: Giles et al., *The Russian Challenge*, a. a. O., S. 36. Natürlich war die Tatsache, dass die EU durch die Assoziierungsvereinbarung sich bis an Russlands Grenzen ausgebreitet hätte (und mit der NATO im Schlepptau) kein Problem.

2. DIE GESPALTENE UKRAINE

Unterdessen war der ökonomische Einfluss Russlands in der Ukraine höchst ungleichmäßig. Sein größter Erfolg, abgesehen vom indirekten Einfluss im Gasgeschäft durch Firtasch, war die Industrieunion Donbass (ISD), das einzige wichtige Schwerindustrie-Konglomerat im Donbass außerhalb der Reichweite von Achmetow. Jedoch hatte die ISD keine eigene einheimische Eisenerzbasis für ihre zwei ukrainischen Stahlwerke (plus eines in Polen); das ukrainische Eisenerz ist unter der ausschließlichen Kontrolle von Achmetows *Metinwest*, und die ISD musste daher teures Eisenerz aus Brasilien und Russland beziehen. 2009 verkaufte Hayduk seine Anteile, und die Holding wurde von russischen Investoren übernommen, die durch *Carbofer*, ein Schweizer Offshore-Konsortium, agierten. Taruta und Mkrtschan blieben Mitglied des Vorstandes bzw. Generaldirektor.[273] Kurzzeitig sah es so aus, als ob die Russen auf dem Weg seien, auch sonstige Unternehmen der Schwerindustrie zu übernehmen, aber die ukrainische Regierung verbot die Übernahme von *Zaporizhstal*, das stattdessen im Schoß von Achmetow landete, und nach 2010 wurden weitere russische Investitionen eingefroren.

Alle ukrainischen Oligarchen fürchten ihre russischen Brüder, die in der Lage waren, sie niederzukonkurrieren und ihre Vermögenswerte zu übernehmen.[274] Von den hundert größten Firmenkonglomeraten (»Business-Cluster«) der Ukraine waren 2010 fast zwei Drittel in ukrainischer Hand. Fünfundvierzig waren in Privateigentum, neunzehn waren staatlich, wurden aber oft zugunsten von gewissen Oligarchen betrieben. Dreizehn gehörten westlichen Eigentümern (darunter *Arcelor Mittal*) und vier waren in russischem Besitz (dazu kam noch eine Reihe von Joint Venture Unter-

---

273 Matuszak, *The Oligarchic Democracy*, a. a. O., S. 29f.; Sherr, »A War of Narratives and Arms«, a. a. O., S. 29. Taruta ging 2015 in Konkurs. *Bloomberg*, »Company overview of ISD Corporation«, 31. Juli 2016 (online).

274 Matuszak, *The Oligarchic Democracy*, a. a. O., S. 30; *Ministry of Foreign Affairs, the Netherlands*, Dok. 21, 10 Dezember 2012, »Factsheet Oekraïne«. Dokumente erhalten unter den Verfahren des »Fredom of Information«-Gesetzes durch die *Platform for Authentic Journalism*.

nehmen).[275] Die Kontrolle durch die Oligarchen schirmte die ukrainische Wirtschaft vor dem großflächigen Eindringen ausländischen Kapitals ab; dies würde nahelegen, dass ihnen eine Position zwischen dem Westen und dem Osten den maximalen Vorteil einbringen und gleichzeitig ihr Eigentum schützen würde, wenn sie nur die Demokratie auf Abstand halten können. Und so war 2011/12 auch tatsächlich keine weitere nennenswerte wirtschaftliche Bewegung in Richtung Westen zu bemerken, und das Niveau der Verflechtung mit der ehemaligen Sowjetwirtschaft von 1996 blieb erhalten. Wie Slawomir Matuszak feststellt: »Wenn man alle Exporte zusammen berücksichtigt, wird klar, dass es keine vorrangige Richtung gibt – 38 Prozent der ukrainischen Waren werden in die Gemeinschaft unabhängiger Staaten (GUS) verkauft (besonders Produkte mit hoher Wertschöpfung), 26 Prozent in die EU, 36 Prozent in andere Länder.«[276]

Der Export von Arbeitskraft war ebenso etwa zu gleichen Teilen zwischen dem Osten und Westen aufgeteilt. Von Januar 2010 bis Juni 2012 arbeiteten 1,2 Millionen Ukrainer im Ausland, das waren 3,4 Prozent der Gesamtbevölkerung, besonders Menschen aus dem ärmeren ethnisch-ukrainischen Westen des Landes. Allerdings sind andere Schätzungen viel höher. Bei der Verteilung der Arbeitsmigranten lag Russland an der Spitze (43 Prozent), gefolgt von Polen (14 Prozent), Italien und der Tschechischen Republik (beide 13 Prozent).[277] Im Jahr 2012 waren die Überweisungen von Arbeiterinnen und Arbeitern in die Ukraine stark angestiegen, von weniger als einer Milliarde Dollar im Jahr 2006 zu dem atemberaubenden Betrag von 7,5 Milliarden Dollar (1,5 Milliarden mehr als die ausländischen Nettoinvestitionen).[278]

---

275 Yurchenko, *Capitalist bloc formation*, a. a. O., S. 170.

276 Matuszak, *The Oligarchic Democracy*, a. a. O., S. 65.

277 *International Organization for Migration, Mission in Ukraine. Migration in Ukraine. Facts and Figures*, 2nd edition. Kiev: IOM-MU, 2013, S. 4.

278 Darin enthalten sind Geldüberweisungen aus der Diaspora, z. B. Nord-Amerika. *International Organization for Migration, Mission in Ukraine. Migration in Ukraine*, a. a. O., S. 11; Die Ukraine ist außerdem »eines der Hauptländer für Opfer des Menschenhandels in Europa«, Ibid., S. 12

Jedoch sind die Oligarchen in Fraktionen gespalten und wie alle Kapitalisten letztendlich Konkurrenten. Insofern ist das Anliegen, eine Brückenfunktion zwischen Ost und West darzustellen, nicht gleich überzeugend für alle. Nur wenn wir sie als eine Klasse von miteinander im Krieg befindlichen Brüdern sehen, eingebettet in einen größeren Zusammenhang, dem auch die transnationale Kapitalistenklasse des westlichen Herzlandes und der Herausfordererstaaten angehören, können wir die individuellen Strategien rekonstruieren, die sich entweder in Richtung EU/Atlantische Staaten oder Eurasiens orientieren.

Atlantische Oligarchen in der Ukraine
Alle ukrainischen Oligarchen schützen ihr Vermögen vor der nationalen Politik, indem sie es in Offshore-Holdings unterbringen – auf Zypern oder sonstwo in der EU oder auch anderswo in der Welt. Wie Yuliya Yurchenko notiert, gehörten 24 der 100 wichtigsten Firmen in der Ukraine im Jahr 2010 vier in Zypern ansässigen Konzernen. Achmetows SCM war der größte Konzern mit vierzehn Firmen und bis 2010 auch der mächtigste (auch wenn Firtasch mehr Einfluss in der *Partei der Regionen* hatte). ISD, seit Kurzem in russischer Hand, stand mit fünf Unternehmungen an zweiter Stelle, gefolgt von Kolomojskyj (*Privat Group*) und Pintschuk (*Interpipe*), beide mit je zweieinhalb Unternehmungen, wobei die halbe Unternehmung ein gemeinsames Joint Venture der beiden darstellt. *Ukrprominvest*, das Konglomerat von Poroschenko, hatte zwei Unternehmungen unter den Top 100.[279]

Achmetow, der König des Donbass, widerstand dem russischen Vordringen, benötigt aber anderseits auch gute Beziehungen zu Russland als Gaslieferanten. Firtasch, Eigentümer der *DF-Gruppe*, registriert auf den Virgin Islands, ist oben bereits als Kopf der am meisten in Richtung Russland neigenden Gruppe, der *RUE/RosUkrEnergo*, identifiziert worden und kann keine wesentlich andere Position eingenommen haben. Die ukrainischen Oligarchen

---

279 Yurchenko, *Capitalist bloc formation*, a.a.O., S. 171.

streben an, als respektierte Geschäftsleute in die herrschende atlantische Klasse integriert zu werden, aber bis auf das Auswandern ihrer Unternehmungen in Offshore-Standorte und abgesehen von Residenzen im Ausland (Achmetow in London, Firtasch in Wien, Kolomojskyj in Genf...) gelingt dies nur äußerlich. Anders im Fall des Pipeline-Königs und Schwiegersohns von Kutschma, Viktor Pintschuk.

Nachdem er 2004 die parlamentarische Bühne verlassen hatte, wechselte Pintschuk zu ausgefeilteren Wegen, ein Klasseninteresse zu artikulieren. Der website der *Pintschukstiftung* zufolge strebt er an, durch die *Yalta European Strategy* (YES), eine »international unabhängige Organisation, die europäische und globale Integration der Ukraine zu fördern. Die jährlichen Konferenzen der Stiftung wurden zur wichtigsten hochkarätigen Plattform in der Region zur Diskussion von Strategien für ein Größeres Europa«. Im Moment hat der ehemalige polnische Präsident A. Kwasniewski die Präsidentschaft von YES übernommen. Zur Stiftungsführung gehören auch der ehemalige Präsident der französischen *Rothschild-Gruppe*, der Vizepräsident des französischen Medienkonglomerates *Havas*, Javier Solana (ehemaliger NATO-Generalsekretär und hoher Vertreter für Außenbeziehungen der EU) sowie einige weniger wichtige Persönlichkeiten der EU.[280] Pintschuk war die Schlüsselfigur zum Start der politischen Karriere von Arsenij Jazenjuk, der von den US-Amerikanern am Vorabend des Staatsstreichs vom Februar 2014 als der passendste Ministerpräsident identifiziert worden war.[281]

Die *Pintschukstiftung* war zwei Jahre nach der Gründung von YES eingerichtet worden, nachdem Pintschuk seine Amtsperiode als Parlamentsabgeordneter in Kiew beendet hatte. Die Stiftung arbeitete mit Steven Spielberg zusammen, um einen Film über den Genozid an den Juden in der Ukraine zu produzieren, und war gemeinsam

---

280 *Victor Pinchuk Foundation*, n.d. (online); *Yalta European Strategy*, n.d. (online).
281 De Ploeg, *Oekraïne in het kruisvuur*, a.a.O., S. 34f.

2. DIE GESPALTENE UKRAINE

mit George Soros engagiert in Menschenrechtsprojekten und bei der Unterstützung von lokalen jüdischen Gemeinden. Die Stiftung »unterstützt die *Clinton Global Initiative*, das Bildungsprogramm der *Tony Blair Faith Foundation* und des *Peres Center for Peace*«.[282] 2007, kurz vor der Finanzkrise, verkaufte Pintschuk seine *Ukrsocbank*, eine der größten Banken des Landes, für zwei Milliarden Dollar an die *UniCredit* Italien.[283]

Seit die *Yalta European Strategy* (YES) jährliche Veranstaltungen organisiert, für die EU- und NATO-Figuren auf ihre Kosten eingeflogen werden, hat Pintschuk ein Netzwerk prominenter Gesprächspartner in der atlantischen herrschenden Klasse aufgebaut.[284] Sofort nach der Amtseinführung von Obama bemühte er sich um die Unterstützung der neuen Regierung. Dem Wall Street Journal zufolge versprach er 2009 eine »5-Jahres-Verpflichtung in Höhe von 29 Millionen US-Dollars zugunsten der *Clinton Global Initiative* ..., um zukünftige ukrainische Führer auszubilden, damit sie ›die Ukraine modernisieren‹«. Die Tatsache, dass Pintschuk an der Spitze der ausländischen Spenderliste der *Clinton Foundation* stand, signalisierte seine Erwartungen, dass die Ukraine »ein erfolgreiches, freies, modernes Land wird, das auf europäischen Werten basiert«.[285] Das schloss ein, die Ukraine unabhängig von der russischen Energieversorgung zu machen. Im Jahr 2007 gründete Pintschuk *EastOne* mit Hauptsitz in London, eine Holding von 20 Unternehmen und Großprojekten. 2012 schloss sich die von *EastOne* geführte *GeoAlliance* mit der in Holland registrierten *Arawak Energy Ukraine BV* zusammen, um Öl- und Gasfelder im Dnjepr-Donezk-Becken auszubeuten. *Arawak Energy Ukraine BV* ist eine Tochter von *Vitol*, einer Firma aus dem Orbit von *Shell*. Diese Öl- und Gasfelder, sechzehn zusammen,

---

282 Leshchenko, »Ukraine's puppet masters«, a. a. O.

283 Matuszak, *The Oligarchic Democracy*, a. a. O., S. 30.

284 Paul Moreira, *Ukraine, les masques de la révolution* (Die Dokumentation wurde 2016 zuerst gesendet von *Canal+* online).

285 *Russia Today*, »Ukraine oligarch ›top cash contributor‹ to Clinton Foundation prior to Kiev crisis«. 22. März 2015, die Pinchuk Foundation zitierend.

waren im Besitz der *GeoAlliance*. Wie wir im nächsten Kapitel sehen werden, wurde Shell zur aussichtsreichen Ausbeutung der Energiequellen im Donbass, besonders in Hinsicht auf das Yuzivska-Feld in der Nähe von Slowjansk, schon bald selbst hinzustoßen.[286]

Im September 2013, als der Druck auf Janukowytsch wuchs, den EU-Assoziierungsvertrag und das Freihandelsabkommen mit der EU zu unterzeichnen, nahmen an der YES-Tagung die Clintons, der ehemalige Kommandeur im Irak und CIA-Direktor David Petraeus, der ehemalige US-Finanzminister Lawrence Summers, der Ex-Weltbankchef Robert Zoellick, Carl Bildt und Radoslaw Sikorski (die Architekten der Östlichen Partnerschaft), Israels Präsident Shimon Peres, Ex-Premier Tony Blair, der *Nord Stream*-Vorsitzende Gerhard Schröder, der in Ungnade gefallene IWF-Chef Dominique Strauss-Kahn und viele andere teil. Janukowytsch selbst war auch anwesend, ebenso wie der Mann, der ihn infolge der ersten Wahl nach dem Putsch ersetzen sollte: Petro Poroschenko. Bill Richardson, der ehemalige US-Energie-Minister war gekommen, um über die Schiefergas-[Fracking]-Revolution zu sprechen, mit der Washington hoffte, den Einfluss Russlands zurückdrängen zu können. Man erwartete, dass die Ukraine sich mit der Erschließung der eigenen Schiefergas-Ressourcen im Osten beteiligen werde. Die Warnung durch Sergei Glasjew, Putins bereits erwähnten Berater in Sachen Eurasische Union, dass durch die Unterzeichnung des Assoziierungsvertrages und des Freihandelsabkommens die Ukraine ihr Budget-Defizit erhöhen und vollkommen von ausländischen Finanzmitteln abhängig würde, die sie nicht zurückzahlen könne, muss wohl in Janukowytschs Gedanken hängen geblieben sein, als er nach Kiew zurückkehrte.[287]

---

286 *Vitol*, »Vitol announces agreement to develop oil and gas fields in Ukraine with EastOne«, 29. August 2012 (online); vgl. W.C. Turck, *A Tragic Fate. Politics, Oil, the Crash of Malaysia Airlines Flight 17 and the Looming Threats to Civil Aviation*. A Jinxee the Cat Publication, 2014. E-book, keine Paginierung.

287 Diana Johnstone, *Queen of Chaos. The Misadventures of Hillary Clinton*. Petrolia, California: CounterPunch Book, 2016, S. 145f.

Pintschuk war aufgrund seiner pro-atlantischen Haltung »anti-Putin«, aber andererseits war er darauf aus, den Zugang zum russischen Markt zu behalten.[288] Der einzige echte anti-russische Oligarch ist Ihor Kolomojskyj, der bereits vorgestellt wurde. Als er zwischen 2008 und 2010 die Kontrolle über *Ukrtatnafta* erwarb, die Eigentümerin der *Raffinerie Krementschuk*, verdrängte Kolomojskyj die russischen Investoren, die 55 Prozent der Gesellschaftsanteile besaßen. Die Buchstaben »TAT« [*UkrTATnafta*] im Namen der Firma, beziehen sich auf Tatarstan in der Russischen Föderation, das gemeinsam mit dem ukrainischen Staat, von Beginn an im Jahr 1994 Miteigentümer der Firma war. Vier Jahre später übernahmen zwei russische Investment-Gesellschaften Anteile der ukrainischen Regierung (deren Beteiligung sich auf 43 Prozent reduzierte und von *Naftogaz*, wie wir sahen ebenfalls eine Kolomojskyj Domäne, verwaltet wurde). Ein Gericht in Kiew erklärte 2008 diese Investitionen der Russischen Investoren für illegal und übertrug die Anteile auf die *Privat Group*. Ein Jahr später entschied es ebenfalls gegen die Eigentumsrechte Tatarstans und erhöhte den Anteil Kolomojskyjs auf 47 Prozent, worauf die *Privat Group* das Management zur Gänze übernahm. Die Ölfirma *Tatneft* aus Tatarstan, die immer noch 10 Prozent der Anteile hielt, unterbrach aus Protest die Öllieferungen, daraufhin wechselte Kolomojskyj, der auch die Öl-Pipeline-Firma *UkrTransNafta* beherrscht (formal ist es eine staatliche Firma, aber wie *Naftogaz* unter Führung Kolomojskyjs), zu *Azeri Oil*.[289] Krementschuk ist, wie festgehalten werden sollte, die wichtigste Raffinerie in der ganzen Ukraine, von der aus Kolomojskyj im Bürgerkrieg neben anderen Sachen Flugzeugtreibstoff für die ukrainische Luftwaffe liefern sollte.

Bei einem anderen Krach mit russischen Geschäftsleuten trübte Kolomojskyj die Beziehungen mit dem ihm ursprünglich freundschaftlich verbundenen russischen Oligarchen Roman Abramo-

---

288 Bezüglich Pintschuks Vertrauen auf den russischen Markt, Matuszak, *The Oligarchic Democracy*, a. a. O., S. 70.

289 Matuszak, *The Oligarchic Democracy*, a. a. O., S. 30-32.

witsch. Letzterer lebt in London und ist auch der Eigentümer des dortigen Fußballclubs Chelsea. Kolomojskyj verkaufte für eine Milliarde Dollar in bar und eine weitere Milliarde in Anteilen an *Evraz* (Abramowitschs Stahlkonzern) fünf Kokereien und Stahlfirmen an den russischen Oligarchen. Später verschleuderte Kolomojskyj jedoch die meisten seiner Anteile und behauptete, Evraz werde schlecht geführt.[290] Der Zusammenstoß mit Abramowitsch schwappte über in heftige Schmähungen und sogar Morddrohungen Kolomojskyjs gegen Putin (auf die der russische Präsident antwortete, indem er ihn einen Dieb nannte). Diese Drohungen Kolomojskyjs sind von Robert Parry und anderen angeführt worden, um auf dessen mögliche Rolle beim Abschuss von MH17 hinzuweisen, das mit dem Präsidentenflugzeug verwechselt worden sei, das zum gleichen Zeitpunkt von Brasilien aus auf dem Heimweg war.[291]

Was noch erwähnt werden muss in Bezug auf den durch die USA unterstützten Bürgerkrieg und alles, was er nach sich zog, ist das Interesse von Kolomojskyj an *Burisma*, der größten Erdgasfirma der Ukraine. *Burisma* wurde 2002 gegründet und 2004 nach der Orangenen Revolution in Zypern registriert. 2012 fand das ukrainische *Anticorruption Action Center* heraus, dass der mit der Privatisierung beauftragte Direktor des staatlichen Kohlebergwerks im Donbass aufgefordert wurde, diesem zunächst neun Gasfelder hinzuzufügen, um dann, nach der Privatisierung 2011, vier davon der *Management Assets Corporation* (MAKO) zu übergeben, der Holding der Janukowytsch-Familie, geführt vom Sohn des Präsidenten, Oleksandr, damals auf einer wilden Jagd, die ihn in die Liste der 100 reichsten Ukrainer katapultieren sollte. In diesem Fall wurden jedoch die fünf anderen, sehr viel produktiveren Gasfelder von der *Ukrnaftoburinnya* übernommen, die zu 90 Prozent der zypriotischen

---

290 Leonid Bershidsky, »Putin gets personal in Ukraine«. *Bloomberg View*, 4. März 2014 (online); Wayne Madsen, »Coordinating With NATO«. *Political Vel Craft*, 23. Juli 2014 (online).

291 Robert Parry, »Was Putin Targeted for Mid-Air Assassination?« *Consortium News*, 8. August 2014 (online).

Firma *Deripon Commercial Ltd.* gehört. Deren letztlicher Eigentümer ist die auf den Virgin Islands ansässige *Burrad Financial Corp.*, eine Firma aus dem Dunstkreis der *Privat Group* von Kolomojskyj. Über solche und andere Machenschaften, so schloss das *Anticorruption Action Center*, »hatte Kolomojskyj es fertig gebracht, die größten Gasreserven der Ukraine in seinen Besitz zu bringen. Aber in Anbetracht des Appetits und der Möglichkeiten seiner Geschäftsrivalen wird Kolomojskyj nicht sehr lange ein führender Mitspieler bleiben«.[292]

Es sei denn, diese Geschäftsrivalen, insbesondere die Janukowytsch-Familie, würden komplett beseitigt werden. Dann entstünde allerdings ein weiteres Problem: Von den beiden größten Gasfeldern der Ukraine macht das mit Abstand größte, das *Dnjepr-Donezk*-Feld (67 Prozent der Reserven, das kleinere ist in Galizien), 95 Prozent der Produktion von *Burisma* aus. Seine Ausbeutung geriet durch den russisch-ukrainischen Aufstand gegen den Staatsstreich in Gefahr, ebenso wie Lizenzen im Besitz von Burisma zur Nutzung des Asow-Kuban-Beckens auf der Krim . Das, so könnte man vermuten, verschärfte nicht nur die Wut von Kolomojskyj gegen die Rebellen (und eigentlich gegen alle russisch-ukrainischen Menschen), sondern verleitete ihn, wie wir noch sehen werden, auch dazu, US-amerikanische Direktoren für *Burisma* einzustellen, die familiäre Verbindungen zu den höchsten Ebenen der Obama-Regierung in Washington hatten, um damit die Unterstützung der USA im Bürgerkrieg sicherzustellen.[293]

Schließlich war Kolomojskyj über die in Zypern ansässige *Ontobet Promotions* in jeder Hinsicht an der größten Fluglinie des Landes, der *Ukrainian International Airlines* (MAU), beteiligt. Als der

---

292 *Anticorruption Action Center*, »Kings of Ukrainian Gas«, 26. August 2012 (online); »In Ukraine, Joe Biden's son mixes business with pleasure« *Voltaire Network*, 15. Mai 2014 (online).

293 Burisma Presentation (online); Olivier Knox / Meredith Shiner, »Why did an energy firm with big assets in Ukraine hire Joe Biden's son?« *Yahoo News*, 14. Mai 2014 (online).

ukrainische Staat 2011 seine Mehrheit an eine ukrainisch beheimatete Investment-Firma und *Ontobet* verkaufte, wurde *Ontobet* zum eigentlichen Eigentümer. *Ontobet* hinwiederum gehört der *Privat Group*, auch wenn das von der MAU bestritten wurde. Zusätzlich gehören der *Privat Group* die Fluggesellschaft *Dniproavia* mit Sitz am Flughafen von Dnjepropetrowsk und einige wenige andere kleine Fluggesellschaften, die von den Flughäfen Borispol und Donezk aus sowie in Skandinavien operierten, aber diese gingen 2012 allesamt in Konkurs.[294] Diese Beziehungen sowie die Verbindungen mit israelischen Sicherheitsfirmen, die Einrichtungen auf Flughäfen in ganz Europa haben, tauchten in Verbindung mit Behauptungen auf, dass Kolomojskyj in den Abschuss von MH17 verwickelt sei, worauf wir in Kapitel 4 noch einmal zurückkommen werden.[295]

Eine letzte Kategorie von Oligarchen, die in Richtung Westen schauten, war eine Reihe von Nahrungsmittel- und Landwirtschaftsmagnaten, die aber (noch) nicht in der Klasse von Pintschuk und Kolomojskyj spielten, geschweige denn in der von Achmetow oder Firtasch. Auch sie waren von einem fundamentalen Wechsel der internationalen Orientierung der Ukraine abhängig, in diesem Fall auf die EU. Eine polnische Denkfabrik, die eine potentielle Umstrukturierung im Zuge einer Transformation hin zu einer Agrarexport-Wirtschaft untersuchte, die auf den Bestimmungen des Freihandelsabkommens für einen Zugang zum EU-Markt beruhen würde, identifizierte 2013 die folgenden möglichen Nutznießer:

»Der Süßwaren-Gigant *Roshen*, im Besitz von Petro Poroschenko, angesichts der Tatsache, dass auf seine Produkte Importzölle für die EU in Höhe von 35 bis 40 Prozent anfallen. Die Aufhebung von Einfuhrabgaben wäre auch zum Vorteil für die *Kernel-Gruppe*, die Andrei Werewskij gehört, da seine Firma ca. 17 Prozent ihres Getreides und Öls in die EU verkauft. Ebenso könnte *Myronivsky Hliboproduct* (Ge-

---

294 *Wikipedia*, »»Ukraine International Airlines««; Matuszak, *The Oligarchic Democracy*, a. a. O., S. 106.

295 Madsen, »»Coordinating With NATO««, a. a. O.

flügel), im Eigentum von Jurij Kosiuk, sowohl von einer Aufhebung der Hygienebarrieren als auch von Importzöllen profitieren und ihre Geflügelexporte in die EU über den mageren Anteil von 5 Prozent steigern.«[296]

2013 hatte diese Fraktion der Exporteure landwirtschaftlicher Erzeugnisse noch wenig Einfluss auf die ukrainische Regierungspolitik, mit Ausnahme vielleicht von Werewskij, der Verbündeter von Janukowytsch war. Poroschenko und Kosiuk jedoch sollten nach dem Staatsstreich vom Februar in Machtpositionen aufsteigen.

Während also die Ukraine in ihren ausländischen Wirtschaftsbeziehungen vor dem Februar 2014 ruhelos zwischen Ost und West balancierte, gab die außerordentliche Konzentration der Vermögen des Landes in den Händen der ukrainischen Oligarchen den Differenzen zwischen diesen ein unverhältnismäßiges Gewicht. Als Präsident Viktor Janukowytsch schließlich vor der harten Entscheidung zurückschreckte, vor die er gestellt wurde, und sich im November 2013 weigerte, das EU-Assoziierungsabkommen zu unterzeichnen und es durch eine Assoziierung mit der Eurasischen Union auszubalancieren suchte, provozierte er damit die Wut einer Bevölkerung, die wegen der endlosen Diebstähle der Oligarchen zunehmend ungeduldig geworden war. Jedoch konnten genau diese Oligarchen, für die die Bedeutung des föderalistischen Blocks die größte Behinderung für ihre eigenen plündernden Praktiken darstellte, Oberwasser bekommen, als die Ultranationalisten und faschistischen Schläger im Februar 2014 die Macht übernahmen und die oligarchische Herrschaft auf eine neue politische Basis stellten. Im nächsten Kapitel werden wir hierauf eingehen.

---

296 Piotr Kościński/Ievgen Vorobiov, »Do Oligarchs in Ukraine Gain or Lose with an EU Association Agreement?« *PISM Bulletin*, Nr. 86, 17. August 2013 (online). S. 1.

3.
Vom Maidan-Aufstand zum Regime-Change

Die Revolte auf dem Maidan begann, wie die Orangene Revolution zehn Jahre davor, als Aufschrei gegen die Herrschaft der Oligarchen, personifiziert zu diesem Zeitpunkt durch die Familie Janukowytsch, deren Streben nach persönlicher Bereicherung zum rapiden Verlust der Popularität des Präsidenten beigetragen hatte. »Europa« war hingegen für viele zu einem Codewort geworden, um die andauernde Plünderung aufzuhalten. Als Janukowytsch nach langem Zögern seine Unterschrift unter den Assoziierungsvertrag mit der EU verweigerte, verwandelte sich der Ärger gegen ihn in einen ausgewachsenen Sturm. Ähnlich wie 2004 erlaubte die Revolte auch jenen Oligarchen, die durch den Aufstieg des Donezk-Blocks marginalisiert worden waren, die Macht zurückzufordern. Janukowytsch, der noch 2004 dabei erwischt worden war, Wahlfälschung begangen zu haben, war dieses Mal ohne Unregelmäßigkeiten gewählt worden. Aber anders als Putins staatlich gelenkte Disziplinierung der Oligarchie, wurde Janukowytschs Zentralismus genutzt, um die *Partei der Regionen* zu konsolidieren und die Oligarchen dahinter zur dominanten Macht im Land zu machen.[297]

Neu im Vergleich zur Orangenen Revolution war der bewaffnete Aufstand durch ethnisch-ukrainische Nationalisten. Dies schuf den Raum für tatsächliche Faschisten, den Aufstand zu kapern und in

---

297 Yuliya Yurchenko, *Capitalist bloc formation, transnationalisation of the state and the transnational capitalist class in post-1991 Ukraine.* D Phil Thesis University of Sussex, 2013, S. 132.

3. VOM MAIDAN-AUFSTAND ZUM REGIME-CHANGE

enger Zusammenarbeit mit den Neokonservativen in der US-Regierung und der NATO im Februar 2014 einen Staatsstreich durchzuführen. Durch die Anwendung von tödlicher Gewalt (die von den Putschisten sowie im Westen Sondereinheiten der Polizei zugeschrieben wurde) demonstrierten die ukrainischen Ultranationalisten, dass sie bereit waren, im Interesse ihrer Sache ihre eigenen Landsleute zu töten. Während Außenminister der EU am 20. Februar 2014 mit Janukowytsch über die Eindämmung der Gewalt verhandelten, ohne dass ein Vertreter der USA präsent war, traf sich gleichzeitig der US-Botschafter Geoffrey Pyatt mit Andrij Parubij, dem Kopf der Maidan-Ultras und Kommandeur von deren 12.000 Personen starkem bewaffneten Arm, um das Schicksal des Präsidenten zu besprechen. Nach der Machtübernahme am 22. Februar wurde Parubij in einer Regierung aus überwiegend ethnisch-ukrainischen Nationalisten zum Chef des entscheidenden *Nationalen Sicherheits- und Verteidigungsrates* (NSDC) ernannt. Die Regierung war besetzt mit rechtsextremen Vertretern von *Swoboda* und dem *Rechten Sektor* und angeführt von Arsenij Jazenjuk von Tymoschenkos *Vaterlandspartei*, dem politischen Frontmann des Oligarchen Viktor Pintschuk. Er war von der Staatssekretärin im US-Außenministerium, Victoria Nuland, als idealer Kandidat für das Amt des Ministerpräsidenten ermittelt worden. Während bewaffnete Gruppen randalierend durch das Land zogen, revoltierte im Gegenzug ebenso der russisch-ukrainische Bevölkerungsteil, der vom Verlust politischer Rechte und der eigenen Sprache bedroht war. Das Parlament der Krim, historisch gesehen zu Russland gehörend und seit 1991 stets unwilliger Teil einer unabhängigen Ukraine, organisierte ein Referendum, um die Sezession zu erklären, und beantragte die Wiedereingliederung in die Russische Föderation. Währenddessen sicherten russische Spezialkräfte die lebenswichtige Marinebasis Sewastopol und andere strategische Punkte. In einem Aufschrei der Empörung über diese angebliche Annexion wurde die Anti-Putin-Kampagne im Westen zu einem Wirtschaftskrieg gesteigert, dem die Interessen der Ukraine und letztendlich auch die der EU geopfert wurden.

Das Vorspiel der Revolte

Bei den Präsidentschaftswahlen vom Januar 2010 war Julija Tymoschenko von Janukowytsch in zwei Runden geschlagen worden. Dies war Ausdruck der regionalen Spaltung, aber der Ausgang wurde international anerkannt. Der neue Präsident begann mit der Stärkung der Staatsmacht, indem er die orangene Mutation zurücknahm und das ursprüngliche Präsidialsystem wieder einführte, so dass dem Parlament wieder wie früher geringere Macht zukam. Der Präsident setzte regionale Gouverneure ein und ernannte den Vorsitzenden der *Partei der Regionen*, Mykola Asarow, zum Ministerpräsidenten.[298]

Die Wahl von Janukowytsch verschaffte der *Partei der Regionen* und der mit dieser verbundenen Oligarchen-Gruppe, dem Donezk-Clan und Firtaschs *RosUkrEnergo*, nahezu ein Monopol auf politische Macht. Serhij Ljowotschkin, der Verbündete von Jurij Boiko und Dmytro Firtasch, wurde zum Leiter der Präsidialverwaltung gemacht. Boiko wurde zum Energieminister, und durch ihn erhielt Firtasch die Kontrolle über *Naftogaz Ukrainy* und verschiedene Tochtergesellschaften, wenn auch Ihor Kolomojskyj immer noch wesentliche Vermögenswerte im Energiebereich besaß, besonders in der Raffinerie-Branche. Im August 2011 wurde Julija Tymoschenko, stark geschwächt durch den Verlust der Unterstützung anderer Oligarchen, zu sieben Jahren Gefängnishaft verurteilt, ein Vorgehen, für das sich die Vertreter der *RosUkrEnergo-Gruppe* stark gemacht hatten.[299]

Janukowytsch und seine zwei Söhne, Oleksandr und Wiktor, stiegen nun als separate Gruppe in der Oligarchie auf – mit dem Spitzna-

---

298 Kutschma empfahl stattdessen Jazenjuk, der als »Technokrat« angesehen wurde und der politische Vertreter seines Schwiegersohnes Pintschuk war. Chris Kaspar de Ploeg, *Oekraïne in het kruisvuur. Beeld en werkelijkheid achter de informatieoorlog* [Übers.: M. Grootveld]. n. S.: Papieren Tijger, 2016, S. 34.

299 Slawomir Matuszak, *The Oligarchic Democracy. The Influence of Business Groups on Ukrainian Politics* [*OSW Studies*, Nr. 42]. Warschau: Centre for Eastern Studies, 2012, S. 71, vgl. 50f.

men »die Familie«. Schon bald nachdem sein Vater sein Amt angetreten hatte, wurde Oleksandr Janukowytsch in die Liste der hundert reichsten Ukrainer aufgenommen.[300] Janukowytsch sen. wollte auf Distanz zu Rinat Achmetow gehen, der eine Koalition mit Julija Tymoschenko vorzog, um die Macht des Präsidenten zu beschränken.[301] *RosUkrEnergo* wurde auch weiterhin durch die *Familie* ausgenutzt. Wie Serhij Leschtschenko berichtet, »gab Firtasch selbst zu, dass Janukowytsch 50 Prozent von allem besitzt, was er, der Oligarch, seit der Wahl von Janukowytsch zum Präsidenten angesammelt hatte.«[302] Die Bereicherung der Oligarchie, weit entfernt von simpler Korruption, entsprach den räuberischen Mustern des mit Geld handelnden Kapitals, das in dieser Periode seine Hochkonjunktur hatte. Ukrainische Banken, angeführt von der *Privatbank* des Oligarchen Ihor Kolomojskyj, nahmen Kredite zu rekordverdächtig niedrigen Zinsen im Westen auf und vergaben dann ihrerseits Kredite im ukrainischen Markt zu hohen Zinsen.[303] Das Waschen von gestohlenen Geldern wurde insbesondere durch Banken in den baltischen Staaten ermöglicht; der Vorsitzende der parlamentarischen Untersuchungskommission für diese Praktiken war Mitinhaber einer lettischen Bank, die in Höhe von mehreren Milliarden in sogenanntes Round-Tripping (Fluchtkapital kehrt als »Investition« wieder zurück) involviert war. Neben Zypern waren auch die Niederlande Dreh- und Angelpunkt in diesem Prozess.[304] Das Bruttoinlandsprodukt der Ukraine blieb derweil auf dem Niveau von 1991 stecken, und sie war neben

---

300 Yurchenko, *Capitalist bloc formation*, a.a.O., S. 171.

301 Matuszak, *The Oligarchic Democracy*, a.a.O., S. 38.

302 Sergii Leshchenko, »Ukraine's puppet masters. A typology of oligarchs«. *Transit*, 45, 15. Mai 2014 (online); vgl. Matuszak, *The Oligarchic Democracy*, a.a.O., S. 41f.

303 Yurchenko, *Capitalist bloc formation*, a.a.O., S. 131.

304 Die niederländische Botschaft warb mit einer kontrovers diskutierten Kampagne für Steuersparmodelle in den Niederlanden, die an ukrainische Oligarchen gerichtet war. Willem Bos, »Referendum associatieverdrag Europese Unie: Links en het Oekraïne-referendum«. *Solidariteit*, 2016 (online); De Ploeg, *Oekraïne in het kruisvuur* a.a.O., S. 58f.

Kirgistan das einzige postsowjetische Land, das dieses Resultat verzeichnete.

Die *Partei der Regionen* hielt 2012 42 Prozent der Sitze im Parlament, hatte Vertretungen in 17 der 27 Verwaltungsbezirken (Oblast) und war in 11.600 Ortsverbänden verankert. Getreu ihrem föderalistischen Programm verlieh die Regierung Janukowytsch der russischen Sprache den Status einer Regionalsprache. So regelte ein neues Gesetz, dass eine Sprache, die von mindestens 10 Prozent der Bevölkerung in einer bestimmten Region gesprochen wird, den Status einer offiziellen Sprache neben dem Ukrainischen erhält. 13 von 27 Oblasts der Ukraine führten Russisch ein. Das löste nicht das Sprachproblem in der zentralen Verwaltung oder in der höheren Bildung, aber es war trotzdem wichtig.[305]

In den Wahlen von 2012 schnitt Tymoschenkos *Vaterlandspartei* recht gut ab, während die Neonazi-Partei *Swoboda* 10,4 Prozent der Stimmen gewann, was umgehend zu einer Resolution des Europäischen Parlaments führte, das die Partei als ausländerfeindlich, antisemitisch und rassistisch bezeichnete. Der Jüdische Weltkongress rief die europäischen Länder 2013 auf, die *Swoboda*-Partei zusammen mit *Jobbik* in Ungarn und der *Goldenen Morgenröte* in Griechenland zu ächten.[306] Ein Vorbote der späteren Entwicklung war jedoch, dass, als 2012 eine UN-Resolution gegen die Glorifizierung von Nazis und Mitglieder der Waffen-SS angenommen wurde, die USA, Kanada und Palau dagegen stimmten, während sich die meisten EU-Staaten enthielten.[307]

In Richtung EU-Assoziierung und zurück
Wie in Kapitel 1 festgehalten, hatte der Ostseeblock in der EU (Polen, Schweden und die drei baltischen Länder) 2008 die Initiative über-

---

305 Richard Sakwa, *Frontline Ukraine. Crisis in the Borderlands*. London: IB Tauris, 2015, S. 56, 59.

306 Sakwa, *Frontline Ukraine*, a. a. O., S. 22, 72, 57; Joost Niemöller, *MH17. De Doofpotdeal* [Vorwort K. Homan]. Amsterdam: Van Praag, 2014, S. 181.

307 De Ploeg, *Oekraïne in het kruisvuur*, a. a. O., S. 143.

nommen, Russlands Eurasien-Projekt durch eine Östliche Partnerschaft zu kontern. Die Ukraine wurde eingeladen, eine Version der EU-Assoziierungsvereinbarung und der DCFTA (Vertiefte und umfassende Freihandelszone) zu unterschreiben, was das Land zu einem nordatlantischen Protektorat machen würde, eingebunden in die Verteidigungskooperation mit der NATO (in Artikel 4, 7 und 10 der Vereinbarung). Dies hätte tatsächlich den in der ukrainischen Verfassung festgelegten neutralen Status des Landes zwischen dem nach Osten vorrückenden Atlantischen Block und Russland beendet. Wirtschaftlich gesehen war die Vereinbarung speziell darauf ausgelegt, die Ukraine von der Wirtschaft Russlands, der Eurasischen Wirtschaftsunion und den BRICS-Staaten abzukoppeln, während die Eigentumsrechte der Oligarchen gefestigt werden sollten.[308] Der Vertrag beschränkte die Souveränität so, wie es in den Richtlinien der Direktion für Politikplanung (Policy Planning Directorate) des Außenministeriums in Washington 2005 entwickelt worden war – samt Verteidigungsrichtlinien.

Janukowytsch verfolgte die Strategie, die EU und Russland gegeneinander auszuspielen, was die gespaltene Meinung im Land widerspiegelte. Während der Präsident im Jahr 2011 das Angebot der EU grundsätzlich akzeptierte, schlug er gleichzeitig eine 3+1-Formel vor, die der Ukraine und indirekt der EU einen freien Zugang zur Eurasischen Zollunion gegeben hätte, die im Juli zwischen Russland, Weißrussland und Kasachstan eingerichtet werden sollte. Berücksichtigt man, dass der russische Markt damals ca. 30 Prozent des Außenhandels der Ukraine ausmachte, hätte dies Russland dem Wettbewerbsvorteil der EU ausgesetzt, während es das Überleben der eigenen ukrainischen Industrie in Gefahr gebracht hätte.[309]

Es gab zweifellos einen starken russischen Einfluss, in wirtschaftlicher Hinsicht, aber auch im Geheimdienst SBU. Aber Janukowytsch war als Vertreter der Oligarchie und des Föderalismus nicht so sehr

---

308 Sakwa, *Frontline Ukraine*, a.a.O., S. 11.
309 Sakwa, *Frontline Ukraine*, a.a.O., S. 65, 71.

prorussisch, wie im Westen verbreitet wurde.[310] Auf Anraten von Poroschenko machte der neue Präsident seinen ersten Auslandsbesuch nicht in Moskau, sondern in Brüssel. Er war jedoch nicht willens, eine antirussische Politik zu betreiben, und im April 2010 vereinbarte er mit dem russischen Präsidenten Dmitri Medwedew in Charkiw im Tausch für einen Nachlass auf den Gaspreis, die Verpachtung von Sewastopol für weitere 25 Jahre (bis 2042) zu erneuern.[311] Wirtschaftlich gesehen bedeutete jedoch eine Unterzeichnung des konzipierten EU-Assoziierungsabkommens vom März 2012 und kurz darauf der DCFTA, dass »die Ukraine nicht länger in der Lage wäre, den gleichen Grad der [wirtschaftlichen] Beziehungen zu Russland zu unterhalten«.[312]

Der niederländische Außenminister Frans Timmermans, der sich durch seine theatralische Rede über MH17 vor dem UN-Sicherheitsrat einen Namen machen sollte und der drei Monate später zum Vizepräsidenten der Europäischen Kommission befördert wurde, war in den Jahren 2012 und 2013 sehr damit beschäftigt, mit dem Ostseeblock und anderen ehemaligen Ostblockstaaten, ganz besonders der Ukraine, über den Beitritt der Länder zur Östlichen Partnerschaft zu verhandeln. Es muss hier daran erinnert werden, dass die Niederlande ein Paradies auch für russische (und ukrainische) Briefkastenfirmen sind und Milliarden von Dollar beherbergen, die dann als Investition in das Land ihrer Herkunft zurückfließen. Das Land steht an zweiter Stelle nach Zypern als Investor in Russland (gefolgt an dritter Stelle durch die Britischen Jungferninseln). *Lukoil* tätigt seine europäischen Finanztransaktionen über eine holländische Niederlassung (insgesamt hat es 59 davon in den Niederlanden registriert). *Novatek*, Russlands zweitgrößter Gasproduzent, betreibt

---

310 James Sherr, »A War of Narratives and Arms«. In: K. Giles et al., *The Russian Challenge* [Chatham House Report, Juni]. London: The Institute of International Affairs, 2015, S. 26f.

311 Sakwa, *Frontline Ukraine*, a. a. O., S. 65, 71.

312 *House of Lords, The EU and Russia: Before and Beyond the Crisis in Ukraine.* EU Committee, 6th Report of Session 2014-2015, 2015, S. 54.

3. VOM MAIDAN-AUFSTAND ZUM REGIME-CHANGE 149

eine 800-Millionen-Euro-Niederlassung in Holland, die *Arctic Russia BV*.[313] Das mag die aktive Verstrickung von Den Haag quer durch die frühere UdSSR erklären. Was die Ukraine betrifft, so geht aus Dokumenten hervor, die die *Platform for Authentic Journalism* im Rahmen der Informationsfreiheit am Vorabend der holländischen Volksabstimmung über das EU-Abkommen mit der Ukraine vom April 2016 erhalten hatte, bestanden schon Mitte 2012 ernsthafte Zweifel darüber, ob Janukowytsch der Mann sei, der den neoliberalen Kontrakt mit der EU und dem Westen umsetzen würde. Insbesondere sein Wunsch nach einem Dreiparteien-Vertrag verursachte ernsthafte Sorgen.[314] Russische Diplomaten waren aber noch überzeugt, dass die beiden Verträge vereint werden könnten.[315]

Im Juni 2013 wurde der polnische Außenminister Radoslaw Sikorski, einer der Architekten der Östlichen Partnerschaft (zusammen mit dem schwedischen Außenminister Carl Bildt), bei einem Besuch in Den Haag über den Antrag der Ukraine auf einen Beobachterstatus in der Eurasischen Wirtschaftsunion befragt. Was er und Timmermans über den *Europäischen Demokratiefonds*[316], der sich herausragend an der Finanzierung der Maidan-Revolte beteiligen sollte, und die polnische Führung in der »Zusammenarbeit im Rahmen der NATO und der EU« diskutierten, wurde jedoch in den Dokumenten geschwärzt, aber zu beiden Angelegenheiten wird es

---

313 *Jupiter Broadcasting*, »The Truth of MH17 – Unfilter 107«, 25. Juli 2014 (online).

314 *Ministry of Foreign Affairs, the Netherlands*, Dok. 8, 4. Mai 2012, »discussion points Benelux lunch«; und Dok. 26, 18. März 2013, »analysis for trilateral meeting with Bulgaria and Lithuania«. Zitiert hiernach als *MFA*, plus Dokument-Nr., Tag und Überschrift. Die Dokumentennummern sind die des Ministeriums, die unter der Prozedur der Informationsfreiheit-Regelungen (WOB) an die *Platform for Authentic Journalism* geschickt wurden.

315 Elena A. Korosteleva, »Eastern partnership and the Eurasian Union: bringing ›the political‹ back in the eastern region«. *European Politics and Society*, 17 (supp. 1.) 2016, S. 75-6.

316 Auch: »Europäische Stiftung für Demokratie«; englisch: *European Endowment for Democracy* (EED)

wenig Unstimmigkeiten gegeben haben.[317] Im August sagte Timmermans tatsächlich dem estnischen Außenminister Urmas Paet, dass mit Janukowytsch das Assoziierungsabkommen möglicherweise nicht unterzeichnet werde.[318] Deshalb stellt sich die Frage, inwieweit auch die EU die Option eines Regime-Change offen halten wollte.

Soweit es um die Transformation der ukrainischen Wirtschaft in einen Lieferanten für Primärrohstoffe für die EU ging, gibt es keinen Grund zu zweifeln. Holländische Investoren in der Ukraine sind aktiv im Bereich von landwirtschaftlicher Ausrüstung, Saatgut, Bio-Treibstoffen sowie im Export von angebauten Pflanzen wie auch im Energiesektor. Im Mai 2012 besiegelte *Shell* den Vertrag über die Ausbeutung der Yuzivska-Gasvorkommen bei Slowjansk im Osten (geschätzte 4.000 Milliarden Kubikmeter), und beim Weltwirtschaftsforum in Davos im Januar 2013 unterzeichnete *Shell* in Anwesenheit von Ministerpräsident Rutte und Präsident Janukowytsch einen Vertrag über Schiefergasgewinnung. *Chevron* sollte bald folgen. Schon im Februar 2011 hatte *ExxonMobil* einen Vertrag mit *Rosneft* zur Erkundung der Lagerstätten im Asowschen Meer und vor der Krim geschlossen.[319]

Andererseits wird die High-Tech-Industrie der Ukraine mit Unternehmen der Luftfahrt, Hubschrauberherstellern und Firmen zur Produktion von Motoren für die Marine in den Dokumenten überhaupt nicht erwähnt, obwohl sie von einer Öffnung zur EU maßgeblich betroffen wären; ebenso wenig wird die gewaltige

---

317 *MFA*, Dok. 29, 12. Juni 2013, »core message lunch Sikorski«.
318 *MFA*, Dok. 34, 19. August 2013, »core message lunch Paet«.
319 W.C. Turck, *A Tragic Fate. Politics, Oil, the Crash of Malaysia Airlines Flight 17 and the Looming Threats to Civil Aviation*. A Jinxee the Cat Publication, 2014. E-book, keine Paginierung, Kapitel 3. *MFA*, Dok. 39, 12. September 2013, »preparatory note for meeting prime minister Azarov«. Holländische Importe von Pflanzenöl und Getreide sowie Exporte von landwirtschaftlichen Geräten machen die agrarindustrielle Orientierung deutlich, ebenso wie die Weiterführung der Verhandlungen mit der ukrainischen Regierung zur Erreichung der Hygienestandards, um die Erlaubnis für den Export [bzw. Import] von Rindern und Rindfleisch, insbesondere Kälbern, zu erreichen.

3. VOM MAIDAN-AUFSTAND ZUM REGIME-CHANGE

Schwerindustrie genannt, die hinweggefegt würde. Was passiert, wenn in die Jahre gekommene industrielle Infrastruktur, höchst abhängig von billiger Energie, dem Wettbewerb ausgesetzt wird und gleichzeitig den Energielieferanten Russland verliert, war im Fall von *Avtovaz*, dem ukrainischen Zweig von *Lada PKW*, deutlich demonstriert worden. Zur Zeit der Unabhängigkeit wurden 156.000 Autos produziert (ungefähr die Hälfte der Kapazität), die Zahl reduzierte sich 1995 auf 57.000 und brach dann 1996 auf 7.000 ein, was zur vorübergehenden Schließung führte. 1999 wurde die Produktion wieder auf einem niedrigeren Niveau aufgenommen.[320] Dies war sicher ein Vorgeschmack darauf, was die Handelsbedingungen des EU-Assoziierungsabkommens und der DCFTA durchweg bewirken würden.

Die Ukraine zögerte nun offen: Wie der EU-Außenberater Pedro Serrano bestätigte, »kamen im September 2013 die ersten Ahnungen auf Seiten der Ukraine auf, dass Schwierigkeiten auftreten könnten, als der Präsident [Janukowytsch] andeutete, dass ›es für ihn schwierig werden würde, DCFTA zu unterzeichnen‹«.[321] Die Bestimmungen des Vertrages über eine durchgreifende Liberalisierung bekamen ihre volle Bedeutung im Kontext von höchst geheimen Verhandlungen über einen Transatlantischen Freihandelsvertrag (TTIP), der zu der Zeit in Arbeit war.[322] In Erwiderung auf Janukowytschs Zögern, das schon lange Diskussionsthema in der ukrainischen Presse, aber irgendwie der Aufmerksamkeit der EU entgangen war,[323] dachten

---

320 Hans van Zon / André Batako / Anna Kreslavska, *Social and Economic Change in Eastern Ukraine: The Example of Zaporizhzhya*. Aldershot: Ashgate, 1998, S. 61ff.; 62, Table 5.2; Mitteilung von Hans van Zon.

321 *House of Lords, The EU and Russia*, a.a.O., S. 55

322 Im holländischen Außenministerium wurden die TTIP-Dokumente wiederholt in den Vorbereitungen des Gipfeltreffens in Vilnius erähnt, aber Details wurden geschwärzt. *MFA*, Dok. 45, 23. September 2013, »instruction EU meetings«.

323 *House of Lords, The EU and Russia*, a.a.O., S. 23f. Diese Einschätzung scheint zweifelhaft im Lichte der Dokumente des niederländischen Außenministeriums.

die Niederlande und wahrscheinlich auch Deutschland im Vorfeld von Vilnius darüber nach, ihre Unterschriften zurückzuhalten. Mitte Oktober baten die Niederlande Berlin, sich der Ablehnung der ukrainischen Assoziation anzuschließen, falls Kiew immer noch nicht die Kriterien der EU erfülle.[324] Der Ostseeblock andererseits hielt nicht nur an der Assoziierung fest, sondern war auch bemüht, die Option einer Mitgliedschaft der Ukraine weiter zu verfolgen.[325]

Es schien, als schlage die EU einen neoliberalen Assoziierungsvertrag vor, der auch wichtige Bestimmungen zur Verteidigungs- und Außenpolitik enthielt, während Janukowytsch weiter trilaterale Treffen mit Russland befürwortete, um die Konsequenzen von DCFTA zu klären.[326] NATO-Generalsekretär Rasmussen unterließ im Januar 2014 nicht die Bemerkung, dass ein Assoziierungsvertrag mit der Ukraine einen großen Impuls für die »Euro-Atlantische Sicherheit« darstelle.[327] Armenien kam hingegen nicht länger in Frage, nachdem es im September 2013 der Eurasischen Wirtschaftsunion beigetreten war.[328] Dies war das erste Mal in der Geschichte ihrer Erweiterung, schreibt Richard Sakwa, dass die EU dem Widerstand einer außerhalb stehenden Macht begegnete.[329] Unerschrocken eröffnete die EU, so Elena Korosteleva, »eine moderate, aber falsch berechnete Kampagne, um die Entscheidung der Ukraine zum Assoziierungsabkommen auf dem Gipfel von Vilnius zu beschleunigen, man könnte auch sagen, die Ukraine zu einer Unterschrift zu nötigen«.[330] Selbst

---

324 *MFA*, Docs. 53, 54, 17. Oktober, 4. November 2013, »discussion points German minister for Europe«, und »notice for lunch with [European Commissioner for Enlargement etc., Stefan] Füle«.

325 *MFA*, Docs. 48, 52, 25 September und 9. Oktober 2013, Notizen über die Treffen in Stockholm bzw. Riga. Hier basiert die Schlussfolgerung, die ich ziehe, auf den strategischen Schwärzungen in den Regierungsdokumenten.

326 *House of Lords, The EU and Russia*, a.a.O., S. 56.

327 Zitiert in: De Ploeg, *Oekraïne in het kruisvuur*, a.a.O., S. 67f.

328 *MFA*, Dok. 43, 19. September 2013, »discussion points Vilnius Summit«.

329 Sakwa, *Frontline Ukraine*, a.a.O., S. 78.

330 *House of Lords, The EU and Russia*, a.a.O., S. 55.

die Forderung, Julija Tymoschenko zu entlassen, die Janukowytsch von ihrer Gefängniszelle aus bedrängt hatte, die Vereinbarung zu unterzeichnen, wurde heruntergespielt, denn die Priorität lag bei der Integration der Ukraine in den westlichen Einflussbereich.[331] Die Vertiefung der Verbindungen im Energiebereich zwischen der EU und Russland, die durch eine südliche Gasverbindung noch verstärkt werden sollten, machte dieses Ziel noch dringlicher, eröffnete aber auch Differenzen mit den USA.

Das neue »Große Spiel« hinter der Anti-Putin-Kampagne
Als Wladimir Putin 2012 erneut die russische Präsidentschaft übernahm, mischte sich Frustration darüber, was mit dem Interimspräsidenten Medwedew erreicht worden war, mit Abscheu gegenüber der Aussicht, im Kreml wieder einen harten Opponenten zu wissen. Medwedew wurde als Vertreter einer geschmeidigeren, potentiell nach Westen orientierten Fraktion in der russischen Staatsklasse eingeschätzt. Moskau war unter der Außenministerin der ersten Amtsperiode von Obama, Hillary Clinton, durch einen »Reset« in den Beziehungen zu Russland bearbeitet worden; die Außenministerin mag durch Spenden des staatlichen russischen Nuklearunternehmens *Rosatom* an die Clinton Foundation milde gestimmt worden sein. Im Jahr 2012 wurde jedoch offensichtlich, dass die Zeit des früheren Vorsitzenden von *Gazprom* im Kreml zusammenfiel mit der Verstärkung der Abhängigkeit der EU von Russlands Gas.[332] Im Dezember

---

331 Sakwa, *Frontline Ukraine*, a.a.O., S. 57. Aus den Dokumenten des holländischen Außenministeriums erhält man den Eindruck, dass die EU wünschte, dass die Prinzipien des Rechtsstaates generell akzeptiert werden, zuallerest für den Schutz von Investitionen und nicht notwendigerweise für die Entlassung von Tymoschenko.

332 Roderic Lyne, »Russia's Changed Outlook on the West: From Convergence to Confrontation«. In: Giles et al., *The Russian Challenge*, a.a.O., S. 9. Eine Tochtergesellschaft von Rosatom war auch in der Ukraine aktiv und arbeitete durch die Mitinhaber Firtasch und Boiko von *RusUkrEnergo*. Peter Schweizer, *Clinton Cash. The Untold Story of How and Why Foreign governments and Businesses Helped Make Bill and Hillary Rich*. New York, Harper, 2016 [2015], S. 39-57; zu Boiko, S. 51.

2012 begann die Arbeit an der Kompressorstation am russischen Ende von *South Stream*. Kein Wunder, dass Hillary Clinton nachträglich den Reset mit Moskau als Zeichen der Schwäche ansah, da Russland nicht nur seine Energieverbindungen mit der EU intensivierte, sondern auch »daran arbeitete, seinen eigenen militärischen Fußabdruck über Zentralasien zu verbreiten ... Es war wie eine moderne Version des ›Great Game‹«[333]

Der Großmeister der US-Strategie des Great Game, Zbigniew Brzezinski, stellte für das Obama-Team mit dem Buch »Second Chance« ein Update zur Verfügung (15 Jahre nach dem Irak-Desaster und dem »War on Terror«). Die »Zweite Chance« sollte genutzt werden, um die anti-russische Politik, für die er in »Die einzige Weltmacht« ein Jahrzehnt früher eingetreten war, weiterzuverfolgen. Brzezinski verspottete jetzt die ärgerliche Ängstlichkeit von Bushs (sen.) »Chicken-Rede«[334] im Kiewer Parlament vom August 1991, als der Präsident die Ukraine wohlüberlegt gewarnt hatte, nicht den Pfad des »selbstmörderischen, auf ethnischem Hass basierenden Nationalismus« zu beschreiten. Stattdessen prahlte Brzezinski damit, wie er als Carters Nationaler Sicherheitsberater schon in den späten 1970er Jahren vorgeschlagen hatte, verdeckte Unterstützung für die Bestrebungen der nicht-russischen Nationalitäten in der UdSSR zu organisieren.[335] Im Außenministerium unter Clinton sollte es sich Victoria Nuland, damals zuständig für Europa und Eurasische Angelegenheiten, zur Aufgabe machen, diese Politik im Einklang mit der neokonservativen Agenda, die von Krasner und Pascual, Wolfowitz

---

333 Zitiert in: Diana Johnstone, *Queen of Chaop. The Misadventures of Hillary Clinton*, a. a. O.; Petrolia, Cal.: CounterPunch Books, 2016, S. 133, Hervorhebungen hinzugefügt. Vgl. Wikipedia, »South Stream« (online). Unter ›The Great Game‹ versteht man die 100-jährige historische Auseinandersetzung zwischen Großbritannien und Russland um Zentralasien ab dem beginnenden 19. Jahrhundert.

334 Chicken-Rede: Die Rede eines Huhns, die feige, aufgeregte Rede eines Angsthasen.

335 Zbigniew Brzezinski, *Second Chance. Three Presidents and the Crisis of American Superpower*. New York: Basic Books, 2008, S. 60f.

und anderen formuliert worden war, umzusetzen.³³⁶ In einem Bericht für das Europäische Parlament im Jahr 2008 empfahl die Direktorin des ›Eurasian Policy Center‹ des US-amerikanischen *Hudson Institute*, die EU solle die Liberalisierung und Modernisierung des ukrainischen Pipeline-Netzwerkes unterstützen, statt *South Stream* zu fördern. Spannungen am Schwarzen Meer, so stellte sie nebenbei fest, könnten dazu dienen, die Pipeline insgesamt zu blockieren.³³⁷

Offensichtlich gelang es damit nicht, anti-russische Stimmungen in Europa zu entfachen, daher musste die Stoßrichtung auf »Zivilgesellschaft« und »Demokratie« gerichtet werden. Im Januar 2012 verursachte ein neuer US-Botschafter in Moskau einen Skandal, indem er sich mit Demonstranten traf, die gegen vermeintliche Wahlfälschungen demonstrierten. Und einen Monat später führte »Pussy Riot«, der Ableger einer anarchistischen Gruppe mit Namen *Voyna* (Krieg), eine blasphemische Aktion auf dem Altar der »Kathedrale von Christus dem Erretter« in Moskau durch, bei der sie Slogans gegen den orthodoxen Patriarchen sangen und liturgische Texte verhöhnten. Die Kirche zeigte sie an und drei der Darstellerinnen wurden im Juli wegen Rowdytums verurteilt. Prompt wurde ihnen von Amnesty International USA der Status von politischen Gefangenen verliehen – unter der neuen Exekutiv-Direktorin Suzanne Nossel, frisch gewechselt aus ihrem Amt als stellvertretende Staatssekretärin im Außenministerium unter Clinton. Internationale Persönlichkeiten aus dem Show-Business schlossen sich an. Laut Adriel Kasonta und Richard Sakwa führt bis jetzt »eine Allianz von liberalen Internationalisten, Neokonservativen, Atlantikern, Glucksmanisten, deutschen Grünen, osteuropäischen Revanchisten und maßgebenden EU-Verfechtern eine heilige Mission für die Erweiterung (der EU

---

336 Nulands Ehemann ist der neokonservative Ideologe Robert Kagan, mit William Kristol Mitgründer des berüchtigten *Project for a New American Century*, der Wiege jenes Weltbildes also, das den »War on Terror« und die Invasionen von Afghanistan und dem Irak hervorbrachte.

337 Zeyno Baran, *Security Aspects of the South Stream Project*. Brussels: European Parliament, Oktober 2008 (online), S. 29, 32.

und der NATO) durch, um den Osten zu bändigen«.[338] Die Obszönitäten, die von Pussy Riot bei ihrer Aktion gerufen wurden, wurden inzwischen in der Video-Version zu einem Anti-Putin-Text verändert, was der Gruppe erlaubte, sich als Opfer einer aufmarschierenden Autokratie darzustellen. *Avaaz*, eine Website für Online-Proteste, schloss sich der Bewegung an und rief zu Sanktionen gegen »Putins mächtigen inneren Kreis« auf.[339]

Im Juli 2012 sah man außerdem das erste Treffen der »Freunde Syriens«, nachdem Russland und China im UN-Sicherheitsrat das Mandat für einen weiteren Regime-Change wie den in Libyen blockiert hatten. Hillary Clinton warnte, dass beide Länder einen Preis für ihre Halsstarrigkeit bezahlen würden.[340] Es stimmt zwar, dass Obama den Rufen, in Syrien zu intervenieren, nicht folgte, aber die Stimmung gegen Russland verhärtete sich nach seiner Wiederwahl im November weiter. In einer ihrer letzten Stellungnahmen als Außenministerin nannte Hillary Clinton Russlands Eurasisches Entwicklungsprogramm einen Versuch, die Region zu »resowjetisieren«, was die USA versuchen sollten zu verlangsamen oder am besten ganz zu verhindern.[341] Als die Jackson-Vanik-Vereinbarung von 1974 (Verknüpfung der mit der UdSSR vereinbarten Handels- und Waffen-Kontroll-Vereinbarungen mit jüdischer Auswanderung) im Jahr 2012 aufgehoben wurde, wandte der Kongress sofort den »Magnitsky Rule of Law Accountability Act« an (in dem Bezug genommen wurde auf den Tod eines russischen Rechtsanwaltes und

---

338 Adriel Kasonta/Richard Sakwa, »Taking the War Out of Warsaw«. *AntiWar.com*, 7. Juli 2016 (online). André Glucksman ist ein Anhänger der »neuen Philosophen« an der Seite von Bernard-Henri Lévy. Das Flaggschiff der grünen Politiker, der ehemalige Außenminister Joschka Fischer, auf dessen Konto der Kosowo-Krieg geht, sprach im Juni 2016 auf einer Veranstaltung in Burisma zugunsten einer ukrainischen Anbindung an den Westen.

339 Johnstone, *Queen of Chaos*, a. a. O., S. 70-76

340 Zitiert in: Johnstone, *Queen of Chaos*, a. a. O., S. 75.

341 Charles Clover, »Clinton vows to thwart new Soviet Union«. *Financial Times*, 6. Dezember 2012.

3. VOM MAIDAN-AUFSTAND ZUM REGIME-CHANGE

Buchhalters im Gefängnis), um weiterhin Druck auf Moskau auszuüben.[342]

In der Zwischenzeit fand der zweite bedeutende Sicherheitsverstoß der US-Außenpolitik statt. Edward Snowden deckte im Mai 2013 die globalen Überwachungsoperationen der NSA und ihrer Partner aus der »Five Eyes«-Gruppe, der Geheimdienstorganisationen der englischsprachigen Kernländer, auf.[343] Dies folgte auf die von *WikiLeaks* mühsam offengelegten diplomatischen Depeschen von US-Botschaften rund um die Welt, was von Hillary Clinton als »ein Angriff auf die Vereinigten Staaten und die internationale Gemeinschaft« bezeichnet wurde.[344] Snowden wurde in Russland Asyl gewährt, nachdem die USA seinen Pass für ungültig erklärt hatten, was ihn daran hinderte, nach Lateinamerika zu fliegen. Das verärgerte Washington noch mehr; so traf auch Putins Artikel in der *New York Times* im September 2013, in dem er für eine gemeinsame Position gegen die dschihadistischen Kämpfer in Syrien warb, auf taube Ohren.

Wie wir im Fall der Verwicklung der US-Geheimdienste in den ukrainischen Bürgerkrieg sehen werden, sind ca. 70 Prozent der US-Geheimdienstaktivitäten an private Auftragnehmer vergeben worden, die einen Block von Kräften mit einem Interesse an der Fortsetzung des Überwachungsstaates und der Kriegführung bilden. Direkt neben dem NSA-Gelände in Fort Meade, Maryland, liegt das Gewerbegebiet, in dem *Booz Allen Hamilton* (Snowdens einstiger Arbeitgeber), *SAIC, Northrop Grumman* und andere ihre Dienstleistungen im Rahmen dieser Geheimdienstprogramme konzen-

---

342 Sakwa, *Frontline Ukraine*, a. a. O., S. 219. Ein Dokumentarfilm über den Fall, der im deutschen Fernsehen laufen sollte, wurde wegen ›russischer Propaganda‹ abgesetzt. Vgl. »Propaganda-Vorwurf: Arte stoppt Doku über Fall Magnitski«. www.tagesspiegel.de, 29. April 2016.

343 Glenn Greenwald, *No Place to Hide. Edward Snowden, the NSA and the Surveillance State*. London: Hamish Hamilton, 2014; zu den »Five Eyes« zählen neben den USA und Großbritannien auch Kanada, Australien und Neuseeland.

344 Zitiert in: Johnstone, *Queen of Chaos*, a. a. O., S. 20.

triert haben.³⁴⁵ Das Ganze wird ergänzt durch Geheimabkommen mit Firmen wie Facebook, Yahoo, Apple, Google und Microsoft über den Zugang zu Überwachungsdaten durch die US-Regierung . Die sozialen Medien, die von diesen Firmen betrieben werden, sind eine große Suchmaschine zum Aufspüren von Opposition und – neben den privaten Akteuren und NGOs – das Rückgrat der Manipulation der »Zivilgesellschaft«. Das Soros-Netzwerk ist hierbei der wichtigste Schirm, wobei die *International Renaissance Foundation* speziell die Ukraine zum Ziel hat.

Renaissance erwartete, dass die ukrainischen Präsidentschaftswahlen von 2015 »sowohl Herausforderung als auch Chance« bedeuteten. Die »Herausforderung« seien »dem Präsidenten nahestehende politische Kräfte, die gemeinsamen und manchmal widersprüchlichen Sichtweisen des am europäischen Markt interessierten großen Industriekapitals repräsentierend, und eine an Russland orientierte, links stehende Bevölkerung, die zum größten Teil konservativ (neo-sowjetisch) gegen demokratische Reformen eingestellt ist«. Das »Werte- und Inhaltsvakuums« in der ukrainischen Politik mit populistischen Konzepten zu füllen, sei riskant. Stattdessen solle die Politik in einen »Wettbewerb der Plattformen« transformiert werden, damit sich »Wahlen und Politik themenbasiert ausrichten«. Die *Chancen* lägen in der »Stimme der Zivilgesellschaft, die eine europäische Ausrichtung der Ukraine unterstützt«, sowie in den verschiedenen Komitees und Plattformen, die die Idee einer westlichen Wende verbreiten und mit dem »Eastern Partnership Civil Society Forum« (EaP CSF) verbunden sind. Dem russischen Einfluss zu widerstehen und damit der Option, dass die Ukraine der Eurasischen Zolluniton beiträte, hatten gleichgroße Priorität.³⁴⁶

---

345 Peter Dale Scott, *The American Deep State. Wall Street, Big Oil, and the Attack on U.S. Democracy*. Lanham, Maryland: Rowman & Littlefield, 2015, S. 124; Greenwald, *No Place to Hide*, a. a. O., S. 101; Carlos Ortiz, *Private Armed Forces and Global Security*. Santa Barbara, Cal.: Praeger, 2010.

346 International Renaissance Foundation, 2014-17. Strategy Proposal Ukraine, S. 2, 5, 7.

Die Mobilisierung bürgerlicher Minderheiten durch die NOGs erhielt noch weiteren Schub, als das russische Parlament im Juni 2013 ein Gesetz von konservativen Abgeordneten gegen die »Werbung für nicht-traditionelle sexuelle Beziehungen mit Kindern« verabschiedete. Westliche Medien interpretierten dies bevorzugt als eine Gefährdung von homosexuellen Athleten bei der Winter-Olympiade in Sotschi im Februar 2014.[347] Die Einhegung der Ukraine durch die Assoziierungsvereinbarung wurde nun offen mit der Destabilisierung der Präsidentschaft Putins verbunden. Wie Carl Gershman, der Präsident des *National Endowment for Democracy* in Washington, im September 2013 erklärte, war die Ukraine »der erste Preis« und es würde außerdem Putin »auf die Verliererseite bringen, und zwar nicht nur im nahen Ausland, sondern auch innerhalb Russlands selbst«.[348]

Im September 2013 traten die USA beim G20-Gipfel in Sankt Petersburg als offener Gegner Russlands auf, indem sie zum Boykott der Olympischen Winterspiele in Sotschi aufriefen. Um außerdem Janukowytsch zu nötigen, in Vilnius zu unterschreiben, spielten die USA mit Haftbefehlen gegen den Oligarchen Dmytro Firtasch, der zu diesem Zeitpunkt in Wien wohnte und von dem man annahm, dass er die Schlüssel zum Büro des Präsidenten besitze. Nachdem Janukowytsch angedeutet hatte, dass er nicht unterschreiben werde, wurde ein US-Haftbefehl wegen angeblich durch Firtasch in Indien gezahlter Bestechungsgelder ausgestellt. Der Haftbefehl wurde sofort aufgehoben, als Janukowytsch Victoria Nuland gegenüber äußerte, dass er schließlich doch unterschreiben wolle. Nach Vilnius sollte Firtasch dann doch wieder verhaftet werden und er wurde unter Kaution festgehalten, bis ein österreichischer Richter den Fall zu den Akten legte.[349]

---

347 Johnstone, *Queen of Chaos*, a.a.O., S. 33f.
348 Zitiert in: Sakwa, *Frontline Ukraine*, a.a.O., S. 74f.
349 Hans van Zon, »Oekraïne: einde van het conflict in zicht?« *Vlaams Marxistisch Tijdschrift*, 49 (4) 2015, S. 43.

Die Ereignisse vom Februar 2014

Es hatte mindestens seit zwei Jahren Warnsignale gegeben, »dass wenn Janukowytsch das Land weiter ausplündern werde, wie er es tat, der Deckel weggeblasen würde«.[350] Als der ukrainische Präsident dann sieben Tage vor der Unterzeichnungszeremonie in Vilnius ankündigte, dass er die Unterschrift aufschieben wolle, verband sich Unmut über die oligarchische Herrschaft mit einem im Westen des Landes konzentrierten ethnisch-ukrainischen Aufstand.

Vorbereitungen für die Mobilisierung der Bevölkerung, um die Hinwendung zum Westen zu unterstützen, waren seit 2013 in Arbeit. Soros« *Renaissance Foundation* erkannte in ihrem Planungsdokument für jenes Jahr eine wachsende Bewegung, angetrieben von der »Forderung der Bürgerinnen und Bürger, an den Entscheidungen auf allen Ebenen beteiligt zu werden«, was ein fruchtbares Terrain für solche NGOs schaffe, die danach streben, Demokratisierung durch eine »aktive Zivilgesellschaft« durchzusetzen. Es ist nicht schwer, hier die Logik eines »Vertrages mit beschränkter Souveränität« zu erkennen, der »marktwirtschaftliche Demokratie« vorschreibt: »Zusammen mit dem Druck über die europäischen Verpflichtungen der ukrainischen Regierung, von denen die Aussichten auf ein Assoziierungsabkommen mit der EU abhängen, öffnet sich ein Fenster für den Schutz und die Förderung der Werte einer offenen Gesellschaft«.[351]

Die US-Botschaft in Kiew hatte vom Frühling an Aktivisten darin unterrichtet, soziale Medien zu benutzen, um große Demonstrationen zu organisieren. Am 20. November trat ein föderalistisches Mitglied des Ukrainschen Parlaments aus Dnjepropetrowsk, Oleh Zarjow, im ukrainischen Parlament auf und enthüllte, er sei darüber informiert worden, dass

---

350 *House of Lords, The EU and Russia*, a. a. O., S. 54; im Bericht von *Transparency International* zur beobachteten Korruption für 2011 stand die Ukraine auf Platz 152 (abgestiegen von 134, Matuszak, *The Oligarchic Democracy*, a. a. O., S. 60.)

351 *International Renaissance Foundation*, a. a. O., S. 2.

3. VOM MAIDAN-AUFSTAND ZUM REGIME-CHANGE

»mit Unterstützung und direkter Beteiligung der US-Botschaft in Kiew das Projekt eines ›TechCamps‹ betrieben wird, in dem Vorbereitungen für einen Bürgerkrieg in der Ukraine getroffen werden. Das ›TechCamp‹ bereitet Spezialisten auf Informationskriegführung und auf die Diskreditierung der staatlichen Institutionen vor, indem das Potenzial von Revolutionären der modernen Medien genutzt wird, um Proteste zu organisieren und die Regierung zu stürzen. Dieses Projekt wird derzeit unter der Verantwortung von US-Botschafter Geoffrey R. Pyatt betreut.«[352]

Eric Zuesse entdeckte die Anzeige der US-Botschaft in Kiew vom 1. März 2013, mit der das »TechCamp Kiew 2.0 zum Aufbau der technologischen Kapazitäten der Zivilgesellschaft« beworben wurde. Wie Oleh Zarjow dem Parlament erklärte, hatten föderalistische Aktivisten, die sich als IT-Spezialisten ausgegeben hatten, Zugang zu dem »TechCamp« erhalten, und von US-Instruktoren anhand von Beispielen aus Ägypten, Tunesien und Libyen erklärt bekommen, wie man soziale Netzwerke und das Internet nutzt, um die öffentliche Meinung zu steuern und Protest zu erzeugen. »Insgesamt wurden bisher fünf Veranstaltungen durchgeführt. Ca. 300 Menschen wurden als Operateure trainiert, die jetzt überall in der Ukraine aktiv sind. Die letzte Konferenz fand am 14. November 2013 ... in der US-Botschaft statt.«[353]

Kurz davor hatte Victoria Nuland in einer Rede auf einer Konferenz für die Wirtschaft in Washington, die durch die *Ukraine Foundation* und *Chevron* mitfinanziert war, enthüllt, dass die USA schon fünf Milliarden US-Dollar in die »Demokratie-Werbung« in der Ukraine gepumpt hatten.[354] Die von den USA bezahlten Posten variierten; so wurde der Werbe-Clip »Ich bin Ukrainer«, den Millionen sahen und dessen Produktion von Larry Diamond beraten wurde[355],

---

352 Zitiert in: Eric Zuesse, »New Video Evidence of America's Coup in Ukraine – And What It Means«. *Washington's Blog*, 8. Februar 2015 (online).

353 Oleg Tsarev zitiert in: Zuesse, »New Video Evidence«, a. a. O.

354 Johnstone, *Queen of Chaos*, a. a. O., S. 152.

355 Ein Hochschullehrer aus dem Dunstkreis der *National Endowment for Democracy*.

ebenso finanziert wie das *Center UA*, eine ukrainische Dachorganisation für NGOs, gegründet von Oleh Rybatschuk, Staatssekretär für europäische Integration unter Wiktor Juschtschenko. *Center UA* erhielt die meisten Gelder von *Pact Inc.*, das seinerseits finanziert war durch die *US Agency for International Development* (USAID; US-Behörde für Internationale Entwicklung), ein »strategischer externer Partner« der *Renaissance Foundation*. Das *Omidyar Network* von *eBay*-Gründer und -Eigentümer Pierre Omidyar sowie Soros und die NED leisteten ebenfalls einen Beitrag.[356]

Auch die EU stellte reichliche Unterstützung zur Verfügung; sie zahlte z. B. 496 Millionen Euro für »Front-Gruppen«. Den eigenen Daten der Kommission zufolge war dies ein Teil von 1,3 Milliarden Euro für Entwicklung und Forschung und damit verbundene Projekte, die insgesamt zwischen 2007 und 2014 an die Ukraine vergeben worden waren. Der *Europäische Demokratiefonds* (EED), eine von den EU-Mitgliedsstaaten und der Schweiz finanzierte Stiftung, unterstützte laut ihrem Vorsitzenden Alexander Graf Lambsdorff (MEP) ebenfalls die »Zivilgesellschaft«, Blogs, Newsletter und Radiosendungen sowie Soforthilfe.[357] Die britische Botschaft in Kiew initiierte Anfang 2013 eine Kommunikationsstrategie, die darauf abzielte, die ukrainische Bevölkerung für die EU und die Assoziierungsvereinbarung und insbesondere DCFTA zu gewinnen. Eingebunden in die Strategie waren Wirtschaftsverbände, NGOs und andere Botschaften von Ländern der EU. Die Kampagne »Gemeinsam stärker« (Stronger Together) wurde am 10. September in Kiew gestartet. Ihr folgten »DCFTA Road Shows«, begleitet von TV-Serien, in denen im Ausland lebende Ukrainer die Attraktionen des Lebens in der EU beschrieben.[358]

---

356 De Ploeg, *Oekraïne in het kruisvuur*, a. a. O., S. 39f.; *International Renaissance Foundation*, a. a. O., S. 10.

357 *House of Lords, The EU and Russia*, a. a. O., S. 56f.; Sakwa, *Frontline Ukraine*, a. a. O., S. 90.

358 *MFA*, Dok. 40, 12. September 2013, »dossier discussion with the Prime Minister«.

3. VOM MAIDAN-AUFSTAND ZUM REGIME-CHANGE 163

Auch die Niederlande waren ein Partner von »Stronger Together« und der größte Spender an *Hromadske TV*, das im Livestream Bilder von den Demonstrationen zeigte und dadurch für einen konstanten Nachschub für die besetzten Plätze in allen wichtigen Städten sorgte.[359] Ein deutscher Beamter, der von 2011 bis 2014 das *European Center for Modern Ukraine* leitete – also eine Organisation zur Heranführung der Ukraine an die EU – behauptete, dass das Geld von Soros den Menschen auf dem Maidan erlaubt habe, mit zwei Wochen Demonstrieren mehr zu verdienen als mit vier Wochen Arbeit in der West-Ukraine.[360]

Ultranationalisten und Faschisten kapern die Proteste

Als Janukowytsch im November 2013 ankündigte, die EU-Vereinbarung nicht zu unterschreiben, und stattdessen das Gegenangebot Russlands (15 Milliarden Dollar und Vorzugspreise auf Gas) in Anspruch nahm, rief der damalige Vorsitzende von Tymoschenkos *Vaterlandspartei*, Arsenij Jazenjuk, auf seinem Twitter-Account zu Protesten (#Euromaidan) auf. Allgemein wurde erwartet, dass die Präsidentschaftswahlen 2015 von der Opposition gewonnen würden – und in einer regulären Wahl voraussichtlich von dem Boxer Vitaly Klitschko. Washington war aber von dieser Aussicht nicht begeistert, weil Klitschko und andere Mitglieder seiner Partei *UDAR* schon lange von der CDU-nahen Konrad Adenauer Stiftung präpariert worden waren. Als die Menschen auf den Straßen waren, schloss sich Klitschko den anderen Oppositionsgruppen an, einschließlich von *Swoboda* unter Tjahnybok, der einzigen echten Parteiorganisation.[361] Tatsächlich begannen auch die Schlüssel-Oligarchen hinter der *Par-*

---

359 2013 zahlte die holländische Regierung dem Sender ungefähr 100.000 Euro, was die doppelte Höhe der Zahlung der US-Botschaft war. Andere Spender waren u. a. die Renaissance Foundation, Kanada und viele Einzelspender. Van Zon, »Oekraïne: einde van het conflict« a. a. O., S. 47.

360 Cited in Johnstone, *Queen of Chaos*, a. a. O., S. 156.

361 Volodymyyr Ishchenko, »Ukraine's Fractures« [interview]. *New Left Review*, 2nd series, 87 (2014), S. 12; Sakwa, *Frontline Ukraine*, a. a. O., S. 82.

tei der Regionen, Firtasch (der 30 Abgeordnete kontrollierte) und Achmetow (60 Abgeordnete), ihre Einsätze abzusichern, und finanzierten schon Monate vor dem Putsch die Opposition, denn die Janukowytsch-Familie hatte sogar viele der ursprünglichen Unterstützer des Präsidenten vor den Kopf gestoßen. Wie bei den Schikanen gegen Firtasch bedrohte das US-Außenministerium auch Achmetow mit Sanktionen, sollte er nicht kollaborieren.[362]

Die ersten Proteste waren gegen Ende des Monats bereits abgeklungen, als ein unbedachter Versuch der Kiewer Polizei, den Platz zu räumen, nach hinten losging. Es gab Gerüchte, dass der Polizeiangriff durch Ljowotschkin, den Chef der Präsidialverwaltung, angeordnet worden sei, um die Situation zu eskalieren. Während normalerweise die Fernsehanstalten die Regierung unterstützten, berichteten nun die den Oligarchen gehörenden Kanäle über die Auflösung der Demonstration vom 30. November aus der Sicht der Demonstranten.[363] Die Oppositionspolitiker wussten von dem Plan der Sicherheitspolizei, hatten sich aber entschlossen, ihn nicht bekannt zu machen – damit die unverhältnismäßige Polizeitaktik eine echte Massendemonstration auslösen konnte.[364] Als eine halbe Million Menschen auf den Maidan zurückkehrte, wurde die Lenin-Statue abseits der Hauptstraße durch antirussische Extremisten niedergerissen. Diese fingen nun an – als Antwort auf das Vertrauen der Regierung auf Berkut, die Aufstandsbekämpfungseinheit der Polizei –, bewaffnete Gruppen zu bilden, von denen die extremsten ukrainische Faschisten waren, die in ihrer eigenen Kampfausrüstung begannen, die Polizei anzugreifen.[365]

---

362 De Ploeg, *Oekaïne in het kruisvuur*, a. a. O., S. 36.
363 Ishchenko, »Ukraine's Fractures«, a. a. O., S. 13.
364 De Ploeg, *Oekaïne in het kruisvuur*, a. a. O., S. 25.
365 Serhiy Kudelia, »The Donbas Rift« [Übers.: S. Golub]. *Russian Politics and Law*, 54 (1) 2016 [ursprüngl. in: *Kontrapunkt*, 2015, Nr. 1], S. 7; Ishchenko, »Ukraine's Fractures«, a. a. O., S. 13; Volodymyr Ishchenko, »Far right participation in the Ukrainian Maidan protests: an attempt of systematic estimation«. *European Politics and Society*, 17 (4) 2016, S. 463.

3. VOM MAIDAN-AUFSTAND ZUM REGIME-CHANGE 165

Den Dokumenten des holländischen Außenministeriums nach zu urteilen, wurde die Entwicklung der Demonstrationen in den Hauptstädten des Westens aufmerksam verfolgt. Im Januar 2014 waren die Demonstrationen nicht mehr so groß wie im November und Dezember, und man bemerkte, dass der ukrainische Präsident mit konstitutionellen Mitteln nicht vor dem Ende seiner Amtszeit abgesetzt werden konnte, es sei denn durch einen Massenaufstand, der aber nicht in Sicht war.[366] Nach Gewalttätigkeiten am Wochenende des 10./11. Januar verfügte Janukowytsch, auf die Macht der *Partei der Regionen* vertrauend und die ordentliche parlamentarische Prozedur umgehend, scharfe Anti-Demonstrations-Gesetze, die auch gegen friedliche Demonstranten gerichtet waren. Aus dem Westen wurde er aufgefordert, die Armee nicht gegen die Demonstranten einzusetzen.[367]

Die neuen Gesetze wühlten aber die Gefühle der Demonstranten auf und »der weitere Verlauf der Protestbewegung wurde zum großen Teil durch die rechtsextremen Gruppen bestimmt«.[368] Sie wurden ständig aus dem Westen des Landes verstärkt, nur 14 Prozent der mehr als 3.000 verschiedenen »Protestereignisse«, die von Wolodymyr Ischtschenko aufgenommen worden waren, fanden in der Hauptstadt statt, zwei Drittel im Westen und in der Mitte des Landes. Von den konfrontativen und gewalttätigen Vorfällen wurden fast so viele in der westlichen Region wie im Zentrum und in Kiew zusammen notiert.[369] Diese nationalistischen westlichen Zentren der Revolte waren »nicht nur lokale Brennpunkte zur Mobilisierung von Menschen zur Teilnahme am Zeltlager in Kiew und an Demonstrationen«, beobachtet Ischtschenko. »Nicht weniger wichtig war die lokale Mobilisierung gegen regionale Gouverneure, die vom Präsi-

---

366 *MFA*, Dok. 62, 13. Januar 2014, »Question/answers situation Ukraine«.

367 Sergei Lavrov, [Interview mit dem russischen Außenminister S. Lavrov.] *Mediterranean Dialogues*. 2. Dezember 2016 (online).

368 Kudelia, »The Donbas Rift«, a.a.O., S. 7.

369 Ishchenko, »Far right participation in the Ukrainian Maidan protests« a.a.O., S. 457f.; Sakwa, *Frontline Ukraine*, a.a.O., S. 22, 57.

denten ernannt worden waren, und Mitglieder von Regionalräten aus der *Partei der Regionen*«.

»Es war in den westlichen Regionen, wo Maidan-Demonstranten zum ersten Mal massive Mengen an Waffen von den lokalen Strafverfolgungsbehörden erbeuteten, die später in den Zusammenstößen mit der Polizei in Kiew zum Einsatz kamen. Es war in den westlichen Regionen, in denen Janukowytsch begann, die Kontrolle zu verlieren, nicht in Kiew. Gegen Ende Januar 2014 wurden *Volksräte* (narodni rady) durch lokale Aktivisten, Anführer der Oppositionsparteien, lokale Ratsmitglieder (auch von *Swoboda*) gegründet, verbunden mit der Besetzung von Gebäuden der staatlichen Verwaltung.«[370]

In Lwiw wurde das Rathaus durch Bewaffnete gestürmt, Nazi-Banner wurden gehisst, und ein Militärdepot geplündert. Diese regionalen Zentren der Revolte sandten dann sofort Einheiten auf den Maidan und assistierten bei der rapiden Eskalation der Gewalt. In Wolhynien, Lwiw und Ternopil, alle drei Verwaltungsbezirke bzw. Oblasts, in denen *Swoboda* 2009/10 die Mehrheit errungen hatte, wurden neue administrative Strukturen aufgebaut.[371] Es ist behauptet worden, dass Janukowytsch die *Swoboda*-Partei als angstmachende Scheinopposition gegen seine Herrschaft kultiviert habe, in der Hoffnung, seine Wiederwahl durch die Mobilisierung von antifaschistischen Gefühlen zu sichern. Dies habe den ukrainischen Ultranationalisten und Faschisten erlaubt, ihren Kopf wieder zu erheben; aber es gibt keinen Zweifel daran, dass die extreme Rechte seit 1991 eine authentische, offensichtliche Präsenz im Westen des Landes hatte.[372]

---

370 Ishchenko, »Far right participation in the Ukrainian Maidan protests«, a.a.O., S. 459, Zusatz in Klammern.

371 Kudelia »The Donbas Rift«, a.a.O., S. 7f.; Svoboda war in den meisten Vorfällen mit aktiv, Ishchenko, »Far right participation in the Ukrainian Maidan protests«, a.a.O., S. 460, Fig. 3..

372 Anton Shekhovtsov, »The Ukrainian Far Right and the Ukrainian Revolution«. In: *N.E.C. Black Sea Link Program Yearbook 2014-2015*. Bukarest: New Europe College, 2015, S. 219f.

3. VOM MAIDAN-AUFSTAND ZUM REGIME-CHANGE

In der Nacht vom 19. auf den 20. Januar brachen gewalttätige Zusammenstöße aus, die eine explosive Situation erzeugten. Janukowytsch erweiterte nun eine hastig verabschiedete Amnestie für Demonstranten, so dass sie auch die Spezialpolizei schützte. Ein weiteres Dekret benannte aus dem Ausland finanzierte NGOs als ausländische Agenten, gemäß dem russischen Beispiel. Am 24. bot er an, die Asarow-Regierung aufzulösen, Jazenjuk zum Ministerpräsidenten und Klitschko zu seinem Stellvertreter zu ernennen, aber die Opposition hielt das für unzureichend.[373] Am 28. widerrief das Parlament die meisten der Anti-Demonstrations-Gesetze, und Asarow trat zusammen mit seinem Kabinett zurück. Aber zu diesem Zeitpunkt waren die Demonstrationen bereits auf regelrechte Straßenkämpfe heruntergekommen, bei denen bewaffnete Faschisten, ukrainische Ultranationalisten und Fußball-Hooligans übernommen hatten, was als »Revolution der Würde« begonnen hatte (und in westlichen Medien immer noch als solche gefeiert wird). »Rein numerisch«, so schreibt Ischtschenko, »stellten die Rechtsextremen nur eine Minderheit dar, aber sie waren dominant auf der Ebene der Politik und der Ideologie«.[374]

Gegen Mitte Februar wurden die Kräfte, die die Macht übernehmen wollten, immer mutiger. Da die oppositionellen Politiker keinen realistischen Plan zu haben schienen, füllten die bewaffneten Gruppen das Vakuum.[375] Militante waren entlang quasi-militärischer Linien in 42 »Selbstverteidigungs«-Staffeln, sogenannte »Sotnias« (ein ukrainischer Begriff für »Hundert«; also Hundertschaften), eingeteilt, die meisten waren unter dem Kommando des *Selbstverteidigungskomitees*, das von Andrij Parubij angeführt wurde. Die Staffeln hatten die Aufgabe, Passierscheine auszustellen, Demonstranten zu eskortieren und »titushki«, arbeitslose Jugendliche der

---

373 *MFA*, Dok. 65, 27. Januar 2014, »preparatory notes for talks with the Rumanian foreign minister«; und Dok. 64, 27. Januar 2014, »discussion points and background Steinmeier visit«.

374 Ishchenko, »Ukraine's Fractures«, a. a. O., S. 15.

375 Ishchenko, »Ukraine's Fractures«, a. a. O., S. 18.

Unterschicht, die von der Regierung als Polizei-Provokateure benutzt wurden, zu entlarven. Sie griffen auch Gewerkschafter und Anarchisten unter den Demonstranten mit Äxten und Schlagstöcken an.[376]

Vier paramilitärische Neonazi-Gruppen hatten sich fünf Tage nach der ersten Demonstration auf dem Maidan unter dem Schirm des *Rechten Sektors* (Prawy Sektor) zusammengetan.[377] Dmytro Jarosch, Anführer von *Trysub* (Dreizack, nach Stepan Banderas Miliz), wurde verantwortlich für den *Rechten Sektor* als Ganzes (ein riesiges Porträt von Bandera thronte über dem Podium auf dem Maidan). Die anderen rechten Organisationen waren UNA-UNSO, der *Weiße Hammer* und die *Sozial-Nationale Versammlung*, von Gordon Hahn als »ultrafaschistisch« charakterisiert.[378] Die *Patrioten der Ukraine*, der paramilitärische Arm von SNPU/*Swoboda*, war auch auf dem Maidan. Sie wurden kommandiert von Andrij Bilezkyj, einem Schüler von Parubij. Er sollte danach Kommandeur des berüchtigten Asow-Regiments werden, das als Symbol die Wolfsangel von der SNPU und den *Patrioten der Ukraine* erhielt.[379] Nicht zuletzt nahm eine Einheit von Veteranen der israelischen Givati-Brigade im »Gladio«-Stil an den Kämpfen teil. Angeführt von einem Mann mit dem Pseudonym »Delta«, der sich in der Ukraine als Geschäftsmann niedergelassen hatte, operierte die von ihm rekrutierte und trainierte

---

376 »Die offene Anwendung von Gewalt durch Demonstranten mit stillschweigender Zustimmung der Oppositionsparteien beseitigte die wichtigste Bremse, die bisher den politischen Kampf in der Ukraine friedlich hielt«, Kudelia, »The Donbas Rift«, a. a. O., S. 9; vgl. De Ploeg, *Oekaïne in het kruisvuur*, a. a. O., S. 26ff.

377 Verschiedene Gruppen von Shekhovtsov, »The Ukrainian Far Right«, a. a. O., S. 224. Dieser Autor spielt das faschistische Profil des Rechten Sektors als russische Propaganda herunter.

378 Gordon Hahn, »The Ukrainian Revolution's Neo-Fascist Problem«. *Fair Observer*, 23. September 2014 (online), er bezeichnet ihr Programm als antikapitalistisch, rassistisch und »Führer«-zentriert.

379 *Ukraine Antifascist Solidarity*. »Who is Andriy Parubiy? Protest UK visit of Ukrainian politician with far right links«. 13. Oktober 2015 (online); vgl. Sakwa, *Frontline Ukraine*, a. a. O., S. 83f.

3. VOM MAIDAN-AUFSTAND ZUM REGIME-CHANGE 169

Einheit der »Blauen Helme des Maidan« unter dem Kommando von *Swoboda*.[380]

Am 14. Februar entließ die Regierung 234 Demonstranten und schlug eine Amnestie für alle kriminellen Taten während der Revolte vor. Aber vier Tage später, am 18. Februar, begannen Rechtsextreme während eines Marsches entlang der Institutskaya Straße, Molotow-Cocktails auf Polizeieinheiten zu werfen, die das Parlament bewachten. Sie brannten das Hauptquartier der *Partei der Regionen* nieder und töteten einen der Angestellten. Die anderen Demonstrationsteilnehmer machten keine Anstalten, die Angreifer zurückzuhalten, und es wurde klar, dass die Präsenz von bewaffneten Faschisten nun ein integraler Bestandteil der Demonstrationen geworden war.[381] Das war der Wendepunkt, der die Maidan-Demonstrationen in einen bewaffneten Staatsstreich verwandelte. Der Gebrauch von Schusswaffen war bereits nachgewiesen worden, aber noch am 18. Februar wurden zusätzliche 1.200 Waffen, darunter Kalaschnikow-Maschinenpistolen, von den Aufständischen in Lwiw erbeutet, und nur ein Teil wurde zurückgegeben, der Rest von den Aufständischen nach Kiew gebracht.[382] Am Ende des Tages waren 28 Menschen erschossen worden, darunter zehn Bereitschaftspolizisten. Der Schusswinkel führte zur Philharmonie, wo Parubij das Kommando hatte. Unter den Opfern waren keine Aktivisten des Rechten Sektors.[383] Zwei Tage später eskalierte die Gewalt dramatisch, als mindestens 39 Demonstranten und wieder 17 Polizisten von Heckenschützen aus dem Hotel *Ukraina* und anderen Gebäuden heraus, die unter Kontrolle von Parubijs

---

380 Manlio Dinucci, »›The Art of War. The new Gladio in Ukraine‹«. *Voltaire Network*, 21. März 2014 (online).

381 Ivan Katchanovski, »The Separatist War in Donbas: A Violent Break-up of Ukraine?« *European Politics and Society*, 17 (4) 2016 S. 478; Ishchenko, »Far right participation in the Ukrainian Maidan protests«, a.a.O., S. 460; De Ploeg, *Oekraïne in het kruisvuur*, a.a.O., S. 28.

382 Andrew Higgins / Andrew E. Kramer, »Yanukovych was defeated even before his ouster«. *International New York Times*, 5. Januar 2015.

383 Sakwa, *Frontline Ukraine*, a.a.O., S. 88.

Selbstverteidigungseinheiten standen, getötet wurden. Die geleakte Aufzeichnung eines Telefongesprächs des estnischen Außenministers Urmas Paet mit der Hohen Vertreterin der EU für Außen- und Sicherheitspolitik, Catherine Ashton, bestätigte später (26. Februar) den Verdacht, dass das Feuer der Heckenschützen von Seiten Opposition kam.[384] Die offizielle westliche Position jedoch bestand durchweg darin nahezulegen, dass die Polizei die Demonstranten erschossen habe, ohne jedoch genauer auf den Vorfall einzugehen.[385] Nach einer detaillierten Untersuchung kommt Ivan Katchanovski zu dem Schluss, dass

> »das Massaker eine Operation unter falscher Flagge war, die wohlüberlegt, geplant und ausgeführt wurde, mit dem Ziel, die Regierung zu stürzen und die Macht zu übernehmen. [Die Untersuchung] fand verschiedene Beweise für die Einbindung einer Allianz rechtsextremer Organisationen, speziell des *Rechten Sektors* und von *Swoboda*, sowie oligarchischer Parteien wie *Vaterland*. Versteckte Schützen und Hilfesteller wurden in mindestens 20 vom Maidan kontrollierten Gebäuden bzw. Bereichen festgestellt.«[386]

Die Heckenschützen waren mit Gliederungen des Rechten Sektors und anderen bewaffneten Gruppen, ebenso mit Tymoschenkos *Vaterlandspartei* verbunden. Letztere wurde zu der Zeit von Turtschynow geführt, der kommissarischer Präsident nach der Machtübernahme

---

384 Ishchenko, »Ukraine's Fractures«, a. a. O., S. 20.

385 So erklärt Chatham House in dem chronologischen Eintrag vom 20. Februar: »mindestens 88 Menschen starben Berichten zufolge innerhalb von 48 Stunden bei Zusammenstößen zwischen Demonstranten und Polizisten in [Kiew]« (Sherr, »A War of Narratives and Arms«, a. a. O., S. 25).

386 Ivan Katchanovski, »The ›Snipers' Massacre‹ on the Maidan in Ukraine«. Paper, American Political Science Association annual meeting, San Francisco, 3.-6. September 2015 (online), summary; John Hall, »Estonian Foreign Ministry confirms authenticity of leaked phone call«. *MailOnLine*, 5. März 2014 (online). Eine ähnliche Analyse in Hahn, »The Ukrainian Revolution's Neo-Fascist Problem«, a. a. O. Dem Kommandanten des C14 Sotnia, einer der Neonazi-Einheiten auf dem Maidan, wurde von dem kanadischen Botschafter Wachuk erlaubt, das Botschaftsgebäude als Basis zu nutzen. De Ploeg, *Oekraïne in het kruisvuur*, a. a. O., S. 44.

werden sollte.[387] Der *Weiße Hammer* erklärte später, den *Rechten Sektor* unter Protest verlassen zu haben.[388] Außer auf Polizisten und Spezialkräfte zielten die Heckenschützen auch auf Demonstranten nicht-ukrainischer Nationalität. Auf der Basis detaillierter Beweise schließt Katchanovski, dass mit diesen Morden beabsichtigt wurde, Unterstützung für die Revolte unter anderem in Polen und den USA zu mobilisieren.[389] Im Juli 2015 brach die Anklage gegen zwei Berkut-Polizisten wegen der Tötung von 39 Demonstranten am 20. Februar zusammen, als der Bruder eines der getöteten Opfer aussagte, dass die Schüsse nicht aus Berkut-Positionen abgefeuert worden waren, sondern aus dem von der Opposition kontrollierten Hotel *Ukraina*. Das Kaliber des Geschosses war das gleiche wie bei sechzehn anderen Opfern, die aus dem gleichen Winkel erschossen wurden.[390]

Die US-amerikanische Antwort auf die Vermittlungsversuche der EU und der Putsch

Als die Gewalt anschwoll, wich die EU kurzzeitig vom Washingtoner Szenario ab. Sie entschied sich zur Einmischung mit dem Versuch, wieder Ruhe herzustellen. Am 24. Januar rief der holländische Außenminister Timmermans seinen ukrainischen Amtskollegen an, aber auch Klitschko. Vorbereitende Noten für die Diskussionen zwischen Timmermans und dem damaligen deutschen Außenminister Frank-

---

387 Katchanovski, »The ›Snipers' Massacre‹ on the Maidan«, a.a.O., S. 20f. Kurz nach dem Erscheinen dieses Berichts, der die eingehendste Untersuchung des Massakers darstellt und dessen Haupt-Schlussfolgerungen von Deutschem Fernsehen, Reuters und anderen bestätigt wurden, wurde das Haus von Katchanovski in der Ukraine enteignet. De Ploeg, *Oekraïne in het kruisvuur*, a.a.O., S. 30.

388 De Ploeg, *Oekraïne in het kruisvuur*, a.a.O., S. 26.

389 Katchanovski, »The ›Snipers' Massacre‹ on the Maidan«, a.a.O., S. 53.

390 Ivan Katchanovski, »Media Silent on Striking Revelations in the Kiev Sniper Massacre Trial in Ukraine«. *Russia Insider*, 23. Juli 2015 (online). Der unerwartete Ausgang des Verfahrens bestätigte die Rolle der Selbstverteidigungsgruppen des Maidan, wurde aber nachweislich als nicht für die Veröffentlichung im Westen geeignet angesehen. Hahn, »The Ukrainian Revolution's Neo-Fascist Problem«, a.a.O.

Walter Steinmeier hielten am Tag zuvor fest, dass Deutschland und die Niederlande in Kontakt sowohl mit der Regierung als auch mit der Opposition bleiben sollten. Zudem wurde vereinbart, weiterhin »zwischenmenschliche Kontakte« zu pflegen, ein Code für die Weitergabe von Hilfsgeldern an NGOs und die »Zivilgesellschaft«. In diesem Bereich waren, wie wir sahen, die Niederlande prominent engagiert. Berlin wünschte offensichtlich eine friedliche Lösung und war bemüht, sich mit Russland nicht wegen der Ukraine zu überwerfen.[391]

Timmermans war einer der vielen EU-Politiker, die als Cheerleader auf dem Maidan erschienen waren, darunter auch Steinmeiers Vorgänger, Guido Westerwelle, und der ehemalige belgische Premierminister Guy Verhofstadt, der gemeinsam mit dem holländischen liberalen EU-Abgeordneten Hans van Baalen (mit deutlich rechtsgerichtetem Hintergrund) die Menge zum »Sieg« anspornte. Der scheidende EU-Kommissionspräsident Barroso rief die Demonstranten auf, »den Mut zu haben, aufzustehen und zu kämpfen«.[392]

Dass auch viele Neofaschisten aus EU-Ländern zum Maidan strömten, störte die westlichen Führungspolitiker nicht. Schwedens bereits genannter Außenminister Carl Bildt erklärte auf Kanal P1 des Schwedischen Radios, dass *Swoboda*, also die Partei, die vom Europäischen Parlament als »ausländerfeindlich, antisemitisch und rassis-

---

391 *MFA*, Dok. 64, 27. Januar 2014, a.a.O. Der Name des Landes wurde geschwärzt, aber es kann nur Deutschland sein, dessen Minister Den Haag besucht hatte. Hier spielt die Tatsache vielleicht eine Rolle, dass Steinmeier der ehemalige Chef der Staatskanzlei unter Gerhard Schröder war, insofern als er versuchte, gute Beziehungen mit Russland zu erhalten.

392 Barroso zitiert in: Sakwa, *Frontline Ukraine*, a.a.O., S. 225; 2016 sollte er zum Vorsitzenden des Aufsichtsrates von Goldman Sachs International ernannt werden. Andere Namen in Joost Niemöller, *MH17. De Doofpotdeal* [preface, K. Homan]. Amsterdam: Van Praag, 2014, S. 34 and De Ploeg, *Oekraïne in het kruisvuur*, a.a.O., S. 41. Eine der extremeren Aufforderungen an die EU zu intervenieren, war die des European Council on Foreign Relations in Person des Hochschullehrers Andrew Wilson, bis dahin ein respektierter Ukraine-Spezialist, der vorschlug, dem Beispiel der Jugoslawien-Bombardierung zu folgen. Zitiert in: Volodymyyr Ishchenko, »Mythologies of Maidan« [review of Andrew Wilson, *Ukraine Crisis*]. *New Left Review*, 2nd series, 93 (2015), S. 158

3. VOM MAIDAN-AUFSTAND ZUM REGIME-CHANGE

tisch« beschrieben worden war und die laut Jüdischem Weltkongress geächtet werden müsse, »europäische Demokraten seien, die nach den gleichen Werten strebten, die auch die unseren sind«.[393]

Lässt man die Rhetorik beiseite, so war nun sichtbar geworden, dass es auf Seiten der EU keine nennenswerten Vorbereitungen gegeben hatte für das, was nach Vilnius passierte. »Als die russische Feindseligkeit explizit wurde«, kommentierte der EU-Ausschuss des britischen Oberhauses später, hatte die EU »nur ein kleines Zeitfenster, um handeln zu können«. Die Handlung wurde in der Nacht vom 20. auf den 21. Februar ausgeführt, als die Außenminister von Deutschland, Polen und Frankreich (Steinmeier, Sikorski und Fabius) nach Kiew flogen, um einen Deal mit Janukowytsch auszuhandeln und um zu verhindern, dass die Krise vollends aus dem Ruder lief.[394] Am Nachmittag des 21. wurde eine Vereinbarung unterzeichnet, die einen sofortigen Waffenstillstand, eine Untersuchung der Gewalttätigkeiten und einen Gewaltverzicht aller Beteiligten einschloss. Zudem wurden die Rückkehr zur Verfassungsregelung von 2004, die Bildung einer Regierung der Nationalen Einheit sowie Neuwahlen vereinbart. Neben den EU-Außenministern (ein französischer Beamter vertrat Fabius, der nach China reisen musste) unterschrieben sämtlich Janukowytsch, Jazenjuk, Klitschko und Tjahnybok. Ein russischer Diplomat, Wladimir Lukin, war als Putins Sonderbeauftragter anwesend. Und wie Sikorski erklärte, war es tatsächlich Putin, der Janukowytsch bewegte, die Vereinbarung zu unterzeichnen.[395]

Kein US-Repräsentant nahm an diesen Verhandlungen teil oder unterzeichnete die Vereinbarung; aber das hieß nicht, dass US-Politiker und -Beamte in Kiew nicht aktiv gewesen wären, im Gegenteil. Neben dem unausweichlichen US-Senator John McCain, der fotografiert wurde, als er neben dem faschistischen Anführer Tjahnybok

---

393 Zitiert in: Bruce Livesey, »Blind eye turned to influence of far-right in Ukrainian crisis: critics.« *Global News*, 7. März 2014 (online).

394 *House of Lords, The EU and Russia*, a. a. O., S. 63f.

395 Sakwa, *Frontline Ukraine*, a. a. O., S. 88; Higgins/Kramer, »Yanukovych was defeated even before his ouster«, a. a. O.

stand, war die Vertreterin des Außenministeriums, Nuland, eifrig damit beschäftigt, mit Botschafter Pyatt die tatsächliche Machtübernahme zu arrangieren. Nuland war die aggressivste Neokonservative in der Obama-Regierung und stand in ständiger Verbindung mit dem Kreis um NATO-Oberbefehlshaber General Philip Breedlove. Während die US-Botschaft die Ausbildung der Aktivisten überwachte, besuchte Nuland in der Zeit vor den Demonstrationen Janukowytsch drei Mal, um ihn zu drängen, das Assoziierungsabkommen zu unterzeichnen, was unterstreicht, welche Bedeutung Washington demselben beimaß. Nun, da Janukowytsch in Vilnius von dem Vertrag erst einmal zurückgetreten war, wurden sowohl die NGO-Netzwerke, die von der US-Botschaft geschult worden waren, als auch die bewaffneten Ultras zu Aktionen angetrieben.

In einem abgehörten Telefonat mit Pyatt äußerte Nuland ihre Vorliebe für Pintschuks Schützling Arsenij Jazenjuk (»Yats«) als Nachfolger von Janukowytsch, während sie Klitschko (»Klitsh«) ablehnte, mit dem Jazenjuk »vier Mal pro Woche reden sollte«, der aber ansonsten für die USA nicht akzeptabel war (ebenso wie Tjahnybok). In diesem Gespräch machte Nuland den berühmt-berüchtigten Kommentar »fuck the EU« und deutete damit das aktuelle Gewicht von Europa in Weltangelegenheiten an. Was aber wichtig ist: sie erklärte Pyatt, dass Jeffrey Feltman in den Vereinten Nationen den Staatsstreich »zukleistern« werde. Feltman, ein früherer Kollege Nulands, als Staatssekretär im US-Außenministerium für den *Nahen Osten* zuständig, hatte 2011 geholfen, die Führungen arabischer Länder für den Regime-Change in Libyen auf Linie zu bringen, und war im Juli 2012 zum UN-Untergeneralsekretär für politische Angelegenheit ernannt worden. Also würde ein US-Diplomat UN-Generalsekretär Ban Ki-Moon über die Ukraine unterrichten.[396]

Nach außen mögen die EU-Länder die Maidan-Bewegung an vorderster Stelle unterstützt haben, aber der Putsch im Februar war

---

396 Das vollständige Transkript in Turck, *A Tragic Fate*, a. a. O., chapter 3, und in De Ploeg, *Oekraïne in het kruisvuur*, a. a. O., S. 44. Zu Feltman vgl. Johnstone, *Queen of Chaos*, a. a. O., S. 152.

durch die USA vorbereitet und in die Wege geleitet worden. Und die Russen hatten daran keinen Zweifel. Wie Putin in einer Dokumentation auf dem Fernsehkanal *Rossiya I* im März 2015 erklärte, waren US-Behörden die Drahtzieher hinter dem Coup und hatten die ukrainischen Ultras im Westen des Landes, in Polen und »in gewissem Maße« in Litauen ausgebildet.[397] Das abschließende Planungstreffen, bei dem den bewaffneten Ultras grünes Licht gegeben wurde, fand in der deutschen Botschaft in Kiew am Abend des 20. Februar, einem Donnerstag, statt. Bevor also Außenminister Steinmeier die Verhandlungen mit Janukowytsch begann, hatte sein Botschafter ein Treffen geleitet, an dem US-Botschafter Pyatt und andere NATO-Diplomaten teilnahmen und bei dem Andrij Parubij, der Kopf des bewaffneten Aufstandes, ebenfalls anwesend war. Der Mann, der für die tödlichen Schüsse dieses Tages und für die am 18. verantwortlich war, erschien im Kampfanzug und mit Sturmhaube und drohte damit, dass, »wenn die westlichen Regierungen keine entschiedenen Aktionen gegen Janukowytsch unternehmen, der ganze Prozess eine noch wesentlich bedrohlichere Dimension annehmen könne«.[398] Das war keine leere Drohung, denn das Waffenarsenal aus Lwiw war nach Kiew verfrachtet worden, auch wenn Parubij später behaupten sollte, dass keine von diesen Waffen tatsächlich die Hauptstadt erreicht hätten. Tatsächlich gehörten die Plünderungen der Waffenarsenale in Lwiw, Ternopil und Iwano-Frankiwsk zu den Gründen für die Weigerung der Bereitschaftspolizei, den Kampf fortzusetzen. Sie »seien bereit gewesen, Demonstranten auseinanderzutreiben, wenn diese mit Stöcken, Steinen und Molotow-Cocktails ausgerüstet waren, aber sie waren nicht bereit, für Janukowytsch zu sterben«.[399]

Den Demonstranten auf dem Maidan stand derweil wegen der Massenerschießungen, von denen man sagte, die Regierung trüge

---

397 *Russia Today*, »Putin in film on Crimea: US masterminds behind Ukraine coup, helped train radicals«, 15. März 2015 (online).

398 Zitiert in: Higgins / Kramer, »Yanukovych was defeated even before his ouster«, a. a. O.

399 Ishchenko, »Ukraine's Fractures«, a. a. O., S. 20.

dafür die Verantwortung, nicht der Sinn nach irgendeinem Deal mit Janukowytsch. Deshalb fiel es Volodymyr Parasyuk – einem von Parubijs Staffelführern und Kommandeur einer der Heckenschützeneinheiten, die am 20. Demonstranten und Polizisten getötet hatten – leicht, damit zu drohen, dass, sollte Janukowytsch nicht bis Samstag zurücktreten, sie ihn mit Gewalt dazu zwingen würden. Die Oppositionspolitiker, die von Sikorski gedrängt worden waren, die für sie bereits sehr vorteilhafte Vereinbarung zu akzeptieren, schlossen sich dem bereitwillig an, als sie von dem Empfang im Präsidentenpalast zurück vor die wütende Menge traten. In der Tat hatte Parasyuk verlangt, dass sie ihre Zustimmung zu der Vereinbarung zurückziehen, während Jarosch der Menge eine Liste von Waffen vorlas, die sie zur Verfügung hatten, um ihrer Forderung eines Rücktritts von Janukowytsch bis Samstag, den 22. Februar, Nachdruck zu verleihen.[400] Die Polizei, die bereits 30 Angehörige im tödlichen Heckenschützenfeuer verloren hatte, befürchtete ein Blutbad, sollten die Kalaschnikows von Lwiw in Kiew auftauchen. Ihr war auch die Passage in dem von der EU ausgehandelten Vertrag bewusst, die sich auf die Nachforschungen bezüglich der für die Schüsse Verantwortlichen bezog, und sie befürchtete, dass ein verzweifelter Janukowytsch sie opfern könne, um an der Macht zu bleiben. Am Nachmittag des 21. riefen Polizeikommandeure beim Innenministerium an, um neue Anweisungen zu erhalten, die aber nicht kamen. Stattdessen wurde ihnen und ihren Leuten sicheres Geleit aus Kiew angeboten. Als Ergebnis wurden mehr als 5.000 Berkut-Polizisten, Alfa-Spezial-Kräfte und andere in Bussen aus der Hauptstadt eskortiert. Sikorski hielt später sein Erstaunen fest, das er empfand, als er beim Verlassen des Palastes, wo die Vereinbarung mit Janukowytsch unterzeichnet worden war, sah, dass auch die Sicherheitskräfte abzogen.[401] Am nächsten Tag, dem 22. Februar, einem Samstag, profitierten die Aufständischen vom

---

400 De Ploeg, *Oekraïne in het kruisvuur*, a.a.O., S. 30f.; Ishchenko, »Ukraine's Fractures«, a.a.O., S. 21; Sakwa, *Frontline Ukraine*, a.a.O., S. 89.
401 Higgins und Kramer, »Yanukovych was defeated even before his ouster«, a.a.O.

3. VOM MAIDAN-AUFSTAND ZUM REGIME-CHANGE

Abzug der Sicherheitskräfte: Sie übernahmen die Kontrolle über die Hauptstadt und besetzten das Parlament. Lenin-Statuen im ganzen Westen und im Zentrum des Landes wurden niedergerissen.

Janukowytsch hatte Kiew am Abend des 21. mit einem Hubschrauber verlassen, um einer Konferenz der *Partei der Regionen* in Charkiw beizuwohnen. Dort wurden die lokalen Räte aufgefordert, die Macht zurückzuerobern. Der russische Geheimdienst hatte jedoch erfahren, dass ukrainische Ultras auf dem Weg waren, um ihn zu ermorden. Wie Putin in der Dokumentation von *Rossiya 1* im März 2015 bekundete, befahl er den russischen Sicherheitskräften und dem Verteidigungsministerium, das Leben des ukrainischen Präsidenten zu schützen. Erst als Janukowytsch klar wurde, dass er in ernsthafter Gefahr war, stimmte er dem russischen Schutz zu (sein privater Besitz war jedoch bereits nach Russland gebracht worden). Nachdem er zunächst auf der Krim gestrandet war, flog er in einem Privatjet nach Rostow, der, vielleicht ironischerweise, Poroschenkos Firmenkonglomerat *Ukrprominvest* gehörte. Von Rostow aus rief er Russland auf, zu intervenieren und seine Macht als gewählter Präsident wiederherzustellen. Falls Moskau also je die Absicht gehabt hätte »einzumarschieren«, wie die NATO nie müde wurde zu behaupten, wäre dies die Gelegenheit gewesen, weil der legitime Staatschef darum gebeten hatte.[402]

Und so entwickelten sich die Ereignisse zu einem »perfekt ausgeführten Regime-Change«, wie Diana Johnstone schreibt.

> »Die Massen an Demonstranten, deren genaue Forderungen niemals verdeutlicht worden waren und deshalb auch nicht erfüllt werden konnten, lieferten die ›demokratische‹ Rechtfertigung für den Sturz einer gewählten Regierung, während die mysteriösen Heckenschützen für den notwendigen Nebel der Verwirrung sorgten, damit ein nicht verfassungsmäßiger Staatsstreich stattfinden konnte.«[403]

---

402 *Russia Today*, »Putin in film on Crimea«, a.a.O.; Higgins und Kramer, »Yanukovych was defeated even before his ouster«, a.a.O.; Sakwa, *Frontline Ukraine*, a.a.O., S. 206.

403 Johnstone, *Queen of Chaos*, a.a.O., S. 154.

Dennoch stellt Manlio Dinucci fest, dass eine bewaffnete Machtübernahme niemals eine Chance gehabt hätte, »wäre die NATO nicht aktiv dabei gewesen, einen großen Teil der hochrangigen ukrainischen Militärs über Jahre im »Defence College« der NATO auszubilden und sie in »Friedensoperationen« zu schulen«. Das Militär befolgte die Warnung, neutral zu bleiben, nur um sich dann wiederzufinden unter dem Kommando von Parubij, ernannt zum Generalsekretär des NSDC, und dem von Admiral Ihor Tenjuch, verbunden mit *Swoboda* und ernannt zum Verteidigungsminister.[404] Dem russischen Außenminister Lawrow zufolge hatte Obama zunächst Putin angerufen, um ihn zu drängen, dem Deal zwischen Janukowytsch und der Opposition zuzustimmen. Nun verlangte Russland aber vergeblich von der EU, genau diesen Deal durchzusetzen.[405] Sowohl Brüssel als auch Washington (das nicht Teil der Vereinbarung war und stattdessen den Sturz des Präsidenten geplant hatte) erkannten prompt die neue Regierung an, als ob eine reguläre Regierungsumbildung stattgefunden hätte.[406]

Regime-Change und internationale Neuausrichtung

Die Regierung war gestürzt, und während bewaffnete Aufständische durch das Parlament spazierten, setzte dieses am 22. Februar Janukowytsch ab und ernannte Turtschynow zum amtierenden Präsidenten. Jazenjuk wurde zum Ministerpräsident gemacht. Bedenkt man sein geringes öffentliches Ansehen,[407] so fand sich »Yats« in dem

---

404 Dinucci, »The Art of War. The new Gladio in Ukraine«, op .cit.
405 Lavrov, [Interview with Russian foreign minister S. Lavrov.] *Mediterranean Dialogues*, a. a. O.
406 Katchanovski, »The Separatist War in Donbas«, a. a. O., S. 479.
407 Jazenjuks Popularität lag in einer Umfrage, die drei Wochen vor der Machtübernahme durchgeführt worden war, unter 3 % gegenüber Klitschkos mit 28,7 % (die ihrerseits immer noch 1 % unter der von Janukowytsch zu diesem Zeitpunkt lag) De Ploeg, *Oekraïne in het kruisvuur*, a. a. O., S. 45.

3. VOM MAIDAN-AUFSTAND ZUM REGIME-CHANGE

neuen Posten nur wieder, weil er ein Mann von Pintschuk war, dem Oligarchen, der mehr als andere das Vertrauen des Westens genoss und den Segen der USA hatte. Keine der politischen Gruppen, die in der Maidan-Revolte aktiv waren, außer der rechtsextremen *Swoboda* im Westen des Landes, hatte eine stabile Unterstützung in der Bevölkerung.[408]

Bei der Etablierung einer neuen Regierung wurden die verfassungsmäßig vorgegebenen Regeln mehrmals verletzt. Janukowytsch hatte das Land noch nicht verlassen und zudem im Fernsehen erklärt, dass er nicht zurücktreten werde; die verfassungsmäßige Voraussetzung für ein Amtsenthebungsverfahren, eine Dreiviertelmehrheit der stimmberechtigten Abgeordneten, wurde ebenfalls nicht erreicht. Die Firtasch- und die Achmetow-Fraktionen der *Partei der Regionen* blieben gespalten, auch wenn beide Männer im entscheidenden Moment Janukowytsch die Unterstützung entzogen. Zwei Tage später, unter erneutem Verstoß gegen die Verfassung, löste das Parlament das oberste Gericht des Landes auf. Erwartungsgemäß weigerten sich große Teile der öffentlichen Meinung in den russischukrainischen Regionen, die Legalität der Machtübertragung anzuerkennen, in keiner Region war das mehr der Fall als auf der Krim und im Donbass.[409] Die *Partei der Regionen* geriet ins Wanken. »Der plötzliche Abgang von Janukowytsch und seiner Unterstützer führte dazu, dass die Partei in verschiedene Fraktionen zerfiel, die jeweils mit großen Unternehmensgruppen verbunden waren«, schreibt Serhiy Kudelia. »Jede dieser Gruppen hatte ihre eigenen Interessen im Donbass, einige waren hartnäckiger als andere und gingen stillschweigende Allianzen mit separatistischen Anführern ein«.[410] Wie beschrieben, wurde Firtasch Mitte März in Wien aufgrund eines US-Auslieferungsbegehrens verhaftet und gegen 125 Millionen Dollar,

---

408 Ishchenko, »Far right participation in the Ukrainian Maidan protests«, a. a. O., S. 469.
409 Kudelia, »The Donbas Rift«, a. a. O., S. 9; Sakwa, *Frontline Ukraine*, a. a. O., S. 94f.; Hahn, »The Ukrainian Revolution's Neo-Fascist Problem«, a. a. O.
410 Kudelia, »The Donbas Rift«, a. a. O., S. 12.

der höchsten, jemals in Österreich verhängten Kaution, auf freien Fuß gesetzt. Wie wir jedoch sehen werden, war er in diesem Monat noch in der Lage, Poroschenko und Klitschko nach Wien einzuladen und die Präsidentschaftswahlen für Mai zu planen.[411]

Kolomojskyj war zusammen mit Pintschuk unter jenen Oligarchen, die zu den großen Gewinnern des Putsches gehörten, aber seine Ausgangsposition war wesentlich prekärer gewesen. Es hatte Spekulationen in den ukrainischen Medien gegeben, dass Janukowytsch daran gedacht hatte, Kolomojskyj zu einem »ukrainischen Chodorkowski« zu machen. Dass die Regierung seine Versuche blockierte, die Kontrolle der *Ukraine International Airlines* (MAU) zu übernehmen, indem er *Ontobet* in seinen vollständigen Besitz brachte, schien in diese Richtung zu deuten. Aber dass Kolomojskyj trotz des russischen Drucks im Besitz der *Kremenchuk-Raffinerie* gelassen wurde, lässt vermuten, dass er eine Verständigung mit der *Partei der Regionen* erzielt hatte.[412] Trotzdem hatte sich Kolomojskyj, als die Proteste begannen, mit seinem Mediengewicht hinter sie gestellt. Das war die Rache für die Ernennung eines Kumpans von Achmetow aus dem Donezk zum Gouverneur von Dnjepropetrowsk. »Die Eliten der Region, die die Geschicke der Ukraine seit Jahren bestimmten, sahen dies als Affront an und warteten auf Gelegenheiten, um sich zu revanchieren«.[413]

Unter den 21 Personen des neuen Kabinetts von Jazenjuk stammten nur zwei Minister aus dem Süden und Osten der Ukraine, also dem Teil, der traditionell föderalistische Kandidaten wählte. Auf diese Weise wurde der russisch-ukrainischen Hälfte des Landes faktisch das Stimmrecht entzogen. Zwei Tage nach dem Putsch wurden Tymoschenko aus der Haft entlassen und das Strafgesetzbuch der Ukraine prompt geändert, so dass die Vergehen, wegen derer sie in-

---

411 Van Zon, »Oekraïne: einde van het conflict in zicht?«, a. a. O., S. 43; Sakwa, *Frontline Ukraine*, a. a. O., pp. 138f. Der US-Haftbefehl sollte dann durch einen österreichischen Richter mangels Beweisen verworfen werden.

412 Matuszak, *The Oligarchic Democracy*, a. a. O., S. 56.

413 Leshchenko, »Ukraine's puppet masters. A typology of oligarchs«, a. a. O.

haftiert war, nicht länger strafbar waren (was ihr erlaubte, sich im Mai um die Präsidentschaft zu bewerben).[414] Der *Swoboda*-Politiker Oleksandr Sych, der im Februar vor dem Europäischen Parlament erklärt hatte, dass »eine faschistische Diktatur der beste Weg ist, unser Land zu regieren«, wurde zum stellvertretenden Ministerpräsidenten gemacht.[415] Die ultranationalistische und neofaschistische Handschrift der Regierung war noch deutlicher, als sie sonst wohl gewesen wäre; denn Klitschko, dessen Namen bereits von Victoria Nuland durchgestrichen worden war, lehnte es selbst auch ab, ihr beizutreten – aus Sorge, dass seine Partei *UDAR* unter den Maßnahmen leiden könnte, die die Putschregierung beschließen würde. Als Ergebnis erhielt *Swoboda*, die nur 8 Prozent der Sitze im Parlament besaß, fünf von den 21 Kabinettsposten. Zudem fielen der Partei fünf Gouverneursposten zu, die ein Fünftel des Landes abdeckten. Wesentliche Posten im nationalen Sicherheits- und Verteidigungssektor fielen an *Swoboda* und den Rechten Sektor.[416]

Die wirtschaftlichen Schlüsselministerien, Finanzen und Energie, gingen an die Leute von Kolomojskyj, er selbst sollte nach dem Putsch zum Gouverneur von Dnjepropetrowsk ernannt werden. Eine seiner preiswürdigen Ideen war der Bau einer Mauer zwischen der Ukraine und Russland. Das Wirtschaftsprogramm der neuen Regierung wurde vom IWF diktiert und beinhaltete eine fünfprozentige Kürzung der Ausgaben für soziale Sicherheit und Bildung. Die nominellen Ausgaben für Gesundheit, soziale Sicherung und Bildung blieben insgesamt zwar auf dem gleichen Niveau wie bisher, da aber die Inflation 2014 auf 49 Prozent angestiegen war, wurden sie real um ein Drittel gekürzt. Im Frühjahr 2014 wurden 10 Prozent der Staatsbediensteten entlassen, Renten und Pensionen wurden gekürzt, und das Kindergeld wurde abgeschafft. Das Budget für Umweltschutz

---

414 Eric Zuesse, »Oligarch Ihor Kolomoyskyi: Washington's ›Man in Ukraine‹«. *Global Research*, 18. Mai 2014 (online).

415 Zitiert in: De Ploeg *Oekraïne in het kruisvuur*, a. a. O., S. 31.

416 Shekhovtsov, »The Ukrainian Far Right«, a. a. O., S. 223-24; Sakwa, *Frontline Ukraine*, a. a. O., S. 91, 95.

wurde fast halbiert, und die Mindestlöhne wurden eingefroren, was sie unter das Existenzminimum drückte.[417]

Keine Ernennung war wichtiger als die von Andrij Parubij zum Sekretär des Nationalen Sicherheits- und Verteidigungskomitees (NSDC). Unter Janukowytsch war das NSDC bereits aufgewertet worden, als Andrij Kljujew, ein Oligarch aus Donezk, zum Sekretär ernannt wurde.[418] Nun wurde der Mitgründer der faschistischen SNPU (Vorläufer von *Swoboda*), der Kommandeur von deren Miliz, der *Patrioten der Ukraine*, und zugleich der Kopf des bewaffneten Aufstandes sowie derjenige, der am 20. Februar die Machtübernahme mit US- und NATO-Botschaftern ausgehandelt hatte, an die Spitze des NSDC gestellt. Diese Position bedeutet, das Verteidigungsministerium, die bewaffneten Streitkräfte, die Strafverfolgungsbehörden und die Geheimdienste zu überwachen. Dmytro Jarosch, Anführer des *Rechten Sektors* (und der Delegation des *Rechten Sektors* zum Parlament von Kiew), wurde der Posten des Stellvertreters angeboten, aber er lehnte ab. Das NSDC ist rein formal dem Präsidenten unterstellt, aber es wird vom Sekretariat geleitet und hat 180 Personen zur Verfügung, darunter Verteidigungs- und Geheimdienstexperten und solche für die Nationale Sicherheit.[419] Mit anderen Worten, Andrij Parubij war von dem Moment der Machtübernahme bis drei Wochen nach dem Abschuss von MH17 an der höchsten verantwortlichen Stelle im Bereich der Nationalen Sicherheit. Er trat am 7. August 2014 zurück, angeb-

---

417 De Ploeg, *Oekraïne in het kruisvuur*, a. a. O., S. 35, 52.
418 Matuszak, *The Oligarchic Democracy*, a. a. O., S. 37f. Andriy Klyuyev war Geschäftspartner seines Bruders Yuriy, ebenfalls ein Oligarch, Ibid.. Michel Chossudovsky, »Two Years Ago: The U.S. has Installed a Neo-Nazi Government in Ukraine«. *Global Research*, 4. März 2016 (online).
419 Wenn man der eigenen Website folgt, wird das NSDC aus dem Präsidenten, dem Vorsitzenden des Parlaments, dem Sekretär des NSDC, dem Ministerpräsidenten, den Ministern für »extreme Situationen« (Außen-, Verteidigungs-, Finanz- und Wirtschaftsministerium) sowie dem Kopf der Präsidialverwaltung, dem Chef der Grenzkontrolleinheiten, dem Präsidenten der Akademie der Wissenschaften, dem Kopf des Geheimdienstes SBU und dem Chef des Generalstabs gebildet.

3. VOM MAIDAN-AUFSTAND ZUM REGIME-CHANGE

lich wegen Differenzen über den neuen Waffenstillstand, am gleichen Tag, als NATO-Generalsekretär Anders Fogh Rasmussen für ein paar Stunden in Kiew war, wie in Kapitel 5 ausgeführt wird.

Arsen Awakow wurde zum Innenminister ernannt und Kommandeur der Freiwilligen-Milizen, die aus den Selbstverteidigungseinheiten des Maidan rekrutiert wurden. Awakow war 2010 Tymoschenkos *Vaterlandspartei* beigetreten, und als Verwalter in der Region Charkiw hatte er sich einen Namen gemacht, weil er Fußball-Hooligans gegen seine Gegner einsetzte. 2012 setzte ihn Italien wegen Betruges auf die Interpol-Liste, aber nachdem er ins ukrainische Parlament gewählt worden war, wurde der Haftbefehl aufgehoben. Er war auch noch als Minister bekannt für seine gelegentlich beleidigenden Kommentare auf Facebook. Ein russisches Gericht verurteilte ihn am 9. Juli in Abwesenheit wegen Kriegsverbrechen. Sowohl er als auch sein enger Mitarbeiter und Sprecher, Anton Geraschtschenko sind ebenfalls Mitglieder des NSDC. Sie sollten die ersten sein, die einen direkten russischen Einfluss auf den Abschuss von Flug MH17 behaupteten.[420]

In der vorherrschenden Stimmung des ethnisch-ukrainischen Triumphes schaffte das Parlament am 23. Februar das Gesetz über Zweitsprachen ab, so dass Ukrainisch wieder die einzige Amtssprache auch auf regionaler Ebene war. Westliche Politiker hätten eine politisch liberalere Haltung gegenüber den Russisch-Ukrainern vorgezogen und drängten Turtschynow, das Gesetz nicht zu unterschreiben. Er ließ das Gesetz bis zum 28. Februar ruhen, aber zwischenzeitlich war der Schaden schon angerichtet. Während bewaffnete Banden die Büros der *Partei der Regionen* und der *Kommunistischen Partei* plünderten und Videos mit Aufnahmen von Beamten kursierten, die in Mülltonnen geworfen und geschlagen wurden oder Schlimmeres erfuhren, wuchs die Angst in der russischsprachigen Bevölkerung; sie

---

420 *Wikipedia* zufolge (»Avakov«) setzte Russland ihn auf die Fahndungsliste von Interpol wegen illegaler Methoden der Kriegsführung und wegen Mordes. Glenn Kates, »Ukraine's Minister of Facebook«. *Radio Free Europe / Radio Liberty* 3. Juli 2014 (online). Vgl. Ishchenko, »Ukraine's Fractures«, a. a. O., S. 33.

löste unter anderem das Referendum zur Sezession der Krim aus. Der estnische Außenminister Paet erzählte nun Catherine Ashton von der Atmosphäre der Einschüchterung, den tätlichen Übergriffen und nächtlichen Besuchen.[421] Die EU aber hatte andere Prioritäten.

Die Falken in den USA und der NATO bewerteten die Machtübernahme als einen schweren Schlag für Russlands Eurasien-Projekt einschließlich der Energieverbindungen mit der EU. Sie zwangen auch Frankreich und Deutschland, deren Regierungen in den Tagen des Putsches kurzzeitig aus der atlantischen Strategie ausgebrochen waren, wieder zurück auf Kurs. Das geht aus den E-Mails des NATO-Kommandeurs Philip Breedlove hervor, die gehackt und auf der Whistleblower-Seite *DCLeaks* veröffentlicht worden waren.[422] In einer Mail vom 23. März teilte ihm die ehemalige Vizepräsidentin der *RAND Corporation* und Luftwaffen-Expertin, Natalie Crawford, ihre Sorgen über die Aufsässigkeit der EU mit. Sie sprach von »einer in vielen Angelegenheiten spannungsgeladenen Zeit zwischen der EU und den USA, besonders herausragend jetzt Russland, die Sanktionen, die Ukraine, nun die Gespräche über die baltischen Länder«.[423] Das französisch-deutsche Zögern am 20. und 21. Februar war jedoch nur kurzlebig. (Sikorskis Anwesenheit bei den Verhandlungen mit Janukowytsch ist eine andere Sache, aber damals war das benachbarte Polen in vielerlei Hinsicht tief involviert, immer die alles überlagernden atlantischen Interessen beachtend). Die EU legitimierte den Putsch sofort, als er sich erst einmal als erfolgreich erwiesen hatte.

---

421 Die gefilmten Vorfälle wurden durch *Russia Today* veröffentlicht, nicht aber im Westen; sie können auch in der französischen Dokumentation von Paul Moreira auf auf *Canal+* angeschaut werden. *Ukraine, les masques de la revolution*, 2016 (online); Paet, zitiert in: De Ploeg *Oekraïne in het kruisvuur*, a. a. O., S. 31; *MFA*, Dok. 68, 7. März 2014, »Steering note Benelux Kiev visit«.

422 Lee Fang/Zaid Jilani, »Hacked Emails Reveal NATO General Plotting Against Obama on Russia Policy«. *The Intercept*, 1. Juli 2016 (online); *Russia Today*, »Breedlove's war: Emails show ex-NATO general plotting US conflict with Russia«. 1. Juli 2016.(online); die Verweise entsprechen den originalen E-Mails auf der Website von *DCLeaks*.

423 Crawford, E-Mail an Breedlove, 23. März 2014

3. VOM MAIDAN-AUFSTAND ZUM REGIME-CHANGE 185

Am 6. März vereinbarte ein EU-Gipfel, die politischen Teile des Assoziierungsabkommen mit der Ukraine – so die Präambel und die Titel I, II und VII – *noch vor den Wahlen* zu unterzeichnen. Mit anderen Worten: dem Wahlvolk der Ukraine sollte nicht erlaubt werden, der nunmehrigen politischen und der verteidigungspolitischen Angliederung an den Westen zu widersprechen. So viel zur »Demokratie« des Projekts Markt-Demokratie.[424] Das ist auch der Teil, der – anders als der Handel – eigentlich das Vorrecht der EU-Staaten bleiben soll. Die Assoziierung der Ukraine wurde zum Gegenstand eines Referendums in den Niederlanden am 6. April 2016, sie wurde mit einer Zweidrittelmehrheit abgelehnt, das Ergebnis von der Regierung Rutte aber ignoriert. Was den »Markt« angeht, wurde Jazenjuk klar gemacht, dass das Abkommen nicht in zwei Hälften aufgeteilt werde. Die *vertiefte und umfassende Freihandelszone* (DCFTA) war integraler Bestandteil des Abkommens, nur konnten die Vereinbarungen zur DCFTA erst später unterzeichnet werden. Also wieder keinerlei Bedenken dagegen, die Wirtschaft des Landes zu öffnen.[425]

Nach diesem ersten Erfolg wollten bedeutende Kräfte in der EU mit der Perspektive einer Mitgliedschaft fortfahren. So erklärte Stefan Füle, der EU-Kommissar für Erweiterung, in einem Interview in der Zeitung *Die Welt*, dass eine tatsächliche Transformation des östlichen Europas nur dauerhaft sei, wenn die EU ihr stärkstes Instrument einsetzen würde: die Erweiterung.[426] Aber warum sollte man ehemaligen Sowjetrepubliken eine Stimme geben, wenn man sie als EU- und NATO-Protektorate integrieren kann?

---

424 *MFA*, Dok. 75, 31. März 2014, »discussion points ministerial visit to Japan«.

425 *MFA*, Dok. 72, 23. März 2014, »discussion points meeting with Ukrainian prime minister«. Ishchenko charakterisiert die Putschregierung als neoliberal, gewillt, die von IWF und EU geforderten Maßnahmen anzuwenden. Der Rechtsextremismus war nur nebensächlich, aber der Bürgerkrieg änderte das, und das neoliberale Programm hatte bis zur zweiten Jazenjuk-Regierung zu warten; Ishchenko, »Ukraine's Fractures«, a. a. O., S. 22.

426 Zitiert in: *MFA*, Dok. 76, 3. April 2014, »Ukraine/Füle«

Die Sezession der Krim von der Ukraine

Die Geschwindigkeit, mit der faschistische Banden durch die Ukraine marodierten, ließ in Moskau ernste Sorgen aufkommen über die Auswirkungen auf die strategisch lebenswichtige Marinebasis auf der Krim, Sewastopol, den Stützpunkt der russischen Schwarzmeerflotte. Russlands Bedenken wurden am 1. März 2014 noch vergrößert, als drei ehemalige ukrainische Präsidenten, Krawtschuk, Kutschma und Juschtschenko, die Putschregierung dazu aufriefen, die Vereinbarungen von Charkiw aufzukündigen, unter denen die Pacht von Sewastopol von 2017 bis 2042 verlängert worden war. Vier Tage später legte das Sekretariat des Parlaments in Kiew einen Gesetzentwurf vor, der erneut das Ziel, der NATO beizutreten, als nationale ukrainische Strategie formulierte. Darüber noch hinausgehend gab der Putsch-Präsident Turtschynow eine Stellungnahme ab, wonach die Ukraine in Betracht ziehe, ihren blockfreien Status aufzugeben.[427] Die Vorstellung, dass NATO-Marineeinheiten in Sewastopol auftauchten, war nun nicht mehr undenkbar, ganz besonders im Licht der Tatsache, dass die Schlüsselpositionen im neuen Sicherheitsbereich durch Faschisten und ukrainische Ultranationalisten besetzt waren. Unter der Voraussetzung, dass es keine angemessenen Ausweicheinrichtungen für die russische Marine gibt, hätte dies das Schwarze Meer in eine westliche Domäne verwandelt. Natürlich wären die Pläne für eine *South Stream*-Pipeline, an denen Moskau und *Gazprom* zusammen mit den europäischen Ländern seit mehr als sieben Jahren gearbeitet hatten, in Gefahr geraten, sollte die NATO anstelle von Russland von Sewastopol aus die Seemacht ausüben.

Es war im Lichte der ethnischen Zusammensetzung – die Mehrheit war Russisch – sowie der zweifelhaften Übertragung der Halbinsel an die sowjetische Ukraine durch Chruschtschow im Jahr 1954 nicht verwunderlich, dass die Krim von Anfang an auf Distanz zur unabhängigen Ukraine gegangen ist. Im Januar 1991 stimmten 93 Prozent zugunsten einer separaten Krim-Republik, und in der Ab-

---

427 *House of Lords, The EU and Russia*, a. a. O., S. 57f.

stimmung über die Unabhängigkeit der Ukraine im Dezember waren die Ja-Stimmen bemerkenswert niedriger als im Rest des Landes. Im Mai 1992 erklärte die Halbinsel ihre Unabhängigkeit, aber es wurde, teilweise aufgrund der moderaten Reaktion von Präsident Krawtschuk, kein Referendum dazu durchgeführt.[428] Die Krim gründete trotzdem Institutionen der Selbstverwaltung, die von Kutschma 1995 abgeschafft wurden. Stattdessen gewährte Kiew in der Verfassung von 1996 der Krim den Status einer Autonomen Republik, aber die Spannungen blieben. Jelzin war während seiner Präsidentschaft unter Druck geraten, die Rückkehr der Krim in die Russische Föderation zu verlangen, aber er erwartete, dass die »Gemeinschaft Unabhängiger Staaten« (GUS) die Verteidigungs- und Außenpolitik aus der Sowjetära fortsetzen werde, so dass Russlands Vormachtstellung auf der Krim Bestand haben würde.[429] 2008, zu dem Zeitpunkt als Georgien versuchte, durch Krieg Südossetien zurückzuerobern, waren 73 Prozent der Krim-Bewohner wieder für eine Aufnahme in die Russische Föderation.[430]

Die Machtübernahme in Kiew dramatisierte die Situation, und angesichts des schwebenden neuen Sprachengesetzes diskutierte das Parlament der Krim die Durchführung eines Referendums über die Sezession von der Ukraine. Krim-Bewohner wären sonst der Gewalt von randalierenden ukrainischen Banden ausgesetzt gewesen; und es gab keinen Zweifel, dass Russland, nachdem die USA die Machtübernahme in Kiew unterstützt hatten, sich entschließen würde, die eigenen Interessen und den Schutz seiner Landsleute zu sichern, ohne Rücksicht auf ukrainische Verfassungsprozeduren.[431] Aufgrund seiner strategischen Bedeutung sicherten Spezialeinheiten der 12.500 auf der Halbinsel stationierten russischen Soldaten (die Hälf-

---

428 Taras Kuzio, *Ukraine. State and nation building.* London: Routledge, 1998, S. 27.

429 Sakwa, *Frontline Ukraine*, a.a.O., S. 101-2, 9, 50, 68.

430 De Ploeg, *Oekraïne in het kruisvuur*, a.a.O., S. 70.

431 Katchanovski, »The Separatist War in Donbas«, a.a.O., S. 479.

te der vom Pachtabkommen erlaubten Anzahl) – ohne Abzeichen zu tragen – das Gebiet, um zu verhindern, dass Kräfte aus Kiew oder faschistische Freischärler eindrängen. Am 28. Februar besetzten sie zwei Landebahnen, um zu verhindern, dass gegenüber Kiew-loyale Truppen oder Freiwillige eingeflogen würden. Die USA reagierten auf diese Schritte, indem sie ihr Europäisches Kommando (Eucom) aktivierten, das unter Breedloves NATO-Oberkommando stand. US-Verteidigungsminister Chuck Hagel ordnete an, alle militärischen Kontakte und gemeinsamen Übungen mit Russland auszusetzen, während er gleichzeitig streitkräfteübergreifende Manöver von US-Luftwaffeneinheiten in Polen intensivierte und den US-Anteil an Luft-Patrouillen der NATO im Baltikum erhöhte. Breedlove berief unterdessen Treffen mit Zentral- und Osteuropäischen Verteidigungsministern ein.[432]

Admiral Ihor Tenjuch, Verteidigungsminister des Putsch-Regimes, war 2008 mit der Blockade der Schwarzmeerflottenbasis während des georgischen Krieges um Südossetien beauftragt gewesen, was durchzusetzen sich damals als unmöglich herausgestellt hatte; also kannte er die Situation. Am 12. März berichtete er, dass die eigenen militärischen Möglichkeiten, die Hoheit der Ukraine über die Krim wiederherzustellen, limitiert seien. In einem Bericht an Turtschynow beschrieb Tenjuch die Kampfbereitschaft der bewaffneten Streitkräfte des Landes als nicht zufriedenstellend, der Grad der Einsatzbereitschaft sei erbärmlich und die Luftwaffe nur zu 10 oder 15 Prozent in der Lage, Kampfaufgaben auszuführen.[433] Am nächsten Tag, dem 13. März, stellte Innenminister Awakow die Nationalgarde wieder in Dienst, die von Kutschma im Jahr 2000 abgeschafft worden war. Dies geschah nicht nur, um über eine motivierte militärische Kraft zu verfügen und den mitleiderregenden Zustand der regulären Armee zu kompensieren, sondern auch zur Wiederherstellung

---

432 *US European Command*, »Hagel, Dempsey Outline U.S., Partner Approach to Ukraine« 5. März 2014 (online).

433 *Global Security.org*, n.d., »Ukraine Air Force«. Die Biographie Tenyukhs in *Military.Wikia.com* (online).

3. VOM MAIDAN-AUFSTAND ZUM REGIME-CHANGE

von etwas Disziplin bei den vielen kriminellen und faschistischen Kräften, die aus den bewaffneten Einheiten des Maidan-Aufstandes hervorgegangen waren.[434]

Um militärische Abenteuer der Ukraine bzw. der NATO abzuschrecken, stationierte Russland ein Küsten-Verteidigungssystem auf der Insel in einer Art und Weise, dass es von den Spionagesatelliten der USA, die das Gebiet überwachten, unmöglich übersehen werden konnte. Für den Fall, dass der Westen die Nachricht nicht verstanden haben sollte, so enthüllte Putin in einer Dokumentation von *Rossiya 1* im März 2015, wäre Moskau auch bereit gewesen, seine Kernwaffen in Alarmbereitschaft zu versetzen. Zu dem Zeitpunkt wurden die Truppen, die die Krim absicherten, als »Selbstverteidigungseinheiten« bezeichnet, aber schon bald wurde Putins Verhalten offener und bissiger gegenüber den westlichen Versuchen, Russland zu demütigen. Indem er auf den Vertrag von 1994 anspielte, unter dem die Ukraine ihr Kernwaffenarsenal zugunsten einer Garantie der Grenzen aufgegeben hatte, stellte der russische Präsident fest, dass es die Aufgabe Kiews sei, die Millionen von Russen und russischsprachigen Menschen im Land zu beschützen. Und dies sei auch im Interesse der Ukraine, denn das stelle den materiellen Aspekt von deren territorialer Integrität dar. Indem Kiew seine eigenen Bürger den ultranationalistischen Banden aussetzte, so argumentierte Putin, zwang es Russland zu handeln. »Unter Berücksichtigung der ethnischen Zusammensetzung der Krim-Bevölkerung wäre die Gewalt schlimmer gewesen [als in Kiew]«.[435]

Die Ereignisse entwickelten sich nun in rascher Folge. Am 16. März wurde ein Referendum über die Sezession abgehalten, und eine

---

434 Gegen Ende März wurde einer der gewalttätigsten und rassistischen Anführer des Rechten Sektors in einem Schusswechsel mit der Polizei getötet. Am 1. Mai wurde die Wehrpflicht wieder eingeführt. Sakwa, *Frontline Ukraine*, a. a. O., S. 137, 96f.

435 *Russia Today*, »Putin in film on Crimea«, a. a. O. Die Massaker von Odessa und Mariupol werden im nächsten Kapitel in Zusammenhang mit dem Bürgerkrieg diskutiert.

Mehrheit stimmte für eine Vereinigung mit Russland, auch wenn die Schätzungen über den wirklichen Ausgang und die Mehrheitsverhältnisse variierten.[436] Am 21. trat die Krim der Russischen Föderation als 22. Republik bei, und Sewastopol wurde den Städten mit föderalem Status hinzugefügt. Kiew antwortete darauf mit der Sperrung der Wasserversorgung und vernichtete damit die Reisernte von 2014. Am 25. März wurde Admiral Tenjuch entlassen, weil er nicht unmittelbar die ukrainischen Militäreinheiten von der Halbinsel abgezogen hatte, denn 14.500 der 18.800 Armeeangehörigen, die auf der Krim stationiert waren, schlossen sich der Sezession und der Eingliederung in die Russische Föderation an. Tenjuch wurde durch Mychajlo Kowal ersetzt, dem Kommandeur der Grenzstreitkräfte.[437] Am 2. April hob Russland den Pachtvertrag auf, für den bis dahin 45 Milliarden Dollar bezahlt worden waren. Im Laufe des Monats setzte Moskau die Nationalitäten- und Sprachenrechte der Krimtataren in Einklang mit der russischen Verfassung wieder in Kraft, obwohl Kiew seine eigenen tatarischen Extremisten mobilisiert hatte.[438]

Die Eingliederung der Krim war ein Bruch in der russischen Außenpolitik. Aber die vielen Präzedenzfälle, bei denen internationale Rechtsverpflichtungen durch den Westen gebrochen worden waren, wie die Anerkennung des Kosovo trotz der UNO-Resolu-

---

436 Sakwa, *Frontline Ukraine*, a.a.O., S. 102ff., 106f. Niemöller, *MH17 – De Doofpotdeal*, a.a.O., S. 35. 2013 lag die Unterstützung des Anschlusses der Krim an Russland bei 42%. Im April 2014, einen Monat nach der Eingliederung, war sie auf 54% gestiegen (laut einer Meinungsumfrage von Pew). Währenddessen behauptet Russland, dass in dem Referendum 97% für einen Wiederanschluss gestimmt hätten. Sherr, »A War of Narratives and Arms«, a.a.O., S. 26. Pew, Gallup und eine von Kanada gesponsorte Umfrage fanden tatsächlich Zustimmungsraten von 83 bis 93 Prozent, De Ploeg, *Oekraïne in het kruisvuur*, a.a.O., S. 69f.

437 *Yahoo News*, »Ukraine dismisses defence minister over Crimea« 25. März 2014 (online).

438 Der veränderte Status der Halbinsel brachte auch die Titan- und Natrium-Fabriken von Firtasch in Gefahr, die zusammen 60% des Bruttoinlandsproduktes der Krim ausmachten, denn die Vermögenswerte unterlagen nun US- und EU-Sanktionen. Sakwa, *Frontline Ukraine*, a.a.O., S. 110ff.

tion, die die Integrität Jugoslawiens betont hatte, oder die Regime-Changes im Irak und in Libyen, verstärkten Moskaus Überzeugung, dass dieser Schritt der richtige war.[439] Obama, der Ende März in Brüssel eine Rede hielt, entschloss sich, auf dieses Argument mit einer Serie von Behauptungen über die »sorgfältige Zusammenarbeit des Kosovo mit der UNO und [seinen] Nachbarn«, zu antworten. Aber tatsächlich hatte es weder ein Referendum noch eine Kooperation mit der UNO gegeben, es sei denn, eine solche wäre die verdeckte Zusammenarbeit mit den USA gewesen.[440] In der EU sorgten die Sezession der Krim und deren Rückkehr in die Russische Föderation für Empörung. Unbeeindruckt vom Bruch der ukrainischen Verfassung, als Janukowytsch abgesetzt wurde, oder von der verfassungswidrigen Amtsenthebung des Obersten Gerichts, protestierten die Staatsoberhäupter der EU am 20. März 2014 pathetisch gegen »das illegale Referendum auf der Krim, das einen klaren Verstoß gegen die ukrainische Verfassung darstellt«.[441]

Der westliche Wirtschaftskrieg
Die westlichen Länder verloren keine Zeit, die Staatsgewalt des Putsch-Regimes in Kiew für legitim zu erklären und verhängten Sanktionen über Russland. Am 6. März, zehn Tage vor dem Referendum über die Sezession der Krim, autorisierte Präsident Obama den US-Finanzminister, in Abstimmung mit dem Außenministerium Reiseverbote und das Einfrieren von Vermögen zu verhängen, die, wie in Wikipedia zitiert, jene betreffen sollten, die »die Staatsmacht in der Region Krim ohne die Erlaubnis der Regierung der Ukraine ausüben«. Deren Aktionen wurden unter anderem als dazu geeignet

---

439 Russland bezog sich auf das Urteil des Internationalen Gerichtshofes vom Juli 2010, wonach es kein Verbot im internationalen Recht gebe, sich für unabhängig zu erklären, ein Urteil, mit dem das Gericht die Klage Serbiens wegen der unilateralen Erklärung der Unabhängigkeit durch den Kosovo zurückwies.
440 Johnstone, *Queen of Chaos*, a. a. O., S. 168; über die Unabhängigkeit Kosovos siehe Johnstones ausführliche Betrachtungen in: ebenda, S. 89-101.
441 *House of Lords*, *The EU and Russia*, a. a. O., S. 74.

angesehen, »die demokratischen Prozesse und Institutionen in der Ukraine zu unterminieren«, eine kühne Behauptung nach der von den USA orchestrierten Machtübernahme in Kiew.

South Stream wurde zwangsläufig eine Geisel der nun geschaffenen Situation. Schon zum Zeitpunkt der Vereinbarung mit der italienischen *ENI* im Jahr 2007 war der EU geraten worden, ihre Anti-Kartell-Gesetze anzuwenden, um mit Blick auf die geplante Schwarzmeer-Pipeline die Kontrolle durch *Gazprom* und *Transneft* zu verhindern, was dann auch in Form des »Dritten Energie-Paketes« im Jahr 2009 geschah. Die Ukraine und Rumänien wurden ihrerseits ermutigt, Umweltschutzbedenken und andere Einwände gegen das *South Stream*-Projekt vorzubringen, was bei der Verzögerung von *Nord Stream* gut geklappt hatte.[442] Die Kooperation zwischen der EU und Russland wurde aufgehoben, während der G8-Gipfel, der für Juni 2014 in Sotchi geplant war, abgesagt und Russland aus der Gruppe ausgeschlossen wurde.

Am Tag nach dem Sezessions-Referendum vom 16. März verhängten die USA, die EU und Kanada, letzteres damals unter dem neokonservativen Premierminister Stephen Harper, die erste Runde spezifischer Strafmaßnahmen gegen Schlüsselpersönlichkeiten im Öl- und Gasgeschäft. Wenig später würde Putin ein Dekret unterzeichnen, das die Krim als selbständige Einheit anerkennt. Bei der *RAND-Corporation* griff Natalie Crawford nicht weit daneben, als sie Breedlove mailte: »Das ist wie ein öffentliches, internationales Kriegsspiel. Das ist ein Schachspiel, bei dem die Spieler sich gegenübersitzen, aber keiner von beiden sieht das Schachbrett« – womit sie ausdrücken wollte, dass keine Seite des Konfliktes ein »vollständiges Verständnis davon hat, was passiert ODER welche Antworten es geben könnte, einschließlich einer Eskalation«.[443] Am 19. März verkün-

---

442 Zeyno Baran, »EU Energy Security: Time to End Russian Leverage«. *The Washington Quarterly*, 30 (4) 2007, S. 141; Ida Garibaldi »NATO and European Energy Security«. *European Outlook*, Nr. 1 (März). Washington: American Enterprise Institute, 2008, S. 5.

443 Crawford, E-Mail an Breedlove, 23. März 2014.

3. VOM MAIDAN-AUFSTAND ZUM REGIME-CHANGE

dete Obama eine konzertierte Aktion der USA, um Russland wirtschaftlich wie politisch zu isolieren und es zu einem »Paria-Staat« zu machen. Hillary Clinton, die in der Zwischenzeit ihr Amt als Außenministerin aufgegeben hatte (offiziell um sich auf den Wahlkampf um die US-Präsidentschaft vorzubereiten, aber auch weil es Meinungsverschiedenheiten darüber gegeben hatte, ob man in Syrien wegen des Giftgasangriffs in Ghouta intervenieren sollte oder nicht), verglich die Aufnahme der Krim in die Russische Föderation mit dem, »was Hitler in den 30er Jahren gemacht hatte«.[444]

Europas Abhängigkeit von russischem Erdgas war offensichtlich das Ziel der nächsten westlichen Schachzüge. Schon während des Staatsstreiches in Kiew fragten sich Kommentatoren, in welchem Umfang Schiefergas [Fracking-Gas] aus den USA die russischen Lieferungen kompensieren könnte. Flüssiggas-Anlagen, die in Florida und Maryland geplant waren, könnten ihren wichtigsten Absatzmarkt in Europa haben, und obwohl der russische Preis kaum zu schlagen wäre, wären solche Exporte aus den USA attraktiver als nach Asien.[445] Als der US-Senat ein Hilfspaket über eine Milliarden Dollar für das Kiewer Regime beschloss, verlor die Vorsitzende des Senatsausschusses für Energie und Ressourcen, Mary Landrieu, keine Zeit hervorzuheben, dass Europa mit der *Keystone XL Pipeline* eine Alternative für russisches Gas angeboten werden könne.[446] Ursprünglich hatte die Obama-Regierung dem Flüssiggasexport (und der Keystone XL-Pipeline) aus Umweltschutzgründen ablehnend gegenübergestanden. Die Sezession der Krim erlaubte eine Umkehr dieser Politik.[447] Aber Fracking für den Flüssiggasexport ist zu teuer und reicht nicht aus, um russische Gaslieferungen zu ersetzen, so

---

444 Clinton cited in Johnstone, *Queen of Chaos*, a.a.O., S. 158; Obama, zitiert in: De Ploeg, *Oekraïne in het kruisvuur*, a.a.O., S. 9.
445 Nick Cunningham, »Can U.S. LNG Break Russia's Grip on Europe?« *OilPrice.com*, 21. Februar 2014 (online).
446 Turck, *A Tragic Fate*, a.a.O., Kapitel 2.
447 Andrew Follett, »US To Export Liquefied Natural Gas For First Time Ever«. *The Daily Caller News Foundation*. 12. Januar 2016 (online).

dass die EU eine Gefangene ihrer eigenen Regulatorien zur Erzwingung von Wettbewerb wurde (also Raum zu schaffen für eigene und US-Firmen).[448]

Nord Stream war im Unterschied zu *South Stream* von dem «Dritten Energie-Paket» ausgenommen worden, weil es als Teil des Trans-Europäischen-Netzwerkes (TEN) anerkannt wurde. *South Stream* war erfolgreich geächtet worden, indem das »Paket«, das aus voller Absicht ausschließlich gegen *Gazprom* gerichtet war, ausschloss, dass Gas durch die gleiche Firma in die EU transportiert wird, die es auch produziert – ungeachtet der Tatsache, dass die meisten Verträge mit *Gazprom* unterzeichnet worden waren, bevor das Paket 2009 in Kraft trat. *Gazprom* wäre nun sogar verpflichtet, die Hälfte des Gases, das durch das ukrainische Netz gepumpt wird, an andere Firmen zu verkaufen, bevor es in die EU eingeführt werden dürfte.[449] Offensichtlich übernähmen Oligarchen wie Pintschuk und Kolomojskyj oder das Staatsmonopol *Naftogaz*, das sie zusammen oder abwechselnd kontrollieren, gerne diese Aufgabe – ebenso wie zukünftige westliche Investoren. Und tatsächlich verlor Kiew keine Zeit, russische Vermögenswerte im Energiebereich zu beschlagnahmen. Am 22. April konfiszierte der Innenminister die drittgrößte Raffinerie des Landes in Odessa (Kapazität 70.000 Barrels pro Tag), die seit Februar stillstand, nachdem ein Partner Janukowytschs, der die Raffinerie 2013 von *Lukoil* gekauft hatte, den Kredit nicht zurückgezahlt und das Eigentum an die *VTB*, eine russische Bank, abgetreten hatte.[450]

Am 17. April beschloss das Europaparlament in einer nicht bindenden Resolution die Ablehnung der *South Stream*-Pipeline und empfahl die Suche nach alternativen Gasquellen. Im gleichen Monat

---

448 George Venturini, »Pipeline Geopolitics: From South Stream To Blue Stream.« *Countercurrents.org*, 7. März 2015 (online)

449 *Stratfor*, »How the Game is Played: The Life and Death of South Stream«. 17. September 2015 (online); Venturini, »Pipeline Geopolitics: From South Stream To Blue Stream.« a. a. O.

450 *Reuters*, »Ukraine court seizes Odessa refinery – ministry« (22. April 2014, online); vgl. »Ukraine Oil Refineries«. *A Barrel Full*, n.d. (online).

3. VOM MAIDAN-AUFSTAND ZUM REGIME-CHANGE

erhob Russland Klage vor der Welthandelsorganisation wegen der exterritorialen Anwendung der EU-Wettbewerbsregeln, wodurch *Gazprom* dazu genötigt werden sollte, eine mögliche *South Stream*-Pipeline für Mitbewerber zu öffnen.[451] Am 28. April verhängten die USA ein Verbot von Geschäftstransaktionen auf ihrem Territorium gegen sieben russische Offizielle, darunter Igor Sechin, Vorstandsvorsitzender der staatlichen russischen Öl-Gesellschaft *Rosneft*, ebenso wie gegen Gennadi Timtschenko. Letzterer ist Gründer von *Guncor*, einem der weltgrößten Unternehmen für Rohstoffhandel. Seine *Volga*-Gruppe kontrolliert *Stroitransgas*, eine Firma, der der Bau des bulgarischen Abschnitts der *South Stream* anvertraut worden war. *Tschornomornaftohas*, die Niederlassung der *Naftogaz Ukrainy* auf der Krim, war schon vorher unter die Sanktionen gestellt worden. Russland hatte in der Zwischenzeit mit einem Einreiseverbot für 22 Nordamerikaner im März und 89 EU-Bürger im Mai geantwortet.[452] Das Sanktionsregime sollte sich zu einem Wirtschaftskrieg ausweiten, als Moskau ein Jahrzehnt der Verhandlungen mit Peking über einen massiven Gasvertrag zu Ende brachte (er wurde schließlich am 21. Mai abgeschlossen).[453]

Anfang Juni gab Bulgarien dem Druck nach und stellte die Arbeiten an der *South Stream*-Pipeline ein. 2011 war ein Schiefergas-Feld entdeckt worden, von dem behauptet wurde, dass es die Vorteile der Verbindung über das Schwarze Meer mit Russland ausgleichen werde. Die Rechte zur Ausbeutung wurden *Chevron* übertragen, aber eine Anti-Fracking-Bewegung verhinderte das Projekt. NATO-Generalsekretär Rasmussen behauptete, dies sei durch »ausgefeil-

---

451 Turck, *A Tragic Fate*, a. a. O., Kapitel 3; *Wikipedia*, »South Stream«.

452 Matthieu Crozet / Julian Hinz, *Collateral Damage. The Impact of the Russia Sanctions on the Economies of Sanctioning Countries' Exports*. [CPII Working Paper 16]. Paris: Centre d'Etudes Prospectives et d'Informations Internationales 2016, S. 9; *Wikipedia*, »South Stream«; *Jupiter Broadcasting*, »The Truth of MH17 – Unfilter 107«, a. a. O.

453 *BBC News*, »Russia signs 30-year gas deal with China« 21. Mai 2014 (online).

te Informations- und Desinformationsoperationen« von Moskau verursacht worden. Nach den Wahlen von 2013 und aufgrund von Finanzspritzen durch russische Gesellschaften (darunter auch die *VTB-Bank*) fand sich der neue bulgarische Ministerpräsident Plamen Orescharski in der Zwickmühle zwischen einem prorussischen Koalitionspartner von extremen Rechten und *Gazprom* auf der einen Seite sowie der EU und Washington auf der anderen. Das Parlament genehmigte die *South Stream*-Pipeline zwei Wochen nach der Sezession und der Wiederaufnahme der Krim in die Russische Föderation, wobei es die EU-Anti-Kartellgesetze unterlief, indem es das Projekt nicht Pipeline, sondern »See-Land-Verbindung« nannte. Die Europäische Kommission wies daraufhin Bulgarien an, die Arbeiten an *South Stream* einzustellen und hielt Dutzende Millionen an dringend benötigten Mitteln für regionale Entwicklung zurück, während der US-Botschafter bulgarische Firmen davor warnte, mit Timtschenko zusammenzuarbeiten. Ein Besuch der US-Senatoren John McCain und Ron Johnson führte in Kombination mit einem mysteriösen Run auf jene Bank, an der die VTB Beteiligungen hielt, letztlich zum Abbruch des Projekts.[454]

Es war klar, dass jetzt die gesamte geplante und bereits existierende Pipelineverbindung zwischen Russland, der Türkei und Europa in Gefahr war.

Als Putin und sein österreichischer Kollege Heinz Fischer sich im Juni trafen, um das Geschäft zwischen der österreichischen OMV und *Gazprom* zu bestätigen, veröffentlichte die US-Botschaft in Wien eine Erklärung, in der Österreich gewarnt wurde, es solle »sorgfältig erwägen, ob die heutigen Ereignisse den Bestrebungen dienlich sind [die transatlantische Einheit zu erhalten und Russland von weiteren Aggressionen abzuhalten].« Wie Eric Draitser noch im Juni 2014 kommentierte, »wurde *South Stream* zu einem der wichtigsten Schlachtfelder im Wirtschaftskrieg des Westens gegen Russland«.

---

454 Jim Yardley/Jo Becker, »How Putin Forged a Pipeline Deal That Derailed«. *The New York Times*, 31. Dezember 2014, S. A1; Eric Draitser, »Waging war against Russia, one pipeline at a time«. *Russia Today*, 27. Juni 2014 (online).

Die Sanktionen seien »lediglich die Schaufenstergestaltung«.[455] Im selben Monat nahm das Parlament in Kiew einen Gesetzentwurf an, nach dem bis zu 49 Prozent des Pipeline-Netzwerkes des Landes an ausländische Investoren verkauft werden könnten, was US- und EU-Firmen eine langersehnte Möglichkeit eröffnete, ihre Hände auf das Transit-System für Europas Gas-Versorgung zu legen.[456] Am 16. Juli jedoch, als Washington eine neue Runde von Sanktionen verhängt hatte, war die EU nicht länger einmütig bereit, der US-Führung zu folgen. Der Abschuss von Flug MH17 am nächsten Tag sorgte allerdings dafür, dass dieses Zögern überwunden wurde.

Und schließlich konfiszierten die USA Anfang März in einem weiteren Akt des Wirtschaftskrieges tatsächlich die ukrainischen Goldreserven als Versicherung gegen eine künftige Restauration des Föderalismus bzw. einer Wiederannäherung an Russland . In den frühen Stunden des 7. Juli nahm ein nicht identifiziertes Frachtflugzeug auf dem Kiewer Flughafen Borispol Gold, verpackt in 40 versiegelte Boxen, unter strengen Sicherheitsmaßnahmen an Bord. Der Bericht darüber, der ursprünglich von einer Anti-Maidan-Website in Saporischschja veröffentlich worden war, wurde mit einer Quelle in der Putschregierung abgeklärt. So wurde bestätigt, dass auf Anweisung des amtierenden Ministerpräsidenten Jazenjuk die ukrainischen Goldreserven in die USA verfrachtet wurden. Eine Woche vorher hatte Jazenjuk noch Janukowytsch beschuldigt, das Gold der Ukraine, das Schätzungen der ukrainischen Nationalbank ca. 1,8 Milliarden Dollar wert war, gestohlen zu haben. Jetzt hatte sich herausgestellt, dass das meiste immer noch da war und mit der offiziellen Begründung, es vor einer russischen Invasion in Sicherheit bringen zu wollen, in die USA gebracht wurde.[457]

---

455 Draitser, »Waging war against Russia, one pipeline at a time«, a. a. O..
456 Mike Whitney, »Pushing Ukraine to the Brink«. *CounterPunch*, 9. Juli 2014 (online).
457 Michel Chossudovsky, »Ukraine's Gold Reserves Secretly Flown Out and Confiscated by the New York Federal Reserve? The Spoil of War and Regime Change«. *Global Research*, 14. März 2014 (online); Marcus Brooks,

Mehr als 60 ausländische Regierungen deponieren Gold-Reserven bei der *Federal Reserve Bank of New York*. Ende 2014 waren diese Einlagen in den bei der FED deponierten Gesamtreserven von 6.000 Tonnen im Wert von 8.200 Milliarden Dollar, enthalten.[458] Die Angelegenheit war für eine gewisse Zeit ein heiß diskutiertes Thema und geriet in die Schlagzeilen, als 2012 eine Diskussion in Deutschland aufflammte, weil fast die Hälfte des deutschen Goldes (die Gesamtreserven zu diesem Zeitpunkt hatten einen Wert von 144 Milliarden Euro) in den USA lagerten. Die Euro-Krise führte dazu, dass deutsche Politiker nach dem Status des Goldes zu fragen begannen, besonders seit ein geheimer Bericht des Bundesrechnungshofs Zweifel aufkommen ließ, ob das Gold in den USA überhaupt richtig ausgewiesen wird. 2007 war einer deutschen Delegation erlaubt worden, das Gebäude zu betreten, und nach intensiven Verhandlungen wurde 2011 einer weiteren Gruppe die Erlaubnis gegeben, in eine der sieben Stahlkammern, in der das Gold des Landes lagerte, zu sehen. Der Teil des Berichts, in dem geschildert wird, was sie vorfanden, wurde jedoch geschwärzt.[459]

Das Versprechen, zumindest einen Teil des Goldes aus New York zurückzuführen, wurde in den folgenden Jahren nur minimal erfüllt. Eine einzige substantielle Rücknahme geschah in der ersten Hälfte von 2014 nicht durch Deutschland, sondern die Niederlande. Der Grund, warum die deutsche Regierung ihren Versprechungen nicht nachgekommen war, waren nicht angebliche logistische Schwierigkeiten, sondern deutschen Bankern zufolge in Wirklichkeit diplomatische Reibereien. Die Niederlande andererseits waren 2014 in der

---

»Ukrainian gold reserves loaded on an unidentified transport aircraft in Kiev's Borispol airport and flown to Uncle Sam's vault«. *Newswire24.com* 7. März 2014 (online), er vermutete, dass es eine private Fracht für Tymoschenko gewesen sei, was wenig wahrscheinlich ist.

458 Tyler Durden, »Federal Reserve Confirms Biggest Foreign Gold Withdrawal in Over Ten Years«. *ZeroHedge*. 29. November 2014 (online).

459 *Der Spiegel,* »Precious Metal Abroad: Why Germany Wants to See its US Gold«. 30. Oktober 2012 (online).

Lage, 122 Tonnen Gold zurückzuholen, aber im Oktober waren die FED-Bilanzen nur um 42 Tonnen gesunken, so dass im Laufe eines Jahres 80 Tonnen hinzugekommen waren, von denen rund 51 Tonnen wohl aus der Ukraine stammten.[460] Die Frage, ob das ukrainische Gold in Verwahrung genommen wurde, beantwortet die FED nicht, weil solche Aussagen nur vom Kontoinhaber öffentlich gemacht werden können.

Aufgrund der gleichen Informationen zitiert Michel Chossudovsky das »Gold Anti Trust Action Committee« (GATA), dass die Werte und Lagerorte der Goldreserven eines Landes zu den am besten gehüteten Geheimnissen gehörten und dass das Gold der Ukraine mit aller Wahrscheinlichkeit nun in New York liegt. Unter Bezug auf den GATA-Bericht führte der Shanghaier Metallmarkt eine Erklärung der Putschregierung in Kiew an, wonach 40 Kisten mit den Goldreserven der Ukraine in die Vereinigten Staaten geflogen worden seien. Ein in Hongkong ansässiger Hedgefonds-Manager, William Kaye, stellte in einem Interview fest, dass Stepan Kubiw, der neue Vorsitzende der Nationalbank der Ukraine, auf Anordnung der USA ernannt worden war, und dass der Versand des Goldes über den Atlantik seine erste Entscheidung gewesen sei. Nach Kaye sollte das ukrainische Gold als konfisziert angesehen werden, so wie im Falle des Irak im Jahr 2003 und im Fall Libyen 2011. Seiner Meinung nach »wird die Ukraine das Gold sehr wahrscheinlich nie wieder sehen«.[461]

Das bringt uns zum Bürgerkrieg, der im April/Mai ausbrach, und zu dem Abschuss von Flug MH17 im Juli.

---

460 Durden, »Federal Reserve Confirms Biggest Foreign Gold Withdrawal«, a. a. O. Die 51 Tonnen aus der Ukraine ergeben sich aufgrund meiner eigenen Berechnung auf der Basis von $ 35 Million pro Tonne.

461 Zitiert in: Chossudovsky, »Ukraine's Gold Reserves Secretly Flown Out«, a. a. O.

4.
Der Bürgerkrieg und das MH17-Desaster

Der Regime-Change in Kiew von Februar 2014 legte die Staatsmacht in die Hand von ethnisch-ukrainischen Ultras und anti-russischen Milliardären, die beabsichtigten, das Land aus dem postsowjetischen Orbit herauszulösen und es zum Westen hin neu auszurichten. »Der ausgeprägte Einsatz von Bürgerinnen und Bürgern für Würde und gute Regierungsführung im Herzen der Maidan-Revolution«, schreibt Richard Sakwa, »wurde durch die extremen Kräfte gekapert, die dem monistischen Pfad bis zu seinem logischen Ende folgten und erlaubten, dass die oligarchische Macht wiederhergestellt wurde«.[462] Der Effekt sollte nicht lange auf sich warten lassen. Wie zuvor im Fall von Moldawien (Transnistrien) und Georgien (Abchasien und Südossetien) zerbrach die Ukraine als Ergebnis des westlichen Vordringens und Drucks auf die multinationale Realität der früheren UdSSR.

In diesem Kapitel untersuche ich, wie das Putsch-Regime, ermutigt durch seine Unterstützer in Washington und Brüssel, mit äußerster Gewalt auf die Anti-Maidan-Bewegung unter den russischsprachigen Ukrainern antwortete. Wir wenden uns dann dem Abschuss von MH17 zu, einem Vorfall, in dem alles zusammenkommt: der neue Kalte Krieg, die Kämpfe um Europas Energievorräte und der Versuch Kiews, Russland in den Konflikt im Donbass als Kriegspartei hineinzuziehen. Egal, wer es letztendlich tat, die Katastrophe des Absturzes von MH17 half doch der US- und NATO-Strategie, die darauf

---

462 Richard Sakwa, *Frontline Ukraine. Crisis in the Borderlands.* London: IB Tauris, 2015, S. 131.

abzielte, die »Land gegen Gas«-Verhandlungen zwischen Merkel und Putin zu stören: So wurden die gegenseitige Abhängigkeit von EU und Russland unterminiert und der BRICS-Block geschwächt. Aber sollte es wirklich eine »gut geplante, aber schlecht durchgeführte Provokation« gewesen sein?[463]

Schon zweimal in derselben Woche hatten Parubij und seine Freunde vom *Nationalen Sicherheits- und Verteidigungsrat* versucht, den Abschuss von (Militär-)Flugzeugen Moskau in die Schuhe zu schieben. Wäre die Boeing in Russland abgestürzt, hätte das einen öffentlichen Sturm der Empörung ausgelöst, auf den der Kreml so wenig eine Antwort gehabt hätte, wie beim Abschuss der *Korean Airlines* im September 1983. Da dies nun nicht unmittelbar eingetreten war, wurde die Erklärung des Nationalen Sicherheits- und Verteidigungsrats der Ukraine, NSDC, eine BUK sei von Russland aus gestartet, und die von Poroschenko, es handele sich um einen tragischen Unfall (kurz danach geändert in einen Terroranschlag), in einer neuen Geschichte aufbereitet: Eine BUK sei durch Russland geliefert, von den Aufständischen mit russischer Hilfe abgefeuert und dann wieder zurück nach Russland transportiert worden (Awakow und Geraschtschenko im Innenministerium). Wir beginnen mit dem Auftakt des Bürgerkrieges.

Der Aufstand im Donbass und die ›Anti-Terror-Operation‹

Nach dem Maidan-Putsch wuchs in der russisch-ukrainischen Bevölkerung die Unzufriedenheit über den Regime-Change stark an.[464] Die Menschen im Donbass hatten gute Gründe, die neue Macht in

---

463 Die Ansicht eines ehemaligen Oberkommandierenden der Langstrecken-Luftwaffe der UdSSR und Russlands, Gen. (a. D.) Pyotr S. Deinekin, in Bruce Grant's Dokumentation, *It was a MiG*. [MH17 Inquiry, 5th episode], 2016 (online).

464 James Sherr, »A War of Narratives and Arms«. In: K. Giles et al., *The Russian Challenge* [Chatham House Report, Juni]. London: The Institute of International Affairs, 2015, S. 26.

Kiew zu fürchten, besonders die gegen den Aufstand an der Front kämpfenden Mitglieder der Freiwilligen-Bataillone. Einem lokalen Beobachter zufolge »schuf ein aktiver separatistischer Kern, gepaart mit der neutralen Mehrheit, vorteilhafte Bedingungen für eine weitere Mobilisierung der separatistischen Bewegung«.[465]

Der Donbass ist ein wichtigeres Gebiet für das wirtschaftliche Überleben der Ukraine, als die Krim es war. Die Region steht für 16 Prozent des Bruttoinlandsprodukts und für 27 Prozent der industriellen Produktion der Ukraine. Dies gab der Anti-Maidan-Bewegung ihren spezifischen sozialen Charakter. Wie Sakwa hervorhebt, entsprang die Bewegung der Unterschicht, war anti-oligarchisch, zum Teil russisch-nationalistisch, aber auch multiethnisch. Dies unterschied sie stark vom Auftreten der Maidan-Bewegung, die der Mittelschicht entsprang und eine starke ethnisch-ukrainische Handschrift trug.[466]

Das Etikett einer Volksrepublik, das sich die Rebellen von Donezk und Lugansk gegeben hatten, bedeutete aber keine Rückkehr zum Staatssozialismus. Die beiden neuen Einheiten verfolgten eine sozialkonservative Linie, und als die Frage der Nationalisierung von Achmetows Eigentum aufkam, wies die Führung von Donezk das zurück. Trotzdem wandte sich der Oligarch im Mai gegen den Aufstand und organisierte seine Arbeiter, um ihn zu bekämpfen, wenn auch mit wenig Erfolg.[467]

Der Regime-Change schwächte den ukrainischen Staat ernsthaft. Zehntausende Beamte, die mit dem vorherigen Regime verbunden waren, wurden entlassen, ohne dass die Posten mit kompetenten Personen neu besetzt wurden. Dadurch hatten die neuen Machthaber kaum Möglichkeiten, irgendwelche politischen Ziele wirksam durch-

---

465 »Ein Teil der lokalen Bevölkerung sah in der Bildung lokaler paramilitärischer Gruppen eine Art Sicherheitsgarantie, die sie vom Staat nicht mehr erwarteten.« Serhiy Kudelia, »The Donbas Rift« [Übers.: S. Golub]. *Russian Politics and Law*, 54 (1) 2016 [ursprüngl. in: *Kontrapunkt*, 2015, Nr. 1], S. 10f.

466 Sakwa, *Frontline Ukraine*, a. a. O., S. 148f.

467 Volodymyyr Ishchenko, »Ukraine's Fractures« [interview]. *New Left Review*, 2nd series (87), 2014, S. 28.

zusetzen.⁴⁶⁸ Gerade so, wie die Abwesenheit eines Programms dazu geführt hatte, dass die breitere Maidan-Bewegung den bewaffneten Kräften ausgeliefert wurde, so sicherte die Schwäche des Staates nun diesen Gruppierungen und den sie unterstützenden Oligarchen unverhältnismäßig viel Macht, als sie erst einmal – wenn auch unter Aufsicht der NATO – am Ruder waren. Auf Julija Tymoschenkos Drängen wurde Ihor Kolomojskyj zum Gouverneur des Oblast Dnjepropetrowsk berufen. Diese Provinz beherbergt einige der wertvollsten Industrieanlagen, darunter Achmetows *Metinvest* und Pintschuks *Interpipe*, was wohl erklärt, warum Jazenjuk von dieser Ernennung nicht begeistert war.⁴⁶⁹ Von Kolomojskyj erwartete man, dass er die separatistische Stimmung in der ganzen Region ersticken werde, sowohl durch die Finanzierung von paramilitärischen Einheiten und Operationen gegen russischstämmige Ukrainer als auch durch seinen Einfluss in Odessa und Charkiw.⁴⁷⁰ Hennadiy Kernes, Bürgermeister von Charkiw und ursprünglich ein Mitglied des Janukowytsch-Clans, überlebte politisch, weil Kolomojskyj sich mit ihm verbündete, nachdem der Oligarch sich sicher war, dass Kernes seine Stadt, die zweitgrößte des Landes und Schlüsselzentrum der Schwerindustrie, nicht an die Aufständischen abtreten werde. Wie der *Observer Ukraine* später berichten sollte, brach Kernes jedoch seine Verbindung mit dem ehemaligen Gouverneur von Charkiw und überzeugten Föderalisten, Mychajlo Dobkin, nicht ab.⁴⁷¹

---

468 Gegen Ende Mai sollte das Regime in Kiew eine »Liste der Schande« mit den Namen von 17.000 Polizisten veröffentlichen, die sich dem Aufstand angeschlossen hatten. Chris Kaspar de Ploeg, *Oekraïne in het kruisvuur. Beeld en werkelijkheid achter de informatieoorlog* [Übers.: M. Grootveld]. n. S.: Papieren Tijger, 2016, S. 73f.

469 Eric Zuesse, »Oligarch Ihor Kolomoyskyi: Washington's ›Man in Ukraine‹«. *Global Research*, 18. Mai 2014 (online); Sakwa, *Frontline Ukraine*, a. a. O., S. 127f.

470 *Observer Ukraine*, »Kolomoisky's fall undermines Poroshenko as well«. 27. März 2015 (online); Wikipedia, »Mikhailo Dobkin«.

471 Sergii Leshchenko, »Ukraine's puppet masters. A typology of oligarchs«. *Transit*, 45, 15. Mai 2014 (online).

Der Oligarch Serhij Taruta, gemeinsam mit Pintschuk ein finanzieller Unterstützer von Jazenjuk, wurde zum Gouverneur von Donezk ernannt. Innenminister Awakow persönlich reiste in die Stadt Donezk, um Fußball-Hooligans gegen prorussische Einwohner aufzuhetzen. Dieses Feld musste aber dem Aufstand überlassen werden. Taruta verlor die Kontrolle und zog sich nach Mariupol als provisorische Hauptstadt der Provinz zurück.[472]

Start eines Bürgerkrieges mit US-Unterstützung
Wie man den durchgesickerten E-Mails von NATO-Kommandeur Philip Breedlove entnehmen kann, begannen die Falken in den USA und bei der NATO schon Ende März 2014 damit, eine Strategie auszuarbeiten, die die Ukraine zum Testgebiet für eine Kraftprobe mit Russland und China machen würde.[473] Die Sezession der Krim und ihre Wiedereingliederung in die Russische Föderation wurden ausgenutzt, um das Schreckgespenst einer bevorstehenden Invasion an mehreren Fronten heraufzubeschwören. Schließlich hatte der Russische Föderationsrat Putin autorisiert, im Ausland Truppen gegen die Bedrohung ethnischer Russen einzusetzen. Dies war besonders als Maßnahme gedacht, um die Krim vor dem neuen Regime in Kiew zu schützen. (Die Genehmigung wurde am 24. Juni zurückgenommen, um einen Waffenstillstand zu erleichtern.) Breedlove, Kommandeur von US EUCOM (*European Command*, eines von neun regionalen US-Militärkommandos, die den gesamten Erdball umfassen) und Oberbefehlshaber der NATO in Europa (*Supreme Allied Commander Europe*, SACEUR), sah zwei Fronten vor, eine im Baltikum, die andere in der Ukraine. Auf den Vorschlag von Natalie Crawford von der *RAND-Corporation*, dass die USA »etwas Wichtiges tun sollten, und das muss für alle öffentlich sichtbar sein, auch für die baltischen Staaten«, antwortete Breedlove: »Ich schnüre ein ›Gesamtpaket aus Luft,

---

472 De Ploeg, *Oekraïne in het kruisvuur*, a. a. O., S. 36; Sakwa, *Frontline Ukraine*, a. a. O., S. 150f.

473 Referenzen beziehen sich auf die Original-E-Mails der *DC-Leaks*-Website.

4. DER BÜRGERKRIEG UND DAS MH17-DESASTER

Land und See als Langzeitversicherung für die Balten zusammen«.[474] Was die Ukraine anging, so schrieb er am 29. März, »sieht es aus, als ob die Grenze schon bald sehr hässlich sein wird«.

Aus der Korrespondenz vom 5. und 6. April zwischen Phillip Karber und General Wesley Clark, einem ehemaligen NATO-Kommandeur, wird deutlich, dass die NATO die Kräfte Kiews in der Ostukraine bereits vor den ersten Besetzungen im Donbass beraten hatte. Karber ist der Ex-Vorstandschef von BDM, einem Beratungsunternehmens für Luft- und Raumfahrt, und Präsident der *Potomac Foundation* in Washington, einer von eben jenem Unternehmen gegründeten Denkfabrik.[475] Da die Gesellschaft ehemaligen Ostblockstaaten bei ihrem Streben nach einer NATO-Mitgliedschaft assistiert hatte, suchte auch das Regime in Kiew ihren Rat.[476] Karber, selbst Veteran der US-Marine, berichtete positiv über das Militär an der »nordöstlichen Front« (es waren noch gar keine Kämpfe ausgebrochen), »das Problem« liege in Kiew und Washington.[477] Aufforderungen der USA und der EU gegenüber Kiew, Zurückhaltung in Bezug auf die Krim zu wahren, wirkten nun Bestrebungen einer energischen Antwort im Donbass entgegen, schrieb Karber an Clark. Das State Department war bereit, Aktionen zu unterstützen, aber der Nationale Sicherheitsrat und der *Vereinigte Generalstab* nahmen das Tempo raus.[478]

---

474 E-Mail von Crawford an Breedlove, 24. März 2014; Antwort Breedlove, 27. März 2014.

475 BDM war ursprünglich der Luft- und Raumfahrt-Beratungszweig von *Ford* und war dann nacheinander von dem Hedgefonds *Carlyle* an verschiedene Flugzeugkonzerne verkauft worden, zuletzt an *Northrop Grumman*. Dan Briody, *The Iron Triangle. Inside the Secret World of the Carlyle Group* [Vorwort: C. Byron]. Hoboken, N.J.: John Wiley, 2003, S. 35ff., 40.

476 Christoph Schult und Klaus Wiegrefe, »Dangerous Propaganda: Network Close to NATO Military Leader Fueled Ukraine Conflict«. *Der Spiegel*, 28. Juli 2016 (online).

477 Karber, E-Mail an Clark, 5. April 2014, Antwort Clark, 5. April.

478 Clark, E-Mail an Karber, 6. April 2014; Antwort Karber, 6. April; vgl. *Russia Today*, »Breedlove's war: Emails show ex-NATO general plotting US conflict with Russia«, 1. Juli 2016 (online).

Am 6. April wurden Regierungsgebäude in Donezk und anderen Städten von den Aufständischen besetzt. Es wurden auch Waffenarsenale geplündert, ein Widerhall darauf, was vorher im ethnischukrainischen Fernen Westen stattgefunden hatte. Ein Anatoliy Pintschuk vom nationalistischen *Information Resistance* berichtete Karber von den Besetzungen und dankte ihm für seine bisherige Hilfe. Er bat ihn außerdem inständig, Kiew einzuschalten, um möglichst die Vermögenswerte von Achmetow beschlagnahmen zu lassen, der als Komplize des Aufstandes angesehen wurde. Die Besetzungen seien »der Beginn der zweiten Phase des Szenarios einer russischen Invasion unseres Landes«.[479] Clark leitete diesen Hinweis eine Stunde später an Nuland und Pyatt weiter. So erreichte das Narrativ der »Russischen Invasion« die höchsten Kreise der westlichen Falken schon sehr früh, und es blieb der Rahmen, in dem die folgenden Ereignisse interpretiert wurden.

Und tatsächlich hatte sich der Donbass faktisch schon von Kiew abgespalten, bevor am 12. April eine lokale Freiwilligenmiliz, angeführt von dem russischen Ultranationalisten und ehemaligen Geheimdienstoffizier Igor Strelkow, die Polizeistation und das SBU-Hauptquartier in Slowjansk stürmte. Dies machte den Aufstand zu einer bewaffneten Revolte. Der Angriff ließ das »Krim-Szenario« möglich erscheinen, weil eine russische Duldung nicht ausgeschlossen wurde.[480] Kiew entsandte sofort Parubij und den stellvertretenden Ministerpräsidenten Witalij Jarema, um eine Rückkehr zum Föderalismus zu versprechen, aber ihre Mission war nutzlos. Awakow hatte mit Kernes in Charkiw mehr Erfolg, und Kolomojskyjs Männer hielten in Dnjepropetrowsk stand.[481] Odessa kam am 2. Mai an der Reihe.

---

479 A. Pinchuk, E-Mail an Karber, 6. April 2014; Karber. E-Mail an A. Pinchuk, 7. April 2014; A. Pinchuk, E-Mail an Karber, 8. April 2014, Hervorhebungen hinzugefügt. Die »erste Phase« war die Krim-Sezession.

480 Kudelia, »The Donbas Rift«, a. a. O., S. 13f.; De Ploeg, *Oekraïne in het kruisvuur*, a. a. O., S. 73.

481 Ishchenko, »Ukraine's Fractures«, a. a. O., S. 25; Kudelia, »The Donbas Rift«, a. a. O., S. 14f.

4. DER BÜRGERKRIEG UND DAS MH17-DESASTER

Wesley Clark schrieb nun Nuland, dass die USA eine Erklärung veröffentlichen sollten, mit der eine Militäroperation zur Zurückgewinnung der Kontrolle im Osten befürwortet werde, und drängte sie, mögliche deutsche Einwände zu ignorieren. Noch am 12. fragte er Breedlove, ob der NATO-Kommandeur nicht eine Erklärung arrangieren könne, in der Moskau für die Gewalt verantwortlich gemacht wird, denn »falls die Ukrainer *die Kontrolle über das Narrativ* verlieren, werden die Russen das als eine offene Tür ansehen«.[482]

Dann legte Clark seine Sicht auf die generelle geopolitische Situation dar, was einen wichtigen Einblick vermittelt, warum die Falken in den USA glaubten, dass die Ukraine »gehalten« werden müsse, und das Land als Schauplatz für eine Konfrontation mit Russland *und China* auswählten. Jetzt wurde keine Zeit mehr verschwendet für Markt-Demokratie oder »Revolution der Würde«. Indem er behauptete, »Putin hat die fehlende Reaktion in Georgien und Syrien als ›US-Schwäche‹ interpretiert«, erklärte Clark dann:

> »China beobachtet sehr genau. China wird innerhalb der nächsten fünf Jahre vier Flugzeugträger haben und Luftwaffenüberlegenheit im westlichen Pazifik erlangen, wenn der Trend weiter anhält. Und wenn wir die Ukraine entgleiten lassen, erhöht sich definitiv das Risiko von Konflikten im Pazifik. Denn China wird fragen, ob die USA sich wohl für Japan, Korea, Taiwan, die Philippinen, das Südchinesische Meer einsetzen werden? ... Wenn Russland die Ukraine übernimmt, wird Weißrussland der Eurasischen Union beitreten, und flugs wird die Sowjetunion unter anderem Namen zurück sein. ... Weder die baltischen Staaten noch der Balkan werden es einfach haben, den politischen Betriebsstörungen, verursacht durch ein wiedererstarktes Russland, zu widerstehen. Und was ist eine ›Sicherheitsgarantie‹ der NATO gegen einen inneren Umsturz? ... Und dann werden die USA

---

[482] Clark, E-Mails an Nuland und Breedlove, 12. April 2014; Hervorhebung hinzugefügt; Breedlove, E-Mail an Clark, 13. April 2014.

vor einem viel stärkeren Russland stehen, einer maroden NATO und einer großen Herausforderung im westlichen Pazifik. *Es ist viel einfacher, jetzt die Frontlinie in der Ukraine zu halten, als später anderswo.*«[483]

Die Bezugnahme auf »politische Betriebsstörungen« und einen »inneren Umsturz« kann entschlüsselt werden als Unzufriedenheit der Russen und russischsprachigen Bevölkerung in den baltischen Staaten (in Estland und Lettland stellen sie fast ein Viertel der Einwohner). Nach dem Putsch in Kiew und dessen Vorgehen gegen die russische Sprache lebten Empfindlichkeiten hinsichtlich vergleichbarer Maßnahmen in den baltischen Staaten auf. In Lettland schrieb, inmitten einer wachsenden ethnischen Stimmung, ein neues Gesetz die Verwendung der lettischen Sprache in russischsprachigen Sekundarschulen vor. Und so legitimierte das Bild von einer »russischen Invasion« eine militärische Strategie, die sich letztendlich gegen den gleichermaßen aufstrebenden wie herausfordernden Block von eurasischen bzw. BRICS-Staaten wandte.[484] Da es auch noch die Enklave Kaliningrad gibt, eingekeilt zwischen Polen und den baltischen Staaten, blieben die USA und die NATO darauf ausgerichtet, angesichts von Opposition, z. B. der *Harmoniepartei* des Rigaer Bürgermeisters Nils Uštakov, die Nationalisten in den baltischen Staaten zu unterstützen. Uštakov gab den Besitzlosen in Lettland eine Stimme, in demjenigen Land, das unter den OECD-Ländern mit der größten Ungleichheit an achter Stelle steht.[485]

---

483 Clark, E-Mail an Breedlove, 13. April 2014, Hervorhebung hinzugefügt.

484 Nachdem Hillary Clinton die Wahl um die US-Präsidentschaft an Donald Trump verloren hatte, wurden Clarks viele Verbindungen zu den Clintons vielleicht weniger pertinent: Peter Schweizer, *Clinton Cash. The Untold Story of How and Why Foreign Governments and Businesses Helped Make Bill and Hillary Rich*. New York: Harper, 2016 [2015], S. 161ff. Vgl. *Wikipedia*, »Russians in Baltic States«.

485 Vergleiche die Referenz in Karbers E-Mail an Breedlove, 5. Januar 2015; *Wikipedia*, »Russians in Baltic states«, a. a. O. Michael D. Yates, »Measuring Global Inequality«. *Monthly Review*, 69 (6) S. 2, chart 1.

4. DER BÜRGERKRIEG UND DAS MH17-DESASTER

Am Wochenende des 13./14. April weilte CIA-Direktor John Brennan in der ukrainischen Hauptstadt. Daraufhin folgten dutzende von CIA-Beratern, während auch Söldner von *Academi* (früher *Blackwater*) eingeflogen wurden.[486] Die »Anti-Terror-Operation« (ATO) begann sofort nach Brennans Besuch. Parubij twitterte am 15., dass Veteranen des Maidan darauf brannten, am Kampf teilzunehmen.[487] Da die NATO zuvor Janukowytsch so inständig gebeten hatte, keine Gewalt gegen (bewaffnete) Demonstranten anzuwenden, bat nun Moskau seinerseits die Allianz, die Anführer der Putschisten ebenfalls zur Zurückhaltung aufzufordern. Aber nach Aussage des russischen Außenministers Lawrow war die Antwort, dass »die NATO darum bitte, die Gewalt angemessen einzusetzen«.[488]

Die Wehrpflichtige waren aber kaum erpicht darauf, Gewalt gegen ihre Landsleute einzusetzen. Erste Operationen der 25. Luftlandedivision gegen Aufständische in Kramatorsk endeten in einer Farce, mit Blumen, russischen Flaggen und tatsächlich auch Desertionen wie auf der Krim. Auch gab es keine große Begeisterung, auch nicht im Westen der Ukraine, sich bei der Einberufung im Mai als Wehrpflichtiger anwerben zu lassen. Und so beschränkte sich die reguläre Armee auf Artilleriebeschuss, das Abfeuern von Grad-Raketen und auf Luftangriffe mit Su-25-Bodenkampfjets, wodurch viele zivile Opfer verursacht wurden. Direkte Kampfeinsätze wurden den ukrainischen Nationalisten der Freiwilligen-Bataillone

---

486 »Why CIA Director Brennan Visited Kiev in Ukraine. The Covert War Has Begun«. *Forbes*, 15. April 2014 (online).

487 »Die Reserveeinheit der Nationalgarde, gebildet aus #Maidan Selbstverteidigungseinheiten, wurde heute Morgen an die Frontlinie geschickt«, schrieb Parubiy am 15. Zitiert in: Andrew E. Kramer, »Ukraine Sends Force to Stem Unrest in East«. *The New York Times*, 15. April 2014 (online); Wayne Madsen, »Coordinating With NATO«. *Political Vel Craft*, 23. Juli 2014 (online). Es wurde ATO genannt (und stand nominell unter dem SBU-Kommando, unter der Aufsicht von Parubijs NSDC), weil die ukrainische Verfassung die Anwendung von militärischer Gewalt auf dem eigenen Gebiet nur im Fall eines terroristischen Notstandes erlaubt.

488 Sergei Lavrov, [Interview with Russian foreign minister S. Lavrov]. *Mediterranean Dialogues*. 2. Dezember 2016 (online).

überlassen. Diese Milizen rekrutierten Kämpfer aus den bewaffneten Maidan-Einheiten, sie warben Armeefreiwillige sowie ausländische Söldner an, z. B. aus Georgien und Rumänien. Auch Vertreter der »Vorherrschaft der weißen Rasse« aus Schweden und Deutschland und Veteranen-Kommandos der israelischen Givati-Brigade mit den verbündeten ukrainischen »Blauhelmen«, die auch schon auf dem Maidan aktiv waren, sowie islamistische Bataillone aus Tschetschenien kämpften auf der Seite von Kiew.[489]

Kolomojskyj war der Hauptfinanzier dieser Einheiten und gab angeblich 10 Millionen US-Dollar aus, um sein eigenes zweitausend Mann starkes Bataillon *Dnipro 1* zu gründen (benannt nach dem Fußballklub der Stadt) und eine Reservestreitmacht mit 20.000 Mitgliedern aufzustellen. Er unterstützte auch die Bataillone *Asow*, *Aidar* und *Donbass* und lieferte kostenlosen Kraftstoff für die ukrainische Luftwaffe.[490] Insgesamt wurden drei Dutzend Freiwilligen-Bataillone gegründet. Unter den vielen tausend bewaffneten Mitgliedern waren viele Dahergelaufene, die imstande waren, schlimme Verbrechen zu begehen. Kolomojskyjs Kopfgelder für »russische Spione« machten die Dinge noch schlimmer. Das Polizei-Bataillon *Tornado*, von Awakow für die östliche Ukraine geschaffen, errang einen furchterregenden Ruf aufgrund seiner Folterpraktiken. Awakow selbst erklärte im Juni, dass einer der »Vorteile des Krieges ist, dass er für die Nation eine ›reinigende‹ Wirkung haben kann.«[491] Einige *Tornado*-Offiziere sollten vor Gericht gestellt werden, aber Ende Mai 2016 musste ein Team von Inspektoren des *UN-Unterkomitees zur Verhinderung von Folter* eine Inspektion der vom ukrainischen Geheimdienst SBU

---

489 Kudelia, »The Donbas Rift«, a. a. O., S. 17; De Ploeg, *Oekraïne in het kruisvuur*, a. a. O., S. 73, 80-84.

490 Gordon Hahn, »The Ukrainian Revolution's Neo-Fascist Problem«. *Fair Observer*, 23. September 2014 (online); Hans van Zon, »Oekraïne: einde van het conflict in zicht?« *Vlaams Marxistisch Tijdschrift*, 49 (4) 2015, S. 45; *Wikipedia*, »Ihor Kolomoiskiy«.

491 Zitiert in: Nicolai Petro, »Ukraine's Perpetual War for Perpetual Peace«. *The National Interest*, 7. September 2016 (online).

4. DER BÜRGERKRIEG UND DAS MH17-DESASTER

kontrollierten Gefängnisse abbrechen. Man hatte ihnen den Zutritt zu den Gefängnissen verweigert, die im Verdacht standen, Gefangene einer unmenschlichen Behandlung zu unterwerfen.[492] Der *Rechte Sektor*, die Dachorganisation des Maidan, angeführt von Dmytro Jarosch, wandelte sich in eine politische Bewegung mit Spezialisierung auf Straßenkampf. Diese Kräfte sollten ständig jedweden versöhnlichen Ansatz gegenüber der russisch-ukrainischen Bevölkerung blockieren und das Land in eine endlose Misere führen.

Die Einheiten der Anti-Terror-Operation aus Kiew standen einem Aufstand gegenüber, der zuallererst auf dem Widerstand der Einwohner basierte, viele von ihnen einfache Arbeiterinnen und Arbeiter, arbeitslos geworden durch die zusammenbrechende Wirtschaft. »Einheimische aus dem Donbass bildeten vom Anbeginn der Kämpfe an die Mehrheit der Milizen«, schreibt Serhiy Kudelia. »Dies wird durch die Liste der Opfer unter den Freiwilligen (dominiert von Ukrainern) bestätigt und durch die Datenbank, die mit Unterstützung der ukrainischen Strafverfolgungsbehörden angelegt wurde, und die aufzeigt, dass zwei Drittel der Separatisten Ortsansässige sind«.[493]

Ein Bericht der einflussreichen britischen Denkfabrik *Chatham House* charakterisiert die Donbass-Kämpfer andererseits als »einen zusammengewürfelten Haufen von Offizieren der russischen Geheimdienste FSB und GRU, aus Überbleibseln der polizeilichen ›Spezial‹-Einheit *Berkut*, aus privaten Sicherheitskräften der Oligarchen, Kosaken, tschetschenischen Kämpfern und kriminellen Abenteurern«.[494] Für NATO-Kommandeur Breedlove war der Aufstand

---

492 Robert Parry, »MH-17 Probe Trusts Torture-Implicated Ukraine«. *Consortium News*. 13. Juni 2016 (online).

493 Kudelia, »The Donbas Rift«, a. a. O., S. 19; De Ploeg, *Oekraïne in het kruisvuur*, a. a. O., S. 71ff. Im Westen wurde jede Forderung nach Rückkehr zum Föderalismus als halsstarrig und als Separatismus bezeichnet, vgl. Diana Johnstone, *Queen of Chaos. The Misadventures of Hillary Clinton*. Petrolia, California: CounterPunch Books, 2016, S. 162.

494 Sherr, »A War of Narratives and Arms«, a. a. O., S. 27. Vgl. Ivan Katchanovski, »The Separatist War in Donbas: A Violent Break-up of Ukraine?« *European Politics and Society*, 17 (4) S. 481.

Teil einer »gut geplanten und organisierten« militärischen Operation, die von der russischen Regierung gesteuert wurde.[495]

Vor dem Hintergrund eines drohenden Bürgerkriegs verhandelten Russland, die EU und die USA in Anwesenheit von Vertretern der ukrainischen Putschregierung, aber ohne Vertreter des Donbass (deren Anwesenheit von Kiew blockiert worden war), am 17. April in Genf. Am 20. wurde eine Vereinbarung über eine Amnestie, Wahlen und Verfassungsänderungen erreicht, die in vielen Fällen ein Spiegelbild der Zugeständnisse waren, die Janukowytsch im Februar gemacht hatte.[496] Am nächsten Tag jedoch griffen Militante des *Rechten Sektors*, kommandiert von Dmytro Jarosch, unbewaffnete Zivilisten in Slowjansk an und töteten fünf Menschen. »Dieser Angriff der paramilitärischen Allianz aus extremen Nationalisten und Neonazi-Organisationen stellte die wichtigste Eskalation des Konfliktes dar«, schreibt Ivan Katchanovski.[497] Von nun an sollten diese Kräfte und ihre NATO-Unterstützer immer dann zuschlagen, wenn Verhandlungslösungen möglich erschienen, um diese zu blockieren.

Die Obama-Regierung gewährte dem Regime in Kiew sofort nach der Machtübernahme im Februar Kreditgarantien in Höhe von zwei Milliarden Dollar sowie sicherheitspolitische Hilfslieferungen im Wert von 760 Millionen. Kanada, mit einer einflussreichen ukrainischen Diaspora, sandte Militärmaterial im Wert von fünf Millionen US-Dollar. Außerdem stellte die neokonservative Harper-Regierung 49 Millionen Dollar für antirussische Propaganda bereit. US-Vizepräsident Biden reiste zwei Mal nach Kiew und sollte später darüber klagen, dass er öfter mit den neuen Machthabern gesprochen habe als mit seiner Frau.[498] Die USA und die NATO hatten auch

---

495 Zitiert in: Crawford, E-Mail, 21. April 2014.

496 Sakwa, *Frontline Ukraine*, a. a. O., S. 157.

497 Katchanovski, »The Separatist War in Donbas«, a. a. O., S. 480; Aleksandar Vasovic / Alissa De Carbonnel, »Deadly gun attack in eastern Ukraine shakes fragile Geneva accord«. *Reuters*, 20. April 2014 (online).

498 De Ploeg, *Oekraïne in het kruisvuur*, a. a. O., S. 115; Sakwa, *Frontline Ukraine*, a. a. O., S. 226

direkte Kontakte mit den Freiwilligen-Milizen. Die Zusammenarbeit mit dem *Dnipro-Bataillon* von Kolomojskyj war so eng, dass ihr Kommandeur, Oberst Yuriy Bereza, Phillip Karber Ende 2014 mehrere Male in Washington besuchte. Karber verbrachte im Gegenzug Weihnachten im Hauptquartier des *Dnipro-Bataillons* in der Nähe der Front.[499] Auch das *Asow-Bataillon*, eine Hochburg der *Sozial-Nationalen Versammlung*, von Gordon Hahn als »ultra-faschistisch« charakterisiert, erhielt Unterstützung von US-Beratern und -Freiwilligen. Im Dezember 2015 beseitigte der US-Kongress sogar eine Regelung, die die Hilfe limitiert hatte.[500]

Die Massaker von Odessa und Mariupol
Um die südliche russisch-ukrainische Zone davon abzuhalten, sich dem Aufstand anzuschließen, antwortete Kiew mit maximaler Gewalt auf Zeichen der Unzufriedenheit, zuerst in der drittgrößten Stadt der Ukraine, in Odessa. Anders als die Krim, die durch die Sezession geschützt war, oder des Donbass mit seiner russischen Rückendeckung, war die kosmopolitische Schwarzmeerstadt Odessa dem Putsch-Regime alleine ausgeliefert. Wenn wir diejenigen identifizieren wollen, die potentiell in Massenmorde wie den Abschuss von MH17 verwickelt sein könnten, würden sicherlich jene ins Bild passen, die das Massaker vom 2. Mai 2014 in Odessa geplant hatten und verantwortlich dafür waren, was in Mariupol am 9. passierte, falls weitere Beweise nach den Schüssen auf dem Maidan überhaupt noch notwendig sein sollten.

---

499 Karber behauptete, dass *Dnipro 1* durch Awakows Innenministerium finanziert würde sowie durch »ortsansässige Geschäftsleute«, und im Januar 2015 vergrößerte es sich auf Regimentstärke (drei Bataillone). Karber, E-Mail an Breedlove, 14. Januar 2015.

500 Hahn, »The Ukrainian Revolution's Neo-Fascist Problem«, a. a. O.; Andriy Biletskiy, der Führer der Sozial-Nationalisten und Azow-Kommandeur, sah seine Truppen als »Speerspitze des Kreuzzuges der weißen Rassen für ihr Überleben ... und gegen von Semiten angeführte Untermenschen«, zitiert in: ebd. Lyashko's Radical Party war ebenso im Azov Bataillon repräsentiert. Katchanovski, »The Separatist War in Donbas«, a. a. O., S. 481.

Die Operation in Odessa wurde am 24. April auf einem Spitzentreffen in Kiew diskutiert, drei Tage nach den Angriffen in Slowjansk und ohne dass noch Kämpfe in größerem Umfang absehbar waren. Dieses Treffen, das das Magazin *Oriental Review* aus Interviews mit anonymen Strafverfolgungsbeamten rekonstruierte, wurde von Putsch-Präsident Turtschynow geleitet. Awakow, der SBU-Chef Walentyn Nalywajtschenko und Parubij waren ebenfalls anwesend. Awakow hatte aus seiner Zeit als Chef der Verwaltung in Charkiw Erfahrung mit der Mobilisierung von Fußball-Hooligans, und er schlug vor, sie in Odessa wieder einzusetzen, zumal *Metalist Charkiw* am 2. Mai dort spielen würde. Kolomojskyjs Bataillon *Dnipro 1*, das vorübergehend unter der Befehlsgewalt der Strafverfolgungsbehörden von Odessa stand, wurde ebenfalls für die Operation bereitgestellt. Berichten zufolge hatte der Oligarch 5.000 US-Dollar Kopfgeld für jeden getöteten ›prorussischen Separatisten‹ ausgesetzt.[501] Parubij reiste dann nach Odessa, um am 29. April mit lokalen Sicherheitsbeamten zu konferieren. Dies war in der ursprünglichen Version des Berichts der Untersuchungskommission festgehalten worden, wie er von der Abgeordneten des Parlaments, Svetlana Fabricant, vorgelegt wurde. (Die entsprechenden Stellen waren in der veröffentlichten Version nicht mehr enthalten.) Den eigenen Aussagen des Sekretärs des Nationalen Sicherheits- und Verteidigungsrats zufolge »dauerte das Treffen des Operationszentrums über zwei Stunden, wir diskutierten alle derzeitigen Fälle und verabschiedeten angemessene Entscheidungen, *um der Destabilisierung der Situation in der Region Odessa entgegenzuwirken*«.[502]

---

501 *Oriental Review* zitiert von: Eric Zuesse, »Oligarch Ihor Kolomoyskyi: Washington's ›Man in Ukraine‹«. *Global Research*, 18. Mai 2014 (online); Adam Larson, »Who was Maidan Snipers' Mastermind?« *Global Research*, 5. Juni 2014 (online). Siehe auch: Katchanovski, »The Separatist War in Donbas«, a. a. O., S. 481 und *Russia Today*. »Kiev protégé allegedly behind Mariupol and Odessa massacres – leaked tapes« 15. Mai 2014 (online).

502 Anonymous, ›*I Saw the Death*‹. *The book of evidence of the participants of the events on Mai 2, 2014 in Odessa*. Odessa: private Publikation, 2015, S. 102. Parubiy zitiert in: *Ukraine Antifascist Solidarity*. »Who is Andriy Parubiy?

4. DER BÜRGERKRIEG UND DAS MH17-DESASTER

An dem verhängnisvollen Tag feuerten einige Kämpfer des *Rechten Sektors*, die als Zivilisten getarnt waren und vorgaben, Separatisten zu sein, auf Fußball-Fans, die vom Spiel zurückkehrten. Hooligans der beiden Clubs und bewaffnete Ultras versammelten sich daraufhin zu einem Pro-Kiew-Marsch. Ein Zeltcamp der Anti-Maidan-Bewegung vor dem Gewerkschaftshaus wurde in Brand gesetzt, seine Bewohner wurden in das Gebäude getrieben und dieses dann angezündet. In den Flammen starben mindestens 48 Menschen, möglicherweise mehr. Die Website des *Rechten Sektors* feierte das Massaker als »einen strahlenden Tag in unserer nationalen Geschichte«.[503] Am 8. Mai ernannte Turtschynow den Oligarchen und engen Verbündeten von Kolomojskyj, Ihor Palytsia, zum Gouverneur der Region Odessa, um den inkompetenten Millionär Nemirovsky zu ersetzen. Palytsia sollte die Stadt nach dem Massaker unter Kontrolle behalten und einen Anti-Maidan-Aufstand verhindern.[504]

In Mariupol, der zweitgrößten Stadt im Oblast Donezk und dessen vorübergehende Hauptstadt, weigerte sich die Polizei am 9. Mai, dem Tag des Sieges über Nazi-Deutschland, eine Anti-Maidan-Demonstration aufzulösen. Der neu ernannte Polizeichef der Stadt, Valery Androschuk und der ihn begleitende Kommandeur des Bataillons *Dnipro 1* gerieten in einen Schusswechsel mit der Polizei, durch den der *Dnipro*-Kommandeur getötet und Androschuk verwundet wurde. Als die Truppen der Nationalgarde und die Militanten des *Rechten Sektors* mit Panzern und gepanzerten Fahrzeugen eintrafen, wurde die Polizeistation, in die sich die rebellischen Polizisten zurückgezogen

---

Protest UK visit of Ukrainian politician with far right links«. 13. Oktober 2015 (online), Hervorhebung hinzugefügt.

503 Zuesse, »Oligarch Ihor Kolomoyskyi«, a. a. O. Parubiy gab schusssichere Westen an lokale Faschisten aus, angeführt von Mykola Volkov, den man sehen kann, wie er mit einer Pistole auf Besetzer schießt…, in: Paul Moreira's *Canal+* Dokumentation, *Ukraine, les masques de la révolution*, 2016 (online); Weitere Details in Anonymous, ›*I Saw the Death*‹, a. a. O.; *Wikipedia* (»2014 Odessa clashes«).

504 *Observer Ukraine*, »Kolomoisky's fall«, a. a. O. ; Anonymous, *I Saw the Death*, a. a. O., S. 90.

hatten, in Brand gesteckt, und wieder wurden Dutzende getötet.[505] Inzwischen glitt das Land in einen Bürgerkrieg ab. Neben der großen finanziellen Unterstützung des Westens standen der Putschregierung Berichten zufolge CIA- und FBI-Berater zur Seite, und 400 *Academi/ Blackwater*-Söldner waren an dem Vorstoß beteiligt, der Anfang Mai die Kontrolle über Slowjansk wiederherstellen sollte.[506]

Vom Bürgerkrieg zum Patt zwischen der NATO und Russland

Den Präsidentschaftswahlen vom 25. Mai 2014, die notwendig geworden waren, um die Putschregierung zu legitimieren, wurden von westlichen Beobachtern als frei und fair begrüßt. Firtasch, der allerdings noch in Wien festsaß (gegen Kaution bei einem schwebenden Auslieferungsersuchen der USA), hatte bereits im März Klitschko und Poroschenko ihre jeweiligen Rollen als Bürgermeister von Kiew beziehungsweise als Präsident zugeteilt, obwohl Poroschenko in einer Depesche der US-Botschaft immer noch als »in Ungnade gefallener Oligarch, behaftet mit Anschuldigungen wegen Korruption« charakterisiert wurde.[507]. Auf diese Weise hatte Firtasch mit Klitschko den einzigen potentiellen Herausforderer für Poroschenko aus dem Rennen genommen. Der Preis, den Poroschenko für die Salbung zum Präsidenten bezahlen musste, waren Immunität vor Strafverfolgung für die Oligarchen, die Janukowytsch unterstützt hatten, und eine friedliche Lösung des Konfliktes im Osten.[508] Dass Firtasch

---

505 *Ukraine Human Rights*. »Massacre in Mariupol: Up to 100 People Shot Dead on Day of Victory over Fascism«, 10. Mai 2014 (online).

506 »Einsatz gegen Separatisten: Ukrainische Armee bekommt offenbar Unterstützung von US- Söldnern«. *Der Spiegel*, 11. Mai 2014 (online).

507 *Wikileaks,* Dokument zitiert in: De Ploeg, *Oekraïne in het kruisvuur*, a. a. O., S. 36.

508 Van Zon, »Oekraïne: einde van het conflict«, a. a. O., S. 47, Zitat aus *Kyiv Post* 8. Oktober 2015.

4. DER BÜRGERKRIEG UND DAS MH17-DESASTER

immer noch in der Lage war, diese wesentlichen Entscheidungen zu treffen, ist ein Hinweis darauf, dass die Macht der föderalistischen Oligarchen nicht gebrochen war.

Am 21. Mai, dem Vorabend der Wahl, war Parubij im NATO-Hauptquartier in Brüssel und führte dort Gespräche.[509] Am gleichen Tag verkündete das Büro von Vizepräsident Biden in Washington, dass die USA mit NATO-Verbündeten unter dem Codenamen »Breeze« im Juli Marine-Manöver im Schwarzen Meer und unter dem Namen »Rapid Trident II« Armee-Manöver in der Ukraine abhalten würden. Wenn die EU sich daran gestört haben sollte, so erhob sie jedenfalls keine Einwände, nachdem europäische Wahlen einen starken Aufstieg von Rechtspopulisten und eine gegen Brüssel gerichtete Stimmung mit sich gebracht hatten, was die Stimme der Union in der Welt weiter schwächte.[510] Auch wirtschaftlich unterstützten US-dominierte Finanz-Institutionen das Regime in Kiew. Der IWF zahlte im Monat der Wahl die ersten 3,2 Milliarden Dollar eines Kredits aus. Die Bedingungen dafür waren an strenge Austeritätsmaßnahmen geknüpft, betrafen jedoch nicht den Bürgerkrieg, der als Erstes eine IWF-Hilfe eigentlich hätte ausschließen müssen. Zu einem späteren Zeitpunkt sollte der IWF auch den Bankensektor des Landes stützen. Kolomojskyjs *Privatbank* erhielt 1,8 Milliarden, das waren rund 40 Prozent der fast 5 Milliarden Dollar IWF-Hilfe, die der Oligarch später durch Pseudo-Verträge mit Offshore-Konten veruntreute, während die Geberländer wegschauten.[511]

Ohne die Konkurrenz von Klitschko, der auf den Bürgermeisterposten von Kiew abgeschoben war, gewann Poroschenko in der ers-

---

509 *NATO Review*, »Parubiy visit to NATO Headquarters«, 22. Mai 2014 (online).

510 Madsen, »Coordinating With NATO«, a.a.O.; Johnstone, *Queen of Chaos*, a.a.O., S. 160.

511 Der Kapitaldeckungsgrad, der im Juni 2014 bei 15,9 % lag, war in den ersten Monaten des Jahres 2015 aufgrund massiver Diebstähle auf 13,8 % gesunken. De Ploeg, *Oekraïne in het kruisvuur*, a.a.O., S. 35, und Van Zon, »Oekraïne: einde van het conflict«, a.a.O., S. 45f. Im Dezember 2016 wurde die *Privatbank* nationalisiert.

ten Runde über 54 Prozent der Stimmen, die meisten davon im Westen. Die Wahlbeteiligung lag bei 60 Prozent. Tymoschenko, die ihre Chancen verspielt hatte, indem sie Russland mit einem Kernwaffenkrieg gedroht hatte, erhielt 12,8 Prozent. Unter den verbliebenen Ultras kam Oleh Ljaschko mit der *Radikalen Partei* auf 8,3 Prozent.[512] Die Faschisten Tjahnybok (*Swoboda*) und Jarosch vom *Rechten Sektor* erreichten ca. 1 Prozent. Die Föderalisten, die politisch und physisch überlebt hatten, waren von ihrer Basis abgeschnitten, hatten sich zurückgezogen oder schnitten schlecht ab. Oleh Zarjow, der am Vorabend des Putsches enthüllt hatte, dass die USA Regime-Change-Aktivisten ausbildeten, erhielt von Kolomojskyj persönlich Morddrohungen und floh aus dem Land.[513]

Die Juli-Offensive und die NATO-Beobachtung

Poroschenko kam am Rande der D-Day-Feierlichkeiten in der Normandie im Juni mit Putin überein, Gespräche über einen Waffenstillstand zu beginnen. Zu diesem Zweck reisten russische Unterhändler am 8. Juni nach Kiew. Der Russische Föderationsrat zog am 24. Juni seine im März Putin erteilte Befugnis zurück, Truppen in der Ukraine zu stationieren. Moskau hatte schon darauf hingewiesen, dass es kein Interesse daran habe, dass der Aufstand im Donbass zu einer Sezession führt, weigerte sich nun entsprechend, ein Referendum hierüber anzuerkennen. Der Kreml akzeptierte hingegen den Ausgang der ukrainischen Präsidentenwahlen, was zu

---

512 Gordon Hahn nennt den jugendlichen Ljaschko ein schnell aufsteigendes dunkles Pferd und bezeichnet ihn als kämpfend für »den heiligen Auftrag – die Schaffung eines Großreichs Kiew – was bemerkenswerterweise Vergewaltigung, Plünderung und Töten von unbewaffneten Zivilisten einschloss«. Hahn, The Ukrainian Revolution's Neo-Fascist Problem«, a. a. O.

513 Sakwa, *Frontline Ukraine*, a. a. O., S. 121ff., 152. Sowohl Zarjow als auch der vorher erwähnte Mykhailo Dobkin waren am 29. April auf dem Weg zu einer Fernsehdebatte mit Tymoschenko von ukrainischen Ultras mit einer antiseptischen Flüssigkeit besprizt worden, *Russia Today*, »Kiev protégé allegedly behind Mariupol and Odessa massacres«, a. a. O.; De Ploeg, *Oekraïne in het kruisvuur*, a. a. O., S. 99.

wütenden Beschuldigungen durch Strelkov und andere Kommandeure des Aufstandes führte.[514] Russland jedoch hatte damit auf die EU reagiert, die scheinbar bereit war, dem Land eine Atempause zu gewähren. Denn nachdem Kiew am 27. Juni das wirtschaftliche Assoziierungsabkommen mit der EU unterzeichnet hatte, wurde die Umsetzung der Freihandelszone DCFTA auf den 31. Dezember 2015 verschoben.[515]

Auf der anderen Seite hatten die Kiewer Hardliner die Absicht, die konfrontative Politik beizubehalten, nicht fallengelassen. Als Poroschenko in den letzten Tagen des Juni durchblicken ließ, dass er die Absicht habe, den Waffenstillstand zu verlängern, fand er sich angesichts seines Versprechens nach der Wahl, »[die Aufständischen] innerhalb von Tagen zu liquidieren«, in die Enge getrieben. Eine bedrohliche Demonstration in Kiew durch die Bataillone *Donbass* und *Aidar* sowie Kolomojskyjs *Dnipro 1* forderten die sofortige Wiederaufnahme des Bürgerkrieges. Die in Kiew stationierte paramilitärische Gruppe *17+ Sotny* von Innenminister Awakow befand sich auch auf der Seite der Demonstranten.[516] Ihre Kampfeslust wurde von den Falken in den USA und der NATO bestärkt. Die Botschafterin der USA bei den Vereinten Nationen, Samantha Power, überhäufte Kiew mit Lob und warnte die Europäische Union davor, »der russischen Aggression« nachzugeben. Die EU begab sich am 27. Juni auf Linie, als sie »Putin aufforderte, Schritte zu unternehmen, um die Gewalt in der Ost-Ukraine zu deeskalieren.« Der polnische Präsident Bronislaw Komorowski schlug sogar vor, Russlands Vetorecht im UN-Sicherheitsrat auszusetzen. Es fällt

---

514 Kudelia, »The Donbas Rift«, a.a.O., S. 18; *Business Week,* »Poroshenko Sworn in as Ukraine's President, 7. Juni 2014 (online). Über Anti-Putin-Demonstrationen während der Reise des russischen Präsidenten in die Normandie im Juni, Johnstone, *Queen of Chaos*, a.a.O., S. 78ff.

515 *MFA*, Dok. 68, 7. März 2014, »Steering note Benelux Kiev visit«.

516 Hahn, »The Ukrainian Revolution's Neo-Fascist Problem«, a.a.O. Poroshenko zitiert in: Sakwa, *Frontline Ukraine*, a.a.O., S. 125. De Ploeg, *Oekraïne in het kruisvuur*, a.a.O., S. 90f.

schwer, nicht zu dem Schluss zu kommen, der Westen habe kein Interesse daran gehabt, dass sich die kompromissbereiten Kräfte durchsetzten, und stattdessen mit dem Gedanken an eine neue Offensive gespielt.

Am 30. Juni, nach einem fünfstündigen Treffen des Nationalen Sicherheits- und Verteidigungsrates mit Parubij, Awakow und anderen, deren Anhänger draußen demonstrierten, erklärte Poroschenko, dass der Waffenstillstand aufgehoben und eine neue Offensive gestartet werde. Walerij Heletej, der neue Verteidigungsminister (sein Vorgänger Kowal war zum stellvertretenden NSDC-Sekretär ernannt worden), versprach eine unmittelbar bevorstehende Siegesparade in Sewastopol auf der Krim.[517] Alarmiert von der Aussicht eines voll entbrennenden Bürgerkrieges, kamen die Außenminister Deutschlands und Frankreichs, Steinmeier und Fabius, am 2. Juni (einen Tag nach Wiederbeginn der Feindseligkeiten) zu einem Last-Minute-Meeting mit ihren russischen und ukrainischen Kollegen Lawrow und Klimkin in Berlin zusammen. Sie erreichten eine Einigung über einen erneuten Waffenstillstand, über weitere Verhandlungen und eine OSZE-Kontrolle der ukrainischen Grenze – eine Regelung, die für die Aufständischen besonders bedrohlich war, weil sie dadurch von ihren Nachschublinien abgeschnitten würden. Jedoch waren die USA nicht vertreten und verdammten entrüstet die Vereinbarung, als eine »feige Kapitulation vor russischer Aggression«.[518] Das US-Außenministerium erklärte, dass »Russland fortfahre, die Aufständischen mit schweren Waffen, anderer Militärausrüstung und Geldmitteln zu unterstützen, und Militanten ohne Beschränkung erlaube, in die Ukraine einzureisen.«[519]

---

517 »Ukraine, Ministry of Defence«, *Global Security.org*, n.d. (online). In der Verwaltung des Präsidenten war der Geflügel-Oligarch Jurij Kosiuk für die Antiterrororganisation verantwortlich.

518 Zitiert in: Sakwa, *Frontline Ukraine*, a.a.O., S. 164f.

519 Zitiert in: Marchak und Donahue, »EU Readies Russia Sanctions Amid U.S. Pressure«, a.a.O.; Katchanovski, »The Separatist War in Donbas«, a.a.O., S. 482.

4. DER BÜRGERKRIEG UND DAS MH17-DESASTER

Am 4. Juli begannen unter der offiziellen Schirmherrschaft Bulgariens Marinemanöver der NATO im Schwarzen Meer, die im Mai unter dem Namen »Breeze 2014« angekündigt worden waren. Neben den USA nahmen Einheiten aus Großbritannien, Rumänien, der Türkei, Griechenland und Italien teil. Elektronische Kriegsführung war eine Schlüsselkomponente der Übungen. Bezeichnenderweise nahmen Deutschland und Frankreich nicht teil, obwohl zwei französische Schiffe in der Region unterwegs waren, die Fregatte *Surcouf* und ein Schiff zur elektronischen Aufklärung, die *Dupuy de Lôme*.[520] Als Antwort auf die Demonstration der Stärke der NATO begannen auch zwanzig Schiffe der russischen Schwarzmeerflotte mit Manövern und feuerten dabei auch Raketen auf Übungsziele. Der darauf folgende Alarm vor einer bevorstehenden russischen Invasion wurde vom NATO-Kommando ständig wiederholt. Offensichtlich war der Zweck des Alarms, zu einer großen westlichen Antwort aufzurufen, sollte ein Ereignis eintreten, das auf eine Eskalation durch Russland bzw. die Aufständischen hindeutete oder als eine solche ausgegeben werden konnte.

Die neue Offensive entwickelte sich gut für Kiew. Slowjansk, der Umschlagplatz für Erdgas, an dem die Revolte gestartet war, wurde am 5. Juli eingenommen. Am 7. fielen Artemivsk und Druschkiwka. Am 10. wurde die Stadt Siwersk, östlich von Slowjansk und 100 km nordöstlich von Donezk, eingenommen, was eine Einkesselung von Donezk als möglich erscheinen ließ. Am Tag darauf warnte Poroschenko, die Aufständischen in Donezk sollten eine »hässliche Überraschung« erwarten. War das ein Bluff oder eine Provokation? Im Vorfeld des NATO-Gipfels im September in Wales war nach dem Debakel in Afghanistan das Bild einer »russischen Invasion« wichtig für das Überleben der Allianz. Deswegen war die Strategie der Kriegsbefürworter so wichtig, »Putin über die Grenze zu locken und in einen Konflikt hineinzuziehen, andernfalls würde

---

520 Sam LaGrone, »U.S. Cruiser Leaves Black Sea, Several NATO Ships Remain«. *UNSI News* (US Naval Institute, 15. Juli 2014, online)

der Plan der NeoCons, Putin als ›gefährlichen Aggressor‹ zu dämonisieren, dem man als Handelspartner nicht trauen kann, nicht funktionieren«.[521]

Die US-Satellitenüberwachung durch die privatisierte *DigitalGlobe Corporation*, lässt eine Strategie vermuten, bei der ein versuchter Durchbruch durch den Debalzewe-Korridor – mit dem Ziel, Donezk von Lugansk abzuschneiden – mit einer südwärts gerichteten Flankenoperation, die einen Angriff auf die Stadt Donezk von hinten ermöglichte, kombiniert werden sollte.[522] Die Überwachungskarten der abgedeckten Gebiete wurden später durch die russische Website *Neogeography.ru* im Zusammenhang mit der Analyse des Abschusses von Flug MH17 veröffentlicht. Am 11. Juli überwachte *DigitalGlobe* Sektoren im Westen von Donezk und im Norden von Druschkiwka, oberhalb der Druschkiwka-Artemivsk-Linie, die drei Tage vorher von Kiew erobert worden war. Am 12. wurde ein größeres Gebiet überprüft, das teilweise bis in den Oblast Lugansk hineinreichte. So wurde ein Sektor kartiert, der eine strategische Tiefe und sichere Flanken für einen Vorstoß gegen Debalzewe bot, ein Gebiet, das bereits im Mai Ziel heftiger Kämpfe gewesen war. Moskau schien jedoch nicht gewillt zu sein, sich auf eine Auseinandersetzung festlegen zu lassen, trotz ernsthafter Rückschläge für die Aufständischen. Mike Whitney beobachtete am 9. Juli: »Washington hat nur ein kleines Zeitfenster, um Putin in den Kampf hineinzuziehen, weshalb wir einen weiteren False-Flag-Vorfall erwarten sollten (…) Washington wird etwas wirklich Großes tun müssen und es so aussehen lassen, als ob Moskau es getan hätte.«[523]

---

521 Mike Whitney, »Pushing Ukraine to the Brink.« *CounterPunch*, 9. Juli 2014 (online).

522 Vgl. Marchak und Donahue, »EU Readies Russia Sanctions Amid U.S. Pressure«, a. a. O. DigitalGlobe hat das Monopol im amerikanischen Markt für hochauflösende Fernerkundung, nachdem es 2013 seinen einzigen Konkurrenten *GeoEye* erworben hatte. Es bedient eine Reihe von Kunden enschließlich der National Geospatial Intelligence Agency (NGA) des Pentagons. *Wikipedia*, »DigitalGlobe«.

523 Whitney, »Pushing Ukraine to the Brink,« a. a. O.

4. DER BÜRGERKRIEG UND DAS MH17-DESASTER

Dies wurde acht Tage vor dem MH17-Desaster veröffentlicht. Doch *Breeze 2014*, die 10-zehntägigen Übungen der NATO-Marine, die am 4. begonnen hatten, endeten ohne größere Zwischenfälle. Am 14. verließ die *USS Vella Gulf*, ein Lenkwaffenkreuzer der AEGIS-Klasse, der mit Raketen bestückt und mit AN/SPY1-Radar ausgerüstet ist und Langstrecken-Ziele erreichen kann, das Schwarze Meer – in Einklang mit der Konvention von Montreux, die die Marinepräsenz von Ländern, die keine Anrainer sind, auf 21 Tage beschränkt.[524] Sicherlich blieben nach der Abfahrt der *Vella Gulf* andere NATO-Schiffe im Schwarzen Meer, insbesondere das italienische Flaggschiff, die Fregatte *IST Aviere*, und eine Reihe von Spionageschiffen und Minensuchern anderer NATO-Staaten (aber offenbar kein Schiff der US-Marine), und sie waren dort auch am Tag des Abschusses von MH17.[525]

Das Manöver beinhaltete auch »die Nutzung von elektronischer Kriegsführung und elektronischer Aufklärungsflugzeuge wie der Boeing EA-18G Growler und der Boeing E3 Sentry Airborne Warning and Control System (AWACS)«.[526] Solche Übungen waren schon während der vorherigen Monate durchgeführt worden. Am 5. Juni war der gefährliche Verlust von Transpondersignalen[527] bei über 50 Passagiermaschinen über Süddeutschland, Österreich, der Tschechischen Republik und Polen beobachtet worden, was sich als Folge der nicht angekündigten NATO-Übung *Newfip* in Ungarn he-

---

524 Die *Vella Gulf* war auch früher schon, im Mai/Juni, in dem Gebiet eingesetzt worden. Am 7. Juli war sie zur Teilnahme an dem Manöver Breeze eingetroffen (sie würde am 6. August nach dem Schwarzen Meer zurückkehren). *Navaltoday.com.* »USS Vella Gulf's Black Sea Ops«. *Naval Today*, 28. August 2014 (online).

525 Sam LaGrone, »Navy: No Ship Moves to Black Sea Following Airliner Crash, Plans Could Change«. *USNI News* (US Naval Institute, 18. Juli 2014) (online); *Black Sea Breeze B-Roll.* »NATO Black Sea Naval Exercise«, 23. Juli 2014 (online).

526 Madsen, »Coordinating With NATO«, a.a.O.

527 Bei zivilen Flugzeugen wird dabei das Radarsignal zurückgestrahlt, damit das Flugzeug identifiziert werden kann.

rausstellte. Als das gleiche Phänomen später im selben Monat wieder Flugverspätungen und Flugabsagen verursachte, musste die deutsche Regierung bei dem NATO-Luftwaffen-Kommando in Ramstein anfragen, ob Übungen für elektronische Kriegsführung vom 9. bis zum 20. Juni in Italien dafür verantwortlich waren.[528]

Nach einigen Tagen ohne bzw. mit geringer Erfassung wurde die Satellitenbeobachtung von *DigitalGlobe* am 15. Juli wieder aufgenommen. Die beobachteten Sektoren deckten die südlichen Zugänge nach Donezk ab, was wieder die Absicht einer Einkreisung der Stadt vermuten ließ.

Ein Vorauskommando, das das Gebiet im Osten der Linie Krasny Lutch – Snischne (Ukrainisch: Sneshnoje), an der östlichen Spitze des Oblast Donezk, wo die Provinz nach Russland zeigt, besetzt hatte, erreichte fast die Einkreisung. Aber die Einheiten fanden sich plötzlich selbst abgeschnitten, als die Aufständischen Marinovka zurückeroberten. Snischne wurde am 15. heftig mit Artillerie beschossen, und Kräfte aus Kiew drängten voran, um den Kontakt mit den eingeschlossenen Truppen wieder herzustellen. Sie eroberten dabei von Norden aus Chrinkino, das östlich von Debalzewe liegt.[529] Am 16. stellte *DigitalGlobe* eine Karte mit einem Korridor von ca. 100 Kilometern Länge dar, der das Gebiet bis in den Oblast Lugansk und in russisches Territorium zeigte.

Am nächsten Tag, dem Tag der MH17-Katastrophe, wurde eine Offensive vom Süden (Amwrossijiwka) her gestartet, an Sawur Mohyla an der russischen Grenze entlang, um Kontakt zu den eingeschlossenen Kiewer Truppen herzustellen. Da das überwachte Ge-

---

528 Mathias Gebauer, »Sicherheitsprobleme bei Flugsicherung, Nato-Manöver löste mysteriöse Radarstörungen aus«. *Spiegel Online*, 17. Juli 2014 (online).

529 *Golos Sebastopolya*, »Voyna na Yugo-Vostok«, 17. Juli 2014 (online). Marchak / Donahue, »EU Readies Russia Sanctions Amid U.S. Pressure«, a. a. O.; *Baz2000*, »From the maidan to MH17«, a. a. O. Details hinsichtlich der militärischen Situation im Oblast Donezk vom 16. Juli wurden freundlicherweise von Hector Reban aus Berichten über die Situation vor Ort zur Verfügung gestellt.

4. DER BÜRGERKRIEG UND DAS MH17-DESASTER

biet die Flugbahn von MH17 beinhaltete, schließt *Neogeography.ru* aus der genannten Karte, dass DigitalGlobe in der Lage sein musste, genauere und aktuellere Bilder zu bekommen, die eine Fernerkundung aus dem All ermöglichten. Da, wie wir sehen werden, ein hochmoderner US-Satellit am nächsten Tag die Absturzstelle passierte, und zwar genau zur Uhrzeit des Abschusses, ist dies eine Schlussfolgerung, die nicht leicht von der Hand zu weisen ist. Zunächst sollten wir prüfen, welche relevanten Kapazitäten an Luftwaffe und Flugabwehr vor Ort waren.

Luft- und Luftabwehrwaffen und ihre Einsatzbereitschaft
Als die UdSSR zusammenbrach, verfügte die Ukraine über die viertgrößte Luftwaffe der Welt – nach den USA, Russland und China. Im März 2014 jedoch berichtete Admiral Ihor Tenjuch, der erste Verteidigungsminister der Putschregierung, dass von den 507 Kampfflugzeugen der Ukraine (plus 121 Angriffshubschraubern) nur 15 Prozent einsatzbereit waren, und dass nur jedes zehnte »in der Lage ist, Kampfaufträge durchzuführen«.[530] Ein halbes Jahr später zählte Phillip Karber in einem Bericht an NATO-Kommandeur Breedlove ca. 120 Flugzeuge. Vom wichtigsten Kampfjet, dem Überschalljäger Mikoyan MiG-29 (NATO Code: Fulcrum), besaß die Luftwaffe ursprünglich 200 Stück, von denen im Jahr 2014 85 im aktiven Dienst waren, nachdem ein Geschwader durch die Sezession der Krim verloren gegangen war. Sie waren in zwei taktische Luftbrigaden (TAB) mit jeweils 32 Flugzeugen aufgeteilt (die 40. TAB in der Nähe von Kiew und die 114. in Iwano-Frankiwsk im Westen). Etwa 21 weitere Flugzeuge waren für spezielle Aufgaben reserviert. Die MiG-29 ist mit einer Bordkanone und R-27-Luft-Luft-Raketen bewaffnet. Zwei wurden im Bürgerkrieg im Oktober 2014 abgeschossen. Von den anderen Überschallflugzeugen, Sukhoi Su-27 und -24, hatte Kiew jeweils 18 und 8 im aktiven Dienst. Karber zufolge wurde die Su-27 gar nicht benutzt und die SU-24 wegen Fehlern in den Waffensyste-

---

530 *Global Security.org*, »Ukraine Air Force«, n.d. (online).

men und anderen Problemen auch nicht oft, obwohl ein Flugzeug im Bürgerkrieg verloren ging.[531]

Das Kampfflugzeug, das intensiv genutzt wurde, war die Sukhoi Su-25 (NATO Code: Frogfoot). Ursprünglich hatte die ukrainische Luftwaffe 44, aber im Herbst 2014 verblieben nur acht davon in der 299. Taktischen Luftbrigade, stationiert in der Luftwaffenbasis Kubalkino im Oblast Mykolajiw, im Süden des Landes. Fünf bis sechs waren abgeschossen und zwei bis drei waren in der Zeit bis Oktober 2014 beschädigt worden. Die Su-25 ist ein Unterschallflugzeug für Bodenunterstützung, ausgerüstet mit infrarotgelenkten R-60-Raketen und einer Bordkanone mit panzerbrechender Munition. Etwa ein Dutzend davon waren im Dienst und die Flugzeuge der Wahl für diese Art von Krieg, den Kiew im Osten führte. In seiner Pressekonferenz am 21. Juli fragte das russische Militär, warum ein ukrainischer Kampfjet beobachtet worden war, wie er auf die Höhe der Maschine der Malaysian Airlines aufstieg; dabei wurde hinzugefügt: »vermutlich eine Su-25«. So nahm dieser Flugzeugtyp einen zentralen Platz in einem alternativen Szenario zur BUK-Abschuss-Theorie ein. In dem nach dem 17. Juli ausgebrochenen Propagandakrieg wurde die Tatsache, dass das Flugzeug eine Flughöhe von zehn Kilometern erreichen kann, von dessen ukrainischem Entwickler in Frage gestellt. Auf verschiedenen Websites wurde die Höhe dann ordnungsgemäß auf drei Kilometer niedriger geändert.[532] Hochrangige russische Luftwaffenoffiziere bestätigten andererseits, dass sie auch schon eine Flughöhe von 12.000 m erreicht hatten. All dies lenkte von der sehr viel wahrscheinlicheren Theorie ab, dass, *falls* Flug MH17 von einem Jet abgeschossen worden war, am ehesten ein oder mehrere Überschalljäger MiG-29 involviert waren (die Ra-

---

531 Karber, E-Mail an Breedlove, 21. Oktober 2014; Standorte unter *Global Security.org*, »Air Force Organization«, n.d. (online).

532 Ibid. Im *Wikipedia* Artikel »Su-25« (sowohl in Englisch als auch in Deutsch) wurde die maximale Höhe von ca. 10.000 auf 7.000 Meter gesenkt. Peter Haisenko, »Shocking Analysis of the ›Shooting Down‹ of Malaysian MH17«. *AnderWelt.com*, 30. Juli 2014 (online).

darsignatur einer Su-25 und MiG-29 sind zufällig praktisch gleich). Eine Su-25 hätte vielleicht ihre R-60-Raketen abfeuern können, ist aber andererseits nicht schnell genug, um auf die Höhe einer Boeing in Reisegeschwindigkeit zu gelangen und um sie herum zu manövrieren. Und eine Bordkanonensalve hätte sich bei der Geschwindigkeit deshalb über die ganze Länge des Flugzeugrumpfes erstreckt.[533]

Dies führt uns zu den Fähigkeiten der Luftabwehrwaffen, besonders der SA-11, einer Boden-Luft-Mittelstreckenrakete (BUK). Als die UdSSR sich auflöste, dienten die originalen BUK-M1-Raketen der Luftabwehr im sowjetischen Grenzbereich, und viele verblieben in der Ukraine. Eine BUK-Batterie besteht aus zwei Fahrzeugen mit mobilen, aufgerichteten Startrampen und Radar (TELAR, transporter erector launcher and radar) sowie einem Fahrzeug nur mit mobiler, aufgerichteter Startrampe (TEL). Drei Batterien bilden ein Bataillon mit einem Kommandofahrzeug und einem weiteren hochentwickelten Radarfahrzeug. Das TELAR, mit seinem integrierten Radar, wurde entwickelt, um das Abfeuern auch dann zu ermöglichen, wenn das separate Radar-Fahrzeug außer Gefecht ist. Ein komplettes BUK-System kann ein Ziel in einem Radius von 140 km identifizieren und beschießen, ein einzelnes TELAR hat eine reduzierte Reichweite von 42 km.[534]

Nach der Auflösung der UdSSR begann Russland die Ausrüstung auf unterschiedliche Versionen, M1-2 und M2, umzustellen. Die Ukraine versuchte ebenfalls ihre BUK-Systeme mit Hilfe der lokalen Industrie aufzurüsten. Informationen über diese modernisierten BUK M1-Systeme erschienen Ende Juni, als sie in Be-

---

533 *Russia Today*, »Could Su-25 fighter jet down a Boeing? Former pilots speak out on MH17 claims«, 11. März 2015 (online); Col. Sergey Balabanov in Grant, *It was a MiG*, a. a. O.; W. C. Turck, *A Tragic Fate. Politics, Oil, the Crash of Malaysia Airlines Flight 17 and the Looming Threats to Civil Aviation*. A Jinxee the Cat Publication. E-book, keine Paginierung, Kapitel 6.

534 David Cenciotti, »What it's like to be sitting behind a radar screen of an SA-11 Buk SAM system«. *The Aviationist*, 20. Juli 2014 (online); Bill Sweetman, »Buk Missile System Lethal, But Undiscriminating«. *Aviation Week network*, 23. Juli 2014 (online); *Wikipedia*, »Buk Missile System«.

trieb genommen wurden, auf der Website des ukrainischen Verteidigungsministeriums. Kiew hat 27 BUK-M1-Batterien in neun Bataillonen, gruppiert in vier Luftabwehr-Regimenter: das 11., 223., 108. und das 156. Die damals einsetzbaren BUK-Einheiten des 156. Luftabwehr-Regiments im Donbass waren bereits im März von Kommandeur Oberst Ivan Terebukha abgezogen worden.[535]

Am 12. Juli wurden alle Luftabwehrsysteme der Ukraine in erhöhte Alarmbereitschaft versetzt. Der ATO-Sprecher Vladislav Seleznyov kündigte an diesem Tag über Facebook an, dass »die reguläre Luftabwehr der Ukraine in Alarmstufe 1 versetzt worden sei«, was von *Ukrinform* mit Hinweis auf die Bedrohung durch Grad-Raketenwerfer der Aufständischen und Russlands bestätigt wurde.[536] Die Anweisung war am 17. noch in Kraft gewesen, was am 9. September auch die deutsche Regierung bestätigte. In einer Stellungnahme vom 19. Juli stellte das russische Verteidigungsministerium fest, dass das 156. Luftabwehr-Regiment rund um Donezk aufgestellt worden war, mit aktiviertem Kupol-M1 9S18-Radar.[537] In seiner Pressekonferenz am 21. sollte das russische Militär eine tagesaktuelle Liste präsentieren, die zeigte, welche ukrainischen BUK-Radare aktiv waren.

Vom Start der Juli-Offensive an waren Äußerungen aufgetaucht, wonach auch die Rebellen Buks hätten. In einer Pressekonferenz am 30. Juni behauptete NATO-Kommandeur Breedlove, dass die Aufständischen von Russland in der Nutzung von »fahrzeuggestützten Luftabwehrwaffen« geschult würden, aber dass die USA »noch nicht beobachtet hätten, dass diese Systeme über die Grenze in die Ukraine

---

535 Laut Zeugnis von Oberst Balabanov, in Grant, *It was a MiG*, a. a. O.; *Global Security.org*, n.d., »Air Force Order of Battle« (online).

536 Zitiert in: Hector Reban, »Did the Ukrainians shoot down Flight MH17?«, 18. Juni 2015 (online).

537 Zitiert in: *Pravda*, »Some conclusions – Did NATO try to murder Putin?«, 19. Juli 2014 (online); *YouTube*, »There Was a BUK Unit of the Ukrainian Army day before downing of MH17«, 26. Juli 2014 (online).

4. DER BÜRGERKRIEG UND DAS MH17-DESASTER

gebracht worden seien«.[538] Diese Aussage wurde in einem gemeinsamen Bericht der holländischen Nachrichtendienste (dem militärischen MIVD und dem zivilen AIVD) im April 2015 veröffentlicht. Der Bericht fasst die Geheimdiensterkenntnisse der NATO und der Verbündeten zusammen, in einem offensichtlichen Versuch, die beiden holländischen Dienste von dem Vorwurf zu befreien, nicht vor der Gefahr für zivile Flugzeuge gewarnt zu haben. Der Bericht stellt fest, dass die Luftabwehr-Systeme, auf die Breedlove sich bezog, nach allen Aussagen *am 17. Juli noch nicht in der Ukraine* gewesen seien. Die Aufständischen hatten zwar am 29. eine ukrainische Militärbasis in Donezk erobert, in der BUK-M1-Raketensysteme stationiert waren, aber diese waren nicht einsatzbereit.

»[Über die Eroberung der Basis] war vor dem Absturz äußerst ausführlich in den Medien berichtet worden. Der MIVD erhielt am 30. Juni und am 3. Juli ebenfalls Geheimdienstinformationen in dieser wie in anderen Angelegenheiten. Im Verlaufe des Juli wiesen verschiedene vertrauenswürdige Quellen darauf hin, dass die Systeme, die in der Militärbasis waren, nicht operativ einsetzbar waren. Daher konnten sie von den Separatisten nicht genutzt werden.«[539]

Im Juli war diese Angelegenheit noch ein Thema von Diskussionen, da nach verschiedenen Einschätzungen die feindliche Luftabwehr Kiew bereits zahlreiche Hubschrauber und Flugzeuge gekostet hatte. In den Wochen vor dem 17. Juli verlor Kiew zwei weitere Su-25, fünf Mi-24 Hind und zwei Mi-8-Hip-Hubschrauber, aber auch zwei schwere Antonow Militärtransport-Flugzeuge und eine Ilyushin Il-76. Trotzdem flog eine Anzahl internationaler Fluggesellschaften immer noch über die Ostukraine. Eine Erklärung, warum die ukrai-

---

538 Zitiert in: *Review Committee on the Intelligence and Security Services. Review Report arising from the crash of flight MH17. The role of the General Intelligence and Security Service of the Netherlands (AIVD) and the Dutch Military Intelligence and Security Service (MIVD) in the decision-making related to the security of flight routes. CTIVD* nr. 43 (8. April 2015), S. 23.

539 *Review Committee, Report arising from the crash of flight MH17*, a. a. O., S. 23f, Hervorhebungen hinzugefügt; BUK-Basen und Einheiten aus *Global Security org*, »Air Force Organization«, a. a. O.

nische Luftkontrolle auch nach dem Abschuss der Il-76 am 8. Juli darauf beharrte, zivile Flugzeuge über das Gebiet zu leiten, könnte sein, dass die ukrainischen Luftwaffenpiloten einen neuen Weg gefunden hatten, sich hinter der Radarsignatur eines zivilen Flugzeugs vor Bodenradar zu verbergen; offenbar sandte Kiew deshalb Passagierflugzeuge durch den nördlichen Korridor (aber auch um die Gebühren für den Überflug nicht zu gefährden).[540]

Der Bericht der holländischen Geheimdienste hielt auch im April 2015 noch daran fest, dass die Aufständischen nur leichte Luftabwehr mit kurzer Reichweite auf tragbarer Basis (MANPADS) hatten sowie »möglicherweise fahrzeuggestützte Luftabwehrsysteme kurzer Reichweite«. Noch bis zum 16. Juli erhielt die AIVD Geheimdienstinformationen, die aufzeigten, dass die Aufständischen keine Mittelstrecken-Luftabwehrraketen besaßen.[541]

Aber wie wurden die schweren Transportflugzeuge zum Absturz gebracht? Die kontroverse Diskussion wurde im Lichte der folgenden Ereignisse in höchstem Maße bedeutsam, als die Aufständischen am 14. Juli eine Transportmaschine vom Typ Antonow AN-26 in der Nähe der Stadt Lugansk abschossen. Die Behörden in Kiew behaupteten, dass die Antonow sehr wohl oberhalb der Reichweite von bekannten Kurzstrecken-Luftabwehrwaffen der Aufständischen geflogen sei, und beschuldigten Russland, eine BUK abgefeuert zu haben. Unter Anführung des ukrainischen Geheimdienstchefs, Walentyn Nalywajtschenko, berichtete das US-amerikanischen Medien-

---

540 Dies war eine Technik, die von israelischen Kampfpiloten entwickelt worden war, vgl. Nigel Cawthorne, *Flight MH370: The Mystery*. London: John Blake, 2014, S. 184; *Baz2000*, »From the maidan to MH17«, a.a.O.; Eric Vrijsen, »Passagiersvliegtuigen waren feitelijk menselijk schild voor Kiev«. *Elsevier*, 24. Juli 2014, online.

541 *Review Committee, Report arising from the crash of flight MH17*, a.a.O., S. 26. Hinsichtlich der Gerüchte, dass Russland schwere Luftabwehr-Systeme geliefert hatte oder die Aufständischen daran ausbildete, stellt der Bericht fest, dass, selbst wenn dies die Absicht gewesen sei, es keine Lieferung gab und ebenso wenig Beweise für die Ausbildung an diesen Systemen, Ibid., S. 23f.

unternehmens *Bloomberg* am 16. »die ukrainische Regierung« habe »auch ›unbestreitbare Beweise‹, dass Russland in den Abschuss [der AN-26] involviert war«.[542]

Das war drei Tage vor dem Abschuss von Flug MH17 ein unverhohlener Versuch, Moskau als aktive Kriegspartei zu beschuldigen und den Bürgerkrieg in eine internationale Krise zu verwandeln. Kiew gründete seine Behauptungen über Russlands Schuld darauf, dass nach eigenen Geheimdienstberichten die Aufständischen *keine* Systeme hatten, die die Höhe von 6.200 Metern erreichen konnten. Später schlussfolgerten jedoch maßgebliche Quellen, dass die AN-26 nicht durch ein schlagkräftiges System abgeschossen wurde, weil sie sonst in der Luft explodiert wäre. Das Flugzeug muss viel niedriger geflogen sein; es wurde möglicherweise von einer tragbaren Luftabwehrrakete (Manpad) oder einem fahrzeugbasierten Luftabwehrsystem mit geringer Reichweite in einer Turbine getroffen und musste bruchlanden, wonach Insassen in Kriegsgefangenschaft gerieten.[543]

Als Antwort auf diesen Vorfall gab Kiew eine NOTAM (Notiz an Flieger) heraus, mit der der Luftraum östlich von Dnjepropetrowsk für zivile Verkehrsflugzeuge eingeschränkt wurde. Westliche Diplomaten, darunter der deutsche Botschafter und ein niederländischer Botschaftsrat, wurden über »einen neuen Grad der Bedrohung« informiert – etwas, das normalerweise an Militärattachés kommuniziert wird. Wurde dieser Weg gewählt, um auf höchster diplomatischer Ebene zu vermitteln, dass BUKs gegen Flugzeuge Kiews geschossen werden, möglicherweise um einen weiteren solchen Vorfall zu verdecken und die Bühne für eine internationale Antwort vorzubereiten? Denn die NOTAM-Verfügung über eine Höchstgrenze von

---

542 Zitiert in: Marchak/Donahue, »EU Readies Russia Sanctions Amid U.S. Pressure«, a.a.O.

543 *Review Committee, Report arising from the crash of flight MH17*, a.a.O., S. 24; *Jane's Defence Weekly* behauptet, dass Fallschirme verwendet wurden, vgl. Joost Niemöller, *MH17. De Doofpotdeal* [preface, K. Homan]. Amsterdam: Van Praag, 2014, S. 75f.

10.000 Metern ergäbe keinen Sinn, wenn tatsächlich eine BUK, die Ziele bis 22.000 Meter erreichen kann, tatsächlich benutzt worden wäre. 10.000 Meter ist jedoch die Obergrenze für Su-25-Jets, die sich Berichten zufolge im Radarschatten von zivilen Verkehrsflugzeugen verstecken. Warum aber stellten westliche Diplomaten keine Frage? Die niederländische Regierung sollte das Memo über das NOTAM-Briefing erst sechs Monate später, im Januar 2015, dem *Dutch Safety Board* übergeben, das mit der technischen Untersuchung des Absturzes beauftragt wurde, nachdem der christdemokratische Abgeordnete Pieter Omtzigt die Angelegenheit veröffentlicht hatte.[544] Und schließlich änderte Kiew am 17. Juli, nur wenige Stunden vor dem Abschuss von Flug MH17, sein Urteil und behauptete nun, dass die An-26 doch von den Aufständischen abgeschossen worden sei.[545]

In der Zwischenzeit verlor Kiew am 16. Juli einen weiteren Bodenkampfjet vom Typ Su-25. Kiew behauptete, das Flugzeug sei in einem Luftkampf mit einer russischen MiG-29 abgeschossen worden, die angeblich ukrainischen Luftraum verletzt und eine weitere Su-25 beschädigt habe. Wie die *New York Times* berichtete, »beschwerte sich ein ukrainischer Sicherheitsbeamter in einem Briefing am Donnerstag über russisches Eindringen in den ukrainischen Luftraum, in etwa zur gleichen Zeit, da der Malaysia-Airlines-Flug 17 in Amsterdam abhob«.[546] Dies war der zweite Versuch, eine westliche Reaktion gegen Moskau auszulösen (das den Fall dementierte, abgesehen von der Tatsache, dass kein Su-25-Pilot es riskieren würde, einen Luftkampf mit der weit überlegenen MiG aufzunehmen). Ob

---

544 Wierd Duk, »CDA'er Pieter Omtzigt: ›Kabinet moet VN vertellen dat MH17-onderzoek niet compleet is. Waarom heeft OVV radarbeelden niet kunnen inzien?‹« *ThePostOnline*, 3. November 2015 (online).

545 Hagena & Partner, *Malaysian Air Flug MH17. Die Geschichte eines Jahrhundertverbrechens.* Bonn: Hagena & Partner, 2015, S. 39f, 45. Turck, *A Tragic Fate. Politics,* a. a. O., Kapitel 1. »The MIVD did not receive any information regarding the reasons for this restricted airspace«, *Review Committee, Report arising from the crash of flight MH17,* a. a. O., S. 24.

546 Peter Baker, »With Jet Strike, War in Ukraine Is Felt Globally«. *The New York Times*, 19. Juli 2014 (online); Niemöller, *MH17. De Doofpotdeal,* a. a. O., S. 7.

4. DER BÜRGERKRIEG UND DAS MH17-DESASTER

die Luftwaffe Kiews überhaupt am 17. Juli aktiv war, ist umstritten.[547] Aber wir sollten festhalten, dass in den Tagen kurz vor dem Abschuss von Flug MH17 zwei eindeutige Versuche von Kiew gemacht worden waren, den Bürgerkrieg durch Flugzeugabstürze zu einer internationalen Krise zu eskalieren. Der eine Versuch basierte auf Behauptungen, die später wieder zurückgezogen wurden, der andere auf einer zweifelhaften Behauptung, die nicht weiter verfolgt wurde.

Hätte der Abschuss von Flug MH17, ungeachtet, wer dafür verantwortlich war und ob er absichtlich oder versehentlich erfolgte, nicht den Einsatz drastisch erhöht? Das NSDC konstruierte am 18. Juli eine Verbindung, indem behauptet wurde, dass alle drei Flugzeuge »von russischem Territorium aus« beschossen worden wären, was Behauptungen von Poroschenko und dem Innenministerium in Kiew vom Tag zuvor widersprach (s. u.).[548]

Auch wenn es eine der wichtigsten Prioritäten für Kiew und die NATO-Falken war, Russland in den Kampf hineinzuziehen, so hatte Washington auch noch andere Interessen, die es wert waren, den Einsatz zu erhöhen.

Putins Flug zurück von Brasilien
Am 17. Juli flog der russische Präsident in seiner offiziellen Iljuschin-96 »Board One«, von Fortaleza (Brasilien) zurück nach Moskau. Damit beendete er eine sechstägige Reise durch Lateinamerika, die in Kuba begonnen hatte, dem bei diesem Anlass 90 Prozent der aus Sowjetzeiten stammenden Schulden erlassen wurden, während der Rest für gemeinsame Projekte festgelegt wurde. Er machte einen

---

547 E-Mail an den Autor von dem holländischen Blogger Hector Reban. Eine Übersicht der Flugzeugverluste der Ukraine ist in *Aviation Safety Network*, zitiert in: Simon A. Bennett, »Framing the MH17 Disaster – More Heat than Light?« *International Journal of Aviation, Aeronautics, and Aerospace*, 2 (4) 2015, Scholarly Commons, S. 26, appendix (online).

548 «Випадок із збитим Боїнгом вже третій після того, як з російської території було збито українські військові літаки Ан-26 та Су-25«. NSDC Twitter-Mitteilung, 18. Juli 2014 (online); zur Verfügung gestellt von Hector Reban, Übersetzung geprüft von Ewout van der Hoog und Hans van Zon.

unangekündigten Zwischenstopp in Nicaragua, bevor er nach Argentinien weiterflog. Dort und in Brasilien unterzeichnete er Verträge zum Bau von Kernreaktoren, gebaut von *Rosatom* zu bevorzugten Bedingungen.[549] In Fortaleza nahm Putin an einem Treffen der fünf Staatschefs der BRICS-Länder teil und unterzeichnete mit ihnen gemeinsam die Charta der »Neuen Entwicklungsbank«, auch BRICS-Bank genannt.

Für den russischen Präsidenten war das Treffen in Fortaleza eine kurze Verschnaufpause von der ununterbrochenen Dämonisierung seiner Person im Westen. Die BRICS-Gemeinschaft unterließ es, Moskau wegen der Krise in der Ukraine zu kritisieren, und forderte stattdessen alle Parteien auf, Zurückhaltung zu üben, damit der Konflikt friedlich gelöst werden könne.[550] In Brasilien kam Putin mit Angela Merkel, die dort zum Besuch des Endspiels der Fußballweltmeisterschaft weilte, überein, den mehrfach erwähnten vorläufigen »Land für Gas«-Deal weiter zu verhandeln, um die ukrainische Krise zu überwinden.

Auf dem Weg zurück nach Moskau überquerte die Präsidentenmaschine ca. 200 Meilen (320 km) – also ca. eine halbe Flugstunde – hinter Flug MH17 Warschau, nahm dann aber eine nördliche Route. Dies gab Anlass zu der Spekulation, dass Flug MH17 möglicherweise mit dem Flugzeug des Präsidenten verwechselt worden war. Aber zunächst sollten wir darauf schauen, was sonst noch politisch auf dem Spiel stand.

Betrachten wir zuerst die BRICS-Entwicklungsbank. Der Zusammenbruch von 2008 traf die BRICS-Länder hart und zwang

---

549 *Russia Today,* »Putin's L. America ›big tour‹, deals done«. 17. Juli 2014 (online). Zufällig war *Rosatom* ein großer Spender der Clinton Foundation gewesen. Schweizer, *Clinton Cash,* a.a.O., S. 50f. Zum Zeitpunkt der Erstellung dieses Buches waren die damaligen politischen Staatsführer in Argentinien und Brasilien von der Macht verdrängt worden, und Obama nahm sein eigenes Projekt zur Öffnung Kubas, oder wie einige sagen würden, von Kubas Mittelklasse, in Angriff.

550 Alonso Soto / Anthony Boadle, »BRICS set up bank to counter Western hold on global finances«. *Reuters,* 16. Juli 2014 (online).

4. DER BÜRGERKRIEG UND DAS MH17-DESASTER

China, die Lokomotive des Blocks, einen Gang herunterzuschalten. »Da sich das Wachstum in China und den entwickelten Industrieländern verlangsamt hat«, schrieb Ökonom Ruchir Sharma von *Morgan Stanley* im Jahr 2012, »werden diese Länder weniger von ihren exportorientierten Partnern wie Brasilien, Malaysia, Mexiko, Russland oder Taiwan beziehen«. Deren Exportleistung war in der Boom-Periode auf 6 Prozent des BIP gestiegen, reduzierte sich jetzt aber wieder auf unter 2 Prozent, was harte Zeiten ankündigte.[551] Ihr Wachstum nahm aber schon bald wieder Fahrt auf, und bis 2015 sollte das Bruttoinlandsprodukt Chinas (zur Kaufkraftparität) das der Vereinigten Staaten eingeholt haben, Indien war weit an Japan vorbei gezogen, und Russland und Brasilien hatten nur noch Deutschland, als einziges unter den EU-Ländern, wirtschaftlich vor sich.[552]

Auch die finanzielle Macht der BRICS-Gemeinschaft wurde 2008 getroffen.[553] Als staatlich-oligarchische kapitalistische Formationen hängen die BRICS-Wirtschaften jedoch in qualitativ anderer Art vom Finanzwesen ab als das liberale Kernland. Anders als der Westen oder die mit erebten Reichtümern ausgestatteten Herrscher in den Golf-Monarchien mobilisieren sie weiterhin Geldkapital zuallererst für die Wirtschaftsentwicklung, so wie es die Investmentbanken in den spät industrialisierten Herausforderer-Ländern Frankreich oder

---

551 Ruchir Sharma, »Broken BRICs. Why the Rest Stopped Rising«. *Foreign Affairs*, 91 (6) 2012, S. 6.
552 *World Bank.* »World Development Indicators: Size of the economy«. Abbildungen zur Kaufkraftparität (online). Südafrika ist natürlich eine viel kleinere Wirtschaftseinheit.
553 2005 betrug der Anteil des US-Dollars an den Weltwährungsreserven offiziell 66 %, aber die USA selbst hielten nur 4 % an ausländischen Geldreserven und monetärem Gold – gegenüber China mit 21 % und Japan mit 18 %. Zusammen hielten die G5 21 % der Weltwährungsreserven, die BRICS-Staaten dagegen 35 %. Leslie Elliott Armijo, »The BRICs Countries (Brazil, Russia, India, And China). As Analytical Category: Mirage Or Insight? *Asian Perspective*, 31 (4) 2007, S. 23. – Nebenbemerkung: ein kleines »s« bedeutet BRICs *ohne*, mit großem S *mit* South Africa, das 2011 beitrat.

Deutschland in der Vergangenheit taten.[554] Als die Vereinigten Staaten und die EU auf die Krise reagierten, indem sie die Banken retteten und sie mit neuer Liquidität versorgten (*Quantitative Easing*), damit diese ihre unlauteren Praktiken, die die Krise verursacht hatten, wieder aufnehmen konnten, mussten die BRICS-Länder versuchen, sich und ihre Investmentfonds abzusichern. Private Finanzierungen von Infrastrukturmaßnahmen stürzten nach der Krise drastisch ab, und die Darlehenskapazität der Banken wurde offensichtlich reduziert (und weiter verringert durch die Anforderungen an die Kapitalvergabe durch Basel III), und auch Staats- und Pensionsfonds investierten relativ wenig in Infrastruktur.[555]

Eine BRICS-Entwicklungsbank sollte die Lücke füllen. Der Plan wurde 2012/13 auf Treffen in Delhi und Durban entwickelt, was Radhika Desai veranlasste zu schreiben: »Noch nie seit den Tagen der Blockfreien Bewegung und ihrer Forderung nach einer neuen internationalen Wirtschaftsordnung in den 1970er Jahren hat man eine solche koordinierte Herausforderung der westlichen Vormachtstellung in der Weltwirtschaft durch Entwicklungsländer gesehen«.[556] Da ihr Ruf nach einem Bruch mit der Austeritätspolitik und einer stärker entwicklungsorientierten Politik von IWF und Weltbank immer wieder zurückgewiesen wurde, brachten die BRICS-Länder auf dem Treffen in Fortaleza die Pläne für eine Entwicklungsbank im Schnellgang voran.[557] Die »Langzeitauswirkungen für die globale Ordnung und Entwicklung«[558] blieben jenen, die den Vorgang beobachteten, nicht verborgen. Die Schaffung eines Pendants zur Weltbank, mit

---

554 Herman Schwartz, »Political Capitalism and the Rise of Sovereign Wealth Funds«. *Globalizations*, 9 (4) 2012, S. 523f.

555 Gregory T. Chin, »The BRICS-led Development Bank: Purpose and Politics beyond the G20«. *Global Policy*, 5 (3) 2014, S. 367.

556 Radhika Desai, »The Brics are building a challenge to western economic supremacy«. *The Guardian*. 2 April 2013 (online).

557 Soto und Boadle, »BRICS set up bank to counter Western hold«, a.a.O.

558 Dingding Chen, »3 Reasons the BRICS' New Development Bank Matters«. *TheDiplomat.com*, 23. Juli 2014 (online).

einem Kapital von 100 Milliarden Dollar und einem noch einmal so großen Pool an Reservewährung (entsprechend dem IWF)[559] legte den Grundstein für einen Gegenpol in der Weltwirtschaft, womit die westliche Austeritätspolitik frontal angegangen wurde.

Das zweite Ergebnis, das Putin glaubte von Brasilien mit nach Hause zu bringen, war der »Land für Gas«-Deal. Die umfangreiche Vereinbarung mit Kanzlerin Merkel sollte die ukrainische Grenze stabilisieren – im Tausch gegen russische Hilfe bei der finanziellen Sanierung des Landes. Sie beinhaltete Drei-Parteien-Verhandlungen zwischen Russland, Deutschland und Kiew; in einem entscheidenden Absatz waren die Gaslieferungen festgehalten, die Firtasch in Wien anvertraut worden waren, der zu diesem Zeitpunkt immer noch auf der US-Fahndungsliste stand. Wie weit diese Verhandlungen tatsächlich gediehen waren, ist unklar, aber die Hauptrichtung der Vereinbarung war unzweifelhaft. Ebenso unzweifelhaft war, dass die USA und Großbritannien eine Vereinbarung pauschal ablehnen würden, die die Krim unter russischer Souveränität beließe.[560]

Tatsache ist, dass die USA am 16. Juli, während Putin noch in Brasilien weilte, zu neuen Sanktionen gegen Russland ausholten. Die EU-Botschafter in Washington wurden mit Geheimdienstinformationen über die Lieferung von schweren Waffen durch Russland versorgt, aber es gab in der Nacht vom 16. auf den 17. Juli auch noch intensive transatlantische Konsultationen. Merkel und Biden riefen beide Poroschenko an, und Merkel konferierte telefonisch auch mit

---

559 David Pilling, »The BRICS Bank is a Glimpse of the Future«. *Financial Times*. 4. August 2014.

560 Verbreitet durch einen britischen Diplomaten, zitiert in: Margareta Pagano, »Land for gas: Merkel and Putin discussed secret deal could end Ukraine crisis«. *The Independent*, 31. Juli 2014 (online); Sakwa, *Frontline Ukraine*, a. a. O., S. 171. Der Paragraph zum Gas hätte eine Erleichterung für das bankrotte Land bedeutet, im Tausch hätte Poroschenko zustimmen können, keine NATO-Mitgliedschaft anzustreben, während Putin seine Einwände gegen eine Freihandelsvereinbarung mit der EU hätte fallen lassen können. Zusätzlich würden die Russen die Ukraine mit einem Milliarden Dollar umfassenden Paket für den Verlust der Mieteinnahmen der russischen Marinebasis Sewastopol entschädigen.

Obama. Darüber berichtete eine Kiew freundlich gesonnene Website und kommentierte ungeduldig: »Jeder wartet auf die Entscheidung [des Europäischen Rates] hinsichtlich der Verschärfung der Sanktionen gegen die Russische Föderation«.[561] Auf dem EU-Gipfel wurde Streit erwartet, da Länder mit Exportinteressen nach Russland sich störrisch zeigten. Der Abschuss von Flug MH17 am 17. Juli änderte das alles. Die »Land für Gas«-Verhandlungen wurden prompt aufgegeben und Europa ließ seine verbliebenen Widerstände hinsichtlich einer neuen Runde von Sanktionen gegen Russland fallen. Mark Leonard, Gründer und Direktor des *European Council on Foreign Relations* erklärte in einem Zeitungsinterview ein Jahr später: »Ohne MH17 wäre es ziemlich schwer gewesen, ausreichende Unterstützung für verschärfte Sanktionen gegen die russische Wirtschaft zu erhalten«.[562]

Der Abschuss von MH17

Am 17. Juli 2014 hob MH17 vom Amsterdamer Flughafen Schiphol in Richtung Kuala Lumpur ab. Die Flugdetails, wie alle Informationen über internationale Flüge, einschließlich der Passagierlisten, waren aufgrund der existierenden Anti-Terror-Vereinbarungen der EU routinemäßig an US-Behörden weitergeleitet worden. Das »Advanced Passenger Screening« (Vorab-Passagier-Informationssystem), mit dem diese Informationen ausgewertet werden, hat die israelische Firma *ICTS* mit Sitz in Schiphol entwickelt. *ICTS International N. V.* wurde 1982 von ehemaligen Mitgliedern des israeli-

---

561 *BurkoNews.info,* »Anti-Terrorist Operation: Tägliche Zusammenfassung für 16. Juli 2014«, 17. Juli 2014 (online). Der Europäische Rat wird im Original als Council of Europe bezeichnet. Siehe Marchak/Donahue, »EU Readies Russia Sanctions Amid U.S. Pressure«, a. a. O.

562 Mark Leonhard, interviewt in der niederländischen Tageszeitung *Trouw,* 30. Juli 2015, vgl. Marno de Boer, »Rusland rommelt aan de grenzen« (online).

4. DER BÜRGERKRIEG UND DAS MH17-DESASTER

schen Inlandsgeheimdienstes *Schin Bet* und Sicherheitskräften von *El Al* unter niederländischem Recht gegründet. Ihr Vorsitzender und Mehrheitseigentümer seit 2004 ist Menachem J. Atzmon, der als stellvertretender Schatzmeister der Likud Partei bis in die späten 1990er Jahre die Parteispenden aus den USA verwaltete. Nur wenige Firmen sind so involviert in den Komplex Terrorismus/Terrorismusabwehr wie die ICTS – direkt oder durch Niederlassungen, wie z. B. *Huntleigh USA*.[563]

Malaysian Airlines hatte im März 2014 bereits eine andere Boeing 777 – Flug MH370 – verloren, und zwar auf der Strecke von Kuala Lumpur nach Peking. Das Flugzeug transportierte mehrere hundert Kilogramm hochentzündlicher Lithium-Ionen-Batterien (Teil einer Ladung von 2,5 Tonnen elektronischer Artikel der Firma Motorola). Einmal entfacht, produzieren solche Batterien explosives Kohlenwasserstoff-Gas. Sie verursachten bereits viele verhängnisvolle Brände an Bord, den letzten im Jahr 2010 in einem UPS-Frachtflugzeug. Dies ist eine der möglichen Erklärungen für das Verschwinden von Flug MH370.[564] Eine andere Hypothese wird in Nigel Cawthornes Buch *Flight MH370. The Mystery* diskutiert. Sie besagt, dass ein US-

---

563 *Huntleigh USA* war Teil der Sicherheitsdienste am Logan Airport in Boston, von dem am 11. September 2001 die beiden Flugzeuge gestartet waren, die in die Twin Towers flogen. Im Nachgang sah sich die Firma zahlreichen Klagen wegen nachlässiger Sicherheitsüberprüfungen ausgesetzt. Nachdem die Sicherheit an US-Flughäfen durch die Transportation Security Administration übernommen worden war, verlor die Firma ihr Geschäft. ICTS erlaubte auch am Weihnachtstag 2009 dem nigerianischen Studenten Umar Farouk Abdulmutallah, trotz der normalerweise strengen Sicherheitsvorkehrungen in Schiphol, mit Sprengstoff, der in seine Unterwäsche eingenäht war, an Bord der Northwest Airlines mit Ziel Detroit zu gelangen. Madsen, »Coordinating With NATO«, a. a. O.; *Wikipedia*, »ICTS«.

564 Henry Blodget, »Malaysia Airlines Admits The Plane Was Carrying Flammable Lithium-Ion Batteries As Cargo«. *Business Insider*, 22. März 2014 (online). Zusätzliche Informationen von Mr. Herman Rozema. Hinsichtlich der Sicherheitsprüfung, *The Straits Times*, »Shipment containing lithium ion batteries not screened before loading on MH370: Report«, 8. März 2015 (online).

amerikanisch-thailändisches Manöver verantwortlich gewesen sei. Ohne hier weiter darauf einzugehen, ist Cawthornes Buch wichtig, weil es auf viele Fragen hindeutet, die auch im Fall von Flug MH17 eine Rolle spielen, jedoch ohne dass sie durch Propaganda verfälscht wurden. Dass der Transponder von MH370 ausgeschaltet war, als das Flugzeug verschwand, während der Transponder von MH17 (der noch einen Tag nach dem Absturz weiter arbeitete) zwar geborgen, aber nicht zurückgegeben wurde, sollte angesichts der wachsenden Rolle elektronischer Kriegsführung, darunter auch das Entführen von Flugzeugen (»e-hijacking«), nicht auf die leichte Schulter genommen werden.[565]

MH17 transportierte ebenfalls Lithium-Ionen-Batterien, in diesem Fall 1.376 kg, das waren fast 10 Prozent der gesamten Frachtzuladung des Flugzeugs (17 Tonnen). Dies ist ungefähr die sechsfache Menge, welche die FAA in den USA als Grenze für die Brandbekämpfungsmöglichkeiten eines Passagierflugzeuges benennt.[566] Die Batterien waren von TNT vom Grâce-Hollogne-Flughafen nahe Lüttich, der ein Verteilerzentrum für einen Postdienstleister betreibt (eine Filiale einer britischen Firma), nach Schiphol geflogen worden. Da praktisch die gesamte Produktion dieser Akkus in Ost-Asien stattfindet, ist es unwahrscheinlich, dass sie für den normalen Verkauf an Endverbraucher nach Malaysia geflogen wurden. Lithium-Ionen-Batterien werden zunehmend auch in militärischen Geräten wie tragbaren Anti-Panzer-Raketen, Chemie-Detektoren und natürlich in Kommunikationsgeräten verwendet.[567] Die Akkus waren in sieben

---

565 Dutch MP Pieter Omtzigt, in: Duk, »CDA'er Pieter Omtzigt: ›Kabinet moet VN vertellen‹«, a.a.O.; Cawthorne, *Flight MH370: The Mystery*, a.a.O., S. 144f.

566 *Federal Aviation Administration.* »Summary of FAA Studies Related to the Hazards Produced by Lithium Cells in Thermal Runaway in Aircraft Cargo Compartments«, 2016 (online).

567 Julian Robinson, »Revealed: Pet dogs and pigeons were among casualties of MH17 as documents show it was carrying everything from fresh cut flowers to helicopter parts«. *MailOnline*, 19. Juli 2014 (online); *Whathappenedto-flightMH17.com*, »Could the 1400 kg of lithium batteries have contributed

großen Paketen in drei Containern verladen worden, größtenteils im vorderen Bereich der Frachtzone verstaut, eine kleinere Menge im Heck, und mit dem Vermerk »dringend« auf dem Frachtbrief. Das Flugzeug transportierte auch ein hochentwickeltes Gerät zur elektrochemischen Widerstandsspektroskopie, mit der Batterie- bzw. Akkuzustände exakt gemessen werden können. *Malaysia Airlines* war finanziell auf einem absteigenden Ast und musste jeden Dollar nutzen, aber das beantwortet noch nicht alle Fragen.[568] Die Boeing transportierte auch Diplomatenfracht für die Botschaft in Malaysia, in Schiphol von *VCK Logistics Airfreight* verpackt und in den Frachtpapieren beschrieben als »Extrem dringende Lieferung, unbedingt wie gebucht zu fliegen«.[569]

Die genaue Art der Flugzeugfracht, die Gegenwart der Akkus, ob sie brannten und explodierten oder wenn nicht, was mit ihnen nach dem Absturz geschah (oder was mit der Diplomatenfracht geschehen war): all das hätte offensichtlich Teil einer ordentlichen Untersuchung sein sollen, wozu wir in Kapitel 5 kommen werden.

Bei dem Verlust von zwei Flugzeugen geriet unvermeidlich die Frage der Nationalität der Linie in die Diskussion. Malaysia gehört zu der Kategorie von Staaten, die dem neoliberalen Kapitalismus und dem angloamerikanischen Anspruch der Global Gouvernance widerstanden, vielleicht noch mehr unter dem ehemaligen Premier-

---

to the downing of MH17?«, 21. Mai 2016 (online); Wayne Pitt, *Designing Lithium-Ion Batters for Military OEMs*. Paris: Saft SA (März 2010). Der Frachtbrief wurde innerhalb von Tagen von der Website der Malaysia Airlines entfernt, aber gesichert und dem Autor von Frau Babette Ubink van der Spek zur Verfügung gestellt. Ukraine International Airlines (MAU, kontrolliert durch Kolomoiskiy) hat auch einen Frachtservice nach Grâce-Hollogne, aber es wurden keine nennenswerten Verbindungen zu MH17 gefunden.

568 Sasha Hodgson, Mariam al Haddad, Salama al Zaabi., und SuMaia Abdulrahim, »MH17 – Did safety come first?« *Middle East Journal of Business*, 10 (1) 2015, S. 27-38. Details der Fracht wurden dem Autor freundlicherweise von Mr. Herman Rozema per E-Mail zur Verfügung gestellt.

569 Robinson, »Revealed: Pet dogs and pigeons were among casualties«, a. a. O., enthält eine Kopie des Ladescheins für die Diplomatenfracht.

minister Mahathir Mohamad als heute.[570] Im November 2011 zog das Land nach dem Kriegsverbrecher-Tribunal von Kuala Lumpur den Zorn der Westmächte auf sich. In dem zwei Jahre dauernden Tribunal kam man einstimmig zu dem Urteil, dass Tony Blair und George W. Bush durch ihre Entscheidung, einen Angriffskrieg gegen den Irak zu führen, schuldig waren, Verbrechen gegen den Frieden und gegen die Menschlichkeit sowie Völkermord begangen zu haben. Die Richter entschieden, dass die Namen von Bush und Blair in das Register der Kriegsverbrecher aufgenommen werden, das von der *Kuala Lumpur Kriegsverbrecher Kommission* geführt wird, und dass das Urteil dem Internationalen Strafgerichtshof in Den Haag berichtet wird.[571]

Malaysia ist, wenn auch am Rande, mit den BRICS-Staaten verbunden. Mit Russland unterhält es Verbindungen bei der Luftfahrt, die auch den voraussichtlichen Kauf von Irkut MC-21 beinhalten, einem Schmalrumpf-Passagierflugzeug und künftigen Konkurrenten von Airbus A320 und Boeing 737. Malaysia bestellte auch zivile Versionen der Hubschrauber Mi-17 und Ka-32 und in den Monaten vor dem MH17-Unglück die Boden-Luft-Raketen-Systeme vom Mittelstreckentyp BUK-M2E, das Luftabwehrsystem Pantsir-C1 und Anti-Panzer-Raketen ebenso wie verschiedene Typen von Patrouillenbooten für die Marine.[572] Malaysia ist sicherlich nicht der populärste Staat aus Sicht der westlichen Diplomatie. *Falls* also Täter mit US- bzw. NATO-Verbindungen den Flug MH17 absichtlich abgeschossen haben sollten, um eine internationale Krise zu verursachen und die europäische Zurückhaltung gegenüber einem harten

---

570 Tony Gosling, »Why was MH17 flying through a war zone where 10 aircraft have been shot down?« *Russia Today*, 18. Juli 2014 (online).

571 Richard Falk, »Kuala Lumpur Tribunal: Bush and Blair Guilty«. *Al Jazeera*, 28. November 2011 (online).

572 *DefenceTalk*, »Malaysia Potentially Interested in Russian Air Defence Systems« (16. April 2014) [*RIA Novosti*] (online); *Russian Aviation*. »Malaysia will order Mi-17 and Ka-32 civil helicopters«, 20. April 2012 (online); Christine Boynton, »Russian Irkut MC-21s Order Backlog Reaches 235« *Air Transport World*, 15. November 2011 (online).

Kurs gegen Russland zu überwinden, dann wäre die »Wahl« eher auf Malaysian Airlines als auf Singapore Airlines und Air India gefallen, deren Flugzeuge 10 bzw. 4 Minuten von MH17 entfernt waren. Das hätte weitgehend einer Freund-Feind-Rangordnung entsprochen. Andererseits sind die Farben der Malaysian Airlines den Farben der russischen Präsidentenmaschine Il 96 am ähnlichsten. Falls also die Täter in Kiew saßen, könnten sie das Flugzeug mit dem von Putin verwechselt haben.[573] Wir haben es hier offenbar mit einem systemischen Fall, mit einer Abhängigkeitsstruktur von großer Komplexität zu tun, bei der selbst Faktoren, von denen es sehr unwahrscheinlich ist, dass sie die *Ursache* waren (wie Malaysia zu bestrafen oder Putin umzubringen), dennoch zu einem bestimmten Zeitpunkt eine Rolle bei der Überwindung moralischer oder anderer Hürden spielen mochten.

Wer sah das Flugzeug am 17. Juli?
Als der Flug MH17 in ukrainischen Luftraum eintrat, wurde er durch AWACS-Flugzeuge der NATO überwacht; möglicherweise auch durch seegestützte Radar-Anlagen der NATO im Schwarzen Meer; durch bodengestütztes Radar in der Ukraine selbst sowie in Russland und durch verschiedene Satelliten, die sich über dem Gebiet im Orbit befanden. Das Flugzeug sorgte auch für regelmäßige »Handshakes«, also Signale an Satelliten, um technische Daten an das Boeing-Hauptquartier und an Rolls-Royce, den Turbinenhersteller, zu senden – eine reine Routine-Prozedur.[574]

AWACS-Flugzeuge der NATO hatten an den Manövern im Schwarzen Meer teilgenommen. Nach Auskunft der deutschen Regierung auf eine Anfrage der Partei *Die Linke* im deutschen Bundes-

---

573 Robert Parry, »Was Putin Targeted for Mid-Air Assassination?« *Consortium News*, 8. August 2014 (online). Turck, *A Tragic Fate*, a. a. O., chapter 5.
574 Cawthorne, *Flight MH370: The Mystery*, a. a. O., S. 100, 155. Satellitenüberwachung operierte schon in den 1980er Jahren unabhängig von Wetterbedingungen, Bob Woodward, *Veil. The Secret Wars of the CIA 1981-87*. London: Headline Books, 1988, S. 11, 259f.

tag vom 9. September 2014 waren zwei der Maschinen am 17. Juli aufgestiegen, um den ukrainischen Luftraum zu überwachen. Sie waren entsprechend einer Entscheidung des NATO-Rates vom März in Polen und Rumänien stationiert worden, um die Entwicklung der Lage im Auge zu behalten.[575] Um den Bürgerkrieg im Osten des Landes zu beobachten, hätten die Flugzeuge in ukrainischen Luftraum eindringen müssen, andernfalls hatten ihre Patrouillenflüge keinen Sinn. Nach Auskunft des *Northrop Grumman* Kataloges können die AWACS-Radare ersatzweise mit einem Pulsradar in einem »horizontübergreifenden« Modus [beyond the horizon (BTH)] weiter als die »mehr als 500.000 qkm um das Flugzeug herum oder mehr als 400 km in alle Richtungen« sehen.[576] Was also sahen sie?

Am 18. Juli forderte die deutsche Bundesregierung die Radardaten des vorherigen Tages von der NATO an. In ihrer Stellungnahme vom 9. September erklärte sie, dass »Flug MH17 im Radar und durch die Signale, die der Flugtransponder direkt ausstrahlte, beobachtet werden konnte. Diese Beobachtung sei abgebrochen [um 15.52 Uhr Lokalzeit], als der Flug MH17 das Gebiet verließ, das von den AWACS-Flugzeugen beobachtet wurde.[577] Laut Bundesregierung haben die AWACS erstens Signale eines aktiven Flugabwehrsystems, eingestuft als Typ SA-3, aufgenommen, ein Signal, das routinemäßig in Kriegszonen aufgenommen wird; und zweitens ein nicht identifiziertes Radarsignal (d. h. ohne Transponder), welches normalerweise ein Zeichen für ein Militärflugzeug ist.[578] Hät-

---

[575] *Deutscher Bundestag. Antwort der Bundesregierung auf die Kleine Anfrage der Abgeordneten Dr. Alexander S. Neu, Sevim Dağdelen, Dr. Diether Dehm, weiterer Abgeordneter und der Fraktion DIE LINKE.– Drucksache 18/2316 – Erkenntnisse über bewaffnete Aktivitäten in der Ostukraine.* Deutscher Bundestag. Drucksache 16/2521, 9. September 2014.

[576] *AWACS Surveillance Radar – The Eyes of the Eagle.* Northrop Grumman Brochure, 30. Juni 2003 (online).

[577] *Antwort der Bundesregierung*, a. a. O., S. 4. Alle Zeitangaben wurden umgerechnet auf lokale ukrainische Zeit, d. h. GMT + 2 Stunden.

[578] »*Das Flugabwehrsystem wurde durch AWACS automatisiert als ›Surface to Air-Missile‹ SA-3 klassifiziert, ein in der gesamten Region routinemäßig er-*

4. DER BÜRGERKRIEG UND DAS MH17-DESASTER

te das BTH-System der AWACS-Maschinen nicht in der Lage sein müssen, das Flugzeug auch zwischen 15:52 und der Zeit des Absturzes um 16:20 Uhr zu verfolgen, also während einer Spanne von 28 Minuten? Wir wissen es nicht, aber wieder muss gesagt werden, dass zweifellos eine gründliche Untersuchung die Sachlage hätte erhellen können.

Bodenradar wäre in der Lage gewesen, den gesamten Flug zu verfolgen. Die Ukraine hätte das tun sollen, ja, sie war unter Bestimmungen des internationalen Luftverkehrsrechts sogar dazu verpflichtet, dies zu tun. Das nahegelegene Radar in Artemivsk (seit 2016 »Bakhmut«) wurde jedoch bei den Kämpfen zerstört, und das nächste Radar war zu weit entfernt. Die Primär-Radar-Systeme der Dnjepropetrowsker Flugsicherung (ATC/Luftverkehrskontrolle) funktionierten ebenfalls nicht. Das eine zivile Radar in Tschuhujiw, in der Nähe von Charkiw im Osten, das die Absturzstelle abdeckte, war ausgeschaltet, angeblich wegen geplanter Wartungsarbeiten.[579] Wie wir jedoch oben gesehen hatten, war die reguläre Luftabwehr der Ukraine am 12. Juli in Alarmstufe 1 versetzt worden, was die Aktivität der von der NATO identifizierten SA-3-Radare und die BUK-Radare der Ukraine (neun BUK-Radare waren am 17. Juli aktiv) erklärt.[580] Diese waren jedoch nicht integriert worden, um den Ausfall der primären ATC-Radaranlage in Dnjepropetrowsk zu ersetzen. Und Kiew leugnete tatsächlich, dass militärisches Radar an diesem Tage überhaupt aktiv gewe-

---

fasstes Signal«. Ein SA-3 (BUK ist SA-11) in der Ukraine wäre die modernisierte Version der sowjetischen S-125-Pechora-Rakete, die Russland selbst durch die S-300 Serie ersetzt hat. Niemöller, *MH17. De Doofpotdeal*, a.a.O., S. 129, 130f.

579 *WhatHappenedtoFlightMH17.com*. »Ukraine Air Traffic Control likely did not have primary radar available at time of MH17 shot down«, 27. Dezember 2015 (online). Das niederländische »Safety Board« behauptet in seinem Abschlussbericht fälschlicherweise, dass drei Radare wegen Wartung ausgeschaltet gewesen seien. *Dutch Safety Board. Crash of Malaysia Airlines Flight MH17*. Hrabove, 17. Juli 2014. The Hague: Dutch Safety Board, 2015, S. 38.

580 *Russia Today*, »10 more questions Russian military pose to Ukraine, US over MH17 crash«, 21. Juli 2014 (online).

sen sei, was allen Beweisen und den eigenen Befehlen der erhöhten Alarmstufe widerspricht.[581]

DigitalGlobe beobachtete am 17. Juli die Stadt Lugansk und angrenzendes russisches Territorium, und zwar in den nordöstlichen Ecken der Sektoren, die am Tag davor erfasst worden waren. Der Satellit *GeoEye 1* des Unternehmens machte anscheinend auch ein Bild von Makijiwka, dies wurde aber aus dem öffentlichen Verzeichnis von DigitalGlobe wieder entfernt und tauchte erst in den Wochen vor dem Bericht des Internationalen Ermittlerteams (JIT) vom September 2016 wieder auf, nun mit der Behauptung, dass es eine Kolonne beim Transport einer BUK zeige.[582] Auch das US-Militär hatte einen eigenen Satelliten im Orbit, dessen Typ das russische Militär in seiner Pressekonferenz vom 21. Juli als »speziell geeignet zur Beobachtung von Raketenstarts« bezeichnete. »US-Beamte behaupteten, sie seien im Besitz von Satelliten-Fotos, die beweisen, dass MH17 durch eine von Milizen, also den Aufständischen, abgefeuerte Rakete abstürzte. Aber niemand hat diese Aufnahmen bisher gesehen«, so das russische Militär. »Soweit wir wissen, befand sich tatsächlich ein US-Satellit am 17. Juli zwischen 16:06 und 16:21 Uhr über der Südostukraine. Dieser Satellit ist Teil eines experimentellen Systems, das dazu entworfen wurde, die Starts von Raketen verschiedener Reichweiten zu verfolgen und aufzuzeichnen«, und – ob Zufall oder nicht – »der US-Satellit flog genau zur gleichen Zeit über der Ukraine, als der Flug MH17 abstürzte«.[583]

Bezug genommen wird hier auf Satelliten mit Infrarot-Detektoren, die einen Raketenstart überall auf der Welt registrieren können und die unter dem *Defence Support Program* der US-Luftwaffe betrieben werden. Es ist kein Geheimnis, warum diese Einrichtungen

---

581 Oleg Storchevoy, *Letter to Tjibbe Joustra, Dutch Safety Board*, fascismile on *Fort Russ*, 14. Januar 2016 (online).

582 *Anti-Bellingcat. The Falsification of Open Sources About MH17: Two Years Later*. By and For Citizen Investigative Journalists, 2016. Abgerufen über *Russia Today*, 15. September 2016 (online).

583 *Russia Today*, »10 more questions«, a. a. O.

4. DER BÜRGERKRIEG UND DAS MH17-DESASTER

existieren, denn wie sollte man andernfalls in der Lage sein, ein Raketenabwehrsystem zu betreiben. Am 1. August 2014 benannte das russische Verteidigungsministerium genau den Satellitentyp, auf den es sich bezog: »Zum genannten Zeitpunkt flog ein elektro-optischer Aufklärungssatellit der Keyhole Serie über der Absturzstelle«.[584] Da die *DigitalGlobe*-Beobachtung am 16. Juli laut *Neogeography.ru* dazu diente, »ein genaues, aktuelles Bild herzustellen, um automatisierte Fernerkundung aus dem All zu ermöglichen«, könnte es sehr wohl sein, dass der Keyhole-Satellit diese Informationen nutzte, aber wir wissen es nicht. Jedenfalls antworteten die USA weder auf die Fragen, die das russische Militärkommando auf der Presse-Konferenz gestellt hatte, noch stellte es Satellitenfotos zur Verfügung. Wohl aber präsentierten sie nach der Katastrophe prompt Satellitenfotos von russischen Truppenkonzentrationen an der ukrainischen Grenze, was bedeutet, dass ihre hochauflösenden Beobachtungskapazitäten sehr wohl in Betrieb waren.

Als der Flug MH17 in ukrainischen Luftraum eintrat, führte der Flugplan die Boeing durch den nördlichen Korridor. Die Maschine sollte auf 35.000 Fuß aufsteigen, aber die Luftverkehrskontrolle von Dnepropetrovsk wies den Piloten an, die Geschwindigkeit auf 490 Meilen/Std. zu verlangsamen, auf 33.000 Fuß (10.000 Meter) zu bleiben, um weiterem Verkehr auszuweichen, und außerdem wegen eines Gewitters weiter nördlich zu fliegen.[585] Die Abweichung nach Norden betrug ca. 14 Kilometer. Die russischen Kommandeure stellten in ihrer Pressekonferenz vom 21. Juli fest, dass, nachdem MH17 über Donezk geflogen war, »wir erkennen können, wie die

---

584 *Ministry of Defence of Russian Federation.* »Analysis of satellite imagery released on the Internet by the Security Service of Ukraine on Juli 30, 2014« (online).

585 Turck, *A Tragic Fate*, a. a. O., Kapitel 5. Die Anweisung auf 10.000 Meter zu verharren, wurde erst eineinhalb Monate später durch die niederländische Regierung bestätigt, die zu der Zeit mit zwei Untersuchungen betraut worden war. In holländischen Medien war die Tatsache vollkommen unerwähnt geblieben, was eine möglicherweise unschuldige Anweisung in etwas Verdächtiges verwandelt. Niemöller, *MH17. De Doofpotdeal*, a. a. O., S. 61.

Maschine manövriert, um in den Korridor zurückzukehren, aber die malaysische Crew bekam keine Möglichkeit, das Manöver zu beenden. Um [16:20 Uhr] begann das Flugzeug, an Geschwindigkeit zu verlieren und um [16:23 Uhr] verschwand es von russischen Radarschirmen«.[586]

Umstrittene Narrative im Propagandakrieg: Die BUK-Theorie
Sofort nach seiner Rückkehr nach Moskau rief Putin im Weißen Haus an. Er erklärte seine tiefe Betroffenheit über die neue Runde von Sanktionen vom Vortag. In der EU suchte man derweil noch nach Auswegen, um sie nicht mittragen zu müssen. In einer angespannten Unterhaltung erklärte der US-Präsident seinem russischen Gegenüber, dass die Gründe in der Versorgung der Aufständischen mit Waffen, darunter auch Luftabwehrraketen, lägen. Nach einer halben Stunde der Unterhaltung erwähnte Putin, dass gerade ein Bericht über den Absturz eines zivilen Verkehrsflugzeugs hereingekommen sei.[587] Dies war drei Stunden und 10 Minuten nach dem Absturz. John Helmer zufolge brachte Obama das Thema nicht auf, obwohl er bereits davon wusste und schon eine Stunde vor Putins Anruf mit Poroschenko und dem Premierminister von Malaysia, Najib Razak, gesprochen hatte.[588] Obamas Bemerkung über die Lieferung von Luftabwehrraketen seitens Russlands passt jedoch in das Narrativ eines BUK-Raketenstarts (obwohl es laut dem späteren niederländischen Geheimdienstbericht eine solche Lieferung nicht gab).

Die Presseerklärung des Weißen Hauses zur Unterredung Putins und Obamas beginnt mit der Anerkennung, dass »wir noch

---

586 *Russia Today*, »10 more questions«, a. a. O. Das russische Militär fragte, ob die Umleitung freiwillig, zufällig oder auf Anweisungen der Flugsicherung in Dnepropetrovsk erfolgte.

587 Baker, »With Jet Strike, War in Ukraine Is Felt Globally«, a. a. O.; Niemöller, *MH17. De Doofpotdeal*, a. a. O., S. 38f.

588 John Helmer. »MH17 – Inadmissible Evidence For What Cannot Have Happened«. *Dances With Bears*, 16. September 2015 (online).

4. DER BÜRGERKRIEG UND DAS MH17-DESASTER 249

nicht alle Fakten haben«. Berücksichtigt man flächendeckende US-Geheimdienstüberwachung des russischen Umfelds im Allgemeinen und der östlichen Ukraine im Besonderen, kann dies alles Mögliche bedeuten, auch dass man vorsichtig war, was die Folgen einer offenen Beschuldigung anging.[589]

Unabhängig davon, ob der Abschuss auf einen irrtümlichen oder absichtlichen BUK-Start zurückging oder ein vorsätzlicher Akt eines Jets war (vielleicht weil das Ziel falsch identifiziert wurde), um im Wirtschaftskrieg gegen Russland einen Gang hochzuschalten, es in den Bürgerkrieg hineinzuziehen oder eine Kombination von beidem: Auf jeden Fall hatte, wer zuerst Vorwürfe erhob, einen eindeutigen Propagandavorteil. Von Kiew wurden drei Beschuldigungen in Umlauf gebracht: ein tragischer Unfall (später geändert zu einem Terroranschlag; Poroschenko), ein BUK-Abschuss von russischem Territorium aus (die NSDC von Parubij) und eine BUK, die von Russland in die Ukraine transportiert worden war und von Snischne aus gestartet wurde. Das war die Theorie von Awakow und Geraschtschenko.

Direkt nach dem Absturz veröffentlichte Anton Geraschtschenko, Sprecher des Innenministeriums in Kiew und Mitglied des Nationalen Sicherheits- und Verteidigungsrates (NSDC), auf seiner Facebook-Seite das weit verbreitete Foto eines Raketenrauchschweifs vor einem blauen Himmel. Das Bild war begleitet von folgendem Text:

»Putin! Du und deine Kumpanen werden dem Internationalen Tribunal nicht entgehen. *Dies ist das Foto des umgekehrten Fußabdrucks, den der Start einer BUK-Rakete zurückließ*. Fotografiert von Westen nach

---

589 Stellungnahme der Presseabt. des Weißen Hauses, zitiert in: Helmer. »MH17 – Inadmissible Evidence«, a.a.O. Es gibt andere Beispiele, wie eine Regierung, um drastische Konsequenzen zu verhindern, einer weniger explosiven Interpretation folgt, selbst auf die Gefahr hin, Ungläubigkeit zu erzeugen. Um einen Krieg mit Kuba zu verhindern wurde z. B. Lee Harvey Oswald als J. F. Kennedys einziger Mörder vorgestellt. Peter Dale Scott, *Deep Politics and the Death of JFK* [with a new preface]. Berkeley, Cal.: University of California Press, 1996 [1993], S. 53 passim.

Osten, wenige Minuten nach dem Start im dritten Distrikt von Tores. Tausende von Menschen sahen den Start und den Flug der Rakete, die du so liebevoll deinen gesponserten Terroristen gabst!«[590]

Von den »tausenden von Menschen, die den Start sahen«, hat sich kein einziger gemeldet. Außerdem war der Himmel am 17. Juli bedeckt, Quellwolken mit Fetzen blauen Himmels.[591] Der holländische Blogger Hector Reban demaskierte sowohl den eigentlichen Fotografen des Bildes als auch den Mann, der es Geraschtschenko geschickt hatte, als aufgebauten »Infowarrior« für Kiew.[592] Ebenso postete Geraschtschenko am 17. Juli und aus der gleichen Quelle ein Foto eines BUK-Fahrzeugs mit dem Text: »Hier ist ein weiterer Beweis für das Internationale Tribunal: Eine BUK-Abschusseinrichtung passierte heute Morgen Tores!« Am 18. Juli meldete er, dass die BUK-Abschusseinrichtung zurück in Russland »zur Zerstörung« sei, ohne zu erklären, welchen Zweck das haben sollte.[593]

Innenminister Awakow gab nun auch eine Stellungnahme auf seiner Facebook-Seite ab (sein bevorzugtes Kommunikationsmittel; bei *Radio Free Europe*, dem Propagandasender des Westens, wurde er als

---

590 Zitiert in: Larry Ong und Kristina Skorbach, »Anton Gerashchenko Buk Missile Photo? Ukrainian Official Posts ›Evidence‹ on Facebook, Accuses Putin of Sponsoring ›Terrorists‹. *Epoch Times*, 17. Juli 2014 (online), Hervorhebungen hinzugefügt.

591 Alle Quellen einschließlich des Dutch Safety Board stellen fest, dass es am 17. Juli bewölkt war. Niemöller, *MH17. De Doofpotdeal*, a.a.O., S. 70, 86f. Turck redet von »banks of full gray and white clouds«, *A Tragic Fate*, a.a.O., Kapitel 5. Weitere Wetter-Details in: *Anti-Bellingcat, The Falsification of Open Sources About MH17*, a.a.O.

592 Er behauptet ebenfalls, dass in einem weiteren Bild schwarzer Rauch des Starts und der weiße Schweif mit großer Wahrscheinlichkeit nicht von der gleichen Rakete seien. Hector Reban, »The Mystery of the Two-Faced Launch Plume«, 6. September 2015 (online); ›The trail that wasn't a launch plume: a reconstruction‹, 19. September 2015 (online).

593 Hector Reban hat ein 85-seitiges Dokument über die angebliche BUK-Route zusammengestellt. *Problems of the MH17 track-a-trail narrative. The images, videos, postings and intercepts*, 23. November 2016 (online). Vgl. Niemöller, *MH17. De Doofpotdeal*, a.a.O., der Abschnitt mit den Fotos folgt auf S. 96.

»Facebook-Minister« verspottet[594]). Er berichtete, dass am 18. Juli um 04:50 Uhr »ein LKW-basiertes Raketensystem durch Krasnodon in Richtung russischer Grenze fuhr. Vermutlich ist dies das Raketensystem BUK, das gestern auf das zivile Flugzeug schoss, das auf dem Weg von Amsterdam nach Kuala-Lumpur war«.[595] Die BUK-Abschusseinrichtung, die angeblich »zurück nach Russland« enteilte, hatte sich also 12 Stunden Zeit genommen, um die kleine Distanz zu überwinden. Der stellvertretende Herausgeber der englischsprachigen *Kyiv Post*, der auch als Vorstandsvorsitzender für *Hromadske TV* zeichnet, beides westlich orientierte und finanzierte Medien, nannte das trotzdem einen »unwiderlegbaren Beweis«.[596] Die US-Botschaft erklärte mittlerweile, dass die Ukraine während des gesamten Bürgerkrieges bis dahin keine einzige BUK abgefeuert hatte.[597] Im NATO-Hauptquartier antwortete General Breedlove auf eine E-Mail von Natalie Crawford, die darin von einer »Tragödie« sprach: »Keine Tragödie, meiner Meinung nach, sondern ein Verbrechen. Russlands Fingerabdrücke sind überall drauf!!!«[598] In einem Fernsehinterview vom 18. Juli zielte Hillary Clinton auf Merkels Verhandlungen mit Putin über »Land für Gas« ab und rief dazu auf, »Russland den Preis zahlen zu lassen«, sobald die Schuld erwiesen sei. Ihre To-Do-Liste für die EU beinhaltete erstens, »die Sanktionen zu verschärfen«, zweitens, Alternativen zu *Gazprom* zu finden, und drittens »in Übereinstimmung mit uns mehr zu tun, um die Ukrainer zu unterstützen«.[599]

Außenminister Kerry, der bereits vorher zitiert wurde (»Wir sahen den Start. Wir sahen die Flugbahn, wir sahen den Einschlag«),

---

594 Glenn Kates, »Ukraine's Minister of Facebook«. *Radio Free Europe/Radio Liberty* 3. Juli 2014 (online).

595 Zugriff über *Human Rights Investigations*, »MH17: The Lugansk BUK Video« 5. August 2014 (online).

596 Katya Gorchinskaya, »Avakov: ›Irrefutable evidence‹ shows that Kremlin-backed separatists shot down Malaysian plane«. *Kyiv Post*, 18. Juli 2014 (online).

597 Zitiert in: Niemöller, *MH17. De Doofpotdeal*, a.a.O., S. 77.

598 Breedlove, E-Mail an Crawford, 18. Juli 2014.

599 Zitiert in: Johnstone, *Queen of Chaos*, a.a.O., S. 163.

blieb andererseits vage hinsichtlich der Details. Sprecher des Außenministeriums verwiesen auf Social Media und »gesunden Menschenverstand«, als bestes Mittel, um die russische »Propaganda und Fehlinformation« zu kontern.[600] Am 22. Juli gaben die USA eine »Einschätzung der US-Regierung« über das Unglück heraus, das ein einziges Beweisstück enthielt, nämlich ein 2010 aufgenommenes kommerzielles Satelliten-Bild, auf dem die mutmaßliche Flugbahn einer Rakete eingezeichnet war.[601] Die gegen Putin gerichtete Empörung in den westlichen Medien sicherte verlässliche öffentliche Unterstützung für die Behauptung, dass Moskau hinter allem stecke. Obwohl die US-Überwachung in der Lage ist, alles zu überblicken und zu wissen, was in den entferntesten Ecken und Winkeln der Welt passiert, schweigt Washington beharrlich und weigert sich, eigene Informationen herauszugeben. Dies belastet Kiew und stellt die Frage nach einer direkten oder indirekten Komplizenschaft der NATO.

Eine plausiblere Erklärung eines BUK-Angriffs wurde vom holländischen MH17- Blogger Max van der Werff aufgefunden. Laut Oberst a. D. Ralf Rudolph, der als Raketentechniker in der DDR in leitender Funktion tätig war, hatte eine BUK-Einheit des ukrainischen 156. Luftabwehrregiments am verhängnisvollen 17. Juli den Befehl, Übungen durchzuführen, um die Nationalgarde und die reguläre Armee auf einen Vorstoß zur Befreiung der eingeschlossenen

---

600 Marie Harf, stellvertretende Sprecherin, zitiert in: Helmer, »MH17 – Inadmissible Evidence«, a.a.O.

601 Josef Resch, der private Ermittler, der beauftragt worden war, mehr über die Täter herauszufinden, nennt es eine »Farce«. Josef Resch, *Gefahr ist mein Beruf: MH17, Pablo Escobar, Florian Homm – Deutschlands erfahrenster Privatermittler packt aus.* [verfasst von H. Schötteldreier]. Berlin: Econ, 2016, S. 257. Resch weiß wie nur wenige andere Privatpersonen, wer die Beweise über den Absturz vernebelt hat. Die holländische Polizei warnte sofort davor, mit ihm zu arbeiten, *Algemeen Dagblad*, »OM: Waardevolle info over MH17 alleen naar politie«, 17. September 2014 (online). In der Zwischenzeit wurde berichtet, dass Resch in Deutschland unter Druck gesetzt wurde, seine Quellen preiszugeben. Das Bild von 2010 findet sich in Niemöller, *MH17. De Doofpotdeal*, a.a.O., Fotobereich S. 96f.

4. DER BÜRGERKRIEG UND DAS MH17-DESASTER

Truppen in der Nähe von Snischne im Bereich Donezk vorzubereiten. Dies sollte Teil des Versuchs sein, vom Süden her durchzubrechen. Nach diesem Bericht, der durch anonyme Angestellte des Verteidigungsministeriums in Kiew bestätigt wurde, waren zwei Su-25 des 299. taktischen Geschwaders angewiesen, als Köderziele zu agieren. Auf eines der Ziele hatte sich das BUK-Radar eingeloggt, gerade als Flug MH17 auf der gleichen Strecke das Gebiet überquerte, allerdings in viel größerer Höhe. Die Boeing, das größere Objekt, zog die Aufmerksamkeit des Zielsystems auf sich. Am Abend des 17. Juli um 21:30 Uhr lokale Zeit, wurde die Mannschaft der BUK-Besatzung, die unabsichtlich die Rakete abgefeuert hatte, durch den Geheimdienst SBU inhaftiert. Später wurde festgestellt, dass ein Flight Controller der Mykolaiv-Luftwaffenbasis verschwunden war.[602]

Der Fehler konnte nur passieren, wenn das Radar, das die Feuerleitung übernommen hatte, zu einem TELAR gehörte. Die Funktion, automatisch zu einem größeren Objekt zu wechseln, wurde eingeführt, nachdem frühere BUK-Typen sich 1982 im Libanon-Krieg als unfähig erwiesen hatten, die echten israelischen Jets von vorgetäuschten zu unterscheiden. Die Verbesserung beinhaltete jedoch keine Freund-Feind-Erkennung oder NCTR [Non Cooperative Target Recognition], eine Einrichtung, die dem Radar erlaubt hätte, zwischen der zivilen Boeing und der Su-25 zu unterscheiden.[603] War dies dann die Su-25, die in Richtung zur Boeing MH17 aufgestiegen war, die das russische Militär in seiner Pressekonferenz erwähnt hatte?

In der Dokumentation *It was a MiG* berichtet der SBU-Oberst a.D. Sergey I. Balabanov, ehemaliger Kommandeur des Luftkommandos Süd/Task Force Krim, wie er am gleichen Abend seinen langjährigen Freund, Oberst Terebukha, den Kommandeur des 156. Regiments, anrief und ihn fragte: »Also, ihr habt das malaysische Flugzeug abgeschossen, nicht wahr?« Balabanovs Darstellung zufol-

---

602 *KremlinTroll*, »MH17 – Lying for Justice«, 21. November 2015 (online); Basen und Einheiten von *Global Security.org*, »Ukraine Air Force«, a.a.O.
603 Sweetman, »Buk Missile System Lethal, But Undiscriminating«, a.a.O.

ge leugnete Terebukha nachdrücklich, allerdings emotional bewegt und ins Ukrainische wechselnd, dass die Luftabwehr dafür verantwortlich gewesen sei.[604]

Probleme mit der BUK-Theorie und mit der Kampfjet-Alternative
Der Abschuss einer BUK kann kaum übersehen werden und die Rauchfahne verbleibt für ca. 10 Minuten in der Luft. Als ein paar Jahre vorher ein Komet in einem unbewohnten Gebiet in Sibirien niederging, machten verschiedene Menschen Aufnahmen. In diesem Fall aber tauchten in einem dicht besiedelten Gebiet der Ukraine nur zwei oder drei Bilder der Rauchfahne auf, und diese stammten auch noch aus dubiosen Quellen. Das steht in einem seltsamen Kontrast zur reichen Ausbeute von Bildern und Aussagen über BUK-Abschusseinrichtungen, die durch Städte und Dörfer gefahren oder dort parkt wurden.[605] Ein russischsprachiger BBC-Bericht, der auch auf einem Besuch der angeblichen Abschussstelle basierte, ohne dort Spuren zu finden, wurde von der BBC-Internetseite gelöscht wie die YouTube-Version kurz darauf.[606] Andererseits hatten viele Augenzeugen angegeben, Jets gesehen zu haben, die um die Boeing herumflogen, nachdem sie laute Knalle gehört hatten (z. B. in dem BBC-Report in russischer Sprache oder in der Dokumentation *It was a MiG*). Bedenkt man den bewölkten Himmel, muss man diesen Aussagen gegenüber skeptisch sein, wie überhaupt grundsätzlich Augenzeugenberichten gegenüber.[607] Etwas anderes dagegen sind physikalische Beweise.

---

604 *Russia Today,* »MH17 crash: Ukraine security chief says missile only Kiev has«, op. cit; *Global Security.org,* »Air Force Order of Battle«, n.d. (online); S. I. Balabanov in Grant's documentary, *It was a MiG,* a.a. O.

605 Der Volvo Sattelschlepper, der die BUK-Starter transportierte, wurde am 8. Juli gestohlen, berichtete eine Website in Litauen. *alfa.lt,* Turck, *A Tragic Fate,* a.a. O., Kapitel 1.

606 Eine Website der Aufständischen rettete das Video und verfasste englische Untertitel. *Slavyangrad.org,* »Video Report Deleted by BBC«, 25. Juli 2014 (online). *YouTube* ist eine Tochtergesellschaft des NSA-Partners Google.

607 Grant, *It was a MiG,* a.a. O.; *Slavyangrad.org,* »Video Report Deleted by BBC«, a.a. O.

4. DER BÜRGERKRIEG UND DAS MH17-DESASTER

Dem Abschlussbericht des *Dutch Safety Board* zufolge explodierte der tödliche Sprengkopf drei Meter entfernt von Flug MH17 (um eine maximale Zerstörung zu erreichen, explodiert ein BUK-Sprengkopf idealerweise weiter vom Ziel entfernt). Das Luftfahrtforschungsamt des russischen Verteidigungsministeriums gibt an, dass die Explosion 1,5 Meter entfernt von der Boeing stattfand.[608] Dieser in jedem Falle kurze Abstand (entweder 3 oder 1,5 Meter) deutet eher auf einen kleinen Raketenkopf, z. B. wie den einer R27 oder R60, deren Sprengkopf die Hälfte der Masse einer BUK aufweist (ca. 30+ kg statt 70 kg) und bei denen die Anzahl der Granatsplitter 14 mal kleiner ist als bei einer BUK, die mindestens 7800 Stück enthält.[609] Am 19. Juli zweifelte das russische Verteidigungsministerium die BUK-Theorie aufgrund der Einschlagschäden an: »Warum weist das Flugzeuggehäuse Schäden [von] Schrapnellen auf, die charakteristisch für die Sprengköpfe von Luft-Luft-Raketen sind, ... wie z. B. von R-27-Topor- oder R-73-Raketen, die vom ukrainischen Militär als Bewaffnung auf MiG-29 und Su-27 genutzt werden?«[610] 1978 feuerte ein sowjetischer Jet zwei R-60 Raketen auf einen koreanischen Passagier-Jet, der auf seiner Route von Anchorage nach Seoul in den sowjetischen Luftraum eingedrungen war. Eine Rakete traf den Flügel und den Rumpf und tötete zwei Menschen. Trotzdem war das Flugzeug in der Lage, eine Notlandung auf einem gefrorenen See zu machen und 107 Passagiere kamen mit dem Leben davon.[611]

Der Einschlag einer BUK ist dagegen eine Katastrophe. Im Jahr 2001 schoss das ukrainische Militär bei einer Übung mit Boden-

---

608 Helmer, »MH17 – Inadmissible Evidence«, a. a. O.; Grant, *It was a MiG*, a. a. O.; Turck, *A Tragic Fate*, a. a. O., Kapitel 5.

609 Grant, *It was a MiG*, a. a. O.; ein ehemaliger Offizier der ostdeutschen Luftabwehr nennt sogar höhere Zahlen, »neues deutschland: NVA-Raketenspezialist: MH17 nicht von Boden-Luft-Rakete abgeschossen«. *Presseportal*, 24. Juli 2014 (online). Partner, *Malaysian Air Flug MH17*, a. a. O., S. 43.

610 Zitiert in: *Pravda*, »Some conclusions – Did NATO try to murder Putin?«, a. a. O.

611 Turck, *A Tragic Fate*, a. a. O., Kapitel 4.

Luft-Raketen versehentlich auf ein Flugzeug der *Siberia Airlines*, das in der Luft explodierte. Auch Flug MH17 wäre aufgrund der enormen kinetischen Energie der einschlagenden Schrapnell-Fragmente explodiert, erklärte der bereits zitierte ehemalige Ostberliner Luftabwehroffizier. Der ehemalige Kommandeur des Luftkommandos Süd der Ukraine, Oberst S. I. Balabanov, deutete das ebenso und stellte fest, dass außer dem Cockpit alle Teile, in die die Boeing zerbrach, viel zu geringe Schäden für einen BUK-Treffer aufwiesen.[612] Und tatsächlich wurden in allen zehn Fällen, in denen russische Jets durch georgische BUK-Raketen während des Krieges im Jahr 2008 getroffen wurden, die Flugzeuge noch in der Luft zerstört. Allerdings hatten die Piloten genügend Zeit, um den Schleudersitz zu benutzen und mit dem Fallschirm zu landen. Dies lässt darauf schließen, dass die Piloten der Boeing ein kleines Zeitfenster hätten haben müssen, um Alarm auszulösen, und das ganz sicher, falls die BUK von vorne auf sie zugekommen wäre (z. B. aus dem von den Aufständischen gehaltenen Ort Snischne) – aber sie lösten keinen Alarm aus.[613]

Verschiedene Zeugen erwähnten die Möglichkeit, dass das Cockpit der Boeing durch die Bordkanone eines Jets beschädigt worden sei. Der ukrainisch-kanadische OSZE-Beobachter Michael Bociurkiw war einer der ersten, der an der Absturzstelle war. Er wurde zunächst in ein dicht bewaldetes Gebiet zu einem überraschend großen Wrackteil des Flugzeuges gebracht, an dem nur zwei der sechzehn

---

612 »Neues Deutschland: NVA-Raketenspezialist«, a. a. O.; S. I. Balabanov, zitiert in: Grant, *It was a MiG*, a. a. O.

613 Tatsächlich sprachen Vertreter der Malaysian Airlines in einem Hearing sofort nach dem Unglück von einem Notruf der Piloten an die Flugsicherung [in Dnepropetrovsk] und berichteten von einem schnellen Abstieg, die Aussage wurde jedoch später zurückgezogen. Der niederländische Außenminister Timmermans sprach im Fernsehen von einer Sauerstoffmaske um den Hals eines australischen Passagiers, Niemöller, *MH17. De Doofpotdeal*, a. a. O., S. 172f., 174f. Hagena & Partner behaupten, dass das Flugzeug mit an Sicherheit grenzender Wahrscheinlichkeit nicht von einer BUK getroffen wurde. (Hagena & Partner, *Malaysian Air Flug MH17*, a. a. O., S. 40f, 47f.)

Fenster zerbrochen waren.[614] Das Cockpit, das er als nächstes inspizierte, hatte Löcher, die aussahen, als ob sie durch »starken Maschinengewehrbeschuss« (d. h. von der Bordkanone eines Jets) verursacht worden wären, aber sie könnten auch von Granatsplittern verursacht gewesen sein. Bokiurkiw sah Männer mit Werkzeugen, die am Wrack hantierten.[615] Waren das jene, die eine rechteckige Platte aus dem Crew-Deck schnitten, um Hinweise auf Brandspuren zu beseitigen, die durch den Einsatz von 23-mm-Hochexplosivgeschossen bzw. Leuchtspurmunition entstehen?[616] In diesem Fall hätten sie auf Anweisung aus Kiew gehandelt, was durchaus möglich ist, denn in einem Bürgerkrieg sind Frontlinien durchlässig und fließend, wie wir in Kapitel 5 sehen werden. Schließlich erhielt die Jet-Theorie am 8. September in einem Bericht einen quasi offiziellen Stempel durch die Union der Ingenieure Russlands, unterzeichnet von ihrem Vizepräsidenten I. A. Andrievski. Hier wird ebenfalls geltend gemacht, dass durch einen nichtidentifizierten Kampfjet auf das Cockpit geschossen worden sei. Mit noch funktionsfähigen Trieb-

---

614 *NRC Handelsblad*, »Live debat kamercommissies over MH17«, 25. Juli 2014 (online).

615 *CBC News*, »Malaysia Airlines MH17: Michael Bociurkiw spricht darüber, als erster an der Absturzstelle gewesen zu sein«. 29. Juli 2014 (online). Moderne Jets haben keine Maschinengewehre, sondern Bordkanonen. Niemöller, *MH17. De Doofpotdeal*, a. a. O., S. 98f. OSZE-Beobachter berichteten von einem großen Wrackteil, das in der Hälfte durchgeschnitten war, und die BBC berichtete von Teilen, die herausgesägt worden waren. *Ministry of Security and Justice, the Netherlands*, Dok. A22, 23. Juli 2014. Zitiert hiernach als MSJ, plus Dokumentennummer, Datum und Kopf (wenn nicht als »Situation sketch and interpretation crash passenger plane Ukraine«). Die Dokumentennummern sind die des Ministeriums, wie sie an *RTL News* unter dem »Informationsfreiheitsgesetz« (engl. Freedom of Information laws, FOI laws; niederl.: Wet Openbaarheid van Bestuur, WOB) genannt werden. Nummern mit »A« sind vom interministeriellen Komitee für Krisenmanagement, andere von vom Komitee zur Ressortabstimmung.

616 Leuchtspurgeschosse werden in Intervallen zwischen normalen Geschossen abgefeuert, um eine visuelle Verfolgung zu ermöglichen. Bilder in *PBS*, »›Classic‹ Anti-Aircraft Explosive and Tracer Projectile impact scenario. Unfortunately someone cut it away!« n. d. (online).

werken flog die Boeing mit dem Autopiloten weiter, nur um dann von einer der Raketen des Jets getroffen zu werden.[617] Auf der Basis der Angaben von Bokiurkiw, des russischsprachigen BBC-Berichts und anderen Aussagen ging die halb-offizielle *New Straits Times* aus Malaysia ebenfalls von der Jet-Theorie aus.[618]

Es gibt einen weiteren Hinweis auf einen Angriff durch einen Jet. Dem privaten Ermittler Josef Resch wurden von einem russischen Informanten wichtige Details aus offensichtlich authentischen Dokumenten zugespielt. Aus diesen Materialien geht hervor, dass am 15. Juli ein Flugzeug (vom Typ Su, Typennummer nicht spezifiziert und Registrierungsnummer geschwärzt), aus dem Oblast Kirowohrad kommend, in Tschuhujiw (Oblast Charkiw) landete, beides keine regulären Militärflughäfen – und es war in Tschuhujiw, wo zivile Radaranlagen wegen »Wartungsarbeiten« ausgeschaltet waren.[619] Die Sukhoi ersetzte eines der Flugzeuge, die für Operationen am 17. Juli eingeplant waren, und hatte den Befehl, ein Luftziel im Dreieck Snischne–Tores–Hrabowe abzuschießen. Eine BUK-Einheit sollte die Operation decken, feuerte aber nicht. Alle involvierten Piloten wurden dann zu einer anderen Basis versetzt, ein beteiligter Geheimdienstoffizier wurde später außerhalb der Kampfzone erschossen. Resch und sein Team hielten dies für einen höchst glaubwürdigen Hinweis, aber der anonyme Auftraggeber, der die Belohnung von 30 Millionen Dollar ausgesetzt hatte,

---

617 Zitiert in: Niemöller, *MH17. De Doofpotdeal*, a. a. O., S. 117f.

618 Haris Hussain, »US analysts conclude MH17 downed by aircraft«. *New Straits Times*, 7. August 2014 (online); Niemöller, *MH17. De Doofpotdeal*, a. a. O., S. 112.

619 Resch, *Gefahr ist mein Beruf*, a. a. O., S. 276f.; *Global Security.org* »Air Force Order of Battle«, a. a. O.; and »Ukraine Air Force Bases«, n.d. (online). Das Anti-Maidan-Hacker-Kollektiv »Cyber Berkut« behauptet auf der Basis von über einen längeren Zeitraum abgehörten Telefonaten zwischen ukrainischen Militärangehörigen, dass ein Befehl, einen Kampfjet zum Kharkover Luftverteidigungskommando zu schicken, aus Kiew gegeben worden war (d. h. von der NSDC). Niemöller, *MH17. De Doofpotdeal*, a. a. O., S. 103f.

4. DER BÜRGERKRIEG UND DAS MH17-DESASTER

war nicht an einer Veröffentlichung interessiert, vielleicht wegen des möglichen Motivs: Abschuss von Putins Präsidentenmaschine Il-96.[620] Oberst Balabanov erklärt in »*It was a MiG*«, dass eine Operation dieses Typs einer ausgefeilten Planung bedurft hätte und viele Instanzen hätten involviert sein müssen. Dass ein Oligarch (er erwähnt Kolomojskyj) in der Lage sein könnte, einen Jet in den Himmel zu schicken, um seine privaten Streitigkeiten zu regeln, erscheint unmöglich.[621]

Zu den Jet-Theorien, die bestimmte Details bestätigen, die aber aus anderen Gründen verworfen wurden, gehört die des Spaniers »Carlos«. Dessen Twitter-Nachrichten über Jets, die nicht Teil der regulären ukrainischen Luftwaffe sind, sind plausibel, aber seine Behauptung, dass er ein Lotse der Flugsicherungszentrale Borispol sei, stellte sich als falsch heraus.[622] Zudem sprach ein Mechaniker der Luftwaffenbasis Dnjepropetrowsk, der tatsächlich dort arbeitete, von einer Su-25, die von einer Mission ohne Munition und mit einem verzweifelten Piloten zurückgekehrt war, der erklärte: »falsches Flugzeug«. Der Pilot, dem wenige Tage später eine Tapferkeitsmedaille verliehen wurde, dementierte vehement, dass er überhaupt an dem Tag geflogen sei. Und wie wir sahen, ist eine Su-25 der am wenigsten wahrscheinliche Flugzeugtyp für eine solche Mission (und der Mechaniker hätte den Unterschied erkannt).[623] Schließlich erklärte der ehemalige Lufthansapilot Peter Haisenko, dass die Boeing von zwei Seiten beschossen wurde, wodurch die Piloten getötet wurden, bevor das Flugzeug wegen des plötzlichen Druckabfalls zerbrach. Eintritts- *und* Austrittslöcher sind Hinweise darauf. Aber

---

620 Resch, *Gefahr ist mein Beruf,* a.a.O., S. 272-78. Die Dokumente waren auf Russisch verfasst, ein Übersetzer war bei den Interviews anwesend.

621 S.I. Balabanov in Grant, *It was a MiG,* a.a.O.

622 Gleb Bazov, »FINAL – Spanish Air Controller @ Kiev Borispol Airport: Ukraine Military Shot Down Boeing MH17«. *Slavyangrad.org.* 18 Juli 2014 (online); Hagena & Partner, *Malaysian Air Flug MH17,* a.a.O., S. 31.

623 *Russia Today,* »Russia to probe media reports that Ukraine military shot down MH17«, 23 Dezember 2014 (online).

dass es sich hier um eine Su-25 mit 30 mm panzerbrechender Munition handeln soll, ist wieder höchst unwahrscheinlich.[624]

Warum übernahm der russische Staat nicht selbst die Kontrolle über die Darstellung, sondern überließ es dem Militär und privaten Gruppen, auf westliche Behauptungen zu antworten? Ist es das übergeordnete Ziel Moskaus, in diesem Zusammenhang den kompletten Bruch mit der Ukraine bzw. den Vereinigten Staaten zu vermeiden? Teil der Erklärung ist sicher die offensichtliche Unfähigkeit, die Nachrichten in dem Maße zu beeinflussen, wie der Westen es tut. Auch könnte das Militärkommando so besorgt über die Bedrohung sein, die von dem inzwischen betriebs- und potentiell erstschlagsfähigen Raketensystem in Rumänien ausgeht, dass es keine Einsichten in Typ, Lage, Reichweite oder Qualität seiner Satelliten und Radar-Kapazitäten geben will. Beide Aspekte waren auch im Fall von MH370 im Spiel.[625] Das »Entdecken« von Radar-Beweisen auf einer Almas-Antei-CD[626] wäre dann ein Weg gewesen, die wahre Quelle zu verwischen.[627] Auch das russische Militär vermied es in seiner Pressekonferenz am 21. Juli, entschiedene Aussagen zu treffen, sondern stellte stattdessen Fragen. Diese betrafen zunächst ukrainische BUK-Batterien im betreffenden Gebiet, ihr Radar usw.; dann wechselten die Generäle zur Jet-Theorie und fragten, was ein Flugzeug, das in eine Höhe von drei bis fünf Kilometern bis zur MH17 aufsteigt,

---

624 Haisenko »Shocking Analysis of the ›Shooting Down‹ of Malaysian MH17«, a. a. O.

625 Malaysia rief Misstrauen hervor, weil es nicht in der Lage war, eine zusammenhängende Darstellung abzuliefern, während China und die USA einander so misstrauen, dass sie vermeiden, dem jeweils anderen zu viel von dem zu zeigen, was sie sehen können. Cawthorne, *Flight MH370. The Mystery*, a. a. O., S. 141ff., 85, 94. Wenn dieses Flugzeug, mit so vielen chinesischen Passagieren, über dem Südchinesischen Meer bei einem US-thailändischen Manöver abgeschossen worden wäre, würde es zu einem mit MH17 sehr vergleichbaren Fall.

626 Almas-Antei ist der größte russische Rüstungskonzern mit ca. 100.000 Beschäftigten.

627 Zu einer sachdienlichen russischen Stellungnahme in Hinsicht auf Oleg Storchevoys Brief an das Dutch Safety Board kommen wir in Kapitel 5.

dort zu suchen habe. »Die Entdeckung des neuen Flugzeugs wurde möglich, als es begann zu steigen. Weitere Änderungen in den Koordinaten des Flugobjektes legen nahe, dass es über der Absturzstelle der Boeing 777 kreiste, um die Situation zu beobachten«.[628]

Die militärischen Optionen des Westens

Ob der Abschuss tatsächlich eine Provokation war, um eine internationale Krise auszulösen, oder nur dazu benutzt wurde, wissen wir nicht. Es gibt aber keine Zweifel daran, dass eine militärische Intervention kurzzeitig durch Australien und die Niederlande in Erwägung gezogen wurde und dass die USA offenbar »im Hintergrund führten«. Berichte in der holländischen Presse vom 20. und 21. Juli über eine bevorstehende Operation von Polen aus wurden zwar durch das Verteidigungsministerium in Den Haag dementiert, aber der Druck aus wichtigen NATO-Hauptstädten sowie aus Australien, entschlossener vorzugehen, wurde erhöht.[629] Eine UN-Resolution, die sofortigen Zugang zur Absturzstelle forderte, was nicht verweigert worden war,[630] wurde von Großbritannien und Australien vorbereitet. Der britische Premierminister und der US-Präsident wurden in holländischen Regierungsdokumenten mit der Forderung nach starken Sanktionen gegen Russland zitiert und ebenso mit der Forderung »Zugang zu erhalten«. Obama behauptete nun auch, dass das Flugzeug durch Aufständische mit russischer Hilfe abgeschossen worden sei, und rief die EU auf, eine härtere Gangart gegen Moskau einzuschlagen.[631]

Am 24. Juli 2014, nach den ersten Gedenkfeierlichkeiten am Flughafen Eindhoven, begab sich die Regierung von Ministerpräsident Mark Rutte nach Den Haag, um militärische Operationen zu disku-

---

628 *Russia Today*, »10 Questions«, a.a.O.
629 *MSJ*, Dok. 18, 20. Juli 2014; Dok. 22, 21. Juli 2014, »Context analysis Flight MH17«.
630 Schon Stunden nach dem Absturz waren Reporter an der Unglücksstelle und filmten private Reiseutensilien der Passagiere. Allerdings wurde berichtet, dass Kiew das Gebiet mit Artilleriebeschuss eindecke.
631 *MSJ*, Dok. 23, 21. Juli 2014, und Dok. 26, 22. Juli 2014.

tieren und das nach Artikel 100 vorgeschriebene Verfahren zur Information des Parlaments vorzubereiten. Noch am 24. reisten Außenminister Frans Timmermans und seine australische Amtskollegin Julie Bishop nach Kiew. Rutte hatte in der Zwischenzeit mit Poroschenko in Kiew und mit Putin in Moskau telefoniert, aber nicht mit den Aufständischen, was offensichtlich tabu war. Der malaysische Premierminister Najib Razak war hingegen schon zwei Tage vorher an der Absturzstelle und hatte von den Aufständischen die Flugschreiber des Flugzeuges erhalten. Der australische Premierminister Tony Abbott behauptete, dass Putin sich nicht gegen eine UN-Resolution stemmen werde. Es war jedoch unsicher, ob der Weg über die UNO überhaupt beschritten würde, und was auch immer Rutte oder Abbott mit Putin diskutiert hatten, es führte nicht dazu, dass Moskau daraus schloss, dass eine Militäroperation in Betracht gezogen würde. Und tatsächlich hatten die Niederländer bereits zu der Position gewechselt, dass ein O.k. aus Kiew ein ausreichendes Mandat für die Entsendung von Truppen sei.[632]

Am nächsten Tag, dem 25. Juli, berichtete die populistische, aber in der Regel gut informierte niederländische Tageszeitung *De Telegraaf*, dass alle Urlaube der 11. Luftlandebrigade mit 4.500 Soldaten abgesagt wurden und dass die Brigade am Wochenende des 26./27. Juli aus ihren zwei Basen in den Niederlanden in die Region Donezk in der östlichen Ukraine geflogen werde. Zusätzlich wurden Spezialkräfte aus Mali zurückbeordert. Während holländische Regierungsdokumente diese Absicht bestätigen, kommentierte Rutte, dass eine Militärexpedition »weit entfernt davon war, realisiert zu werden«.[633] Am nächsten Tag konkretisierte *De Telegraaf*, dass hol-

---

[632] John Helmer, »The Obama Shoe-Banging Moment on the Ukraine Front – Dutch and Australian Troops Were Planning to Start War with Russia After MH17 Was Shot Down«. *Dances with Bears*, 15. Juni 2016 (online); Jan Hoedeman / Natalie Righton, ›Kabinet lobbyt voor gewapende missie naar Oekraïne‹. *De Volkskrant*, 24. Juli 2014 (online).

[633] *MSJ*, Dok. 44, 25. Juli 2014; Helmer, »The Obama Shoe-Banging Moment«, a. a. O.

4. DER BÜRGERKRIEG UND DAS MH17-DESASTER

ländische Kommandos mit dem australischen SAS-Regiment in einer gemeinsamen Operation eingesetzt würden, was das holländische Verteidigungsministerium – zu Recht – »unausgereift« nannte. Die 11. Luftwaffenbrigade ist Teil der binationalen schnellen Eingreiftruppe »Division Schnelle Kräfte«, die unter deutschem Kommando steht, und Berlin legte sein Veto gegen die Verlegung der Truppen ein. Am Montag, dem 27. Juli, verkündete Rutte, dass der Plan, die 11. Brigade zu verlegen, vom Tisch sei. Dies wurde durch einen Kabinettsbeschluss am nächsten Tag bestätigt (»zu riskant«).[634]

John Helmer zufolge verfolgten die USA und Australien die Pläne für eine Operation weiter und verwarfen sie erst am 5. August. Australiens Premierminister Tony Abbott, der nach seiner Amtsenthebung im September 2015 einer von Poroschenkos internationalen Beratern wurde, bestätigte später in einem Radiointerview diese Vorhaben. Am 11. August besuchte Abbott Den Haag, begleitet von den australischen Militär- und Polizeichefs, und das war es dann auch – es gab nichts außer Berichten darüber, dass in den kommenden holländischen Budgetdiskussionen eine substantielle Steigerung des Verteidigungshaushaltes vorgeschlagen würde (was in der Zwischenzeit beschlossen wurde).[635] Tatsächlich war der Propagandakrieg, der Russland und speziell »Putin« verantwortlich machte, bereits gewonnen, und nun es ging nur darum, diesen Erfolg zu festigen. Alles andere – die offiziellen Untersuchungen, Ost-West-Diplomatie, die NATO-Strategie und die weitergehende Medienberichterstattung und -kommentierung – würde sich diesem Ziel unterordnen.

---

634 Helmer, »The Obama Shoe-Banging Moment«, a. a. O.; *MSJ*, Dok. 48, 26. Juli 2014; Dok. 53, 28. Juli 2014.

635 *MSJ*, Dok. A 55, 11. August 2014. In den Dokumenten der holländischen Regierung, die *RTL Nieuws* erhalten hatte, ist so viel geschwärzt, dass nur wenig aus den internen Diskussionen verstanden werden kann. *RTL Nieuws,* »Stukken MH17 openbaar«, 11. Februar 2015 (online). Helmer, »The Obama Shoe-Banging Moment«, a. a. O.

5.
Nachspiel:
Ein gescheiterter Staat an der Ostfront der NATO

Der Abschuss von MH17 wischte mit einem Schlag die Zurückhaltung der EU beiseite, sich der neuen Runde von Sanktionen gegen Russland anzuschließen, die die USA einen Tag zuvor, am 16. Juli, angekündigt hatten. Ebenso wurden die Verhandlungen über einen umfassenden Friedensplan für die Ukraine, das »Land für Gas«-Abkommen, aufgegeben. Auch die Energie-Verbindungen von *Gazprom* nach Europa waren direkt betroffen. Das Regime in Kiew begann, die ukrainische Wirtschaft von der russischen Verteidigungsindustrie zu entkoppeln. Die Folge war, dass der konkurrierende Block aus Eurasischer Wirtschaftsunion (EAWU), BRICS und der Shanghaier Organisation für Zusammenarbeit (SOZ) geschwächt wurde. Der Westen war offensichtlich bereit, für dieses Ergebnis den Preis zu zahlen: wirtschaftliches Brachland und ein gescheiterter Staat in der Ukraine.

In diesem abschließenden Kapitel soll zunächst gezeigt werden, wie die Untersuchungen des Absturzes von Flug MH17 grundlegend beeinträchtigt wurden, weil man Kiew ein Vetorecht über jede Art von Ergebnis einräumte. Als Folge gehen sowohl der Abschlussbericht des *Dutch Safety Board* als auch die bisherigen Erkenntnisse des *Gemeinsamen Internationalen Ermittlungsteams* (JIT) von den ursprünglichen Behauptungen Geraschtschenkos bzw. Awakows vom 17. und 18. Juli 2014 aus, auch wenn die Untersuchungen des JIT manchmal den Anschein erweckten, dass das Team nicht an der kurzen Leine laufen wollte. Danach will ich zu dem allgemeineren politökonomischen Kontext zurückkommen und über die Politik der verbrannten Erde sprechen, der das Land im Laufe des Bürgerkriegs ausgesetzt wurde. Das fehlgeschlagene Experiment einer neoliberalen »Markt-Demokratie« im Jahr 2015, das durch ausgewanderte Politiker überwacht wurde und das offensichtliche Ziel hatte, den einheimischen Oligarchen die Kontrolle über die Energieinfrastruktur des Landes zu entreißen, bestätigte lediglich, dass die Ukraine eine wirtschaftlich verlorene Region geworden war.

Das Kiewer Veto in der MH17-Untersuchung

Nach internationalen Luftverkehrsregeln war die Ukraine für die Untersuchung des Unglücks der Malaysia Airlines verantwortlich, denn es geschah in ihrem Luftraum. Das Land trug auch in dem Sinne Verantwortung für den Abschuss des Flugzeuges, dass Kiew auch noch nach Ausbruch der Feindseligkeiten es zivilen Verkehrsmaschinen erlaubt hatte, über das Kriegsgebiet zu fliegen. *Warum* das Flugzeug unter diesen Umständen abstürzte, wäre die Aufgabe einer technischen Untersuchung.[636] Ob Kiew auch *direkt* für den absichtlichen oder versehentlichen Abschuss der Boeing verantwortlich war, sei es mit Absicht oder aus Versehen, sei es durch die Luftwaffe oder die Luftabwehr oder beide, oder ob es andere Täter gab, wäre durch eine Kriminaluntersuchung festzustellen. Nach einigem Hin und Her erhielt Kiew jedoch ein Vetorecht in beiden Untersuchungen, was diesen zutiefst schadete (sie sollten formal durch die Niederlande geführt werden). In Übereinstimmung mit der NATO-Strategie wurde Russland außen vor gelassen.

---

636 Hagena & Partner, *Malaysian Air Flug MH17. Die Geschichte eines Jahrhundertverbrechens*. Bonn: Hagena & Partner, 2015, S. 6-9.

Auf dem Weg zum Deal des 7. August

Unmittelbar nach dem Abschuss von Flug MH17 eilten lokale Beamte und bewaffnete Aufständische ebenso wie zivile Freiwillige und OSZE-Beobachter zur Absturzstelle. Die Aufständischen kündigten an, für drei Tage eine Waffenruhe einzuhalten, um Rettungs- und Bergungsoperationen zu ermöglichen, sie garantierten für die Sicherheit jeder Person, die daran teilnahm.[637]

Unter denjenigen, die zuerst ankamen, waren Agenten, die offenkundig im Auftrag des Regimes in Kiew handelten. Wie im vorhergehenden Kapitel beschrieben, sah der OSZE-Beobachter Michael Bokiurkiw Männer, die mit Werkzeugen am Wrack arbeiteten. Auch viele weitere Personen waren mit anderen Dingen beschäftigt als damit, Leichenteile zum Abtransport zu sammeln. Die Frontlinien in diesem Bürgerkrieg waren nicht scharf abgegrenzt. Regionale Sicherheitsorganisationen waren auch noch nicht vollständig verlegt worden.

Als etwa der Polizeioberst A. V. Gawriliako, der Abteilungsleiter im Büro des Generalstaatsanwaltes in Makeevka (nordöstlich von Donezk) war, durch den internen Sicherheitsdienst der Aufständischen (MVD) angewiesen wurde, den Absturz zu untersuchen, wollte er sich erst die Zustimmung seines ordentlichen Vorgesetzten, Oberst Gontscharow, einholen. Nachdem er das O. k. erhalten hatte, fuhr Gawriliako in den frühen Morgenstunden des 18. Juli mit zwei Fahrzeugen nach Hrabowe. Er wurde dann noch einmal von Gontscharow angerufen, der ihm nun sagte, dass er auf Anordnung von Kiew sofort zurückkehren solle. Da Gawriliako nicht selbst den Konvoi befehligte, konnte er nicht Folge leisten und nahm daraufhin Anweisungen von den Behörden der »Donezker Volksrepublik« (DPR) an. Als er am nächsten Tag erneut seine Vorgesetzten kontaktierte, wurde ihm gesagt, dass nur der SBU die Erlaubnis habe, Untersuchungen anzustellen – aber der Geheimdienst hatte Donezk

---

[637] *Ministry of Security and Justice, the Netherlands*, Dok. 6, Nr. 3, 18. Juli 2014; Dok., 7, 18. Juli 2014, »Context analysis«.

schon im Mai verlassen und trat in der Absturzzone nicht auf, jedenfalls nicht offiziell.[638]

Weil die niederländische Regierung entschieden hatte, über die OSZE zu agieren, hatte sie selbst keinen unmittelbaren Zugang zur Unfallzone. Und nachdem Außenminister Timmermans am 21. Juli in der UNO lokale Freiwillige als »Schurken« bezeichnet hatte und sie beschuldigte, die Leichname der Opfer beraubt zu haben (wofür sich die Regierung später entschuldigte), war die Möglichkeit verbaut, direkt mit den Aufständischen zu verhandeln. Ein niederländisches Team von Staatsanwälten traf tatsächlich in der Ukraine ein, blieb aber in Kiew, um die Angelegenheiten mit der Regierung zu diskutieren. Australische Experten gelangten andererseits ohne Verzögerung zur Absturzstelle, ebenso wie das Team aus Malaysia, das durch Premierminister Najib Razak geleitet wurde. Wie berichtet, erhielten Letztere am 22. Juli ohne großes Aufheben die Flugschreiber der Boeing von den Aufständischen ausgehändigt und reichten diese an die Niederlande weiter. Als diese zur Analyse nach London geschafft wurden, beschwerte sich Kiew lautstark, dass die Aufständischen die Aufnahmegeräte manipuliert hätten, aber dies stellte sich als falscher Alarm heraus – und ist davon abgesehen praktisch unmöglich.[639]

Poroschenko hatte eine Waffenruhe im Umkreis von 40 km um die Absturzzone angekündigt, aber seine Truppen befolgten diese Anweisung offensichtlich nicht. Sie eroberten Debalzewe und drangen weiter in den Korridor vor, der die beiden Provinzen teilte. »Ukrainische Kräfte hatten [Debalzewe] kurz nach dem tragischen Abschuss von Flug MH17 durch eine moskowitische Boden-Luft-Rakete übernommen«, lesen wir in einem retrospektiven Artikel auf

---

638 Alexandr Netyosov, »MH17 Ukraine Plane Crash: Additional Details Revealed.« *South Front*, November 2016 [ursprüngl. 2015, übersetzt aus dem Russischen] (online).

639 Joost Niemöller, *MH17. De Doofpotdeal* [preface, K. Homan]. Amsterdam: Van Praag, 2014, S. 142, 170f. *MSJ*, Dok. 18, 20. Juli 2014; Dok. 26, 22. Juli 2014; die Flugschreiber wurden einer spezialisierten Firma anvertraut, der AAIB in London. *MSJ*, Dok. 33, 23. Juli 2014.

der Website von Geraschtschenko mit dem Namen *Infonapalm*. »Als die ukrainischen Kräfte am 28. Juli die Anhöhe von Sawur-Mohyla in der Nähe der Grenze zu Muscovy übernahmen, hatten sie gerade die besetzten Gebiete halbiert und Donezk isoliert.«[640] Das war einen Tag später, als die Niederländer ihre Pläne aufgegeben hatten, die 11. motorisierte Luftlandebrigade zu schicken. Noch am 28. Juli war Timmermans wieder in Kiew, um Sicherheitsmaßnahmen zu diskutieren, da die Absturzstelle unter Beschuss der ukrainischen Seite lag. Das gab Anlass zu dem Verdacht, dass Kiew etwas zu verbergen habe. Als das Regime am 30. Juli ein Ende der Kämpfe ablehnte, wurde der Verdacht verstärkt.[641]

Zu diesem Zeitpunkt war dem »Dutch Safety Board« die leitende Rolle in den technischen Untersuchungen des Absturzes übertragen worden. Er handelte eine Vereinbarung mit dem *Nationalen Büro der Ukraine für die Untersuchung von Luftfahrtunfällen* (NBAAI) aus, die am 23. August von den zwei beteiligten Institutionen, also nicht von den jeweiligen Staaten, unterzeichnet wurde. Die Vereinbarung enthielt die entscheidende Maßgabe, dass die Ergebnisse der Untersuchung geheim gehalten würden. Auf dieser Basis wurde den niederländischen und australischen Beamten am 31. Juli der Zugang erlaubt.[642] Am nächsten Tag traf ein niederländisches Team von Forensikern ein und untersuchte ein Gebiet, das als sicher angesehen wurde (d. h. von der Ukraine kontrolliert wurde). Sie gerieten jedoch unter Mörserbeschuss von Regierungsstellungen aus. Am 4. August rückten die Kräfte aus Kiew den Berichten zufolge weiter vor, und niederländisch-australische Rückführungsteams, die von der Absturzstelle kamen, passierten Militärkonvois aus entgegengesetzter Richtung.[643]

---

640 Falcon Bjorn, »The Battle of the Debaltsevo Bulge« *Infonapalm*, 2. Mai 2015 (online); Niemöller, *MH17. De Doofpotdeal*, a. a. O., S. 140.

641 *MSJ*, Dok 53, 28. Juli 2014; Dok. 57, 29. Juli 2014, Dok. 61, 30. Juli 2014.

642 *MSJ*, Dok. 34, 22. Juli 2014, »Fact sheet rol OVV onderzoek ramp MH17«; Niemöller, *MH17. De Doofpotdeal*, a. a. O., S. 144, 150, 160.

643 *MSJ*, Dok. 79, 4. August 2014; Niemöller, *MH17. De Doofpotdeal*, a. a. O., S. 150, zitiert in: OSZE Missionsergebnisse.

Am 6. August wurden die holländischen Ermittler wieder abgezogen, ohne überhaupt den kritischen Teil des Cockpits untersucht zu haben. Im Ganzen waren sie nur 20 Stunden in der Region gewesen und hatten gerade mal ein Gebiet von 3,5 von 60 Quadratkilometern inspiziert. Dabei hatten sie einige größere Einzelteile aufgesammelt, aber viele andere Objekte liegen gelassen und auch keine Bodenproben mitgenommen. Als ortsansässige Ermittler ihnen Fotos des Piloten zeigten, der festgeschnallt in seinem Sitz gefunden wurde und dessen Hemd »wie ein Sieb« aussah, zeigten sie sich nicht interessiert. Sie weigerten sich auch, DNA-Proben anzunehmen, als sie aufgefordert wurden, für deren Erhalt zu unterschreiben.[644]

In der Zwischenzeit war in Kiew eine politische Krise ausgebrochen, nachdem das Parlament sich geweigert hatte, das Budget zu akzeptieren, welches den strengen IWF-Kriterien entsprechen sollte. *Swoboda* und Klitschkos UDAR, die die Regierung unterstützte, ohne eigene Minister zu stellen, verließen die Koalition. Als Ergebnis wurde ein IWF-Kredit von 17 Milliarden Dollar blockiert, und Jazenjuk erklärte am 25. Juli seinen Rücktritt. Er begründete dies damit, dass er ohne neues Geld den Bürgerkrieg nicht länger führen könne. Sonst riskiere man, »den Geist von zehntausenden Menschen zu demoralisieren, die nicht in dieser Halle sitzen, sondern in Schützengräben unter Kugelhagel«. Einer der stellvertretenden Ministerpräsidenten, Wolodymyr Hrojsman, der am 14. April 2016 selbst Ministerpräsident wurde und damals verantwortlich für die MH17-Angelegenheiten war, übernahm das Amt als Übergangsregierungschef. Wahlen wurden für den Oktober angekündigt. Dann wies aber das Parlament am 31. Juli den Rücktritt von Jazenjuk zurück, was die Kämpfer an der Front jedoch nicht besänftigte, die durch die Blockade angesichts von Gerüchten über eine russische Invasion alarmiert waren.[645] Am

---

644 Netyosov, »MH17 Ukraine Plane Crash: Additional Details Revealed,« a. a. O.; *MSJ*, Dok. A 55, 11. August 2014; Niemöller, *MH17. De Doofpotdeal*, a. a. O., S. 140-45.

645 Michel Chossudovsky, »Collapse of Ukraine Government: Prime Minister Yatsenyuk Resigns amidst Pressures Exerted by the IMF,« *Global Research*,

6. August veranstalteten Freiwilligenbataillone bedrohliche Demonstrationen in der Hauptstadt, was die Aussicht auf einen erneuten Putsch eröffnete.

Am nächsten Tag, dem 7. August, trat Andrij Parubij unerwartet als Sekretär des Nationalen Sicherheits- und Verteidigungsrats (NSDC) zurück, was angesichts seiner Rolle bei der Machtübernahme und im Bürgerkrieg ein bedeutender Vorgang war. Laut Wikipedia war der scheidende Sekretär des NSDC nicht bereit, »in Kriegszeiten« über seine Motive zu reden. Medienberichte behaupteten jedoch, dass sein »Schachzug zum größten Teil dadurch ausgelöst worden sei, dass er nicht die Möglichkeit erhielt, ausgedehnte ethnische Säuberungen in der Ostukraine durchzuführen und sich dem Waffenstillstand unterwerfen musste«.[646] Es gab zwar keinen Waffenstillstand, aber es wurde dringlich, die extremen Kräfte im Zaum zu halten. Schon am 7. August erschien auch NATO-Generalsekretär Anders Fogh Rasmussen in Kiew. Hatte der Besuch damit zu tun, dass – angesichts des nur einen Monat später (am 4./5. September) anstehenden entscheidenden NATO-Gipfels in Wales – das Narrativ von »Putin als die neue Bedrohung der Allianz« durch die ukrainischen Ultras hätte gestört werden können? Der NATO-Treuhandfonds für den Kauf von Kommunikationsmitteln, der als Grund für den Blitzbesuch genannt wurde, war schon im Juni beschlossen worden. Das Einzige, was der Vertreter der Ukraine im NATO-Hauptquartier einen Tag vor der Reise sagen konnte, war, dass der Besuch extrem kurz, höchstens einige Stunden dauern werde.[647] Als Rasmussen landete, patrouillierten Panzer in den Straßen von Kiew, entweder um einen erneuten Staatsstreich abzuwenden oder um die

---

24. Juli 2014 (online); David M. Herszenhorn, »Ukraine Prime Minister Resigns as Key Coalition in Parliament Falls Apart«. *The New York Times*, 24. Juli 2014 (online); *MSJ*, Dok. 44, 25. Juli 2014, Dok. 67, 31. Juli 2014.

646 Pepe Escobar, »NATO is desperate for war«. *Asia Times Online*, 8. August 2014 (online).

647 *UA Position*, »NATO secretary general to visit Ukraine on August 7«, 6. August 2014 (online).

Situation zu konsolidieren, nachdem bereits einer verhindert worden war.⁶⁴⁸

Ein erfahrener Beobachter des postsowjetischen Raums, Gordon Hahn, spekuliert, dass Parubij zurückgetreten sei, weil er sich ausgerechnet haben mochte, dass er besser nicht der Regierung angehöre, sollten die Milizen versuchen, die Macht zu übernehmen. Außerdem wurde für seinen Abgang als Grund angegeben, dass er sich »damit auf seine Arbeit fokussieren kann, die Freiwilligen-Milizen zu unterstützen«.⁶⁴⁹ Das bringt uns einen Schritt näher an den wahrscheinlichen Grund für den Besuch von Rasmussen in Kiew, nämlich Poroschenkos Position angesichts eines möglichen Putschversuchs zu stärken und um den Extremisten (deren Anführer niemand anderes war als der Sekretär des NSDC) die allgemeine Kontrolle über die Streitkräfte zu entziehen. Wie Rasmussen beim des Erhalt der unvermeidlichen Medaille durch den Präsidenten erklärte: »Wir unterstützen die Ukraine und ihren Kampf zur Aufrechterhaltung der fundamentalen Prinzipien, auf denen unsere freien Gesellschaften aufgebaut sind«.⁶⁵⁰ War dies nur routinemäßige Rhetorik oder eine wichtigere Botschaft?

Inwiefern das oben Dargelegte sich wie vermutet abgespielt hat, wissen wir nicht. Aber am gleichen Tag, dem 7. August, vereinbarten die Niederlande, Belgien und Australien mit Kiew das Format der strafrechtlichen Untersuchung der MH17-Katastrophe durch

---

648 *LiveLeak*, »Ukraine War. Tanks Ukraine in Kiev«, 7. August 2014 (Videobild online, das ursprüngliche Video wurde aber von *YouTube* gelöscht.). Richard Balmforth / Pavel Polityuk, »Rasmussen: Russia Should ›Step Back From The Brink‹.« *The Huffington Post*, 7. August 2014 (online).

649 Gordon Hahn, »The Ukrainian Revolution's Neo-Fascist Problem«. *Fair Observer*, 23. September 2014 (online).

650 Cited in *NATO.int*, »NATO stands by Ukraine, Secretary General Says in Kiev«, 7. August 2014 (online), Hervorhebungen hinzugefügt. Rasmussen wurde nach seinem Rücktritt als NATO-Generalsekretär ein Berater von Poroschenko ebenso wie Australiens Ex-Premierminister Tony Abbott. In den niederländischen Dokumenten ist der Rasmussen-Besuch als NATO-Unterstützung gegen Russland interpretiert, und Parubijs Abdanken wird nebenbei erwähnt. *MSJ*, Dok. 86, 8. August 2014.

das *Gemeinsame Ermittlungsteam* (JIT). In der Vereinbarung war die Bedingung enthalten, dass Veröffentlichungen jeder Art von Erkenntnissen das Einverständnis aller vier Parteien erhalten müsse.[651] Das JIT war ursprünglich nach vorläufigen Konsultationen unter den elf Ländern vereinbart worden, die Bürger im MH17-Desaster verloren hatten, und sollte unter der Aufsicht von *Eurojust* (European Union's Judicial Cooperation Unit) in Den Haag, einer EU-Einrichtung, ermitteln. Die niederländische Staatsanwaltschaft (Openbaar Ministerie, OM) wurde mit der Koordination des Ermittlungsverfahrens betraut.[652] Die Ukraine ist kein Mitglied von Eurojust, und es waren keine Ukrainer in dem Flugzeug. Und doch brachte die Vereinbarung vom 7. August nicht nur die Ukraine in den Kreis der Ermittler, sondern sie verlieh der Regierung in Kiew durch den Konsenszwang bei der Veröffentlichung der Ermittlungsergebnisse außerdem noch ein »wirksames Vetorecht hinsichtlich aller Ermittlungsergebnisse, die sie belasten. Das ist ein erstaunlicher Vorgang und wahrscheinlich ohne Beispiel in der Geschichte der Untersuchung moderner Flugzeugunfälle«.[653] War das Teil eines Deals, bei dem Parubij zurücktrat, aber Kiew im Gegenzug Immunität bei der Strafverfolgung im Fall des MH17-Abschusses erhielt und – als Folge davon – auch er persönlich als damaliger NSDC-Sekretär?

Als der Staatsanwalt des Regimes in Kiew, der als geschwätzig berüchtigte Jurij Boitschenko, am 8. August das Vetorecht bestätigte (Malaysia sollte später auch die Vereinbarung ebenfalls unterzeichnen, um das Recht auf Zugriff auf die Ermittlungsergebnisse zu erhalten), schloss die ukrainische Presseagentur UNIAN, dass dies Russland und die Aufständischen faktisch von Schuld freisprach.

---

651 Hagena & Partner, *Malaysian Air Flug MH17*, a.a.O., S. 11; Niemöller, *MH17. De Doofpotdeal*, a.a.O., S. 125f.).

652 *MSJ*, Dok. 44, 25 Juli 2014; Dok. 57, 29. Juli 2014; Dok. 94, 15. August 2014.

653 Aussage eines australischen Anwalts in der Sache, zitiert in: Diana Johnstone, *Queen of Chaop. The Misadventures of Hillary Clinton*. Petrolia, Cal.: CounterPunch Books, 2016, S. 165.

Warum sonst sollte Kiew auf dem Konsensverfahren bestanden haben?[654] Die Tatsache, dass schon am gleichen Tag, dem 7. August, forensische Beweise von der Absturzstelle vertraulich dem ukrainischen Militär mitgeteilt wurden, unterstreicht, wie besorgt die Machthaber in Kiew waren.[655] Dass die niederländische Regierung die Vereinbarung mit Kiew erst im November bestätigte – nachdem das holländischen Magazin *Elsevier* gemäß dem »Freedom of Information«-Verfahren (WOB) eine Anfrage gestellt hatte –, unterstreicht, wie dubios diese Regelung ist.[656]

Das Rahmenwerk des MH17-Narrativs

Zu keinem Zeitpunkt waren die Mainstream-Medien von der anfänglichen Bewertung der NATO und des Regimes in Kiew abgewichen, dass »Putin« für den Abschuss von Flug MH17 verantwortlich sei. Es wurde lediglich offen gelassen, ob die Ausführung durch tatsächliche Russen oder durch Aufständische, sei es mit oder ohne russische Hilfe, erfolgte. Die *New York Times* lieferte das erste vollständige Narrativ, zum größten Teil zusammengesetzt aus Behauptungen, die später widerlegt wurden. Sie behauptete, Aufständische hätten »radargestützte SA-11« erhalten und damit die An-26 abgeschossen; am 17. hätten »Anwohner eine Rakete beobachtet, die in den Himmel aufstieg«, und »US-Geheimdienstanalytiker ... verfolgten den Start in einem Gebiet in der Nähe von Snischne«, das Flugzeug sei dann »mitten in der Luft explodiert«.[657] Die *Washington Post* zitierte sogar

---

654 Eric Zuesse, »MH-17 ›Investigation‹: Secret August 8th Agreement Seeps Out«. *OpEdNews*, 14. August 2014 (online); Niemöller, *MH17. De Doofpotdeal*, a.a.O., S. 151ff., 169. UNIAN ist übrigens Eigentum von Kolomoiskiy, vgl. Slawomir Matuszak, *The Oligarchic Democracy. The Influence of Business Groups on Ukrainian Politics*. [OSW Studies, Nr. 42]. Warschau: Centre for Eastern Studies, 2012, S. 36.

655 *Russia Today*, »Kiev secretly received data from MH17 crash investigators – Ukrainian hacktivists«, 11. Oktober 2014 (online).

656 Alex Lantier, »Netherlands covers up secret pact controlling investigation of MH17 crash«. *World Socialist Website*, 22. November 2014 (online).

657 Peter Baker, »With Jet Strike, War in Ukraine Is Felt Globally«. *The New*

Parubij selbst mit den Worten: »Es wird schwer sein, eine vollständige Untersuchung durchzuführen, da einige der Objekte entfernt wurden, aber wir werden unser Bestes geben«.[658] Mit anderen Worten: die Mainstream-Medien schlossen die Untersuchung ab, lange bevor das offizielle Urteil veröffentlicht wurde.

Ein Vergleich der Berichterstattung von *CNN* und *Russia Today* ergab, dass der US-Sender »Russland klar als Aggressor beschrieb, der nicht nur Waffen, Material, Ausbildung und Geld an die Separatisten lieferte, sondern auch seine regulären Truppen ohne Flaggen oder Uniformen in die Ukraine schickte, *um dort ukrainische Militärjets abzuschießen*«.[659] Die Tatsache, dass das BUK-Raketensystem, wie alle Waffen aus der Sowjet-Ära, natürlich »Made in Russia« war, wurde auch nicht übersehen. Putins Bild erschien auf den Titelseiten der westlichen Zeitungen, die über die Katastrophe berichteten, und sein Charakter wurde als der eines hinterlistigen KGB-Offiziers analysiert.[660] Obamas Versprechen schon vor dem MH17-Vorfall, »aus Russland einen Paria-Staat zu machen«, sollte noch lange nachhallen. Die *New York Times* überschrieb einen Kommentar über den

---

York Times, 19. Juli 2014 (online). Die Zeitung berichtete auch, dass 23 US-Amerikaner unter den Opfern gewesen seien (in Wirklichkeit war es nur ein Opfer mit doppelter Staatsbürgerschaft, eine davon die der USA).

658 Zitiert in: Robert Parry, »What Did US Spy Satellites See in Ukraine?« *Consortium News*, 20. Juli 2014 (online). »Die *Washington Post*, die Verkörperung der ›extremen Nähe zur [US-] Regierung, Ehrfurcht vor den Institutionen des nationalen Sicherheitsstaates [und] Ausschließung dissidenter Stimmen‹« (Glenn Greenwald, *No Place to Hide. Edward Snowden, the NSA and the Surveillance State*. London: Hamish Hamilton, 2014, S. 54) Die *Washington Post* wurde 2016 von Jeff Bezos, Gründer und Vorstandschef von Amazon, gekauft. Kurz darauf bekam Amazon einen Auftrag von der CIA, was die enge Verbindung unterstreicht. Norman Solomon, »Under Amazon's CIA Cloud: The Washington Post«. *The Huffington Post*, 18. Dezember 2016 (online).

659 Olga Lopatynska, *CNN vs. RT: Comparative Analysis of Media Coverage of a Malaysian Airlines Aircraft MH17 Shooting Down within the Framework of Propaganda*. Master's Thesis, Department of Journalism, Media and Communication, Stockholm University, 2015, S. 27, Hervorhebungen hinzugefügt.

660 Lopatynska, *CNN vs. RT: Comparative Analysis of Media Coverage*, a.a.O., S. 30.

5. NACHSPIEL: EIN GESCHEITERTER STAAT 275

Fortschrittsbericht des JIT und das Ende des Waffenstillstands in Syrien im September 2016 mit »Wladimir Putins geächteter Staat« und empfahl Schritte, um für Russlands Isolation zu sorgen – mit einer unübersehbaren Anspielung darauf, das Land als ständiges Mitglied des Sicherheitsrates auszuschließen.[661]

Eine Schlüsselrolle bei der Beibehaltung des Geraschtschenko/Awakowschen-Narrativs spielte die in London ansässige Website *Bellingcat*. Dieser so genannte »Bürger-Journalismus«, der dazu bestimmt war, Informationen über die »Hintertür« zu verbreiten, ging unter seinem neuen Namen am 15. Juli 2014, zwei Tage vor dem Abschuss von Flug MH17, online. Ein deutschsprachiges Pendant, *Correkt!v*, veröffentlichte ab dem 28. Juli Mitteilungen über die BUK-Reise – Videos, Fotos und Abschriften von abgefangenen Telefonaten, die direkt nach Kiew zurückzuverfolgen waren.[662]

Der Gründer von *Bellingcat*, Eliot Higgins, machte sich einen Namen (»Brown Moses«), indem er mit Behauptungen hausieren ging, die den Tatsachen widersprechen. Dass etwa der Chemieangriff im syrischen Ghouta im Jahr 2013 das Werk des »Assad-Regimes« gewesen sein soll, widerlegten der erfahrene Journalist Seymour Hersh und andere. Wie im Fall des angeblichen Angriffs der Nordvietnamesen auf ein US-amerikanisches Schiff im Golf von Tonkin oder der behaupteten Massenvernichtungswaffen von Saddam Hussein soll auch diese Art von Berichterstattung die Öffentlichkeit dazu zu bringen, militärische Abenteuer zu unterstützen, die ansonsten auf Widerstand stoßen würden.[663] Kaum hatte

---

661 *The New York Times*, »Editorial: Vladimir Putin's Outlaw State«, 29. September 2016 (online). Das Ende des Waffenstillstandes war Folge eines Luftangriffs der USA auf Einheiten der syrischen Armee bei Deir Ezzor, bei dem 62 Soldaten getötet wurden. Nach dem Luftangriff stürmten IS-Kommandos die Basis, offensichtlich vorbereitet auf diese Gelegenheit, was eine geheime Absprache vermuten lässt.

662 Hagena & Partner, *Malaysian Air Flug MH17*, a. a. O., S. 36-38.

663 Jean Bricmont, »On War and War Propaganda.« *Euromind*, 31. Oktober 2016 (online); *Wikispooks*, »Bellingcat« (online); KremlinTroll, »MH17 – Lying for Justice«, 21. November 2015 (online).

sich Higgins in *Bellingcat* verwandelt, nutzte er seine Talente dafür, den Abschuss von MH17 zu analysieren. Dieses Mal sollte seine Kriegspropaganda eine weit geteilte Aufmerksamkeit erhalten und ihm zusammen mit dem dort gut verzahnten Netzwerk von Geraschtschenko einen Platz in der atlantischen Sicherheitsinfrastruktur sichern.[664]

Schon Mitte 2015 war Higgins Co-Autor eines Berichts zu »Russlands Krieg in der Ukraine«, erstellt für den Atlantic Council, das bedeutendste Planungsforum der NATO. Er durfte auf Einladung von Guy Verhofstadt den Bericht im Europäischen Parlament präsentieren, zudem wurde er für seine Arbeit über russische Truppenbewegungen in der Ukraine von General Breedlove gepriesen.[665] Der Atlantic Council vereint Figuren wie Carl Bildt, Zbigniew Brzezinski und den ehemaligen US-Verteidigungsminister Chuck Hagel, im April 2016 wurde auch der ukrainische Oligarch Wiktor Pintschuk in den internationalen Beratungsausschuss aufgenommen.[666]

Higgins ist Mitglied der *New Information Frontiers Initiative* des Councils und Gastwissenschaftler des *Centre for Science and Security Studies* (CSSS) im Fachbereich für militärische Studien am *King's College London*. Eine seiner kühnsten Behauptungen war, dass er die Namen der Männer der russischen 53. BUK-Brigade aus Kursk besäße, die angeblich die TELAR nach Donezk und wieder zurück ge-

---

664 *Live Leak*, »Can Bellingcrap be trusted? What's a Bellingcat Anyway?«, 2015 (online); *CyberBerkut*. »CyberBerkut hacked web sites of Anton Gerashchenko«, 29. Oktober 2015 (online). Geraschtschenkos Mailbox »lyst2sbu« betreibt das »Peacemaker«-Projekt. Ein unabhängiges Hacker-Kollektiv enthüllte, dass dieses Projekt über »NATO.int« in die Cyber-Strukturen des Militärbündnisses eingebunden ist. Dies zeigen Screenshots, die den »NATO-int«-Link zeigen. Siehe *Niqnaq*, »NATO apparently masterminding the campaign of assassinations in Ukraine. Anatoliy Shariy's appeal on assassination of Kiev journalist Oles Buzina«, 17. April 2015 (online).

665 Zitiert in: Hector Reban, »Misleading the crowds: Bellingcat Infowar Mercenaries Clean Up Secret Service Stuff Again«, 26. Juni 2015 (online).

666 Isobel Koshiw, »Victor Pinchuk: Friend or foe of Ukraine?« *Kyiv Post*, 14. Oktober 2016 (online).

schafft hatten. Die gleiche Geschichte wurde auch durch *Correkt!v* verbreitet.[667]

Auf allen Kanälen wurde Anfang 2016 zur Eröffnung der niederländischen Kampagne für die EU-Assoziation der Ukraine gesendet, dass *Bellingcat* gerade »aufgedeckt« habe, dass der Abschuss von Flug MH17 durch Putin persönlich angeordnet worden sei.

Die Aufbereitung der Angaben von Kiew in den DSB- und JIT-Berichten

In den Niederlanden haben Medien, Politiker und die Öffentlichkeit die mehr als 10.000 Toten und über eine Million Flüchtlinge, die die Anti-Terror-Operation der Regierung in Kiew mit Unterstützung der NATO verursachte, kaum wahrgenommen. Deshalb wurde der Abschuss von Flug MH17 als ein eigenständiger Schicksalsschlag dargestellt, ohne jeden Kontext, gerade so, als wären die Tragödie und die 298 Opfer das Resultat eines isolierten Terroraktes. Die technische Untersuchung durch den *Dutch Safety Board* sollte diese Schlussfolgerung bestätigen. Der Leiter des DSB, Tjibbe H. J. Joustra, war nationaler Anti-Terrorismus-Koordinator zwischen 2004 und 2009. Deshalb waren die Chancen gering, dass eine Untersuchung erfolgte, die Resultate außerhalb der Reichweite des westlichen Sicherheits-Establishments hervorbrachte. Hinzu kam, dass Joustra wegen der Zweckentfremdung von Geldern als Verwaltungsratsvorsitzender des Arbeitsamtes hatte zurücktreten müssen. Deshalb war er nicht in der Lage, eine unabhängige Haltung zu unterstützen, selbst wenn er es gewollt hätte. Seine engen Verbindungen zur regierenden liberalen Partei für Freiheit und Demokratie (*VVD*) – er war Ko-Autor des Wahlprogramms – und seine Weigerung, internationale Kontakte zu nutzen, wurden in holländischen Medien kritisiert.[668]

---

667 Reban, »Misleading the crowds«, a. a. O.; *Der Spiegel*, »Interview zu angeblichen MH17-Manipulationen: ›Bellingcat betreibt Kaffeesatzleserei‹«, 3. Juni 2015 (online).

668 Joustra hatte Karriere im Landwirtschaftsministerium gemacht und verfügte über Aufsichtsratsposten in diesem Bereich und auf dem Gebiet der

Der DSB-Zwischenbericht kam am 6. September 2014 heraus, drei Wochen verspätet. Er war so profan, dass eine russische Zeitung ihn mit den Worten zusammenfasste, dass »bestätigt wurde, dass das Flugzeug abstürzte«, während ein US-amerikanischer Luftfahrtexperte die 34 Seiten weniger rücksichtsvoll charakterisierte als »einem Aufsatz ähnlich, den ein 15-Jähriger in letzter Minute aus Wikipedia kopiert hatte«.[669] Auch die russische Regierung beschwerte sich über die Qualität des Berichts, und zwar bei der Sitzung des UN-Sicherheitsrates vom 17. September. Insbesondere fragte sie, warum die Radaraufnahmen, die man dem DSB zur Verfügung gestellt hatte und die ein Objekt zeigten, das möglicherweise ein Militärflugzeug in der Nähe von MH17 war, nicht berücksichtigt worden waren. Moskaus Vorschlag, die Untersuchung einer internationalen Kommission zu übertragen, die von einem Sondergesandten der UNO geleitet werden sollte, wurde formgerecht abgelehnt. Danach schien es allerdings, als ob Russland selbst das Interesse an der Jet-Theorie verloren hätte und sie nicht länger offiziell ins Gespräch bringen würde.[670]

Am 9. September erklärte die deutsche Regierung in ihrer Antwort auf eine Anfrage der Partei *Die Linke*, dass aufgrund der Verpflichtung zur Geheimhaltung keine weiteren Informationen über US-Radar-Daten zur Verfügung gestellt werden könnten. Sie weigerte sich sogar, eine Aussage darüber zu machen, ob irgendwelche Daten vorlägen oder nicht.[671] Die niederländische Regierung selbst

---

privaten Sicherheit. (*Wikipedia*, »Tjibbe Joustra«). Kritik in *Elsevier*, zitiert in: *MSJ*, Dok. 67, 31. Juli 2014.

669 W.C. Turck, *A Tragic Fate. Politics, Oil, the Crash of Malaysia Airlines Flight 17 and the Looming Threats to Civil Aviation*. A Jinxee the Cat Publication, 2014. E-book, ohne Paginierung, Einleitung. Hagena & Partner. *Malaysian Air Flug MH17*, a.a.O., S. 12.

670 Niemöller, *MH17. De Doofpotdeal*, a.a.O., S. 133.

671 *Deutscher Bundestag. Antwort der Bundesregierung auf die Kleine Anfrage der Abgeordneten Dr. Alexander S. Neu, Sevim Dağdelen, Dr. Diether Dehm, weiterer Abgeordneter und der Fraktion DIE LINKE. – Drucksache 18/2316 – Erkenntnisse über bewaffnete Aktivitäten in der Ostukraine*. Deutscher Bundestag. Drucksache 16/2521, 9. September 2014, S. 4.

war ebenso verschlossen. Als niederländische Abgeordnete der Opposition fragten, ob die Vereinbarung mit Kiew in Form eines ordentlichen Berichtes vorliege, antwortete die Rutte-Regierung am 19. September, dass die Vereinbarung (vom 23. Juli) nicht für eine Veröffentlichung zur Verfügung stehe. Die Regierung erlaubte, aus Nachlässigkeit oder bewusst, dass ein Mitarbeiter von Ivo Opstelten, dem Minister für Sicherheit und Justiz zum Zeitpunkt des Absturzes, die gesamte E-Mail-Korrespondenz des Ministeriums zum Fall MH17 löschte, was möglicherweise eine strafbare Handlung war. Die Erstellung eines Archivs über das Unglück wurde auf einen Zeitpunkt nach der Wahl im März 2017 verschoben.[672]

Der Transportminister von Malaysia beschuldigte am 27. September Kiew, die Untersuchungen zu sabotieren, indem die ukrainische Regierung seinen Landsleuten den Zugang zur Absturzstelle verweigerte, und er kündigte an, dass Kuala Lumpur die UNO auffordern werde einzuschreiten.[673] In der Zwischenzeit spekulierte die ukrainische Seite weiter über eine russische Verwicklung. Im Oktober behauptete der Chef der SBU, Walentyn Nalywajtschenko, im Fernsehen, dass die BUK, die beim Abschuss verwendet worden sei, eine modernisierte BUK M1 gewesen sei, abgefeuert von russischem Personal. Tatsächlich war die erneuerte Version ein, wie wir oben sahen, hausgemachtes ukrainisches Erzeugnis, das mit der Juli-Offensive funktionsbereit wurde.[674]

Das führt uns zum Abschlussbericht des DSB. Der Entwurf hierfür wurde am 2. Juni an die Vertragspartner geschickt. Darunter waren bezeichnenderweise auch die Vereinigten Staaten als Hersteller der Boeing und Großbritannien wegen der Rolls-Royce-Turbinen. Einen Monat später legten Malaysia und die Niederlande unerwartet

---

672 *Geen Stijl*, »Brisant: Rutte heeft nog steeds geen MH17-archief«, September 2016 (online), zitiert parlamentarische Fragen von Pieter Omtzigt, Abgeordneter für die Christdemokratische CDA.

673 Niemöller, *MH17. De Doofpotdeal*, a. a. O., S. 157, 160.

674 *Russia Today*, »MH17 crash: Ukraine security chief says missile only Kiev has may be found at crash site«, 10. Oktober 2014 (online).

einen Antrag für eine Resolution des UN-Sicherheitsrats vor, um ein internationales Tribunal zu der Katastrophe einzurichten. Ob dies der Fall war, weil sie keinen Fortschritt sahen, so lange Kiew (über die Flugsicherungsabteilung) ein Vetorecht hatte, kann nicht bestätigt werden.[675] Als Russland sein Veto einlegte, weil die technische Untersuchung noch nicht öffentlich gemacht worden war und die strafrechtlichen Untersuchungen noch liefen, erhob sich ein Sturm der Empörung in westlichen Medien, die daraus wieder einmal ein Schuldeingeständnis durch Moskau konstruierten. Tatsächlich hatte ein internationales Tribunal schon im Falle Lockerbie geirrt: Das Tribunal, der angebliche Gold-Standard in solchen Angelegenheiten, stellte sich letztlich als eine Verschleierungskampagne heraus, bei der aufgrund ernsthafter Justizfehler Libyen fälschlicherweise schuldig gesprochen wurde.[676] Noch im September schrieb Oleg Storchevoy, stellvertretender Direktor der russischen *Federal Air Transport Agency* (FATA) und in seinem Land verantwortlich für die Untersuchung des MH17-Absturzes, dem DSB und wies auf wichtige Unkorrektheiten in dem Berichtsentwurf hin, aber er erhielt keine Antwort.[677]

Im Oktober 2015 präsentierte der DSB-Vorsitzende Joustra den Bericht vor dem teilweise wieder zusammengebauten Boeing-Rumpf in einem Hangar. Eine gespenstische Lichtschau illuminierte das Ereignis. Fragen waren nicht erlaubt, und das aus gutem Grund. Die Behauptung, dass nur eine Fluglinie aufgehört hatte, aus Sicherheitsgründen über die östliche Ukraine zu fliegen (tatsächlich waren es fünf), mag noch ein Ausrutscher gewesen sein.[678] Ernsthafter war

---

675 Hagena & Partner. 2015. *Malaysian Air Flug MH17*, a.a.O., S. 12, 13; *BBC News*, 3. Juli 2014 (online).

676 Siehe van der Pijl, *Global Rivalries from the Cold War to Iraq*. London: Pluto and New Delhi: Sage Vistaar, 2006, S. 340, 371.

677 Auf den FATA-Brief vom September wird Bezug genommen in Oleg Storchevoy, *Letter to Tjibbe Joustra, Dutch Safety Board*, fascimile on *Fort Russ*, 14. Januar (online).

678 British Airways, Qantas, Cathay Pacific, Korean Air Lines and China Airlines. Simon A. Bennett, »Framing the MH17 Disaster – More Heat than Light?« *International Journal of Aviation, Aeronautics, and Aerospace*, 2 (4)

5. NACHSPIEL: EIN GESCHEITERTER STAAT   281

die Schlussfolgerung, dass das Flugzeug durch einen »Gefechtskopf vom Typ 9N314M, befördert von Raketen der Serie 9M38 [NATO-Bezeichnung: SA-11 *Gadfly* Serie], wie sie auf BUK-Boden-Luft-Raketen-Systemen installiert sind«, abgeschossen wurde, ohne jedoch zu spezifizieren, ob es eine Version war, wie sie in der Ukraine oder wie sie in Russland eingesetzt wird.[679] Der deutsche Privatermittler Josef Resch, der einen Whistleblower fand, und weiß, wer die Beweise unterdrückte, fragte sich, ob dieses offensichtliche Versehen notwendig war, um den Bericht an die »säbelrasselnde Polemik der NATO-Generäle« anzupassen.[680]

In einem neuen Brief an den Vorsitzenden Joustra bezeichnete Oleg Storchevoy von der russischen FATA die Frage des Gefechtskopfs und des Raketentyps, die die Boeing zum Absturz gebracht haben sollen, als entscheidenden Fehler in dem DSB-Bericht. Auch wies er die daraus gezogene Konsequenz zurück, dass es schwere Boden-Luft-Einheiten in dem Gebiet gegeben habe, die nicht zur Ukraine gehörten. Außerdem verwarf er die Angaben zu dem Winkel, mit dem die Rakete angeblich das Flugzeug getroffen habe und woraus die Abschussstelle definiert worden war. Alles unter dem Vorbehalt: *Falls es eine BUK-Rakete war.*

Das DSB gründete seine Schlussfolgerung auf den Fund von zwei schleifen- oder schmetterlingsförmigen Partikeln – aus einem Reservoir von zweieinhalbtausend solche Schrapnellen in einem BUK-Gefechtskopf.[681] Eines dieser Teilchen wurde im Cockpit und eines im Körper eines Piloten gefunden. Jedoch war der untersuchte Körper

---

2015, Scholarly Commons (online), S. 8. Vgl. George Knight, »Elbers KLM: Air France vloog over Oost-Oekraïne. Waar of onwaar?«, 16. Januar 2015 (online). *Dutch Safety Board, Crash of Malaysia Airlines Flight MH17. Hrabove, 17. Juli 2014.* The Hague: Dutch Safety Board, 2015, S. 16.

679 Dutch Safety Board, *Crash of Malaysia Airlines Flight MH17*, a. a. O., S. 9.

680 Josef Resch, *Gefahr ist mein Beruf: MH17, Pablo Escobar, Florian Homm – Deutschlands erfahrenster Privatermittler packt aus.* [von H. Schöttelndreier]. Berlin: Econ, 2016, S. 287.

681 Die anderen sind würfelförmig, zwei davon wurden auch als Beweis vorgeführt.

der eines Piloten des B-Teams, der zum Zeitpunkt des Abschusses nicht im Cockpit war.[682] Ein drittes Schmetterlingsteil wurde später von einem holländischen Journalisten von *RTL Nieuws* im hinteren Teil des Boeing-Wracks gefunden, wohin es wohl nach einer abenteuerlichen Reise durch die ganze Länge des Flugzeuges gelangt war. Wie durch ein Wunder steckte es im Inneren eines Wrackstückes, das, wie ein holländischer Blogger dokumentierte, in der Zwischenzeit umgedreht worden war. Trotzdem wurde der Granatsplitter im holländischen Fernsehen internationalen Experten vorgeführt, abermals als »unwiderlegbarer Beweis«.[683]

Was die zwei »offiziellen« Schmetterlingssplitter angeht, stellt der Brief von Storchevoy fest, dass sie ein Viertel bis ein Drittel ihrer Masse sowie 60 Prozent ihrer Dichte verloren hatten, aber immer noch wie Schmetterlinge geformt waren. Der mittlere Verlust an Masse in Feldversuchen, durchgeführt im Beschuss auf einen (statischen) Il-86-Rumpf durch den Rüstungsproduzenten *Almas-Antei* betrug lediglich 3 bis 12 Prozent. In diesen Tests wurden rund 1.500 Stück, klar als Löcher in Schmetterlingsform identifizierbar, in der Rumpfschale gefunden, und viele waren an der anderen Seite wieder ausgetreten (nicht so im Fall der Boeing). Almas-Antei wiederholte auch, dass, *falls das Flugzeug durch eine BUK getroffen worden sei*, es dann keine sein könnte, die in Russland noch in Betrieb ist. Ein Punkt, den auch Storchevoy – unter dem gleichen Vorbehalt – erwähnte. Hinzu kommt, dass das Schwanzfragment der Rakete, das auf der Absturzstelle gefunden wurde, praktisch unbeschädigt war, während in den Tests der gesamte Körper der Raketen in formlose Einzelteile explodierte.[684]

---

682 Storchevoy, *Letter to Tjibbe Joustra, Dutch Safety Board*, a. a. O., attachment, S. 5ff.

683 Michael Kobs, »Suspicious Evidence«, ohne Jahresangabe, ein Kommentar zu dem JIT-Fortschrittsbericht vom September 2016 (online).

684 *Almaz-Antey, »Almaz-Antey Against the Lies in the Boeing-777. Downed ›Boeing-777‹ – A Special Operation Against Russia«.* Abgerufen über *Russia Today*, 16. September 2016 (online). Storchevoy, *Letter to Tjibbe Joustra, Dutch Safety Board*, a. a. O., attachment, S. 7f. Hector Reban. »The MH17 13. Oktober verdict, DSB versus Almaz-Antey«, 28. Oktober 2015 (online).

5. NACHSPIEL: EIN GESCHEITERTER STAAT 283

Das DSB ging auch nicht den entscheidenden Informationen der AWACS-Überwachungsflüge nach, die durch die deutsche Regierung zur Verfügung gestellt worden waren. Stattdessen zitiert der Bericht die Stellungnahme von General Breedlove, dass »AWACS-Flugzeuge der NATO keine Informationen besitzen, die für die Ermittlungen von Interesse sind«.[685] Hinsichtlich der US-Satelliten erklärte Joustra im holländischen Fernsehen, dass das, was er zu sehen bekommen hatte, ein Staatsgeheimnis sei. Es sei in den Bericht eingeflossen, jedoch sei er nicht berechtigt zu erklären, was wo war. An dieser Stelle sollten wir uns daran erinnern, dass CIA-Ermittler das Beweismaterial vor der Veröffentlichung des Abschlussberichtes mit den niederländischen Ermittlern besprachen. Auch dies geschah wieder unter der Bedingung der Geheimhaltung.[686] Dass die Flugverkehrskontrolle (Air Trafic Control – ATC) in Dnjepropetrowsk und die Radaranlagen in Tschuhujiw beide an diesem verhängnisvollen Tag ausgeschaltet waren, so dass keine Beweise durch die Ukraine beigetragen werden konnten, wurde nicht als Problem angesehen.[687]

Russland hingegen wurde ernsthaft beschuldigt, nur Radar-Daten in verarbeiteter Form geliefert zu haben. Moskau erklärte,

---

685 *Antwort der Bundesregierung*, a. a. O., S. 4; *Dutch Safety Board. Crash of Malaysia Airlines Flight MH17*. Hrabove, 17. Juli 2014. The Hague: Dutch Safety Board, 2015, S. 44.

686 *NPO*, »MH17, het onderzoek. Interview with Tjibbe Joustra«, 14. Oktober. 2015 (online); Pieter Omtzigt, »MH17 en de radar«. *Jalta.nl*, 23. Oktober 2015 (online); Robert Parry, »MH17 – The Dog Still Not Barking«. *Consortium News*, 13. Oktober 2015 (online).

687 *WhatHappenedtoFlightMH17.com.*, »Ukraine Air Traffic Control likely did not have primary radar available at time of MH17 shot down«, 27. Dezember 2014 (online). Das DSB behauptete fälschlicherweise, dass drei ausgeschaltet gewesen seien. *Dutch Safety Board, Crash of Malaysia Airlines Flight MH17*, a. a. O., S. 38; Kiew behauptete später, dass die Ukraine nie wegen Radardaten angefragt worden sei. Ein holländischer Top-Diplomat jedoch, A. Jacobovits de Szeged, hatte noch im März 2015 Kiew besucht, um die Daten zu erfragen. Edwin van der Aa und Tobias Den Hartog [with Peter Groenendijk], »Kamerleden Pieter Omtzigt (CDA) en Sjoerd Sjoerdsma (D'66) leggen kabinet het vuur aan de schenen«. *De Twentse Courant Tubantia*, 4. Februar 2016; Omtzigt, »MH17 en de radar«, a. a. O.

da der Absturz außerhalb Russlands erfolgt sei, habe es keine Verpflichtung gegeben, die Rohdaten aufzuheben (eine Regelung, die die Internationale Zivilluftfahrtorganisation ICAO erst im Oktober 2016 änderte).[688]

Nun hatten die Russen aber auch das zweite unbekannte Objekt beobachtet, das auch die AWACS-Überwacher festgehalten hatten, falls es sich tatsächlich um das gleiche Objekt gehandelt haben sollte. Dem russischen Militär zufolge wurde um 16:21:35 Uhr, als das Flugzeug schon getroffen und die Geschwindigkeit auf 200 km/h gesunken war, »ein neues Radar-Signal festgestellt, das ein Luftfahrzeug darstellte, welches an der Absturzstelle erschien. Dieses Objekt wurde fortlaufend während der Dauer von vier Minuten durch die Radarstationen Ust-Donezk und Buturinskaya lokalisiert«. Radarstörungen können hier nicht ausgeschlossen werden, aber Wrackteile wären nicht so lange in der Luft verblieben.[689] Der DSB-Bericht erwähnt das zweite Objekt tatsächlich auch, behauptet aber, dass es ein Wrackteil gewesen sei. Im Anhang des Berichts wird aber bestätigt, dass es, wie vom russischen Militär festgehalten wurde, vier Minuten und länger in der Luft war.[690]

Dass der Bericht mitteilt, das Flugzeug habe »keine gefährlichen Güter« transportiert, trotz der 1.376 kg schweren Lithium-Ionen-Batterien, die in den Ladepapieren mit der Bemerkung »dringender Transport« aufgeführt waren, verursacht weitere Fragen. Der Bericht stellt fest, »dass eine einzelne Lithium-Ionen-Batterie in der Lade-

---

688 Nach Erklärung des DSB differenzieren die ICAO Regeln auch 2014 nicht nach Territorien. *Dutch Safety Board, Crash of Malaysia Airlines Flight MH17*, a.a.O., S. 39, 167.

689 *Russia Today*, »10 more questions Russian military pose to Ukraine, US over MH17 crash«, 21. Juli 2014 (online). Ein fallendes Wrackteil hätte, unter Berücksichtigung der ursprünglichen Bewegungsenergie, eineinhalb bis zwei Minuten gebraucht, um vom Himmel zu fallen. Berechnung durch Hector Reban, Kommunikation mit dem Autor.

690 Joël van Dooren, *Opmerkingen bij het OVV rapport ›Crash of Malaysia Airlines flight MH17‹*. Unveröffentlichtes Forschungspapier (26. Oktober 2015), S. 2.

liste enthalten sei. Dieser Gegenstand wurde als ordentlich verpackt deklariert und war daher davon ausgenommen, als gefährliches Gut klassifiziert zu werden«. Falls es nicht andere Ladepapiere gab, als die, die von den Malaysia Airlines auf ihrer Website veröffentlicht (und wieder entfernt) worden waren, stimmt das nicht mit dem Ladeverzeichnis überein. Und nur für den Fall, dass wir es nicht verstanden haben, wiederholt der Bericht: »Aus diesem Grunde wurde das kleine Teil nicht als relevant für die Untersuchung angesehen.«[691] Andere kamen zu anderen Schlussfolgerungen: Zwei Wochen nach dem Absturz von Flug MH17 veröffentlichte das US-Transportministerium am 31. Juli neue Richtlinien für die Beförderung von Lithium-Ionen-Batterien mit »speziellem Fokus auf den Lufttransport«. Später wurden Regulierungen verschärft, sowohl in den USA als auch durch die Internationale Internationale Zivilluftfahrtorganisation/Internationale Luftverkehrsvereinigung (ICAO/IATA).[692] Auch kannten die niederländischen Behörden sehr wohl die militärischen Implikationen einer solchen Ladung, denn 2015 verweigerte Den Haag eine Export-Lizenz für eine Fracht von Lithium-Ionen-Batterien, die für die indische Armee bestimmt war.[693]

Zwischenzeitlich spekulierte der Vorsitzende Joustra in Interviews offen über die Verantwortlichkeit der Aufständischen, indem er den Eindruck erweckte, als ob die angenommene Abschussposition nur sie als mögliche Täter zuließe. An einem Punkt sinnierte er sogar: »Wie kam die BUK-Batterie dort hin ... woher kam sie genau? Wer befahl, dorthin zu fahren?«[694] Nur wenn er bedrängt wurde, et-

---

691 Vgl. *Dutch Safety Board, Crash of Malaysia Airlines Flight MH17*, a.a.O., S. 31.

692 *Transportation.gov.* »U.S. Department of Transportation Issues New Standards to Improve Safety of Lithium Battery transportation«. 31. Juli 2014 (online). Vgl. *AntonBauer/Vitec Group Newsletter*, 2016 (online); Kommunikation mit Herrn Herman Rozema.

693 Martin Broek, »De lange weg naar transparantie in de wapenhandel«. *Vredesmagazine*, 2017, Nr. 1, S. 35.

694 Natalie Righton/Jeroen Visser, »Joustra: Rusland probeert rapport koste wat kost onderuit te halen«. *De Volkrant*, 16. Oktober 2015 (online); John

was zur Frage der Schuld zu sagen, wich er aus und verwies auf die JIT-Untersuchung. Hierbei war das am 7. August gewährte ukrainische Veto Auslöser für mehr Streitigkeiten und Entfremdungen zwischen den Vertragsparteien, und das mitten in den Untersuchungen. Die Differenzen wurden erst in dem mündlichen Fortschrittsbericht im September 2016 wieder beigelegt.

Im November 2014 stellte ein Bericht von australischen Gerichtsmedizinern fest, dass die Untersuchung der Opfer deren sofortigen Tod aufgrund des Druckabfalls ergeben habe. Es habe keine Anzeichen für das Eindringen von Metall durch Teile eines Sprengkopfes oder durch andere Munitionsteile bei Passagieren auf der linken Seite des Flugzeuges gegeben, wie man sie bei einer BUK-Explosion erwartet hätte. Der Körper des ersten diensthabenden Piloten, der links sitzt, war laut der DSB von Metallteilen durchlöchert, aber es war unmöglich, das zu verifizieren, weil er nicht genau untersucht worden war und aus unbekannten Gründen in den Niederlanden eingeäschert wurde. Der rechts sitzende Co-Pilot dagegen, dessen Hemd »wie ein Sieb« aussah, wurde inspiziert und zurück nach Malaysia überführt.[695] Ein holländischer Pathologe, der darauf eine Vorlesung stützte, wurde prompt wegen der Verbreitung von »spekulativen, unwahren und teilweise außerhalb seines Kompetenzbereichs liegenden Informationen« durch den damaligen Justizminister Ard van der Steur aus dem nationalen Team der Forensiker ausgeschlossen. Als der Bericht des Gerichtsmediziners zwei Monate später im Dezember 2015 wieder auftauchte, wurde die Frage nach der Möglichkeit einer Luft-Luft-Rakete erneut gestellt. Jedoch deklarierte die australische Polizei diesen Bericht zu einem »vertraulichen Doku-

---

Helmer, »Is there a war crime in what Lord Heh-Heh, Tjibbe Joustra of the Dutch Safety Board, is broadcasting?« *Dances with Bears*, 19. Oktober 2015 (online); *KremlinTroll*, »MH17 – Lying for Justice«, a. a. O.

695 John Helmer, »MH17 – Inadmissible Evidence For What Cannot Have Happened«. *Dances With Bears*, 16. September 2015 (online). Wenn, wie in der Zwischenzeit offenbar wurde, die beiden Körper der Piloten verwechselt worden waren, bleibt die Frage offen, warum der Körper des einen eingeäschert wurde.

5. NACHSPIEL: EIN GESCHEITERTER STAAT 287

ment, das mit den JIT-Partnern geteilt worden war«, und gab an, dass dessen Veröffentlichung Australiens internationale Interessen verletzen könnte.[696]

Noch im Februar 2016 erklärte der niederländische Oberstaatsanwalt beim JIT, Fred Westerbeke, in einem Brief an Verwandte der Opfer, dass es keine Video- oder Filmaufnahmen des Raketenstarts gebe, was bedeutet, dass die Fotos mit einem weißen Rauchschweif von Geraschtschenko/Bellingcat tatsächlich nutzlos und möglicherweise eine Fälschung waren. Westerbeke behauptete auch, dass US-Daten, die an den holländischen Militärgeheimdienst (MIVD) weitergegeben worden waren, es nicht erlaubten, Anklage gegen irgendeinen Täter zu erheben, da die Radardaten, über die das JIT verfüge, nicht auf eine Rakete hindeuteten und auch nicht die Anwesenheit eines weiteren Flugzeuges ausschlossen. Der Brief wurde im Auftrag des JIT unterzeichnet, die australische Regierung distanzierte sich jedoch am 22. Februar davon.[697] An diesem Punkt schienen Aufforderungen, in den offiziellen JIT-Bericht aufzunehmen, wer gegen welche Teile der Untersuchungen sein Veto eingelegt hatte, nicht mehr exotisch zu sein, zumal Westerbeke die Aussage von Bellingcat bezüglich der Namen der 53. BUK-Brigade als beweisuntauglich zurückwies.[698]

Hoffnungen, dass ein angemessener Bericht auf dem Weg sei, verflüchtigten sich, als ein Zwischenbericht für die nächsten niederländischen Angehörigen im Juni 2016 enthüllte, dass die JIT-Ermittlung aus praktischen Erwägungen unter die Aufsicht des ukrainischen Geheimdienstes SBU gestellt worden waren. Holländische und australische Ermittler in Kiew wurden durch den SBU mit abgehörten

---

696 Zitiert in: John Helmer, »MH17 – Dutch Prosecutor Opens Doubt On MH17 Evidence«. *Dances With Bears*, 23. Februar 2016 (online). Die Referenz bezieht sich auf einen Bericht mit dem Titel *Environmental Impact and Physiological Strain on Passengers and Crew of Flight MH17*.

697 NOS, »Rusland reageert op brief nabestaanden MH17«, 9. Februar 2016 (online); Helmer, »MH17 – Dutch Prosecutor Opens Doubt«, a. a. O.

698 Hagena & Partner, *Malaysian Air Flug MH17*, a. a. O., S. 53; Helmer, »MH17 – Dutch Prosecutor Opens Doubt«, a. a. O.

Telefongesprächen versorgt. Diese ca. 3.500 Telefonate stellten sich »manchmal als Fälschung« heraus, insgesamt aber, »nach intensiver Untersuchung, schienen sie stichhaltig, was zu gegenseitigem Vertrauen beitrug«.[699] Das anheimelnde Geschwätz über eine angenehme Zusammenarbeit mit Kollegen, »die die gleiche Liebe zur Polizeiarbeit teilen«, konnte offensichtlich von der Tatsache absehen, dass, wie in Kapitel 4 erwähnt, einen Monat vorher UN-Inspektoren ihre Prüfung von Gefängnissen unter der Kontrolle des SBU abbrachen, die im Verdacht angewandter Folter standen.[700]

Das JIT identifizierte die Waffe erneut als Rakete vom Typ 9M38 BUK, aber spezifizierte nicht, ob diese die neuere Version von Granatsplittern in Form eines Schmetterlings enthielt (9M38M1) oder die alte Form, die, wie Almas-Antei feststellte, keine Granatsplitter dieser Form enthält, auch wenn das JIT es in seiner Video-Animation so darstellte.[701] Dieses fügte seinem Bericht die Namen von rund 100 potentiellen Verdächtigen auf der Basis von Video- und Fotobeweisen unterschiedlichen Ursprungs hinzu sowie Telefonabhörprotokolle, die vom SBU exklusiv zur Verfügung gestellt worden waren. Die Transkripte wurden in das Narrativ eingepasst, wonach die Aufständischen eine BUK aus Russland »bestellt« hatten und diese nach dem Abfeuern der Rakete auf einem vollkommen unerklärlichen nördlichen Umweg von 120 km über Debalzewo und Lugansk, entlang des Randes der Frontlinie, zurückbrachten, anstatt den nächsten Grenzübergang im Südosten von Torez (20 km) zu nehmen.[702] Mehrere der abgehörten Dialoge kombinierten Unterhaltun-

---

699 Zitiert in: Robert Parry, »MH-17 Probe Relies on Ukraine for Evidence«. *Consortium News,* 5. Juni 2016 (online).

700 Robert Parry, »MH-17 Probe Trusts Torture-Implicated Ukraine«. *Consortium News*, 13. Juni 2016 (online).

701 Hector Reban, »JIT comes up with crap launch site (and gets away with it)«. 4. November 2016 (online).

702 Vincent Verweij, »Vraagtekens bij het JIT-onderzoek naar MH17«. *CrimeSite*, 30. September 2016 (online); Reban, »JIT comes up with crap launch site«, a. a. O.

gen, die nicht notwendigerweise zwischen jenen Personen geführt wurden, die angeblich in diesem Moment am Telefon waren.[703]

Schließlich produzierte das JIT ein Bild vom Rauchschweif der BUK, nun von der Seite aus und gegen einen bewölkten Himmel. Es behauptete, das Bild im Frühling 2016 in den sozialen Medien gefunden zu haben. Der Winkel, aus dem das Foto aufgenommen wurde, ist genau der gleiche wie der auf dem anderen Bild vom 15. Juli 2015 von »Andrey T.«, auch bekannt als »@parabellum_ua«. Er gehört dem Netzwerk der *Infowarriors* an, das Kiew nahesteht und auch das Frontalfoto von Geraschtschenko produziert hatte.[704]

Am Vorabend der JIT-Präsentation lüfteten die Russen wieder ein wenig den Schleier und gaben an, eine »vergessene Festplatte« mit Primär-Radardaten von Almas-Antei zeige, dass keine Objekte den Luftraum passiert hätten, durch die die BUK der Aufständischen angeblich hindurchdrang. Sie fügten eine ausdrückliche Fußnote an, dass die Daten keine Schlüsse darüber zuließen, was rechts und links vom Flugzeug passierte.[705] Almas-Antei argumentierte nun, dass die Muster des Einschlags klar machten, dass ein Treffer von einer Rakete hätte stammen müssen, abgefeuert von Westen nach Osten, was in Kombination mit den Radardaten auf der CD, wiederum Kiew belastete.[706]

---

703 Robert Parry, »Troubling Gaps in the New MH-17 Report.« *Consortium News*, 28. September 2016 (online); Verweij, »Vraagtekens bij het JIT-onderzoek«, a. a. O.; Reban, »JIT comes up with crap launch site«, a. a. O. Auch ein Amateur kann Tonaufnahmen zusammenschneiden, weshalb ›Beweise‹ etwas Anderes sind. Ein britisches Team, das behauptete, für den britischen Geheimdienst MI6 zu arbeiten, prahlte ebenfalls, Telefongespräche abgehört zu haben, die über diesen Service geführt wurden. Als das Team an Josef Resch wegen der Belohnung von 30 Millionen Dollar herantrat, lehnten Resch und seine Kollegen ihre Beweise als Quatsch ab, *Gefahr ist mein Beruf,* a. a. O., S. 267-71.

704 Reban, »JIT comes up with crap launch site«, a. a. O.

705 Joost Niemöller, »Waarom het OM bij MH17 nog niet eens het begin van een zaak heeft. *De Nieuwe Realist*, 29. September 2016 (online).

706 John Helmer, »DISGRACE: The West's New MH17 Fakery Exposed and Explained. Four MH17 questions – the answers to which prove the Dutch police, Ukrainian secret service, and US government are faking the evidence of the MH17 shootdown«. *Russia Insider*, 30. September 2016 (online).

Eine Politik der verbrannten Erde

Man wird sich erinnern, dass der Bürgerkrieg im Juli und Anfang August für Kiew sehr vorteilhaft verlief. Der Ring um Donezk wurde geschlossen, und die zwei aufständischen Oblasts waren voneinander getrennt. Bis zu diesem Zeitpunkt hatte das ukrainische Regime 23 der ursprünglich 36 von den Aufständischen gehaltenen Bezirke zurückgewonnen.[707] Am 24. August jedoch intervenierten russische Spezialkräfte, um die Aufständischen vor einer Niederlage zu retten und Donezk davor zu bewahren, den nationalistischen Milizen in die Hände zu fallen. Die 3.000 bis 4.000 russischen Soldaten brachten den Kiewer Kräften 30 km östlich von Donezk eine massive Niederlage bei Ilowajsk bei. Die Nationalisten hatten geschätzte 1000 Opfer zu beklagen; russische Opferzahlen lagen mindestens bei einhundert, die als »getötet bei Manövern« geführt wurden.[708] In einer E-Mail an NATO-Kommandeur Breedlove erklärt Phillip Karber, dass die Miliz *Dnipro 1* von Kolomojskyj die Hauptlast der Kämpfe, sowohl bei Ilowajsk als auch am Flughafen von Donezk, zu tragen hatte. Kommandeur Bereza habe es gerade noch geschafft, *Dnipro 1* aus der Einkesselung zu befreien.[709]

Um das Eindringen russischer Soldaten zu dokumentieren, veröffentlichte die NATO Satellitenfotos von *DigitalGlobe*, die eine Einheit von Panzerhaubitzen in einer Qualität zeigten, die klar machte, dass Washington die Möglichkeiten hat, alle Spekulationen über MH17 mit einem Schlag zu beseitigen.[710] Vor Ende August hatten sich die russi-

---

707 Bjorn, »The Battle of the Debaltsevo Bulge«, a. a. O.; Niemöller, *MH17. De Doofpotdeal*, a. a. O., S. 144.

708 De Ploeg, *Oekraïne in het kruisvuur*, a. a. O., S. 105; Ivan Katchanovski, »The Separatist War in Donbas«, *European Politics and Society*, 17 (3) 2016 (online), S. 9; James Sherr, »A War of Narratives and Arms«. In: K. Giles et al., *The Russian Challenge* [Chatham House Report, Juni]. London: The Institute of International Affairs, 2015, S. 27.

709 Karber, E-Mail an Breedlove,14. Januar 2015.

710 *NATO.int*, »NATO releases satellite imagery showing Russian combat troops inside Ukraine«, 28. August 2014 (online). Das Bild zeigt in Wirklichkeit russisches Territorium (Kuybyshevo, Rostovskaya oblast).

schen Truppen wieder zurückgezogen, aber die Nachricht war klar: Moskau würde nicht hinnehmen, dass die Aufständischen militärisch geschlagen würden, ohne einen umfassenden Deal zu erreichen, wie er zum Zeitpunkt des Absturzes von MH17 verhandelt worden war. Um die Situation von Seiten Moskaus unter Kontrolle zu behalten, wurden die Aufständischen nun gewissermaßen unter russisches Kommando gestellt und keine weitere linksorientierte Politik akzeptiert.[711]

Nach der russischen Intervention begannen am 26. August auf Initiative des weißrussischen Präsidenten Alexander Lukaschenko Verhandlungen in der Hauptstadt Minsk. Am 5. September 2014 wurde in Anwesenheit eines OSZE-Vertreters das Protokoll von Minsk zwischen Kiew (vertreten durch Kutschma), Russland und Vertretungen der Volksrepubliken von Donezk und Lugansk unterzeichnet. Es legte zwölf Schritte fest, von denen ein von der OSZE überwachter Waffenstillstand, ein Gefangenenaustausch, der Rückzug von schweren Waffen sowie die Rückkehr zum Föderalismus für den Donbass, Wahlen und die Kontrolle der Grenzen die wichtigsten waren.[712] Der Westen ließ wenig Zweifel an seinen Absichten aufkommen, denn am gleichen Tag antwortete der NATO-Gipfel in Wales mit der Ankündigung von neuen Schritten zur Verbesserung der gemeinsamen militärischen Operationsfähigkeit mit der Ukraine. Darin enthalten waren gemeinsame Manöver, von denen das erste in der Region Lwiw (»Rapid Trident«) abgehalten werden sollte. In einer Rede in Odessa, bei der der US-Botschafter und der Kommandeur der 6. US-Flotte unter den Zuhörern saßen, erklärte Jazenjuk, dass nur ein kompromissloser Krieg mit Russland das Schwarze Meer sichern und die Kontrolle über die Krim und den Donbass wiederherstellen könne.[713]

---

711 Katchanovski, »The Separatist War in Donbas«, a. a. O., S. 482; Eric Zuesse, »U.S.-Installed Ukrainian Regime Now Fears Return of Donbas to Ukraine. United States is pushing on with its efforts to restart the war«. *InfoWars*, 14. September 2015 (online)

712 *House of Lords, The EU and Russia: Before and Beyond the Crisis in Ukraine.* [EU Committee, 6th Report of Session 2014-2015], 2015, S. 61.

713 Zitiert in: De Ploeg, *Oekraïne in het kruisvuur* a. a. O., S. 115.

Washington schien sich jedoch wieder verstärkt auf den Nahen Osten zu konzentrieren, zumindest war es das, was NATO-Kommandeur Breedlove befürchtete. In einer E-Mail an den ehemaligen Außenminister, General Colin Powell, beschwerte er sich, dass Washington dem »Islamischen Staat« in Syrien so viel Aufmerksamkeit schenke. »Vielleicht irre ich mich ... aber ich sehe nicht, dass sich das [Weiße Haus] wirklich ›engagiert‹, indem es mit Europa/NATO zusammenarbeitet«, schrieb er. »Ehrlich gesagt, denke ich, dass wir ein ›Grund zur Sorge‹ sind ... eine Gefahr, dass die Nation in einen Konflikt hineingezogen] wird«.[714] Gegenüber Wesley Clark lamentierte er, dass ein verbündeter Geheimdienst (der deutsche BND) dem Alarmismus der NATO hinsichtlich der russischen Intentionen in der Ukraine hartnäckig widerspreche.[715]

Um die gefährliche Lücke zwischen den Putsch-Politikern und den nationalistischen Milizen, die sich im August gezeigt hatte, zu überbrücken, gründeten Jazenjuk, Parubij, Awakow, Turtschynow und andere im Vorfeld der Oktoberwahlen eine neue Partei, die *Volksfront*. Deren Wahlprogramm widersprach nicht nur glatt den Vereinbarungen von Minsk; vielmehr wurden in den »Militärrat« der *Volksfront* auch noch Andrij Bilezkyj, der faschistische Kommandeur von *Asow*, und sein Pendant im *Aidar Bataillon*, Ihor Lapin, aufgenommen.[716] Die *Volksfront* hätte die Wahlen mit 22 Prozent fast gewonnen (bei der bisher niedrigsten Wahlbeteiligung von 52,4 Prozent), gefolgt vom Poroschenko-Klitschko-Block.[717] Dass *Swoboda*

---

714 Breedlove, E-Mail an Powell, 30. September 2014, vgl. Lee Fang/Zaid Jilani, »Hacked Emails Reveal NATO General Plotting Against Obama on Russia Policy«. *The Intercept*, 1. Juli 2016 (online).

715 Zitiert in: Christoph Schult und Klaus Wiegrefe, »Dangerous Propaganda: Network Close to NATO Military Leader Fueled Ukraine Conflict«. *Der Spiegel*, 28. Juli 2015 (online).

716 *Ukraine Antifascist Solidarity*, »Who is Andriy Parubiy? Protest UK visit of Ukrainian politician with far right links«, 13. Oktober 2015 (online).

717 Die Zusammensetzung des Parlaments in Kiew ist stark vom ukrainischen Westen und Zentrum geprägt, von denen 257 Vertreter kommen. Von den 55 aus dem Süden und Osten (Odessa, Lugansk, Donezk und Charkiw) ge-

und der *Rechte Sektor* schlecht abschnitten, hatte wenig zu sagen, auch wenn es im Westen oft als Beweis für eine Normalisierung galt. Denn schließlich: wofür braucht man schon eine rein faschistische Partei außer für eine schlechte Presse? Andrij Bilezkyj führte im Oktober einen Wahlkampf Seite an Seite mit Jazenjuk; im Dezember wurden Turtschynow zum Sekretär des Nationalen Sicherheits- und Verteidigungsrats (NSDC) und Parubij zum ersten stellvertretenden Sprecher des Parlaments in Kiew gemacht (und Sprecher von April 2016 an), alle auf dem Ticket der *Volksfront*.

Ebenfalls im Dezember entschied das Parlament gegen Poroschenkos Rat, die in der Verfassung festgelegte Neutralität aufzugeben und sowohl die NATO- als auch die EU-Mitgliedschaft anzustreben (das scheidende Parlament hatte bereits Mitte September das Assoziierungsabkommen mit der EU unterzeichnet).[718] Kiew wurde nun wie ein westliches Protektorat verwaltet, in dem US-Botschafter Pyatt alle zwei Wochen Poroschenko zur Diskussion von politischen Maßnahmen und Personalfragen traf. Dies war jedoch als Sicherheitsgarantie für die Ukraine noch nicht ausreichend. Wesley Clark berichtete im November, das Regime fühle sich vollkommen von »Minsk überwältigt«. »Sie wünschen US-Hilfe bei den Verhandlungen. *Kein Minsk mehr, der Dialog soll in Genf mit starker US-Beteiligung geführt werden.*«[719]

Anfang Januar 2015 starteten die Aufständischen eine militärische Offensive, um die territorialen Verluste aus der Zeit von Mai bis August 2014 wieder wettzumachen, als sie dank der Intervention Moskaus knapp einer Niederlage entkommen waren – was wiederum den Waffenstillstand von Minsk hervorbrachte. Am 21. erober-

---

hören 24 zum Poroschenko-Block oder zur Volksfront. Der Oppositions-Block, Nachfolger der aufgelösten Partei der Regionen, erhielt weniger als 10 %. Sakwa, *Frontline Ukraine*, a. a. O., S. 179, 240ff., table 10.1; De Ploeg, *Oekraïne in het kruisvuur*, a. a. O., S. 95f.

718 Zuesse, »U.S.-Installed Ukrainian Regime Now Fears Return«, a. a. O.

719 Clark, E-Mail an Nuland, Pyatt und Breedlove, 8. November 2014. Hervorhebung hinzugefügt.

ten sie den Flughafen von Donezk bzw. das, was von ihm übrig geblieben war, und begannen in Richtung Debalzewe vorzudringen. Als große ukrainische Einheiten kurz davor standen, in Debalzewe eingekesselt zu werden und sogar vollständig unterzugehen, und sowohl Russland als auch die USA tiefer in die Sache hineingezogen zu werden drohten, brachten die deutsche Kanzlerin Merkel und der französische Präsident François Hollande am 7. Februar einen neuen Friedensplan auf den Weg.[720] »Minsk II« wurde am 12. Februar verkündet und wiederholte die Regelungen von Minsk I, aber dieses Mal unterschrieben auch Deutschland und Frankreich. Wie Nicolai Petro jedoch zu diesem Zeitpunkt anmerkte, gab es eine wichtige Auslassung in der Vereinbarung, nämlich das Ende der ›Anti-Terror-Operation‹ im Osten zu vereinbaren. Das wäre im Parlament in Kiew nicht durchgegangen, denn Jazenjuk, Parubij, Awakow und der NSDC-Sekretär Turtschynow waren deren aktivste Unterstützer.[721] Um Petro noch einmal zu zitieren: »Trotz aller Mängel erkennt die Vereinbarung von Minsk eine grundsätzliche liberale Wahrheit an, indem sie für eine Vielfalt von Religionen, Sprachen und Kulturen innerhalb der Ukraine und deren Festschreibung in der Verfassung eintritt«.[722] Aber wer würde auf die Vereinbarung hören?

Schon vor der Vereinbarung von Minsk II hatte die NATO-Kriegspartei den von Wesley Clark zu Beginn des Bürgerkrieges skizzierten Grundgedanken erneut bestätigt: Die Ukraine war notwendig als Pfand im globalen Wettstreit mit Russland und China. »Obama oder Kerry müssen überzeugt werden, dass man Putin entgegentreten muss«, schrieb im Februar der langjährige Vorkämpfer des *Atlantic Council*, Harlan Ullmann, noch bevor die Verhandlun-

---

720 *BBC News*, »Ukraine crisis: Last chance for peace says Hollande«, 7. Februar 2015 (online).

721 Nicolai Petro, »Ukraine or the Rebels: Who Won in Minsk?« *The National Interest*, 13. Februar 2015 (online); Wikipedia, »*Minsk II agreement*«.

722 Nicolai Petro, »Political assistance: Keeping the focus on Ukraine«. In: Adriel Kasonta, ed. *The Sanctions on Russia*. Bow Group Research Paper, August 2015 (online), S. 87.

5. NACHSPIEL: EIN GESCHEITERTER STAAT

gen in Minsk begonnen hatten.[723] Am 16. Februar berichtete Karber, dass Pakistan und Polen bereit seien, panzerbrechende Raketen und überschüssige Panzer zu liefern, falls Washington sein O.k. gebe. Im März beschwerte sich Wesley Clark in einem Mailwechsel mit Karber, Breedlove und Rose Gottemoeller (Unterstaatssekretärin für Waffenkontrolle im Außenministerium, ab 2015 stellvertretende Generalsekretärin der NATO) über den Mangel an Kampfeslust in Washington.[724] Tatsächlich war die westliche Präsenz eher symbolisch: Im April trafen 300 US-Fallschirmjäger der 173. Luftlandebrigade in der Ukraine ein und verstärkten die 75 bereits eingesetzten britischen Truppenangehörigen. Es folgten 200 Kanadier und 50 polnische Ausbilder.[725]

Anti-russische Gesetze, die Beschränkung des Zugangs von russischen Medien, Säuberungen unter Akademikern, die des »Separatismus« beschuldigt wurden, Maßnahmen zur Verehrung der nationalistischen, profaschistischen Organisationen aus den Zeiten des Zweiten Weltkrieges (OUN und UPA) und eine nicht endende Dämonisierung Putins brachten die Bevölkerung langsam aber sicher auf Kriegskurs. Im August 2015 charakterisierte nur noch eine Minderheit den Konflikt im Osten als einen Bürgerkrieg.[726] Die zunehmende Entmenschlichung der Bevölkerung des Donbass und das weit verbreitete Gerede über das Auslöschen der *Koloradi* (die Coloradokäfer sind orange-schwarz wie die russischen Anti-Nazi-Bänder) schlugen tiefe Wurzeln. In diesem Klima ereignete sich eine Serie von Morden an föderalistischen Politikern, über die sogar CNN berichtete. Verschiedene Opfer waren auf der gefürchteten »Peacemaker-Liste« als Verräter geführt worden, die meisten hinter-

---

723 Zitiert in: *Russia Today*, »Breedlove's war: Emails show ex-NATO general plotting US conflict with Russia«, 1. Juli 2016 (online).
724 Zitiert in: Schult und Wiegrefe, »Dangerous Propaganda«, a. a. O.
725 *Reuters*, »U.S. Military trainers in Ukraine Mai destabilise situation: Kremlin«, 17. April 2015 (online).
726 De Ploeg, *Oekraïne in het kruisvuur*, a. a. O., S. 94.

ließen »Abschiedsbriefe« mit Selbstmordabsichten[727]. Der Journalist Oles Buzyna, der gewarnt hatte, dass ein Bürgerkrieg jeden Dialog beende, wurde aus einem Auto heraus erschossen.[728]

Zu verhindern, dass der Donbass jemals wieder ein Faktor in der ukrainischen Politik würde, war für das Regime in Kiew überlebenswichtig. Geraschtschenko hatte in seiner Erklärung im September 2015 darauf hingewiesen, dass das Nachlassen in den ethnischen Säuberungen den Föderalisten erlaube, wieder ihren Kopf zu erheben (so viel zur »russischen Invasion«). Deshalb war eine Sezession vom Standpunkt Kiews aus sogar akzeptabel, Moskau wiederum widersetzte sich der Sezession des Donbass aus dem gleichen Grund. De-Industrialisierung und geflutete Bergwerke reduzierten den Bedarf an Arbeitskräften in der Region, und ein Kommentator des populären ukrainischen Fernsehsenders *Hromadske TV* erklärte explizit, dass der »Donbass ernsthaft überbevölkert sei mit Menschen, für die es keinen Bedarf mehr gibt«. So seien allein von den vier Millionen Einwohnern von Donezk »mindestens 1,5 Millionen überflüssig«. Die Region »muss als Ressource ausgebeutet werden (…) dabei ist das Wichtigste, was getan werden muss – egal wie grausam es klingen mag –, dass eine gewisse Kategorie von Menschen ausgelöscht werden muss«.[729]

Anfang 2016 hatte der Bürgerkrieg mehr als 13.000 Menschen das Leben gekostet, die meisten durch wahlloses Bombardieren und Beschießen ziviler Ziele durch Kiews Streitkräfte. Manche Schätzungen sind wesentlich höher wegen des Zusammenbruchs der zivilen Verwaltung im Osten und der irregulären Bestattungen im Donbass,

---

727 Die Mordserie blieb in den deutschsprachigen Medien weitgehend unbeachtet.

728 Victoria Butenko/Don Melvin, »Who's killing allies of former Ukrainian President Viktor Yanukovych?« *CNN*, 17. April 2015 (online); Buzyna zitiert in: Petro, »Political assistance«, a. a. O., S. 84.

729 *Zitiert in:* Zuesse, »U.S.-Installed Ukrainian Regime Now Fears Return«, a. a. O.; Serhiy Kudelia, »The Donbas Rift« [Übers.: S. Golub]. *Russian Politics and Law*, 54 (1) 2016 [ursprüngl. in: *Kontrapunkt*, 2015, Nr. 1], S. 24f.

sowohl von Kämpfern als auch von Bürgern. Außerdem gestand Kiew Mitgliedern der Milizen nicht das Recht auf eine offizielle Bestattung zu. Ungefähr eine Million Menschen flohen nach Russland, 160.000 nach Weißrussland, 1,6 Millionen sind Binnenflüchtlinge.[730] Und doch sind ukrainische Ultranationalisten und Faschisten nicht blinde Kräfte, die vollkommen willkürlich Gewalt verbreiten. Ihr Gewalteinsatz dient den Interessen der Oligarchen ebenso wie der größeren geo-ökonomischen Strategie, durch die der Westen beabsichtigt, die Ukraine von Russland abzukoppeln, sie zu deindustrialisieren und so jene Kräfte zu schwächen, die sich gegen den liberalen Westen stellen, der die Ukraine in einen Vorposten der NATO verwandeln will.[731]

Der Wettkampf um die Energie und die Kosten der Sanktionen
Der Beginn des Wirtschaftskrieges gegen Russland markiert das Ende jener Ära, die auf den Zusammenbruch der Sowjetunion folgte, als der ältere Bush den Triumph des »freien Marktes« verkündete.[732] Man wird sich erinnern, dass die Sanktionen einen Tag vor dem Abschuss von MH17 verhängt worden waren. Vier Schlüsselunternehmen im Energiebereich, *Novatek*, *Gazprombank*, *Vnesheconombank* und *Rosneft*, wurden für den US-Kapitalmarkt in Bezug auf Transaktionen mit einer Laufzeit von über 90 Tagen gesperrt. Ebenso wurden acht Rüstungsunternehmen unter das Sanktionsregime gestellt.[733] Die EU zögerte zunächst, den Sanktionen zu folgen, gab jedoch nach dem Abschuss von MH17 jeden Widerstand gegen die US-Sanktionen auf, obwohl keine Schuld oder Komplizenschaft

---

730 Katchanovski, »The Separatist War in Donbas,«. a.a.O., S. 483. De Ploeg, *Oekraïne in het kruisvuur*, a.a.O., S. 84.
731 *German Foreign Policy*, Newsletter. »Die Folgen der ›Befreiung‹« 16. Dezember 2015 (online).
732 Larry Elliott, »Russia and economic warfare: RIP the free market new world order.« *The Guardian*, 31. August 2014 (online).
733 Kevin Amirehsani, »Four Ways Sanctions Against Russia Mai be Intensified.« *Global Risk Insights*, 27. Juli 2014 (online)

Russlands festgestellt werden konnte. Dass das Handelsvolumen der EU mit Russland ca. zehnmal so groß war wie dasjenige der USA mit diesem Land, spielte nun keine Rolle mehr.[734] Gezeichnet durch eine Kapitalflucht in Rekordhöhe (151 Milliarden Dollar allein im Jahr 2014) und durch den Zusammenbruch ausländischer Investitionen, schlug Russland im August 2014 zurück, indem es Nahrungsmittelimporte aus der EU und aus NATO-Ländern sperrte, wodurch der Spieleinsatz in diesem bereits vorher beispiellosen Wirtschaftskrieg noch einmal erhöht wurde.

Die Unterbrechung von russischen Gaslieferungen nach Europa war eine der wichtigsten Absichten des ukrainischen Putsch-Regimes und seiner NATO-Unterstützer. Mitte Juni wurde von ukrainischen Ultras eine Pipeline in der Oblast Poltava gesprengt. Noch im gleichen Monat besetzten Militante des *Rechten Sektors* die *Dolynski-Ölraffinerie* in Kirowohrad.[735] Sofort nach dem Abschuss von Flug MH17, am 18. Juli, wurde die stillgelegte *Rosneft Linik Raffinerie* in Lyssytschansk in der Nähe von Lugansk durch Beschuss in Brand gesetzt.[736] Auch *South Stream* geriet als Ergebnis der Krim-Sezession in die Schusslinie. Eine Beschwerde Russlands bei der Welthandelsorganisation gegen Ende Juli erreichte nicht, dass die Politik der NATO und der EU, die versuchten, das Projekt zu blockieren, geändert wurde. Durch den Abschuss von MH17 wurde das Projekt endgültig be-

---

734 Hagena & Partner, *Malaysian Air Flug MH17*, a.a.O., S. 52. Bundeskanzlerin Merkel realisierte offensichtlich in einem Fernseh-Interview im Juni 2015, als sie über die Sanktionen nach dem Abschuss von Flug MH17 sprach, nicht, dass die Sanktionen, die die USA davor schon am 16. Juli verhängt hatten, ihr die Hände binden sollten; ZDF, »Merkel bleibt bei Sanktionspolitik gegen Russland«, 7. Juni 2015 (online).

735 Eric Draitser, »Waging war against Russia, one pipeline at a time«. *Russia Today*, 27. Juni 2014 (online).

736 Die Produktion der Raffinerie (120.000 Barrels pro Tag) war 2012 unterbrochen worden. Nigel Wilson, »Ukraine: Rosneft oil Refinery on Fire After Shelling«. *International Business Times*, 18. Juli 2014 (online); »Ukraine Oil Refineries«. *A Barrel Full*, n.d. (online); *Investor Intel*. »Global economic consequences of the Malaysian MH17 crash still to come«, 20. Juli 2014 (online).

endet.⁷³⁷ Da die Banken, angeführt von der *Gazprombank*, die *South Stream* finanzieren sollten, durch die Sanktionen getroffen wurden, konnte das notwendige Kapital nicht mehr bereitgestellt werden.⁷³⁸ Putin hatte bereits früher auf die Lieferung von Transit-Gas in die EU über Nicht-EU Länder angespielt; im August wurde berichtet, dass der Plan B über die Türkei funktioniere. Angesichts der westlichen Sanktionen und der Verweigerung von Baugenehmigungen für die Pipeline durch die EU kündigte der russische Präsident am 1. Dezember 2014, während eines Staatsbesuches in Ankara, an, dass *South Stream* durch eine *Turkish Stream*-Pipeline ersetzt werde, die viel größer sei als die bereits existierende *Blue Stream*-Verbindung.⁷³⁹

Die Türkei ist nicht an Wettbewerbsregeln der EU gebunden, und die EU wird russisches Gas benötigen. Im November 2015 jedoch schoss eine türkische F-16 ein russisches Kampfflugzeug über dem nördlichen Syrien ab, wodurch die Beziehungen zwischen Moskau und Ankara in eine tiefe Krise gerieten, was wiederum den Abbruch von *Turkish Stream* zur Folge hatte. Die Krise wurde im Juli 2016 beigelegt, als gegen Erdoğan ein Putschversuch unternommen wurde, bei dem sich Russland auf die Seite des Präsidenten stellte, ihn vielleicht sogar im Voraus gewarnt hatte. Die F-16, die den russischen Kampfjet abgeschossen hatte, war Teil einer Einheit des Luftwaffenstützpunktes Incirlik, der auch von der NATO genutzt wird. Insofern passt der Vorfall im Luftraum Syriens in den Rahmen, der auch das Schicksal von Flug MH17 bestimmt haben könnte: Eine Provokation, um die Beziehungen mit Russland zu stören.⁷⁴⁰

---

737 *Jupiter Broadcasting*, »The Truth of MH17 – Unfilter 107«, 25. Juli 2014 (online); Maximilian Hess, »MH17 tragedy has given renewed impetus to bringing about end to war in eastern Ukraine.« *The Telegraph*, 20. Juli 2014 (online).

738 *Stratfor*, »How the Game is Played: The Life and Death of South Stream«. 17. September 2015 (online).

739 Anca Elena Mihalache, *South Stream is Dead, Long Live South Stream*. Bukarest: Energy Policy Group (Januar 2015), S. 1.

740 Umar Farooq, »Top Officers at Incirlik Air Base Arrested in Turkey Coup Attempt«. *Los Angeles Times*, 17. Juli 2016 (online); George Venturini,

In der Zwischenzeit waren die Gasexporte aus Russland in die EU, die Türkei und die Gemeinschaft Unabhängiger Staaten (GUS) im Jahr 2014 bereits um 10 Prozent gefallen. Die Einnahmen von *Gazprom* aus den Verkäufen waren um 16 Prozent gefallen, nachdem es der EU im vierten Jahr in Folge gelungen war, die Gas-Importe aus Russland zu reduzieren. Trotzdem blieb der Marktanteil der *Gazprom* in der EU stabil bei 30 Prozent.[741] Die wichtigsten Kunden sind dabei Deutschland (fast ein Drittel der Lieferungen), Italien und das Nicht-EU-Land Türkei (jeweils ca. 20 Prozent).[742] Die Ukraine war natürlich der Schlüssel für den Rückgang der *Gazprom*-Verkäufe. Das Regime in Kiew versuchte, die Versorgung gleich vollkommen abzuschalten und sie durch lokales Fracking-Gas sowie weitergeleitetes russisches Gas aus der Slowakei und aus anderen Ländern zu ersetzen. Dabei verwandte es Gelder des IWF und der EU, um die dadurch entstandenen Preiserhöhungen zu bezahlen. *Gazprom* seinerseits wartet ab, denn sobald der Vertrag mit der ukrainischen *Naftogaz* im Jahr 2018 ausgelaufen ist, wird die EU von irgendwoher Gas beziehen müssen.[743]

Der nächste Schritt im Wirtschaftskrieg war die strategische Senkung des Ölpreises, mit dem Russland direkt getroffen wurde. Offensichtlich hatte dies einen widersprüchlichen Effekt auf US-amerikanisches Schiefergas bzw. Fracking-Gas und dessen Exportaussichten als Flüssiggas. Wie in dem Bericht des Weltwirtschaftsforums vom Januar 2015 festgehalten wurde, haben »die USA und die EU (…)

»Pipeline Geopolitics: From South Stream To Blue Stream.« *Countercurrents.org*, 7. März 2015 (online). Dieser Titel führt in die Irre, da *Blue Stream* das erste realisierte Projekt war.

741 Elena Mazneva, »Russia 2014 Gas Export Seen Lowest in Decade as Demand Falls.« *Bloomberg*, 13. Januar 2015 (online).

742 *Gazprom*, »Gas supplies to Europe« 2016 (online); *Investor Intel*. »Global economic consequences of the Malaysian MH17 crash«, a. a. O.

743 Nicolai Petro, »Why Ukraine needs Russia more than ever. With country at risk of becoming a failed state, Kiev must recognise that economic survival depends on Moscow not the west.« *The Guardian*, 9. März 2016 (online); *Stratfor*, »How the Game is Played: The Life and Death of South Stream,« a. a. O.

in den letzten Monaten neue Formen von Sanktionen eingeführt (z. B. die Sektoren-Identifikations-Liste (›SSI-Liste‹) des US-Finanzministeriums)«. Die Autoren erklären, dass Sanktionen »die Drohnen der Zukunft sind – hochpräzise Waffen, die einen verheerenden Effekt haben können«.[744] Die Öl-Preise fielen von 115 US-Dollar pro Barrel im Juni 2014 auf rund 60 Dollar im Dezember, obwohl der Angebotsüberhang nur gering war.[745] Eine Erklärung ist die Spekulation von Investment-Banken auf der Basis ihrer eigenen Ölreserven. Wie Eric Draitser berichtete, enthüllte ein Hearing des US-Senats im Juli 2013, dass die wichtigsten Wall-Street-Banken eigene physische Ölvorräte hielten, die es ihnen ermöglichten, die Ölpreise zu manipulieren. In einem späteren Senatsbericht, der sich auf *Morgan Stanley* konzentrierte, wurde festgestellt, dass allein diese Bank bis 2012 »über 100 Öl-Tank-Felder mit einer weltweiten Lagerkapazität von 58 Millionen Barrel« verfügte.[746]

Da der Preiseinbruch bei weitem nicht proportional zur Nachfrage- und Angebotssituation verlief, hatten die Banken im geopolitischen Bereich offensichtlich ihre Politik auf eine Linie mit der US-Außenpolitik gebracht. Was sie und andere Großkonzerne tun, nennen Karan Bhatia und Dmitri Trenin den Prozess der »Entglobalisierung« (»de-globalization«). Das bedeutet, dass »Firmen zunehmend gezwungen sind, sich als mit der Regierung ihres Heimatlandes verbunden anzusehen«.[747] Nachdem die US-Regierung Russland

---

744 Karan Bhatia und Dmitri Trenin, »Challenge Two: Economic Warfare«. In: *World Economic Forum* (Januar 2015), *Geo-Economics: Seven Challenges to Globalization* (online), S. 5. Matthieu Crozet und Julian Hinz, *Collateral Damage. The Impact of the Russia Sanctions on the Economies of Sanctioning Countries« Exports*. [CPII Working Paper 16]. Paris: Centre d'Etudes Prospectives et d'Informations Internationales 2016, S. 8f.

745 Michael A. Levi, »Why the oil price drop matters«. *World Economic Forum*, 2. März 2015 (online).

746 Zitiert in: Eric Draitser, »BRICS Under Attack: Western Banks, Governments Launch Full-Spectrum Assault On Russia«. Russia Insider. 21. April 2016 [Nachdruck aus: *MintPress News*] (online).

747 Bhatia / Trenin, »Challenge Two: Economic Warfare«, a. a. O., S. 5.

und den »Block der Herausforderer« als Feinde definiert hatte, richteten auch die Banken ihre Politik entsprechend aus. Die Überwachung durch die »Fünf Augen« (Five Eyes: die Geheimdienste der USA, Großbritanniens, Kanadas, Australiens und Neuseelands) zielt speziell auf die Botschaften und Unternehmen der BRICS-Länder, Firmen wie *Gazprom* und *Aeroflot* oder Brasiliens *Petrobras* (der kanadische Nachrichtendienst CSEC zielte auf das brasilianische Ministerium für Bergbau und Energie) und unterstützt so einen umfassenden Wirtschaftskrieg, insbesondere gegen Russland.[748] Draitser stellt fest:

> »Russland ist das Ziel einer vielfältigen, asymmetrischen Kampagne der Destabilisierung, die wirtschaftliche, politische und psychologische Formen der Kriegsführung umfasst; jede dieser Formen wurde speziell gestaltet, um dem Kreml maximalen Schaden zuzufügen. Während die Ergebnisse dieses breit angelegten Angriffs gemischt waren und ihre letztlichen Auswirkungen viel diskutiert werden, so ist doch Moskau ohne Zweifel der ›Ground Zero‹ in einem globalen Angriff auf die BRICS-Nationen.«[749]

So ist es kein Wunder, dass der Rubel in der zweiten Hälfte von 2014 die Hälfte seines Wertes gegenüber anderen wichtigen Währungen verlor.[750] Die EU zahlte allerdings auch einen hohen Preis für ihre atlantische Loyalität. Die gesamten Kosten der westlichen Sanktionen und russischer Gegenmaßnahmen beliefen sich bis Mitte 2015 auf rund 60 Milliarden Dollar, davon trugen 76,7 Prozent die EU-Länder, mit Polen, Litauen, Deutschland und den Niederlanden als am härtesten betroffene Länder.[751]

Zu jener Zeit zeigte sich die Zerbrechlichkeit des Eurasien-Projekts, als Russlands engste Partner, Weißrussland und Kasach-

---

748 Greenwald, *No Place to Hide*, a. a. O., S. 119, 135.
749 Draitser. »BRICS Under Attack«, a. a. O.
750 Levi, »Why the oil price drop matters«, a. a. O.
751 Crozet / Hinz, *Collateral Damage. The Impact of the Russia Sanctions*, a. a. O., S. 3, 5.

stan, sich weigerten, sich den russischen Gegensanktionen anzuschließen. Es folgten Handelsunstimmigkeiten unter den Partnern, weil Russland versuchte, zu verhindern, dass getarnte EU-Nahrungsmittelimporte auf Umwegen auf den russischen Markt gelangten. Dies wiederum zeigte, in welchem Umfang die Haltung der ›Herausforderer‹ eine unfreiwillige Antwort auf den scharfen Druck des Westens ist. Auch bieten die BRICS-Länder für Russland keine Aussicht auf einen kurzfristigen Ersatzmarkt. Nach China exportiert Russland nur 10 Prozent des gesamten Handelsvolumens, das entspricht einem Fünftel des Handels mit der EU.[752] Politisch stellte China andererseits im September 2014 fest, dass es niemals einem Sanktionsregime beitreten und dass es mit Russland als Partner weiter arbeiten würde, um die Auswirkungen des westlichen Wirtschaftskriegs abzuwehren.[753]

Für Russland hatte der Boykott gravierende Folgen. So wurde die Finanzierung seines Budgets durch internationale Handelsanleihen praktisch unmöglich, während Ausrüstungen für die Öl- und Gasexploration sowie Verteidigungs- und sogenannte Dual-Use-Güter nicht mehr importiert werden konnten.[754] Natürlich ist ein Aussetzen russischer Zahlungen oder sogar eine Zahlungsunfähigkeit unwahrscheinlich. Die Schuldenlast beläuft sich nur auf 3 bis 6 Prozent des Bruttoinlandsprodukts, je nach Berechnungsmethode, und der Staat hat mehrere hundert Milliarden an ausländischen Währungs- und Goldreserven. Russische Firmen waren Ende 2014 jedoch mit rund

---

752 Richard Sakwa, »How the Eurasian elites envisage the rôle of the EEU in global perspective.« *European Politics and Society*, 17 (sup 1) 2016, S. 13. Max Marioni, »The cost of Russian sanctions on Western economies«, in: Adriel Kasonta, ed. *The Sanctions on Russia*. Bow Group Research Paper, August 2015 (online), S. 18.

753 Sakwa, *Frontline Ukraine*, a. a. O., S. 197.

754 Elina Kyselchuk, »What effect have sanctions had so far?« In: Kasonta, ed. *The Sanctions on Russia*, a. a. O., S. 8. Neben dem Verlust wegen der Mistral-Kriegsschiffe, die inzwischen an die Militärdiktatur in Ägypten verkauft wurden, verlor der Waffenproduzent Thales einen langfristigen Vertrag, um Russland mit Infrarot-Panzer-Sichtgeräten auszurüsten, und die deutsche Rheinmetall musste ihren Vertrag für ein Trainingszentrum aufgeben. Marioni, »The cost of Russian sanctions«, a. a. O., S. 23.

614 Milliarden US-Dollar verschuldet. Abgeschottet von einer europäischen Refinanzierung, stellten diese Firmen nun Forderungen an den Nationalen Wohlfahrtsfonds, der für die Stützung von Rentenzahlungen gedacht war.[755] *Sberbank*, die drittgrößte Bank in Europa, *VTB-Bank*, *Gazprombank*, *Vnesheconombank* und *Rosselkhozbank* konnten die Lücken nicht schließen, da sie selbst Ziel der Sanktionen waren. Die Risiken liegen einmal mehr bei Europa, in diesem Fall bei französischen und italienischen Banken.[756]

Im November 2014 erklärte Bundeskanzlerin Merkel, Deutschland sei bereit für Gespräche zwischen der EU und der Eurasischen Wirtschaftsunion, falls »Fortschritte in der Ostukraine gemacht werden können«.[757] Die Unverträglichkeiten zwischen der neoliberalen EU und dem oligarchischen, staatlich gelenkten Kapitalismus der Eurasischen Wirtschaftsunion sind aber struktureller Art, genau wie die zwischen der EU und dem »Klientel-Kapitalismus« der Ukraine.[758] Jede Art von Wiederherstellung der Ukraine als funktionierende Gesellschaft und Ökonomie hängt deshalb von der Zusammenarbeit mit Russland ab. Moskau hält durch Transferpreise für die Pipelinenutzung, die aus der Sowjetära stammen, die ukrainische Wirtschaft am Leben, und das zu einem Grad, den die bröckelnde EU nicht ersetzen kann.[759]

---

755 Philip Hanson, »An Enfeebled Economy«. In: K. Giles et al., *The Russian Challenge*, a. a. O., S. 20.

756 Französische Banken hielten 2015 44 Milliarden Dollar russischer Schulden, die Société Générale alleine 31,4 Milliarden, italienische Banken halten 27 Milliarden Schulden, die meisten davon liegen bei der UniCredit. Marioni, »The cost of Russian sanctions«, a. a. O., S. 22; Matthieu Crozet / Julian Hinz, *Collateral Damage. The Impact of the Russia Sanctions*, a. a. O., S. 36f..

757 *House of Lords, The EU and Russia*, a. a. O., S. 46. Hätte die EU eine solche Harmonisierungs-Option im November 2013 in Betracht gezogen, wie von Russland vorgeschlagen, aber von der EU zurückgewiesen, hätten die Maidan-Revolte und der Bürgerkrieg vielleicht verhindert werden können. Sakwa, *Frontline Ukraine*, a. a. O., S. 175f.

758 *House of Lords, The EU and Russia*, a. a. O., S. 44.

759 Hanson, »An Enfeebled Economy«, a. a. O., S. 22; vgl. Sakwa, *Frontline Ukraine*, a. a. O., S. 144f.

Das Herausbrechen der Ukraine
aus Russlands industrieller Rüstungsbasis

Das Bruttoinlandsprodukt pro Kopf brach in der Ukraine von 4.185 US-Dollar im Jahr 2013 auf 2.924 Dollar im Jahr 2014 und 2.492 in 2015 ein.[760] Einige der Schlüsselbestandteile des sowjetischen militärisch-industriellen Komplexes, der viel weiter entwickelt war als der Rest der Industrie, da er im Wettbewerb mit dem Westen mithalten musste, lagen in der Ukraine. Diese spezielle Wertschöpfungskette zu durchbrechen, erzeugt daher eine überproportional schädigende Wirkung auf die ukrainische Wirtschaft – und natürlich auch auf die russische. 2012 war Russland noch der wichtigste Exportmarkt für industrielle Spitzenprodukte der Ukraine, an denen die EU kein Interesse hatte.[761] Hinzu kommt, dass die Freihandelsbestimmungen, die Teil des EU-Assoziierungsabkommens sind, die ukrainische Verteidigungsindustrie von Russland abschneiden. Die Verteidigungsregeln in dem EU-Assoziierungsabkommen (Artikel 4, 7 und 10) haben die EU zu einem Vehikel der NATO-Erweiterung via Ukraine gemacht.[762] Westliche Rüstungsindustrien und westliches Militär werden so auch einen guten Einblick in die existierenden militärischen Fähigkeiten Russlands erhalten.[763]

Die Ukraine hatte eine aufgeblähte Rüstungsindustrie geerbt, die das Land zwang, nach 1991 Abnehmer in Drittländern zu finden. Mit

---

760 *Statista. The Statistics Portal.* »Ukraine: Gross domestic product (GDP) per capita from 2010 to 2020«, 2016 (online). IWF-Schätzungen sahen 2015 noch eine Wende zum Guten für 2016, aber in den letzten Daten von 2016 gehen Schätzungen von einem weiteren Absinken auf ca. 1850 US-Dollar aus.

761 Matuszak, *The Oligarchic Democracy,* a. a. O., S. 65, 69.

762 Hence from Russia, »EU enlargement, as it has become conflated with NATO enlargement, has also taken on the aspect of a security threat«. *House of Lords, The EU and Russia,* a. a. O., S. 38

763 Elena Ustyuzhanina, »The Eurasian Union and global value chains.« *European Politics and Society,* 17 (sup 1) 2016, S. 44; Gregory J. Moore, »Ukraine: A military-industrial complex to die for.« *Asia Times online,* 27. Mai 2014 (online).

einem großen Inventar an billigen, aber zuverlässigen Panzern und anderer militärischer Hardware konkurrierte die Ukraine mit Russlands Waffenexporteuren in Asien, dem Nahen Osten und Afrika.[764] Jedoch ergänzte man sich gegenseitig – ein Erbe aus der Sowjet-Zeit. Dies wog schwerer als die Rivalitäten, was oft extrem wichtig für beide Seiten war: für die Ukraine wegen des Anteils der Rüstungsexporte an der Gesamtwirtschaft und für Russland wegen benötigter Einzelteile und Komponenten, ja ganzer Systeme. Wie Putin es später ausdrückte: »Für uns arbeiten 245 ukrainische Firmen alleine in der Rüstungsindustrie«.[765] Während direkte Sanktionen aus Washington auf Moskaus militärische Fähigkeiten zielten, bot die Übernahme der Ukraine in das westliche Lager noch mehr Chancen, um Russlands industrielle Verteidigungsbasis zu schwächen. Die Putschregierung war gewillt, Schlüsselwerte der ukrainischen Wirtschaft für dieses Ziel zu zerstören.

Der Luft- und Raumfahrtkonzern *Antonow* ist ein Beispiel. Die Firma, 1946 als sowjetische Raumfahrtforschungsinstitution gegründet, wurde 1952 nach Kiew verlegt. Nach der Unabhängigkeit suchte das Unternehmen, das unter Nutzung russischer Bauelemente eine Reihe von verschiedenen Flugzeugtypen montierte, darunter das größte Transportflugzeug der Welt (die AN-225), nach neuen Absatzmärkten. 1997 schlugen die Präsidenten der Ukraine und Russlands, Kutschma und Jelzin, in einem Brief an Helmut Kohl und François Mitterrand vor, die An-70, damals kurz vor Produktionsstart, in eine pan-europäische Schwerstransportmaschine umzuwandeln und diese gemeinsam zu produzieren. Das Flugzeug wurde drei Monate lang von deutschen Flugzeugingenieuren getestet, aber schlussendlich setzte die neu gegründete EADS gegenüber dem deutschen Verteidigungsminister durch, dass das Angebot abgelehnt wurde. Die Antonow wurde vom europäischen Markt ausgeschlos-

---

764 Anna Babinets, »Ukraine's mysterious exit from the arms trade«. *Open Democracy*, 22. Februar 2011 (online).

765 Zitiert in: Sakwa, *Frontline Ukraine*, a. a. O., S. 78.

sen und stattdessen der Airbus A400M gebaut. Als die europäischen NATO-Alliierten 2001 Transportflugzeuge für ihre Beteiligung am Afghanistan-Krieg benötigten und der Airbus noch nicht fertig war, wurden sechs AN124s geleast, um zu vermeiden, dass US-amerikanische C-17 gekauft werden mussten, die vier- bis fünfmal so teuer waren. Diese Episode bewies einmal mehr den Wert der Antonows, aber das NATO-Militär und westliche Geschäftsstrategien setzten sich durch.[766] Also wandte sich Antonow wieder Russland zu, und im Oktober 2010 wurde in Kiew die Gründung eines gemeinsamen russisch-ukrainischen Unternehmens, *UAC-Antonov LLC*, vereinbart.

Nach dem Putsch und der Installation einer anti-russischen Regierung integrierte Kiew 2015 die drei Antonow-Sparten in die staatliche Holding *Ukroboronprom* und ersetzte im Juli die Unternehmensführung. Entsprechend einer Entscheidung der Jazenjuk-II-Regierung vom 8. September 2015 wies das Ministerium für Wirtschaftsentwicklung und Handel, damals noch unter dem litauischen Investmentbanker A. Abromavičius, die Unternehmensleitung an, aus dem Joint Venture mit der UAC auszusteigen. Der Bruch der Bindung an Russland führte zur Stornierung eines russischen Auftrages für ein neues Transportflugzeug, wodurch Verluste in Höhe von mehreren Milliarden Dollar verursacht wurden. Im Januar 2016 wurde der Stolz der sowjetischen Luftfahrtindustrie liquidiert und die Reste von *Ukroboronprom* vollkommen absorbiert, und das alles unter Korruptionsvorwürfen gegen Jazenjuk persönlich und mit vagen Versprechen über neue, aber nicht näher spezifizierte Aufträge aus Saudi-Arabien oder von anderen anonymen Kunden.[767] Die Möglichkeit, dass China einspringen und in die Wiederbelebung der riesigen AN-225 investieren könnte, von der

---

766 Hagena & Partner, *Malaysian Air Flug MH17*, a.a.O., S. 18ff.

767 *UNIAN*, »Antonov design bureau signs contracts for production of 43 aircraft«, 7. September 2015 (online); »Ukraine's Antonov Breaks Ties with Russia«, 27. Januar 2016 (online); Moore, »Ukraine: A military-industrial complex to die for«, a.a.O.

ein Exemplar aufgrund des Abbruchs der Beziehungen mit Russland noch halb aufgebaut stehen blieb, wird erschwert durch die Tatsache, dass der Bau des Flugzeuges acht wichtige Fabriken betrifft: vier davon in Russland, drei in der Ukraine und eine in Usbekistan.[768]

Die jeweilige Geschichte anderer ukrainischer Rüstungsunternehmen unterscheidet sich im Detail, aber die Tendenz ist überall die gleiche. Bis Ende 2014 gab es noch mehr als 50 große ukrainische Rüstungsunternehmen, die für Russland verteidigungsrelevante Güter herstellten, mit Forschungszentren in Charkiw (z. B. mit den berühmten Panzerfabriken) und Mykolajiw (Nikolaev), wo *Zorya-Mashproekt* Gasturbinen für praktisch die gesamte russische Marine produzierte. Von den 54 geplanten neuen russischen Kriegsschiffen sollten 32 mit Motoren ausgerüstet werden, die von *Zorya-Mashproekt* gebaut werden sollten. Die S300-Boden-Luft-Raketen, produziert von *Almas-Antei*, nutzen Elektronikteile von *Lorta* aus Lwiw.[769] Motoren für Flugzeuge wie den russischen Kampfjet YaK 160 und den Mi-8-Angriffshubschrauber werden in Saporischschja von *Motor Sich* produziert, einer Firma, die 80 Prozent ihrer Produktion in die Russische Föderation verkaufte. *Motor Sich* hängt so stark vom russischen Markt ab, dass die Firma die Anweisung erhielt, Joint Ventures mit *BMW-Rolls-Royce* zu meiden, obwohl schon Verhandlungen aufgenommen worden waren. Auch die Arbeiter der Firma widersetzten sich dem Abschneiden des Handels mit Russland, und ein Abwandern von Ingenieuren wird vermutlich folgen, wenn diese Politik weiter verfolgt wird. Ohne die Motoren von *Motor Sich* wird es praktisch unmöglich werden, Moskaus Plan zu realisieren, tausend Angriffshubschrauber zusätzlich in sein Arsenal aufzunehmen. Die russische Firma *Rostec* ist nur in der Lage, ca. 50 Hubschrauber-

---

768 *Russia Today*, »Ukraine's Antonov halts production in 2016 due to lack of Russian parts«, 10. September 2016 (online).

769 Ustyuzhanina, »The Eurasian Union and global value chains«, a. a. O., S. 42. Olivier Zajec, »La Russie de la kalachnikov aux tueurs de satellites«. *Le Monde Diplomatique*, April 2016, S. 16

motoren pro Jahr zu produzieren, obwohl sieben Mal so viele benötigt werden.[770]

Und doch ging *Motor Sich* einen eigenen Weg und vereinbarte im September 2014 mit Russland ein neues Joint Venture, während die Fluggesellschaft von *Motor Sich* im Dezember eine neue Verbindung nach Moskau einrichtete. Diese Unabhängigkeit ist möglich, weil *Motor Sich* eine der wenigen nicht in Staatsbesitz befindlichen Rüstungsfirmen ist. Ein Miteigentümer ist Vyacheslav Boguslayev (ein ehemaliges Parlamentsmitglied der *Partei der Regionen* unter Janukowytsch), und vielleicht ist die Firma vor einer wirtschaftlichen Selbstzerstörung geschützt, weil es auch ausländische Investitionen (der *Bank of New York Mellon* und anderen) gibt.[771]

Selbst Kutschmas altes Lehnsgut, *Juschmasch* in Dnjepropetrowsk, ein Produzent für russische Interkontinental-Raketen, geriet in Probleme. Eine der Aufgaben der Miliz *Dnipro 1* von Kolomojskyj war die Gewährung der Sicherheit für *Juschmasch*. Kommandeur Bereza hatte, nach Aussagen seines US-amerikanischen Beraters und Freundes Phillip Karber, versucht, die Firma mit westlicher Hilfe zur Produktion von Raketen geringerer Reichweite zu bewegen. Im gleichen Monat, in dem Karber dies Breedlove berichtete, verhängte die Firma laut *Wikipedia* einen zweimonatigen unbezahlten Urlaub für die Arbeiter, weil nach dem Verlust der russischen Aufträge der Konkurs drohte. Das letzte Weltraumprodukt war Anfang 2014 ausgeliefert worden, ungefähr in dem Zeitraum, als der Staatsstreich durchgeführt wurde. Der Umsatz der Firma sollte sich für das Jahr 2014 auf ein Viertel dessen reduzieren, was

---

770 Hans van Zon, André Batako, und Anna Kreslavska, *Social and Economic Change in Eastern Ukraine: The Example of Zaporizhzhya*. Aldershot: Ashgate, 1998, S. 66; Zajec »La Russie de la kalachnikov«, a. a. O., S. 16. Michael Birnbaum, »Ukraine factories equip Russian military despite support for rebels«. *The Washington Post*, 15. August 2014 (online).

771 *Russian Aviation,* »Motor Sich to establish a joint venture in Russia.« 9 September 2014 (online); *Fly Motor Sich,* »Daily flights Zaporizhzhia – Moscow«. 9. Dezember 2014 (online); Andrzej Szeptycki, »Rebuilding the Engine of Cooperation«. *New Eastern Europe*, 25. Februar 2015 (online).

2011 realisiert wurde.⁷⁷² Im Oktober 2015 wurden die Arbeiter nicht mehr entlohnt.

Russland versuchte, alternative Produktionsstätten aufzubauen, wie die Schiffswerft *Sevmach* in Sewerodwinsk, die die *Nosenko-Werft* in Mykolajiw ersetzen musste. So bot Moskau große Teile der Ersatzteil- und Komponentenproduktion, die vorher die Ukraine abgedeckt hatte, Weißrussland an. Aber die Senkung des russischen Verteidigungsbudgets im Jahr 2016 um mindestens 5 Prozent und die immer wieder auftretende Korruption zwingen Moskau, die gesamten Produktionslinien zu restrukturieren, sie den Oligarchen aus den Händen zu nehmen und sie zurück in staatliches Eigentum zu überführen. So geschehen im Bereich der Weltraumforschung, wo die Vermögenswerte *Roskosmos* übertragen wurden.⁷⁷³

Vom postsowjetischen industriellen Komplex zur Rohstoffbasis für den Weltmarkt

Die Zerstörung der ukrainischen Industrie war für den Westen wie der erwünschte Nebeneffekt eines militärischen Feldzugs. Die Transformation eines gesamten Wirtschaftssystems wird immer nur teilweise möglich sein und unvollkommen bleiben, aber das EU-Assoziierungsabkommen und die DCFTA-Regeln ließen keine Zweifel über die westlichen Absichten aufkommen. Die Ukraine hat bereits Fakten geschaffen und ihr fruchtbares Agrarland dem Agrobusiness ausgeliefert, das auf genmanipulierte Saaten und antibiotikabasierter Tierzucht gründet. Auch der Ausbeutung von Gaslagerstätten durch Fracking hat sich das Land geöffnet.⁷⁷⁴

Der Agrobusiness-Sektor wird immer noch weitgehend von ukrainischen Oligarchen kontrolliert, die über mehr als 82 Prozent der

---

772 Karber E-Mail an Breedlove, 14. Januar 2015; *Wikipedia*, »Yuzhmash«; Sakwa, *Frontline Ukraine*, a. a. O., S. 75 zu Yuzhmash.

773 Ustyuzhanina, »The Eurasian Union and global value chains« a. a. O., S. 44; Zajec, »La Russie de la kalachnikov«, a. a. O., S. 17.

774 Ken Hanly, »Ukraine and the TTIP«. *The Digital Journal*, 27. März 2014 (online).

Top-Hundert-Holdings verfügen.[775] Nebenbetriebe wie die *Ilyich Steel and Iron Works* besaßen noch aus der Sowjet-Ära 200.000 Hektar kulturfähiges Land, große Viehherden und Schweinefarmen; diese wanderten in die Hände von Achmetow und seinem Geschäftspartner Vadim Novinsky und gingen in der *HarvEast Group* auf. Nicht zu vergessen: Kolomojskyj gründete 2005 seine *Privat-Agro Holding* und kontrollierte schon bald 24 Unternehmen mit insgesamt 150.000 Hektar gepachtetem Land.[776] Der größte Agrobusiness-Oligarch ist Oleg Bakhmatiuk, der 2011 seine zwei Firmen *Avangard* (Eier und Geflügel) und *UkrLandFarming* (mit Sitz in Zypern) miteinander verschmolz. *UkrLandFarming* hat die größte kulturfähige Fläche in der Ukraine gepachtet (über 530.000 Hektar) und züchtet außerdem Schweine und Rinder.[777] Gegen Ende 2013 kündigte das Unternehmen die Verschiffung riesiger Mengen von Getreide nach China an, bis 2018 sollen es zwei Millionen Tonnen pro Jahr werden. Im Januar 2014, sechs Wochen vor der Machtübernahme in Kiew, wurde mit Blick auf den chinesischen Markt der US-Agrargigant *Cargill* mit einem fünfprozentigen Anteil an *UkrLandFarming* ins Boot geholt.[778]

Während Bakhmatiuk mit *Cargill* nach Osten schaute, setzten andere Akteure in der Ukraine auf die EU. Andrej Werewskij, ein Mitglied von Janukowytschs engerem Kreis und Eigentümer der *Kernel-Gruppe*, erhielt durch den Kauf der *Black Sea Industries* Kontrolle über den größten Produzenten von Sonnenblumenöl und einen Hafen für dessen Export. Zudem ist die *Kernel-Gruppe* die größte Hol-

---

775 Christina Plank, »Ukraine. Land Grabs in the Black Earth: Ukrainian Oligarchs and International Investors«. In: Jennifer Franco und Saturnino M. Borras, Jr, eds. *Land concentration, land grabbing and people's struggles in Europe*. Amsterdam: Transnational Institute 2013, S. 186.
776 Matuszak, *The Oligarchic Democracy,* a. a. O., S. 54, 107.
777 Plank, »Ukraine. Land Grabs in the Black Earth, a. a. O., S. 186; Matuszak, *The Oligarchic Democracy,* a. a. O., S. 112.
778 Elizabeth Fraser, *The Corporate Takeover of Ukrainian Agriculture* [with Frédéric Mousseau]. (Country Fact Sheet, Dezember). Oakland, California: The Oakland Institute, 2014, S. 3, 5.

ding, die an Handel und Export von Getreide beteiligt ist.[779] Ebenfalls hat Jurij Kosiuk, dessen *Mironivsky Hliboprodukt (MHP)* jährlich ca. 330 Millionen Hühner schlachtet, den (west-)europäischen Markt im Visier. Die Niederländer mögen dem EU-Assoziierungsabkommen mit der Ukraine in ihrem Referendum widersprochen haben, aber Kosiuk, der in Poroschenkos Verwaltung für den Bürgerkrieg zuständig war – und unter Korruptionsvorwürfen Ende 2014 zurücktreten musste[780] –, verkündete im Mai 2016 eine große Investition in den Niederlanden, um seine Geflügelprodukte zu vertreiben. Diese werden unter miserablen Bedingungen in der Ukraine erzeugt und in den Niederlanden für Industrienahrungsmittel vom Typ »mit Hähnchenfleisch« verarbeitet.[781]

Im September 2013 wurden in einer Notiz zur Vorbereitung eines Treffens des holländischen Außenministers Timmermans mit Ministerpräsident Azarow die strategischen Ziele der EU-Assoziation hinsichtlich des Agrarbereichs klar ausformuliert. Die Sektoren, die den größten Vorteil zu erwarten hatten, waren Energie, Landwirtschaft und Nahrungsmittelproduktion sowie Dienstleistungen.[782] Als Teil der von Brüssel geforderten Öffnung der Wirtschaft hatte die Ukraine bereits 2013 mehr als ein Drittel seiner landwirtschaftlichen Nutzfläche verpachtet, zwei Drittel davon an US-Agrarunternehmen. Sie ist das einzige Land in Europa, das sich dermaßen in ausländische

---

779 Olha Holoyda, »Ukrainian Oligarchs and the ›Family‹, a New Generation of Czars – or Hope for the Middle Class?« *Scholar Research Brief*. Washington DC: IREX, 2013, S. 4.

780 *German Foreign Policy*. »Zauberlehrlinge« (III) 6. Oktober 2016, online.

781 Über Oligarchen, die sich in Richtung EU orientierten, Piotr Kościński/ Ievgen Vorobiov, »Do Oligarchs in Ukraine Gain or Lose with an EU Association Agreement?« *PISM Bulletin*, Nr. 86, 17. August 2013 (online), S. 1; Marco Visser, »Pluimveehouders bezorgd over Oekraïense plofkip«, *Trouw*, 28. Mai 2016.

782 Die Niederlande sind das Land mit den drittgrößten Investitionen in der Ukraine. Die meisten Investitionen in dem Land wurden im Agro- und Nahrungsmittelsektor getätigt, und Regierungsgarantien wurden hauptsächlich für Agrobusiness gewährt. *MFA*, Dok. 39, 12. September 2013, »preparatory note for meeting Prime Minister Azarov.«

5. NACHSPIEL: EIN GESCHEITERTER STAAT

Hände begeben hat, in einem Grad, wie es sonst nur Länder der Dritten Welt tun.[783] Die größten ausländischen Agrarholdings sind *NCH Capital* aus den Vereinigten Staaten (400.000 Hektar), *Ukrainian Agrarian Investments* (Russisch, 260.000 ha), *Agrogénération* (französisch) und *Toepfer* (Deutschland)[784]. Außerdem engagierten sich Pensionsfonds aus Schweden und den Niederlanden im ukrainischen Agrarsektor. Ernteexporte sind hauptsächlich bestimmt für den Nahen Osten, Nordafrika, die EU und die Türkei.[785] *Cargill* gehören in der Ukraine mindestens vier Getreidespeicher und zwei Betriebe, die Sonnenblumen verarbeiten. *Monsanto* ist schon seit 1992 in der Ukraine präsent und verdoppelte die Mitarbeiterzahl im Jahr 2012. Nach dem Sturz von Janukowytsch erhöhte der Konzern sein Engagement, unter anderem indem er 2015 in eine neue Saatfabrik investierte. *Du Pont* kündigte bereits im Juni 2013 den Bau von zwei Saatgutfabriken an.[786]

Zwischen 2013 und 2014 und mit der Maidan-Revolte wetteten Konzerne auf einen Regime-Change, um ihre Bedingungen eines Markteintritts zu verbessern. Sonnenblumenprodukte sind in der Ukraine eine treibende Kraft bei den großangelgten Ernteexporten (auch nach Russland). Sonnenblumen werden üblicherweise auf sehr großen Flächen angebaut. Ursprünglich ermutigte die EU durch das TACIS-Programm deren Anbau, es stellte sich aber heraus, dass ukrainische Firmen, die Sonnenblumenöl verarbeiteten und damit handelten, mit dem organisierten Verbrechen verbunden waren.[787] Unter dem EU-Assoziierungsabkommen waren trotzdem Regelungen in Bezug auf Steuern, Zölle und Exportgesetze sowie Landver-

---

783 *Der Spiegel,* »›Land Grabbing‹: Foreign Investors Buy Up Third World Farmland«, 19. Februar 2013 (online).

784 *Alfred C. Toepfer International*, Deutschland, 2014 vom US-amerikanischen Agrarkonzern *Archer Daniels Midland* übernommen.

785 Plank, »Ukraine. Land Grabs in the Black Earth«, a. a. O., S. 186.

786 Fraser, *The Corporate Takeover of Ukrainian Agriculture*, a. a. O., S. 3f.; Johnstone, *Queen of Chaos*, a. a. O., S. 170.

787 Van Zon et al. *Social and Economic Change in Eastern Ukraine*, a. a. O., S. 81.

kauf auf der Agenda, ebenso wie genetische Modifikationen.[788] Der Zugang für transnationale Unternehmen des Agrobusiness und die Ermöglichung genmanipulierter Anbauten waren Schlüssel für den »wirtschaftlichen Regime-Change«. Der IWF hatte die Öffnung für genmanipuliertes Saatgut als eine der Bedingungen für Kredite angeführt, und das EU-Assoziierungsabkommen beinhaltete ebenfalls diese Klausel (Artikel 404) und förderte so die Verwendung dieser Art Pflanzung. Genmanipuliertes Saatgut ermöglicht die aggressive Behandlung mit Pestiziden – mit schlimmen Folgen für alle anderen Lebewesen. In einer Rede für die USA-Ukraine-Konferenz im Dezember 2013 erklärte Jesus Madrazo, damaliger Vizepräsident von *Monsanto* und nach der Übernahme durch *Bayer* leitend zuständig für »Nachhaltigkeit«: »Heute hoffen wir, dass die Biotechnologie ein Werkzeug ist, das in Zukunft ukrainischen Bauern zur Verfügung stehen wird«.[789]

Nach der Machtübernahme im Februar beschleunigte sich der Prozess. Das in Kalifornien ansässige *Oakland Institut* enthüllte im Juli 2014, zu welchem Grad der IWF, die *Europäische Bank für Wiederaufbau und Entwicklung* (EBWE) und die EU zusammenarbeiteten, um die Krise der Ukraine für die Deregulierung und die Liberalisierung der Landwirtschaft zu nutzen und ausländische Investitionen zu vereinfachen. Im Dezember sprach der britische Minister für Europaangelegenheiten von »wunderbaren Möglichkeiten für Investitionen in den landwirtschaftlichen und Nahrungsmittel produzierenden Sektor, in den Einzelhandel und in die Energieerzeugung«.[790] Die Ukraine ist schon jetzt der weltweit drittgrößte Exporteur von Getreide und der fünftgrößte von Weizen. Trotz eines Dekrets, das 2001 ein Moratorium in Bezug auf den Landverkauf verfügte und das bis Januar 2016 verlängert wurde, gab es zwei

---

788 Fraser, *The Corporate Takeover of Ukrainian Agriculture*, a.a.O., S. 6.
789 Zitiert in: Fraser, *The Corporate Takeover of Ukrainian Agriculture*, a.a.O., S. 4; Sakwa, *Frontline Ukraine*, a.a.O., S. 140f.
790 Zitiert in: *House of Lords, The EU and Russia*, a.a.O., S. 76.

5. NACHSPIEL: EIN GESCHEITERTER STAAT

Wege für ausländisches Kapital, trotzdem die Kontrolle über Land zu gewinnen: durch langfristige Pachtverträge, kombiniert mit Investitionen in Saatgut- und Nahrungsmittelproduktion, und durch Teilhaberschaften an ukrainischen Agrarunternehmen.[791] Weil die Monokulturen für den Export den Boden auslaugen und Ernten für den Eigenbedarf verdrängen, »leidet die Bevölkerung«, so *Der Spiegel*, »unter dieser neuen Form des Kolonialismus«.[792]

Die zweite Hauptachse der neoliberalen Transformation der ukrainischen Wirtschaft betrifft die Förderung von Gas, insbesondere von Fracking-Gas. 2007 wurde dem US-Energieunternehmen *Vanco* vom damaligen Ministerpräsidenten Janukowytsch eine Konzession zur Förderung von Gas aus dem Asowschen Meer erteilt, aber die Vereinbarung wurde durch Julija Tymoschenko nach ihrer Rückkehr ins Amt widerrufen. In Kapitel 3 wurden sowohl die Vereinbarung vom Februar 2011 zwischen *Exxon Mobil* und der russischen *Rosneft* über die Erschließung von Lagerstätten im Asowschen Meer sowie der zwischen *Shell* und *Yuzivska* ausgehandelte Fracking-Gas-Deal vom Mai 2012 bereits erwähnt.[793] Ein anderer Protagonist im Spiel um die umfangreiche Förderung von Fracking-Gas ist *Chevron*, das 2013 einen Vertrag zur Ausbeutung der Lagerstätten des Donbass erhalten hatte.[794]

Für Investitionen zur Ausbeutung im Asowschen Meer ist die Rückgewinnung der Krim und des Donbass essentiell. Das gilt ganz besonders für die in Zypern registrierte Gasfirma von Kolomojskyj, *Burisma*, auf die in Kapitel 2 Bezug genommen wurde. Kolomojskyjs Unterstützung für die nationalistischen Freiwilligenbataillone und andere Beispiele seiner anti-russischen Militanz im Bürgerkrieg

---

791 Fraser, *The Corporate Takeover of Ukrainian Agriculture*, a. a. O., S. 2f.
792 *Der Spiegel*, ›Land Grabbing‹, a. a. O.
793 Turck, *A Tragic Fate*, a. a. O. Kapitel 3;. Niemöller, MH17. *De Doofpotdeal*, a. a. O., S. 27.
794 Turck, *A Tragic Fate*, a. a. O. Kapitel 3. Am 12. September 2014 zwangen neue Sanktionen Exxon, die meisten Kooperationsvereinbarungen mit Rosneft aufzugeben.

finden ihre offensichtliche Begründung hier. *Burisma* hat die Fördererlaubnis im Donbass ebenso wie im Azov-Kuban-Becken im Osten der Krim. Kolomojskyj versicherte sich der Unterstützung von Schlüsselpersönlichkeiten der USA, indem er beispielsweise Devon Archer, den Berater in John Kerrys Präsidentschaftskampagne, in den Vorstand von *Burisma* berief.[795] Kurz darauf wurde auch Hunter Biden, der Sohn des damaligen US-Vizepräsidenten, Mitglied des Vorstandes, dessen Vorsitzender Alan Apter, ein weiterer US-Amerikaner ist. Auch Aleksander Kwaśniewski, der ehemalige Präsident Polens, ist im Vorstand von *Burisma*; er hat enge Kontakte zu Pintschuk und ist regelmäßig bei den jährlichen *YES*-Treffen, die letzterer organisiert. Kwaśniewskis Stiftung *Amicus Europae* und die Stiftung von Prinz Albert II. von Monaco gründeten gemeinsam mit *Burisma* das internationale Forum »Energiesicherheit für die Zukunft«, das von sich behauptet, das größte europäische Forum in diesem Bereich zu sein.[796] Neben Fracking-Gas scheint *Burisma* auch ein Auge auf Diamantenvorkommen in der Region Mariupol geworfen zu haben.[797]

Warum EU- Politiker all das unterstützten, wurde von dem niederländischen investigativen Journalisten Arno Wellens für den Fall des ehemaligen belgischen Premierministers Guy Verhofstadt dokumentiert. Verhofstadts vehemente Ermutigung der Maidan-Proteste im Jahr 2014 sind ja an sich schon bemerkenswert genug, und wie wir sahen, brachte er Elliott Higgins von *Bellingcat* in das europäische Parlament, um über russische Missetaten zu berichten. Verhofstadt hat aber auch durch verschiedene Aufsichtsratsposten

---

795 Olivier Knox und Meredith Shiner, »Why did an energy firm with big assets in Ukraine hire Joe Biden's son?« *Yahoo News*, 14. Mai 2014 (online); Burisma website (online).

796 Burisma website; De Ploeg, *Oekraïne in het kruisvuur* a. a. O., S. 55; Wayne Madsen, »Coordinating With NATO«. *Political Vel Craft*, 23. Juli 2014 (online).

797 Bruce Grant, *The concluding episode: ›To whose benefit?‹* [MH17 Inquiry, 6th episode], 2016 (online).

in Unternehmen eigene Wirtschaftsinteressen im Land und direkte Verbindungen zu ukrainischen Energie-Ventures. *Exmar* ist eine dieser Firmen; sie besitzt die weltgrößte Flüssiggasflotte. *Exmar* wäre ein Kandidat, um verflüssigtes Fracking-Gas aus der östlichen Ukraine zu transportieren, ein Vorhaben, an dem auch belgische Firmen wie *Tractebel* ein Interesse gezeigt haben.[798]

Ist MH17 Symbol eines globalen Spiels, das schief ging?

Bei der Ukraine-Strategie des Westens ging es zum einen um einen geopolitischen Positionsgewinn gegenüber dem Herausforderblock aus Eurasischer Wirtschaftsunion / BRICS-Staaten / Shanghaier Organisation für Zusammenarbeit mit Russland und China als dessen Bollwerken; eine weitere Triebkraft bestand in der Einführung der sogenannten Markt-Demokratie nach Krasner/Pascual. Das EU-Assoziierungsabkommen über die »vertiefte und umfassende Freihandelszone«[799] (DCFTA) ist ein Vertragswerk, das in diese Strategie passt, deren Kern darin besteht, Privatisierungen umzusetzen, und zwar von »Firmen in staatlichem Eigentum, die eine nicht lebensfähige Wirtschaft aufrechterhalten«. Mit einer anti-russischen Regierung in Kiew, die durch die Wahlen im Oktober 2014 bestätigt worden war, wurde so die Grundlage für einen Angriff auf *Naftogaz Ukrainy* gelegt. Was folgte, war der größte konzertierte Versuch, eine neoliberale Wirtschaftspolitik in der Ukraine durchzusetzen, wichtige Oligarchen zu entmachten und den »Klientel-Kapitalismus« des Landes zu reformieren. Ein Versuch, der fehlschlug.

---

798 Für weitere Informationen über *Tractebel*, *Suez*, mit dem es verschmolzen wurde, die Investmentfirma *Sofina* (bei der Verhofstadt auch ein Vorstandsmitglied ist, und die ein wichtiger Teilhaber in *Suez* ist siehe Arno Wellens, »VVD, D66 en Guy Verhofstadt werken samen met Moldavische maffiabankier om Grexit te stoppen en TTIP te pushen (3)«. *925.nl*, 8. Juli 2015 (online).

799 Dazu gehören neben der Ukraine noch Georgien und Moldawien.

»Markt-Demokratie« in der Praxis

Die Bildung einer neuen Regierung unter Ministerpräsident Jazenjuk im Dezember 2014 setzte eine Reihe von Änderungen in Gang, die einen Kampf unter verschiedenen Fraktionen der Oligarchie über die Kontrolle der Hebel staatlicher Macht und der Wirtschaft auslösten. Im November veröffentlichte George Soros einen langen Artikel mit dem Titel »Wach auf, Europa!«, in dem er die neoliberale Zukunft der Ukraine ausmalte. Darin nannte er *Naftogaz* ein schwarzes Loch in dem Budget des Landes, das dringend angegangen werden sollte. Soros sah die notwendigen Änderungen im Kontext dessen, was er »den indirekten Krieg der EU gegen Russland« nannte. Er schlug sogar vor, die Sparpolitik zu opfern, um eine Steigerung der Rüstungsausgaben zu finanzieren, ein Vorschlag, der inzwischen in der ganzen EU aufgegriffen wurde.[800] *South Stream* und ganz allgemein die auf Gaslieferungen gegründeten gegenseitigen wirtschaftlichen Beziehungen zwischen der EU und Russland sind die wichtigsten Ziele dieses Krieges. Das ukrainische Gasnetzwerk den Oligarchen aus der Hand zu nehmen und es unter die Kontrolle des Westens zu bringen, wäre der Schlüssel, um zu verhindern, dass die Ukraine wieder in die wirtschaftliche Abhängigkeit von Russland geraten könnte, sollten sich die Beziehungen noch einmal normalisieren.[801]

Nun war die EU mit Worten großzügig, aber nicht mit Geld und beschränkte ihre Zahlungen an Kiew auf relativ geringe Summen. Was die Finanzierung angeht, verwies die EU auf den IWF, der im Januar 2015 ein neues Rettungspaket für die Ukraine ankündigte. Dies sollte als »erweiterte Fondsfazilität« dem IWF erlauben, größere Kredite über einen längeren Zeitraum zu gewähren.[802] Die benötigte Schocktherapie machte es notwendig, dass Jazenjuk ein Kabinett von Außenseitern zusammenstellte, entscheidend dabei die US-Bürgerin

---

800 Johnstone, *Queen of Chaos*, a.a.O., S. 61; *CyberBerkut.* »CyberBerkut hacked websites of Anton Gerashchenko«, a.a.O.

801 Draitser, »Waging war against Russia, one pipeline at a time«, a.a.O., die bulgarische Politikwissenschaftlerin Nina Dyulgerova zitierend.

802 *House of Lords, The EU and Russia,* a.a.O., S. 77.

Natalie Jaresko vom in Kiew ansässigen *Horizon Capital Investment Fund* als Finanzministerin. Jareskos Expertise über die ukrainische Privatisierung stammte aus ihrer Zeit als Wirtschaftsberaterin an der US-Botschaft. Ihre Rolle wurde ergänzt durch den neuen Minister für Landwirtschaft und Nahrung, Aleksei Pavelko, dem die Privatisierung von Agrarland anvertraut war.[803] Der bereits erwähnte Aivaras Abromavičius, ein litauischer Investment-Banker bei *East Capital*, ein weiterer Spezialist für Fonds an den Rändern der EU, wurde zum Minister für wirtschaftliche Entwicklung und Handel gemacht. Da die Verfassung doppelte Staatsangehörigkeit verbietet, wurden Jaresko, Abromavičius und einem dritten Ausländer, Oleksandr Kwitaschwili, der das Gesundheitswesen in seinem Herkunftsland Georgien privatisiert hatte, die ukrainische Staatsbürgerschaft verliehen – mit einer zweijährigen Fristverlängerung zur Aufgabe der alten Staatsbürgerschaft. Im gleichen Dekret verlieh Poroschenko auch verschiedenen ausländischen Freiwilligen, die gegen die Aufständischen im Donbass gekämpft hatten, die ukrainische Staatsbürgerschaft.[804]

Die Empfehlung von Soros hinsichtlich des Öl- und Gas-Monopols war anfangs buchstabengetreu befolgt worden, als Poroschenko im März 2015 Kolomojskyj als Gouverneur von Dnjepropetrowsk feuerte. Bis dahin hatte letzterer die Tochtergesellschaften von *Naftogaz*, *Ukrnafta* und *Ukrtransnafta*, kontrolliert und die Gewinne abgeschöpft, obwohl *Naftogaz* die Mehrheit an den Unternehmen besaß. Kolomojskyjs 42 Prozent waren aber durch sein Monopol auf die Kapazitäten bei den Ölraffinerien gestützt (er kontrollierte die einzige funktionierende *Ölraffinerie* der Ukraine in Krementschuk[805])

---

803 *Russia Today,* »American, Georgian & Lithuanian get key jobs in Ukraine's new gov't«, 2. Dezember 2014 (online); De Ploeg, *Oekraïne in het kruisvuur* a. a. O., S. 60f. *Observer Ukraine,* »Kolomoisky's fall undermines Poroshenko as well«, 27. März 2015 (online). *Horizon* investiert auch in Agrarunternehmungen in der Ukraine, in Banken und Kreditkartenaktivitäten in Russland und Weißrussland.

804 *Russia Today,* »American, Georgian & Lithuanian get key jobs«, a. a. O.

805 «Ukraine Oil Refineries«. *A Barrel Full,* n.d. (online).

und auf seine Vermietung von Lagerkapazitäten für Öl an den Staat. Der zweite Grund, warum Poroschenko gegen Kolomojskyj vorging, war die Sorge, dass dieser einige extremistische Milizen weiter für »feindliche Übernahmen« nutzen würde. Und tatsächlich hatte der Oligarchengouverneur am Tag vor seiner Entlassung versucht, *Ukrnafta* mit Gewalt zurückzugewinnen. Dies war nicht das erste Mal, dass er bewaffnete Schläger einsetzte, um Firmenverschmelzungen und -aufkäufe zu beschleunigen. Poroschenko bedeutete Kolomojskyj bei dessen Entlassung, dass es keine »Taschenarmeen« mehr geben werde, jedoch wurde der damit einhergehende Befehl des SBU und des Innenministeriums, die Milizen zu entwaffnen, nicht ausgeführt.[806] Innenminister Awakow startete zwar Ermittlungen gegen die Minister von *Swoboda*, Shvayka (Landwirtschaft) und Mokhnyk (Ökologie) und zahlreiche andere, weniger wichtige Funktionäre. Jedoch war das in erster Linie dazu bestimmt, sicherzustellen, dass eine neue Rate der IWF-Gelder ausgezahlt wurde. Damit sollte verhindert werden, dass das Budget eines Staates ausblutete, der bereits in Höhe von 95 Prozent des Bruttoinlandsproduktes verschuldet war. Der Ukraine wurden außerdem 20 Prozent ihrer Auslandsverschuldung erlassen, was eine Ersparnis von drei Milliarden US-Dollar bedeutete – die Belohnung für den Status als Frontstaat der NATO. Anders ist das nicht zu erklären, vergleicht man diesen Vorgang mit der gnadenlosen Behandlung des »sicheren« NATO-Landes Griechenland. Die Ausgaben der Ukraine für das Militär verdoppelten sich zwischen 2013 und 2016 nahezu.[807]

Im Juli 2015 wurde der Leiter des SBU, Walentyn Nalywajtschenko, nach Konsultationen mit Botschafter Pyatt entlassen. Inzwischen

---

806 *Observer Ukraine*, »Kolomoisky's fall«, a.a.O.; De Ploeg, *Oekraïne in het kruisvuur*, a.a.O., S. 37, 91. Im Dezember 2016 wurde die *Privatbank* nationalisiert, aller Wahrscheinlichkeit nach, um die Bank vor dem Zusammenbruch zu bewahren.

807 *Observer Ukraine*, »Kolomoisky's fall«, a.a.O. Im Herbst 2016 wurde Geoffrey Pyatt als US-Botschafter nach Athen versetzt, vielleicht im Licht der Wiederaufnahme der türkisch-russischen Gespräche über die *Turkish Stream Pipeline*, die von der Türkei nach Griechenland verlängert werden sollte.

5. NACHSPIEL: EIN GESCHEITERTER STAAT 321

begannen die marginalisierten Donbass-Oligarchen, auf Opposition zu den höchst unpopulären, neoliberalen und pro-amerikanischen Hardlinern zu gehen und zu versuchen, ihre Positionen, die sie beim Staatsstreich von 2014 verloren hatten, zurückzugewinnen. Firtasch – das Auslieferungsgesuch der USA vom 30. April 2015 war durch einen österreichischen Richter in erster Instanz abgewiesen worden – hatte in aller Stille ein alternatives Bündnis aufgebaut. In seiner Eigenschaft als Chef der Arbeitgeberorganisation der Ukraine arbeitete er mit dem Gewerkschaftsbund zusammen, und so versammelte er unter dem Banner der *Agentur zur Modernisierung der Ukraine* einen neuen Block aus deutschen, russischen und ukrainischen Kapitalisten. Wie schon zuvor, als er bei den durch den Abschuss von MH17 unterbrochenen Verhandlungen zwischen Merkel und Putin an dem Gas-Portfolio arbeitete, positionierte Firtasch sich als Kämpfer für den Frieden, und ohne Zweifel war er der am besten dafür geeignete unter den Oligarchen.[808]

Poroschenko war in der Zwischenzeit erfolgreich damit, seine eigene Präsidentschaft vollständig zu verwerten. Er war ein aufstrebender Oligarch, als er von Firtasch im März 2014 für das Amt ausgewählt worden war. 2015 stieg Poroschenko laut der polnischen *OSW (Eastern Studies Centre)* in die Oberliga der Oligarchen auf – insbesondere wegen seiner neuen Holding, der *International Investment Bank*. Allein deren Vermögen hatte sich um 85 Prozent erhöht. Wie das Nachrichtenportal *German Foreign Policy* am 28. Mai 2015 festhielt, »waren die Einnahmen von Poroschenko, einer Meldung von BBC zufolge, innerhalb seines ersten Jahres als Präsident der Ukraine um das Siebenfache gewachsen«.[809]

Soros schrieb im September einen Brief an Jazenjuk und machte der Regierung Komplimente für deren marktfreundliche Politik in Bezug auf *Naftogaz*. Jedoch warnte er davor, dass die Menschen,

---

808 *Observer Ukraine*, »Kolomoisky's fall«, a. a. O.; *House of Lords, The EU and Russia*, a. a. O., S. 78.

809 *German Foreign Policy*, Newsletter. »Zauberlehrlinge« (III), a. a. O.; Petro, »Ukraine's Perpetual War for Perpetual Peace«, a. a. O.

wenn sie Marktpreise bezahlen müssten, wieder auf die Straßen gehen könnten.[810] Um das Regime liquide zu halten, zog der IWF seine Forderung, zurück, wonach 17 Milliarden Dollar an Subventionen für Energiekosten drastisch reduziert werden sollten.[811] Im Oktober sank die Popularität der *Volksfront* von Ministerpräsident Jazenjuk dennoch weiter, weil Enthüllungen über Betrügereien der Regierung anhielten, und Anfang November reiste Soros persönlich nach Kiew, um die Situation zu diskutieren. Sein Terminplan wurde durch *CyberBerkut* gehackt, was einen Einblick in das Innere des neoliberalen, sozialdarwinistischen Blocks erlaubte, der sich in Kiew eingerichtet hatte – vorübergehend, wie sich herausstellen sollte. Nach einem Abendessen mit Jaresko traf Soros Poroschenko. Der Finanzier warnte den Präsidenten, die Ukraine könne durch das Minsk-II-Abkommen zu einem neuen Bosnien werden. Mit anderen Worten: keine Rückkehr zum Föderalismus, keine Rechte für irgendwelche verbliebenen »Serben«! Thomas Fiala, der tschechische Vorsitzende von *Dragon Capital*, des größten in der Ukraine operierenden Investmentfonds, war bei dem Treffen mit Poroschenko auch anwesend.

Die ukrainischen Bankenbehörden wurden von dem verheißungsvollen Besucher dahingehend beraten, das von ihm favorisierte Subprime-Hypotheken-Programm (kreditfinanziertes Immobilienprogramm) zu stabilisieren, ungeachtet der Tatsache, dass fast 60 Prozent der Bankkredite in ausländischen Währungen notieren. Diese Art von spekulativen Anlagen hatte das Land bereits in der Krise von 2008 schwer getroffen.[812]

---

810 Abbild des Briefes auf *CyberBerkut*. »CyberBerkut hacked web sites of Anton Gerashchenko«, a. a. O.

811 De Ploeg, *Oekraïne in het kruisvuur*, a. a. O., S. 54.

812 Jan Drahokoupil und Martin Myant, »The European sub-prime? Financial crisis and the East-European periphery«, in S. Nousios / H. Overbeek / A. Tsolakis, eds., *Globalization and European Integration: Critical Approaches to Regional Order and International Relations*. Houndmills: Palgrave Macmillan., 2012, S. 142, 145, table 7.7; Saskia Sassen, »A Savage Sorting of Winners and Losers. Contemporary Versions of Primitive Accumulation«. *Globalizations*, 7 (1-2) 2010.

5. NACHSPIEL: EIN GESCHEITERTER STAAT 323

Treffen mit Botschafter Pyatt, den Oligarchen Pintschuk und Taruta sowie mit Soros« langjährigem Freund, dem ehemaligen georgischen Präsidenten Michail Saakaschwili, der einstweilen Poroschenkos *Internationalen Rat für Reformen* leitete und im Mai 2015 zum Gouverneur von Odessa ernannt wurde, sowie Wirtschaftsminister Abromavičius komplettierten die Soros-Tour.[813]

In den folgenden Monaten brach das Vertrauen der Öffentlichkeit in die Jazenjuk-Regierung auf unter 10 Prozent ein. Im Februar 2016 löste Abromavičius das Problem seiner doppelten Staatsbürgerschaft, indem er wegen der fortbestehenden Kontrolle von *Naftogaz* und der Rüstungsindustrie durch die ukrainischen Oligarchen zurücktrat. Igor Kononenko, stellvertretender Fraktionsvorsitzender des Petro-Poroschenko-Blocks, der das nominell dem Staat gehörende *Centrenergo* kontrollierte, wurde im Zuge von Schiebungen rund um *Naftogaz* als Hauptverantwortlicher für die Unterminierung der Marktstrategie identifiziert.[814] Natürlich ist auch in der Ukraine der »Klientel-Kapitalismus«, oder wie es in den *Chatham House*-Berichten heißt, »der ›quasi kriminelle Schattenstaat‹ … das Harz, das jede gute Politik verhärtet und zum Scheitern bringt und den härtesten Reformer zur Kapitulation oder zum Nervenzusammenbruch treibt«.[815] Alle Methoden zur Überwindung dieser Kultur haben bisher ihr Ziel verfehlt und werden weiter scheitern, so lange das Hauptziel darin besteht, die Ukraine geopolitisch einzufangen und den russischen Einfluss zu reduzieren.

Als Poroschenko Jazenjuk aufforderte zurückzutreten und Anfang 2016 eine Vertrauensabstimmung stattfand, hielt eine Hinter-

---

813 *CyberBerkut.* »CyberBerkut hacked web sites of Anton Gerashchenko«, a. a. O.; Johnstone, *Queen of Chaos*, a. a. O., S. 171.

814 *Ministry of Economic Development and Trade of Ukraine.* »Statement by the Minister of Economic Development and Trade of Ukraine Aivaras Abromavicius«, 2016 (online); *German Foreign Policy*, Newsletter. »Zauberlehrlinge« (III), a. a. O.

815 Sherr, »A war of narratives and arms«, S. 29. Das Zitat betrifft Russland, ist aber noch angemessener für die Ukraine.

treppenvereinbarung zwischen dem Präsidenten, Jazenjuk (»Yats«, um Victoria Nulands Kosenamen zu wiederholen), Kolomojskyj und Achmetow die Regierung doch noch weiter an der Macht. Aber noch entscheidender war der Druck der USA. Pyatt erklärte Abgeordneten des Kiewer Parlaments unmissverständlich, dass sie mit ihrer Zukunft spielten, und Joe Biden rief im Februar Poroschenko an, um ihm deutlich zu machen, dass Jazenjuk bleiben müsse.[816] Angesichts der in den Umfrageergebnissen steigenden Popularität des *Oppositionsblocks* (OB), des Nachfolgers der *Partei der Regionen*, war eine Neuwahl das letzte, was die USA und die EU wünschten (so viel zur »Markt-Demokratie«). Als Jazenjuk, von dessen *Volksfront* man erwartete, dass sie an der 5-Prozent-Hürde scheitern werde, im April schließlich zurücktrat, wurde er ohne einen Wahlvorgang durch den Sprecher des Parlaments, Wolodymyr Hrojsman vom Poroschenko-Block, ersetzt. Hrojsmans Aufgabe war es, die Regelungen des Minsker Abkommens zur Dezentralisierung anzuwenden und Schritte zu einer Versöhnung mit Russland zu erkunden. Ob das auch eine Schwächung der Kriegspartei nach sich zog und eine Zunahme des russischen Einflusses, blieb abzuwarten. In dieser Hinsicht ist Poroschenkos einflussreicher Geschäftspartner Konstantin Grigorishin, der in Moskau lebt und von Jazenjuk als »Agent des russischen FSB« denunziert worden war, eine Kraft, mit der zu rechnen ist.[817]

Der Bürgerkrieg in der Ukraine hat, folgt man einem Bericht von *Chatham House* aus dem Jahr 2015, »die Ukrainer vereint wie niemals zuvor. Aber wo die Spaltung geblieben ist, ist sie tiefer als sie jemals war«.[818] Und tatsächlich ist die Lage in großen Teilen des Landes zum Zeitpunkt, da dieses Buch geschrieben wurde, höchst explosiv, weil die Bevölkerung unter den Absurditäten einer antirussischen

---

816 De Ploeg, *Oekraïne in het kruisvuur*, a.a.O., S. 113.

817 Grigorishin hat Zaporoshtranformator, Dneprospetsstal und mehrere ukrainische Häfen im Eigentum, *German Foreign Policy*, Newsletter. »Zauberlehrlinge« (III), a.a.O.

818 Sherr, »A War of Narratives and Arms«, a.a.O., S. 30.

Wirtschaftspolitik, noch verschärft durch das Austeritätsdiktat des Westens, sehr leidet.[819] Und derweil geht die Plünderung der ukrainischen Gesellschaft unverändert weiter. Als öffentliche Bedienstete ihre Vermögenswerte angeben mussten[820], stellte sich heraus, dass sie große Geldmengen angesammelt hatten. Hrojsman alleine hatte 1,2 Millionen US-Dollar in Banknoten zu Hause, andere hatten vergleichbare »Rücklagen«, Edelmetalle und Juwelen (und einige, so stellte man fest, besaßen auch Nazi-Utensilien). Das 17-prozentige Schrumpfen des Bruttoinlandsproduktes nach dem Staatsstreich betraf nicht diejenigen, die diesen Staat leiteten.[821]

Regime-Change in Moskau ... – oder in Washington?

Wie in diesem Buch dargelegt, geschah das MH17-Desaster im Kontext einer tiefen Krise, in der die kapitalistische Ordnung, wie sie vom historischen Epizentrum des Westens durchgesetzt wird, sich als zunehmend räuberisch erweist. Spekulative Operationen in Verbindung mit dem »Krieg gegen den Terror« haben im Inland autoritäre Entwicklungen ausgelöst, dem Ausland Krieg und Regime-Change gebracht. Nachdem die Kompromisse der unmittelbaren Nachkriegszeit bereits in den 1980ern nach und nach aufgekündigt wurden, hat das spekulative Kapital mit der Übernahme der Vorherrschaft in den westlichen Staaten das Überleben der Menschheit insgesamt in ein globales Spiel verwandelt – für den privaten Gewinn über die Köpfe der betroffenen Bevölkerung hinweg. Der Westen, angeführt von den faktisch zahlungsunfähigen USA, verlässt sich zunehmend auf Gewalt, um die Herausbildung jedweder Alternative

---

819 Nicolai Petro, »Ukraine's Perpetual War for Perpetual Peace«. *The National Interest*, 7. September 2016 (online).

820 Aufgrund der vorgeschriebenen Anti-Korruptions-Verfahren. Sie wurden eingeführt, nachdem der IWF drohte, die nächste Rate seines 17,5 Milliarden schweren Rettungspakets für das vom Krieg geplagte Land nicht auszuzahlen.

821 Emma Rumney, »Ukrainian MPs cancel pay rise after shock asset declarations«. *Public Finance International*, 2. November 2016 (online).

zu unterbinden – etwas, was ihre eigene soziale Formation gar nicht mehr hervorbringen kann. Selbst die vielversprechenden, potentiell revolutionären Informationstechnologien und die Medienentwicklungen, die aus dem Silicon Valley kommen, wurden mit der Hypothek eines globalen Überwachungsstaates belastet, um die imperiale Position der USA zu sichern.[822]

Damals, in den 1980ern, startete die Reagan-Regierung den zweiten Kalten Krieg mit dem Ziel, den Sowjetblock zu destabilisieren und einen Regime-Change in Moskau zu auszulösen[823]. Wie in Kapitel 1 ausgeführt, ist das auch das Ziel des derzeitigen, neuen Kalten Krieges. In dem bereits mehrfach zitierten *Chatham House*-Bericht zieht sich diese Idee hindurch und wird in dem Beitrag von Andrew Wood im Detail diskutiert. Auch wenn Wood einräumt, dass der Westen kein Interesse daran haben kann, dass Russland in komplette Anarchie abgleitet: Er macht klar, dass die Putin-Präsidentschaft nicht geschützt werden sollte »gegen irgendeine Art von Wechsel, weder gegen einen zivilen, noch einen gewaltsamen«. Deshalb sei es »egal, ob Putin durch einen internen Putsch, Krankheit oder einen Volksaufstand gestürzt wird, trotzdem sei es sinnvoll für den Westen, darüber nachzudenken, wie mit den Konsequenzen eines Regime-Changes in Russland umzugehen wäre.« Und weiter:

> »Effektive Kommunikation mit den russischen Menschen und die Verteidigung der humanitären Werte im Voraus, wäre für die westliche Glaubwürdigkeit essentiell. (…) Die Planung der Zukunft sollte schließlich die verschiedenen Szenarien abdecken: von einem Wechsel der Führung innerhalb der bestehenden Strukturen über das Auftreten einer Gruppe, die bereit ist, strukturelle Reformen in einer Art verantwortungsbewusstem Dialog mit der russischen Bevölkerung durchzusetzen, bis zum Zusammenbruch des Regimes.«[824]

---

822 Greenwald, *No Place to Hide*, a. a. O.
823 Siehe van der Pijl, *Global Rivalries from the Cold War to Iraq*, a. a. O., S. 226-37.
824 Andrew Wood, »Russian and Western Expectations«. In: K. Giles et al., *The Russian Challenge*, a. a. O.

5. NACHSPIEL: EIN GESCHEITERTER STAAT 327

Der Präsident des *National Endowment für Democracy*, Carl Gershman, schlug im Oktober 2016 in einem Beitrag für die *Washington Post* vor, den Auftragsmord an der Journalistin Anna Politkowskaja vor zehn Jahren zum passenden Leitmotiv für eine nachhaltigere Anti-Putin-Kampagne zu machen.[825]

Man kann darauf vertrauen, dass die *Open Society Foundation* (OSF) von George Soros ein ausgefeiltes »zivilgesellschaftliches« bzw. farbenrevolutionäres Szenario für eine solche Kampagne bereithält und auch schon die Gruppen ermittelt sind, die für ihre Umsetzung in Frage kommen. Soros' zivilgesellschaftlicher Aktivismus wird unterstützt durch seine rücksichtslosen finanziellen Vorstöße im östlichen Europa. Das lässt sich veranschaulichen durch die Spekulationsgeschäfte wie auch durch den Hintergrund des Vorsitzenden des europäischen Beirates der *OSF*, Andreas Treichl, Vorstandsvorsitzender von *Erste Bank*. Ursprünglich eine österreichische Sparkasse, ist *Erste Bank* gegenwärtig Haupteignerin der größten Banken in der Tschechischen Republik, der Slowakei und Rumäniens, der zweitgrößten Bank Ungarns, der drittgrößten Kroatiens usw.[826] Unter dem Titel *Russia Project Strategy* macht der *OSF*-Aktionsplan für 2014 bis 2017 russische Intellektuelle aus, die in westlichen akademischen und Meinungsnetzwerken aktiv sind, die russische Schwulenbewegung und andere potentielle Ansatzpunkte für einen Protest der Zivilgesellschaft gegen den konservativen Machtblock in Moskau. Aus *OSF*-Dokumenten, die von *CyberBerkut* gehackt wurden, geht als Hauptnutznießerin Alexei Navalnys Fonds zur Korruptionsbekämpfung (*Anti Corruption Foundation*) hervor, und darüber hinaus sind Diskussionsportale und liberale Medien wie die Radiostation *Echo of Moscow*, das Medienunternehmen *RBK*

---

[825] Es scheint egal zu sein, dass Gershman in seinem Schreiben erwähnt, dass die wahrscheinlichste Kraft hinter der Ermordung der tschetschenische Führer Kadyrow sei, »Remembering a journalist who was killed for standing up to Putin«. *The Washington Post*, 6. Oktober 2016 (online).

[826] *Erste Bank AG*, n.d., »Expansion in Central and Eastern Europe« (online); *Open Society Foundation*, n.d. »European Advisory Board« (online).

oder die Zeitschrift *Vedomosti* ausgewählte Träger zur Verbreitung von Inhalten.[827]

Man muss nicht wiederholen, dass all das wunderbar in jene mächtige Gegenoffensive passt, um den Herausforderer-Block aus Eurasischer Wirtschaftsunion, BRICS und Shanghaier Organisation für Zusammenarbeit, die sich angesichts der westlichen Aggressivität und der Krise zusammengefunden hatten, zum Entgleisen zu bringen. Nach der Ablehnung der EU-Verfassung in Frankreich und den Niederlanden im Jahr 2005 sowie der Assoziierungsvereinbarung der EU mit der Ukraine (ebenfalls in den Niederlanden), der Brexit-Entscheidung (jeweils 2016) sowie der Wahl eines oligarchischen Außenseiters zum Präsidenten in den USA (im November 2016) wird unmissverständlich klar, dass die Krise eine klar erkennbare rechtspopulistische politische Form angenommen hat.

Kann es sein, dass in dem »globalen Spiel« eines neuen Kalten Krieges auch der Moment gekommen ist, in dem jene Kräfte, die weiteren ausländischen Abenteuern abgeneigt sind, obsiegen? Sicher wird sich der Geldsegen für die Superreichen, die »sich seit 2010 an mehr als 5.000 Milliarden Dollar an Ausschüttung von Dividenden und Aktienrückkäufen alleine in den USA erfreuen durften«, unter Trumps Präsidentschaft noch intensivieren.[828]

Die Machtübernahme in der Ukraine, die Sezession der Krim und der durch ultranationalistische Kräfte provozierte Bürgerkrieg haben die Gefahr eines großen europäischen Krieges mehrere Schritte näher gebracht. Ob der eigentliche Abschuss von Flug MH17 ein absichtlicher, geplanter Akt war oder ein Unfall, ob das

---

[827] In einem anderen OSF-Dokument fanden die Hacker Listen von Beziehern der OSF-Unterstützungen für die Jahre 2008 bis 2013. Darin werden neben Navalnys Gruppe (240.000 Dollar) auch andere, wie die Freedom of Information Foundation (gleicher Betrag), JURIX (300.000), das Committee against Tortures (200.000) und verschiedene andere mit kleineren Beträgen genannt. *CyberBerkut*, »CyberBerkut hacked web sites of Anton Gerashchenko«, a. a. O.

[828] Jack Rasmus, »Why Trump Won – And What's Next«. *CounterPunch*, 10. November 2016 (online).

5. NACHSPIEL: EIN GESCHEITERTER STAAT

Flugzeug durch einen Jet-Angriff, eine Luftabwehrrakete oder durch beides zum Absturz gebracht wurde, kann derzeit abschließend nicht mit Sicherheit gesagt werden. Allerdings wären sowohl die NATO-Kriegspartei als auch die Putschregierung in Kiew, die bei vielen Gelegenheiten demonstrierte, dass ihr faschistisches Erbe sehr lebendig ist, ohne Frage zu einem solchen Verbrechen fähig, und sie hatten die Möglichkeiten, es zu verüben. Darüber hinaus wurde die Bereitschaft, Risiken einzugehen, die weit über rationale Berechnungen hinausgehen, Teil der gegenwärtigen Politik und ökonomischen Kultur eines räuberischen Neoliberalismus. Und – besonders wichtig – sie hatten das Motiv: Die in Kiew an der Macht befindlichen Kräfte haben verschiedene Male versucht, Moskau in den Bürgerkrieg zu verwickeln, direkt oder durch eine NATO-Intervention, und ihr Land zum Teil der westlichen Fronlinie zu machen. Falls dies tatsächlich ihr Ziel gewesen war, hat es auch dem entschlossenen und schon lange verfolgten Engagement des atlantischen Blocks gedient, um das kontinentale Europa in eine antagonistische Beziehung zu Russland zu drängen.

In der derzeitigen globalen Situation stellt selbst die vorsichtige Herausforderer-Koalition aus Eurasischer Wirtschaftsunion, BRICS-Staaten und Shanghaier Organisation für Zusammenarbeit eine tödliche Gefahr für die westliche Form des Kapitalismus in der Krise dar. Ob die USA und die NATO deshalb gewillt sein werden, noch größere Risiken einzugehen als bisher, ist eine zu erschreckende Vorstellung, als dass man darüber nachdenken möchte. Aber man muss sich ihr stellen, oder die gesamte Menschheit wird das Schicksal der 298 Menschen von Flug MH17 teilen.

Literatur

Algemeen Dagblad. 2014. »OM: Waardevolle info over MH17 alleen naar politie«. 17. September. www.ad.nl/buitenland/om-waardevolle-info-over-mh17-alleen-naar-politie~af3f4306 (Zugriff: 1.12.2016)

Almaz-Antey. 2016. »*Almaz-Antey Against the Lies in the Boeing-777. Downed ›Boeing-777‹ – A Special Operation Against Russia*«. Accessed through »*Report: Dutch experts ignored Russian MH17 experiments, wrong about key parameters of crash (VIDEO)*«. *RussiaToday*, 16. September. www.rt.com/news/359611-mh17-experiments-dutch-investigation (Zugriff: 17.9.2016)

Amineh, Mehdi P. 1999. *Towards the Control of Oil Resources in the Caspian Region*. Hamburg, Lit Verlag; New York: St. Martin's Press

Amineh, Mehdi P. 2003. *Globalisation, Geopolitics, and Energy Security in Central Eurasia and the Caspian Region*. The Hague: Clingendael

Amirehsani, Kevin. 2014. »Four Ways Sanctions Against Russia May be Intensified«. *Global Risk Insights*, 27. Juli. http://globalriskinsights.com/2014/07/four-ways-sanctions-russia-may-intensified/#axzz385cFq4f0 (Zugriff: 2.11.2016)

Anonymous. 2015. »*I Saw the Death.*« The book of evidence of the participants of the events on May 2, 2014 in Odessa. Odessa: privat veröffentlicht

Anti-Bellingcat. 2016. *The Falsification of Open Sources About MH17: Two Years Later*. By and For Citizen Investigative Journalists. Accessed via *RussiaToday*, 15. September. www.rt.com/news/359484-bellingcat-mh17-investigation-fake (Zugriff: 17.9.2016)

Anticorruption Action Center. 2012. »Kings of Ukrainian Gas«, 26. August. http://antac.org.ua/2012/08/26/kings-of-ukrainian-gas (Zugriff: 3.8.2016)

AntonBauer/Vitec Group Newsletter. 2016. www.antonbauer.com/en-US/Transportation-Information/safety-regulations-when-travelling-with-lithium-ion-batteries (Zugriff: 27.10.2016)

Armijo, Leslie Elliott 2007. »The BRICs Countries (Brazil, Russia, India, And China). As Analytical Category: Mirage Or Insight? *Asian Perspective*, 31 (4) 7-42

Åslund, Anders. 2005. *Comparative Oligarchy: Russia, Ukraine and the United States*. Working Paper, Nr. 296. Warschau: Centre for Social and Economic Research (CASE)

AWACS. 2003. *AWACS Surveillance Radar – The Eyes of the Eagle*. Northrop Grumman Brochure, 30. Juni. www.northropgrumman.com/.../AWACSAPY2/Documents/AWACS.pdf (Zugriff: 18.2.2016)

Babinets, Anna. 2011. »Ukraine's mysterious exit from the arms trade«. *Open Democracy*, 22. Februar. www.opendemocracy.net/od-russia/anna-babinets/ukraine%25E2%2580%2599s-mysterious-exit-from-arms-trade (Zugriff: 30.1.2016)

Baker, Peter. 2014. »With Jet Strike, War in Ukraine Is Felt Globally«. *The New York Times*, 19. Juli 2014. www.nytimes.com/2014/07/20/world/europe/with-jets-fall-war-in-ukraine-is-felt-globally.html?_r=0 (Zugriff: 4.9.2016)

Balmforth, Richard/Polityuk, Pavel. 2014. »Rasmussen: Russia Should ›Step Back From The Brink‹«. The Huffington Post, 7. August. www.huffingtonpost.com/2014/08/07/rasmussen-russia-nato_n_5658479.html (Zugriff: 3.10.2016)

Baran, Zeyno. 2007. »EU Energy Security: Time to End Russian Leverage«. The Washington Quarterly, 30 (4) 131-144

Baran, Zeyno. 2008. Security Aspects of the South Stream Project. Brussels: European Parliament, Oktober. www.europarl.europa.euy/Regdata/etudes/note/join/2008 (Zugriff: 12.11.2016)

Bassosi, Duccio. 2012. *Finanza & Petrolio Gli Stati Uniti, l'oro nero e l'economia politica internazionale*. Venezia: StudioIT2

Baz2000. (Barry Hamill) 2015. »From the maidan to MH17 the litany of murders ordered by Arsen Avakov«, 15. Februar. http://baz2000.blogspot.fr/2015/02/mh17-truth-finally-revealed.html (Zugriff: 1.5.2016)

Bazov, Gleb. 2014. »FINAL – Spanish Air Controller @ Kiev Borispol Airport: Ukraine Military Shot Down Boeing MH17«. *Slavyangrad.org*, 18. Juli. http://slavyangrad.org/2014/07/18/spanish-air-controller-kiev-borispol-airport-ukraine-military-shot-down-boeing-mh17 (Zugriff: 2.2.2016)

BBC News, 2014. »Russia signs 30-year gas deal with China«, 21. Mai. www.bbc.com/news/business-27503017 (Zugriff: 23.7.2016)

BBC News, 2014a. »MH17 crash: Russia vetoes UN resolution for international tribunal«, 29. Juli. www.bbc.com/news/world-europe-33710088 (Zugriff: 20.7.2016)

BBC News. 2015. »Ukraine crisis: Last chance for peace says Hollande«, 7. Februar. www.bbc.com/news/world-europe-31185027 (Zugriff: 19.7.2016)

Bellant, Russ. 1991 [1988]. *Old Nazis, the New Right, and the Republican Party*, 3rd ed. [preface Chip Berlet]. Boston, Mass.: South End Press

Bennett, Simon A., 2015. »Framing the MH17 Disaster – More Heat than Light?« *International Journal of Aviation, Aeronautics, and Aerospace*, 2 (4) Scholarly Commons, http://dx.doi.org/10.15394/ijaaa.2015.1078 (Zugriff: 22.9.2016)

Bershidsky, Leonid. 2014. »Putin gets personal in Ukraine«. *Bloomberg View*, 4. März. www.bloomberg.com/view/articles/2014-03-04/putin-gets-personal-in-ukraine (Zugriff: 23.6.2016)

Bhatia, Karan/Trenin, Dmitri. 2015. »Challenge Two: Economic Warfare«. In: *World Economic Forum* (Januar), *Geo-Economics: Seven Challenges to Globalization*. Accessible through www.weforum.org/agenda/2015/03/why-the-oil-price-drop-matters (Zugriff: 23.7.2016)

Bild. 2014. Nr. 35807724. »Dutzende Agenten von CIA und FBI beraten Kiew«. Die Website ist nicht mehr zugänglich (Zugriff: Februar 2016)

Birnbaum, Michael. 2014. »Ukraine factories equip Russian military despite support for rebels«. *The Washington Post*. 15. August. www.washingtonpost.com/world/europe/ukraine-factories-equip-russian-military-despite-support-for-rebels/2014/08/15/9c32cde7-a57c-4d7b-856a-e74b8307ef9d_story.html (Zugriff: 11.10.2016)

Bjorn, Falcon. 2015. »The Battle of the Debaltsevo Bulge« *Infonapalm*, 2. Mai. https://informnapalm.org/en/battle-debaltsevo-bulge (Zugriff: 8.5.2016)

Black Sea Breeze B-Roll. 2014. »NATO Black Sea Naval Exercise«, 23. Juli. www.youtube.com/watch?v=hLm0NjxNxFI (Zugriff: 6.5.2016)

Blodget, Henry. 2014. »Malaysia Airlines Admits The Plane Was Carrying Flammable Lithium-Ion Batteries As Cargo«. *Business Insider*. 22. März . www.businessinsider.com/malaysia-plane-lithium-ion-batteries-2014-3?international=true&r=US&IR=T (Zugriff: 27.10.2016)

Bloomberg. 2016. »Company overview of ISD Corporation«, 31. Juli. www.bloomberg.com/research/stocks/private/people.asp?privcapId=12220919 (Zugriff: 31.7.2016)

Bode, Ries. 1979. »De Nederlandse bourgeoisie tussen de twee wereldoorlogen«, *Cahiers voor de Politieke en Sociale Wetenschappen*, 2 (4) 9-50

Bos, Willem. 2016. »Referendum associatieverdrag Europese Unie: Links en het Oekraïne-referendum«. *Solidariteit* (n.d.). www.solidariteit.nl/ingezonden/2016/links_en_oekraine-referendum.html#n1 (Zugriff: 12.2.2016)

Boynton, Christine. 2011. »Russian Irkut MC-21s Order Backlog Reaches 235« *Air Transport World*, 15. November. http://atwonline.com/delete/russian-irkut-mc-21s-order-backlog-reaches-235 (Zugriff: 3.6.2016)

Branford, Sue, 2011. »The Great Global Land Grab«. In: Marcin Gerwin, ed. *Food and Democracy. Introduction to Food Sovereignty*. Krakow: Polish Green Network

Bricmont, Jean. 2016. «On War and War Propaganda.« *Euromind*, 31. Oktober. http://euromind.global/jean-bricmont/?lang=en (Zugriff: 22.11.2016)

Briody, Dan. 2003. *The Iron Triangle. Inside the Secret World of the Carlyle Group* [Vorwort: C. Byron]. Hoboken, N.J.: John Wiley

Broek, Martin. 2017. »De lange weg naar transparantie in de wapenhandel«. *Vredesmagazine*, 1, S. 35

Brooks, Marcus. 2014. »Ukrainian gold reserves loaded on an unidentified transport aircraft in Kiev's Borispol airport and flown to Uncle Sam's vault«. *Newswire24.com*, 7. März. https://newswire-24.com/2014/03/07/4827 (Zugriff: 10.6.2016)

Brownstein, Ronald / Easton, Nina. 1983 [1982]. *Reagan's Ruling Class. Portraits of the President's Top One Hundred Officials*, 2nd ed. New York: Pantheon

Brzezinski, Zbigniew. 1997. *The Grand Chessboard. American Primacy and its Geostrategic Imperatives*. New York: Basic Books

Brzezinski, Zbigniew. 2008. *Second Chance. Three Presidents and the Crisis of American Superpower*. New York: Basic Books

Budapest Memorandums on Security Assurances, 1994. [Including the 2009 renewal]. *Council on Foreign Relations*, 5. Dezember 1994. www.cfr.org/nonproliferation-arms-control-and-disarmament/budapest-memorandums-security-assurances-1994/p32484 (Zugriff: 14.8.2016)

Burisma. http://burisma.com/en (Zugriff: 3.8.2016)

BurkoNews.info. 2014. »Anti-Terrorist Operation: Daily Summary for July 16, 2014«, 17. Juli. https://burkonews.info/anti-terrorist-operation-daily-summary-for-july-16-2014 (Zugriff: 22.11.2016)

Burn, Gary. 2006. *The Re-emergence of Global Finance*. Basingstoke: Palgrave Macmillan

Business Week. 2014. »Poroshenko Sworn in as Ukraine's President, 7. Juni. (Die Website ist nicht mehr zugänglich.)

Butenko, Victoria / Melvin, Don. 2015. »Who's killing allies of former Ukrainian President Viktor Yanukovych?« *CNN*, 17. April. http://edition.cnn.com/2015/04/17/europe/ukraine-political-killings/index.html (Zugriff: 20.4.2016)

Carrère d'Encausse, Hélène. 1979 [1978]. *Decline of an Empire. The Soviet Socialist Republics in Revolt* [Übers.: M. Sokolinski, H. A. La Farge] New York: Harper & Row

Carrère d'Encausse, Hélène. 1980. *Le pouvoir confisqué. Gouvernants et gouvernés an U.R.S.S.* Paris: Flammarion

Cawthorne, Nigel. 2014. *Flight MH370. The Mystery*. London: John Blake

CBC News 2014. »Malaysia Airlines MH17: Michael Bociurkiw talks about being first at the crash site«. 29. Juli. www.cbc.ca/news/world/malaysia-airlines-mh17-michael-bociurkiw-talks-about-being-first-at-the-crash-site-1.2721007?cmp=rss&partner=sky (Zugriff: 2.2.2016)

Cenciotti, David. 2014. »What it's like to be sitting behind a radar screen of an SA-11 Buk SAM system?« *The Aviationist*, 20. Juli. https://theaviationist.com/2014/07/20/inside-buk-telar-images (Zugriff: 23.10.2016)

Chapman, Annabelle. 2014. »Ukraine's Chocolate King to the Rescue«. *Foreign Policy*, 22. Mai. http://foreignpolicy.com/2014/05/22/ukraines-chocolate-king-to-the-rescue (Zugriff: 30.1.2016)

Chen, Dingding. 2014. »3 Reasons the BRICS« New Development Bank Matters«. *TheDiplomat.com*, 23. Juli. http://thediplomat.com/2014/07/3-reasons-the-brics-new-development-bank-matters (Zugriff: 3.6.2016)

Chesnais, François. 2011. *Les dettes illégitimes. Quand les banques font main basse sur les politiques publiques*. Paris : Raisons d'agir

Cheterian, Vicken. 2004. »Entre Union européenne, OTAN et Russie. Le pendule ukrainien.« *Le Monde Diplomatique*. Oktober. *Archiv 1954-2012* [CD-Rom ed.]

Chin, Gregory T. 2014. »The BRICS-led Development Bank: Purpose and Politics beyond the G20«. *Global Policy*, 5 (3) 366-373

Chossudovsky, Michel. 2014. »Ukraine's Gold Reserves Secretly Flown Out and Confiscated by the New York Federal Reserve? The Spoil of War and Regime Change«. *Global Research* (March 14). www.globalresearch.ca/ukraines-gold-reserves-secretely-flown-out-and-confiscated-by-the-new-york-federal-reserve/5373446 (Zugriff: 10.6.2016)

Chossudovsky, Michel. 2014a. »Collapse of Ukraine Government: Prime Minister Yatsenyuk Resigns amidst Pressures Exerted by the IMF«. *Global Research*, 24. Juli. www.globalresearch.ca/collapse-of-ukraine-government-prime-minister-yatsenyuk-resigns-amidst-pressures-exerted-by-the-imf/5393168 (Zugriff: 9.1.2017)

Chossudovsky, Michel. 2016. »Two Years Ago: The U.S. has Installed a Neo-Nazi Government in Ukraine.« *Global Research*, 4 March. www.globalresearch.ca/the-u-s-has-installed-a-neo-nazi-government-in-ukraine/5371554 (Zugriff: 25.3.2016)

Claudin, Fernando. 1975 [1970]. *The Communist Movement. From Comintern to Cominform* [Übers.: B. Pearce and F. MacDonagh]. Harmondsworth: Penguin

Clausewitz, Carl von. 1968 [1832]. *On War* [ed. and intro., A. Rapoport, 1908 Übers.:, J. J. Graham]. Harmondworth: Penguin

Clover, Charles. 2012. »Clinton vows to thwart new Soviet Union«. *Financial Times*, 6. Dezember

Clover, Charles. 2016. »The Unlikely Origins of Russia's Manifest Destiny«. *Foreign Policy*, 27. Juli. https://foreignpolicy.com/2016/07/27/geopolitics-russia-mackinder-eurasia-heartland-dugin-ukraine-eurasianism-manifest-destiny-putin (Zugriff: 30.7.2016)

Cohen, Stephen F. 1998. »Russia: Tragedy or Transition«. In: Michael E. Cox, ed. *Rethinking the Soviet Collapse. Sovietology, the Death of Communism and the New Russia*. London: Pinter

Cooper, Robert. 2004 [2003]. *The Breaking of Nations. Order and Chaos in the Twenty-first Century*, rev. ed. London: Atlantic Books

Corder, Mike. 2015. »Anthropologist criticized for showing images of MH17 victims«. *Yahoo News*, 3. April. www.yahoo.com/news/anthropologist-criticized-showing-images-mh17-victims-092211159.html?ref=gs (Zugriff: 24.10.2016)

Coward, Martin. 2005. »The Globalization of Enclosure: interrogating the geopolitics of empire«. *Third World Quarterly*, 26 (6) 855-871

Crooke, Alastair. 2016. »Pushing Russia Towards War«. *Consortium News*, 20. Mai. https://consortiumnews.com/2016/05/20/pushing-russia-toward-war (Zugriff: 24.5.2016

Crozet, Matthieu / Hinz, Julian. 2016. *Collateral Damage. The Impact of the Russia Sanctions on the Economies of Sanctioning Countries« Exports*. [CPII Working Paper 16]. Paris: Centre d'Etudes Prospectives et d'Informations Internationales

Cunningham, Nick. 2014. »Can U.S. LNG Break Russia's Grip on Europe?« *OilPrice.com*, 21. Februar. http://oilprice.com/Energy/Natural-Gas/Can-U.S.-LNG-Break-Russias-Gas-Grip-on-Europe.html (Zugriff: 29.10.2016)

CyberBerkut. 2015. »Avakov and Gershchenko cover up to supply weapons from Europe to Middle East«, 23. Oktober; »CyberBerkut hacked web-sites of Anton Gerashchenko«, 29. Oktober; und: »CyberBerkut reveals the details of George Soros's visit in Ukraine«, 12. November. http://cyber-berkut.info/en/olden/index7.php (Zugriff: 21.4.2016)

Darden, Keith A. 2001. »Blackmail as a Tool of State Domination. Ukraine under Kuchma«. *East European Constitutional Review*, Spring/Summer 67-71

Davis, Mike. 1982. »Nuclear Imperialism and Extended Deterrence« in *New Left Review*, eds., *Exterminism and Cold War*. London: Verso

Davis, Mike. 1986. *Prisoners of the American Dream. Politics and Economy in the History of the US Working Class*. London: Verso

De Boer, Marno. 2015. »Rusland rommelt aan de grenzen«. *Trouw*, 30. Juli. www.trouw.nl/tr/nl/4496/Buitenland/article/detail/4110483/2015/07/30/Rusland-rommelt-aan-de-grenzen.dhtml?utm_source=dailynewsletter&utm_medium=email&utm_campaign=20150731 (Zugriff: 21.12.2016)

De Borchgrave, Arnaud. 2008. »Commentary: Israel of the Caucasus«, *Middle East Times* online ed., 2. September. Here accessed through http://thesaker.is/israel-of-the-caucasus (Zugriff: 22.10.2016)

De Graaff, Naná. 2013. *Towards a Hybrid Global Energy order. State-owned oil companies, corporate elite networks and governance.* Ph. D. diss., Free University Amsterdam

De Ploeg, Chris Kaspar. 2016. *Oekraïne in het kruisvuur. Beeld en werkelijkheid achter de informatieoorlog* [Übers.: M. Grootveld]. n. p.: Papieren Tijger

Defence Planning Guidance, FY 1994-1999, 16. April 1992, freigegeben 2008). Original-Fotokopie

DefenceTalk 2014. »Malaysia Potentially Interested in Russian Air Defence Systems«, 16. April. [*RIA Novosti*]. www.defencetalk.com/malaysia-potentially-interested-in-russian-air-defense-systems-59319/#ixzz4AY5R5LuC (Zugriff: 3.6.2016)

Desai, Radhika. 2013. *Geopolitical Economy. After US Hegemony, Globalization and Empire.* London: Pluto Press

Desai, Radhika. 2013a. »The Brics are building a challenge to western economic supremacy«. *The Guardian*, 2. April. www.theguardian.com/commentisfree/2013/apr/02/brics-challenge-western-supremacy (Zugriff: 3.6.2016)

Desai, Radhika. 2015. »Look back in Hope? Reassessing Fordism today«. In: K. van der Pijl, ed. *Handbook of the International Political Economy of Production.* Cheltenham: Edward Elgar

Deutscher Bundestag. 2014. *Antwort der Bundesregierung auf die Kleine Anfrage der Abgeordneten Dr. Alexander S. Neu, Sevim Dağdelen, Dr. Diether Dehm, weiterer Abgeordneter und der Fraktion DIE LINKE.– Drucksache 18/2316 – Erkenntnisse über bewaffnete Aktivitäten in der Ostukraine.* Deutscher Bundestag. Drucksache 16/2521, 9. September

Di Muzio, Tim. 2007. »The ›Art‹ of Colonisation: Capitalising Sovereign Power and the Ongoing Nature of Primitive Accumulation«. *New Political Economy*, 12 (4) 517-539

Dinucci, Manlio. 2014. »The Art of War. The new Gladio in Ukraine«. *Voltaire Network*, 21. März. www.voltairenet.org/article182860.html. (Zugriff: 16.4.2016)

Dizionario Gramsciano 1926-1937. 2009. Guido Liguori and Pasquale Voza, eds. Rom: Carocci

Doder, Dusko. 1986. *Shadows and Whispers. Power Politics Inside the Kremlin from Brezhnev to Gorbachev.* New York: Random House

DPG 1992: *Defence Planning Guidance, FY 1994-1999*, 16. April, freigegeben 2008). Original-Photokopie

Drahokoupil, Jan/Myant, Martin. 2012. »The European sub-prime? Financial crisis and the East-European periphery«. In: P. Nousios/H. Overbeek/A. Tsolakis, eds., *Globalization and European Integration: Critical Approaches to Regional Order and International Relations.* Houndmills: Palgrave Macmillan

Draitser, Eric. 2014. »Waging war against Russia, one pipeline at a time«. *Russia Today*, 27. Juni. www.rt.com/op-edge/168832-waging-war-against-russia (Zugriff: 3.11.2016)

Draitser, Eric. 2016. »BRICS Under Attack: Western Banks, Governments Launch Full-Spectrum Assault On Russia«. *Russia Insider*. 21. April [Nachdruck aus: MintPress News] http://russia-insider.com/en/politics/brics-under-attack-western-banks-governments-launch-full-spectrum-assault-russia/ri14006 (Zugriff: 24.4.2016)

DSB 2015: *Dutch Safety Board*. 2015. *Crash of Malaysia Airlines Flight MH17. Hrabove,* 17. Juli 2014. The Hague: Dutch Safety Board. www.safetyboard.nl (Zugriff: 12.11.2015)

Duk, Wierd. 2015. »CDA'er Pieter Omtzigt: ›Kabinet moet VN vertellen dat MH17-onderzoek niet compleet is. Waarom heeft OVV radarbeelden niet kunnen inzien?‹« *ThePostOnline*, 3. November. http://politiek.tpo.nl/2015/11/03/cdaer-pieter-omtzigt-kabinet-moet-vn-vertellen-dat-mh17-onderzoek-niet-compleet-is (Zugriff: 28.11.2016)

Duménil, Gérard / Lévy, Dominique. 2004. »Neo-Liberal Dynamics – Towards a New Phase?« in K. van der Pijl / L. Assassi / D. Wigan, eds. *Global Regulation. Managing Crises After the Imperial Turn*. Basingstoke: Palgrave Macmillan

Durden, Tyler. 2014. »Federal Reserve Confirms Biggest Foreign Gold Withdrawal in Over Ten Years«. *ZeroHedge*, 29. November. www.zerohedge.com/news/2014-11-29/federal-reserve-confirms-biggest-foreign-gold-withdrawal-over-ten-years (Zugriff: 10.6.2016)

Easterly, William. 2006. *The White Man's Burden. Why the west's efforts to aid the rest have done so much ill and so little good*. Oxford: Oxford University Press

Elliott, Larry. 2014. »Russia and economic warfare: RIP the free market new world order.« *The Guardian*, 31. August. www.theguardian.com/business/2014/aug/31/russia-economic-warfare-rip-free-market-new-world-order (Zugriff: 2.2.2016)

Epstein, Gerald and Power, Dorothy. 2002. »The Return of Finance and Finance's Returns: Recent Trends in Rentier Incomes in OECD Countries, 1960-2000«, *Research Brief, Political Economy Research Institute* (University of Massachusetts Amherst) Nr. 2, November

Erste Bank AG (n.d.). »Expansion in Central and Eastern Europe«. www.erstegroup.com/en/about-us/our-markets (Zugriff: 3. Mai 2016)

Escobar, Pepe. 2014. »NATO is desperate for war«. *Asia Times Online*, 8. August. www.atimes.com/atimes/Central_Asia/CEN-01-080814.html (Zugriff: 11.4.2016)

Falk, Richard. 2011. »Kuala Lumpur Tribunal: Bush and Blair Guilty«. *Al Jazeera*, 28. November. www.aljazeera.com/indepth/opinion/2011/11/20111128105712109215.html (Zugriff: 2.2.2016)

Fang, Lee / Jilani, Zaid. 2016. »Hacked Emails Reveal NATO General Plotting Against Obama on Russia Policy«. *The Intercept*, 1. Juli. https://theintercept.com/2016/07/01/nato-general-emails (Zugriff: 7.7.2016)

Farooq, Umar. 2016. »Top Officers at Inçirlik Air Base Arrested in Turkey Coup Attempt«. *Los Angeles Times*, 17. Juli. www.latimes.com/world/middleeast/la-fg-turkey-coup-20160717-snap-story.html (Zugriff: 15.9.2016)

Federal Aviation Administration. 2016. »Summary of FAA Studies Related to the Hazards Produced by Lithium Cells in Thermal Runaway in Aircraft Cargo Compartments«. [DOT/FAA/TC-16/37, FAA]. www.fire.tc.faa.gov/pdf/TC-16-37.pdf (Zugriff: 2.12.2016)

Fischer, Joschka. 2016. Speech at a Burisma event. (Juni). http://burisma.com/en/media/close-cooperation-of-ukraine-with-europe-is-very-important-for-political-security-in-the-energy-sector-joschka-fischer (Zugriff: 4.8.2016)

Fischer, Louis. 1960 [1951; 1933]. *The Soviets in World Affairs. A History of the Relations between the Soviet Union and the Rest of the World 1917-1929*, gekürzte Veröffentlichung: New York: Vintage

Fliegerweb. www.fliegerweb.com/aktuell (Zugriff: 1.9.2016)

Fly Motor Sich. 2014. »Daily flights Zaporizhzhia – Moscow«, 9. Dezember. http://flymotorsich.com/en/transfer (Zugriff: 11.10.2016)

Follett, Andrew. 2016. »US To Export Liquefied Natural Gas For First Time Ever«. The Daily Caller News Foundation. 12. Januar. http://dailycaller.com/2016/01/12/us-to-export-liquefied-natural-gas-for-first-time-ever/#ixzz4OTOPRSk5 (Zugriff: 29.10.2016)

Forbes. 2014. »Why CIA Director Brennan Visited Kiev in Ukraine. The Covert War Has Begun«, 15. April. Website no longer freely accessible (Zugriff: 12.2.2016)

Fouskas, Vassilis K. / Gökay, Bülent. 2005. *The New American Imperialism, Bush's War on Terror and Blood for Oil* [foreword, Peter Gowan]. Westport, Connecticut: Praeger

Fraser, Elizabeth. 2014. *The Corporate Takeover of Ukrainian Agriculture* [with Frédéric Mousseau]. (Country Fact Sheet, December). Oakland, California: The Oakland Institute. www.oaklandinstitute.org

Freeland, Chrystia. 2012. *Plutocrats. The Rise of the New Global Super Rich and the Fall of Everyone Else.* London: Allen Lane Penguin

Fukuyama, Francis. 1989. »The End of History?« *The National Interest*, 16, 3-18

Garibaldi, Ida. 2008. »NATO and European Energy Security«. *European Outlook*, Nr. 1 (März). Washington: American Enterprise Institute

Gazprom. 2016. »Gas supplies to Europe«. www.gazpromexport.ru/en/statistics (Zugriff: 29.10.2016)

Gebauer, Mathias. 2014. »Sicherheitsprobleme bei Flugsicherung Nato-Manöver löste mysteriöse Radarstörungen aus.« *Spiegel Online*, 17. Juli. www.spiegel.de/politik/deutschland/flugsicherung-radarstoerungen-durch-nato-manoever-a-981575.html (Zugriff: 2.11.2016)

Geen Stijl. 2016. »Brisant: Rutte heeft nog steeds geen MH17-archief«, September. www.geenstijl.nl/mt/archieven/2016/09/brisant_rutte_legt_geen_mh17ar.html (Zugriff: 4.1.2017)

*Geen Stijl.*2016. »MH17. Wat kritische vragen bij de JIT-presentatie«, 29. September. www.geenstijl.nl/mt/archieven/2016/09/voor_hans_laroes.html (Zugriff: 29.9.2016)

German Foreign Policy. 2015. Newsletter. »Die Folgen der ›Befreiung‹.« 16. Dezember. www.german-foreign-policy.com/de/fulltext/59274 (Zugriff: 11.2.2016)

German Foreign Policy. 2016. Newsletter. »Zauberlehrlinge« (III) 6. Oktober. www.german-foreign-policy.com/de/fulltext/59455 (Zugriff: 6.10.2016)

Gershman, Carl. 2016. »Remembering a journalist who was killed for standing up to Putin«. *The Washington Post*, 6. Oktober. www.washingtonpost.com/opinions/remembering-a-journalist-who-was-killed-for-standing-up-to-putin/2016/10/06/d3a9e176-8bf7-11e6-bff0-d53f592f176e_story.html?utm_term=.953511907bf4 (Zugriff: 11.10.2016)

Giles, Keir. 2015. In: K. Giles et al., *The Russian Challenge*. [Chatham House Report, Juni]. London: The Institute of International Affairs

Gill, Stephen. 1998. »European Governance and New Constitutionalism. Economic and Monetary Union and Alternatives to Disciplinary Neoliberalism in Europe«, *New Political Economy*, 3 (1) 5-26

Glenny, Misha. 2009. *McMafia. Seriously Organised Crime*. London: Vintage

Global Security.org (n.d.). »Air Force Order of Battle«. www.globalsecurity.org/military/world/ukraine/vps-orbat.htm (Zugriff: 22.7.2016)

Global Security.org (n.d.). »Air Force Organization«. www.globalsecurity.org/military/world/ukraine/vps-org.htm (Zugriff: 22. Juli 2016)

Global Security.org. (n.d.) »Ukraine Air Force«. www.globalsecurity.org/military/world/ukraine/vps.htm (Zugriff: 22. Juli 2016)

Global Security.org (n.d.). »Ukraine Air Force Bases«. www.globalsecurity.org/military/world/ukraine/vps-bases.htm (Zugriff: 22.7.2016)

Global Security.org (n.d.). »Ukraine, Ministry of Defence.« www.globalsecurity.org/military/world/ukraine/mod.htm (Zugriff: 23.7.2016)

Goodman, Mel. 2015. »The ›War Scare‹ in the Kremlin, Revisited: Is History Repeating Itself?« *CounterPunch*, 27. Oktober. www.counterpunch.org/2015/10/27/the-war-scare-in-the-kremlin-revisited-is-history-repeating-itself (Zugriff: 1.10.2016)

Golos Sebastopolya. 2014. »Voyna na Yugo-Vostok Online«. 17. Juli. http://voicesevas.ru/news/yugo-vostok/2931-voyna-na-yugo-vostoke-onlayn-17072014-hronika-sobytiy-post-obnovlyaetsya.html (Zugriff: 22.11.2016)

Gorchinskaya, Katya. 2014. »Avakov: ›Irrefutable evidence‹ shows that Kremlin-backed separatists shot down Malaysian plane«. *Kyiv Post*, 18. Juli. www.kyivpost.com/article/content/ukraine/avakov-irrefutable-evidence-shows-that-kremlin-backed-separatists-shot-down-malaysian-plane-356730.html (Zugriff: 1.5.2016)

Gosling, Tony. 2014. »Why was MH17 flying through a war zone where 10 aircraft have been shot down?« *Russia Today*, 18. Juli. www.rt.com/op-edge/173788-malaysian-plane-crash-ukraine (Zugriff: 29.6.2016)

Gowan, Peter. 1999. *The Global Gamble. Washington's Faustian Bid for World Dominance*. London: Verso

Gowan, Peter. 2009. »Crisis in the Heartland. Consequences of the New Wall Street System«. *New Left Review*, 2nd series (55) 5-29

Gramsci, Antonio. 1971. *Selections from the Prison Notebooks* [übers. u. hrsg. von: Q. Hoare / G. N. Smith]. New York: International Publishers [verfasst 1929-35]

Grant, Bruce. 2016. *It was a MiG*. [MH17 Inquiry, 5th episode]. www.youtube.com/watch?v=2nI_6dvw17U (Zugriff: 6.9.2016)

Grant, Bruce. 2016b. *The concluding episode: ›To whose benefit?‹* [MH17 Inquiry, 6th episode]. www.youtube.com/watch?v=30_ygWpNoPc (Zugriff: 21.12.2016)

Greenwald, Glenn. 2014. *No Place to Hide. Edward Snowden, the NSA and the Surveillance State*. London: Hamish Hamilton

Gromyko, Yury. 2015. »Beyond the ›BRICS‹ – New Patterns of Development Cooperation in the Trans-Eurasian Corridor«. In: Kees van der Pijl, ed., *Handbook of the International Political Economy of Production*. Cheltenham: Edward Elgar

Habermas, Jürgen. 1973. *Legitimationsprobleme im Spätkapitalismus*. Frankfurt: Suhrkamp

Hagena & Partner. 2015. *Malaysian Air Flug MH17. Die Geschichte eines Jahrhundertverbrechens*. Bonn: Hagena & Partner

Hahn, Gordon. 2014. »The Ukrainian Revolution's Neo-Fascist Problem«. *Fair Observer*, 23. September. www.fairobserver.com/region/europe/the-ukrainian-revolutions-neo-fascist-problem-14785 (Zugriff: 3.10.2016)

Haisenko, Peter. 2014. »Shocking Analysis of the ›Shooting Down‹ of Malaysian MH17«. *AnderWelt.com*, 30. Juli. www.anderweltonline.com/wissenschaft-und-technik/luftfahrt-2014/shocking-analysis-of-the-shooting-down-of-malaysian-mh17 (Zugriff: 2.2.2016; Ergänzungen: 22.7.2016)

Hall, John. 2014. »Estonian Foreign Ministry confirms authenticity of leaked phone call«. *MailOnLine*, 5. März. www.dailymail.co.uk/news/article-2573923 (Zugriff: 30.1.2016)

Halliday, Fred. 1986[1983]. *The Making of the Second Cold War*, 2nd ed. London: Verso

Hanly, Ken 2014. »Ukraine and the TTIP«. *The Digital Journal*, 27. März. www.digitaljournal.com/news/politics/op-ed-the-ukraine-and-the-ttip/article/378458 (Zugriff: 19.2.2016)

Hanson, Philip. 2015. »An Enfeebled Economy«. In: K. Giles et al., *The Russian Challenge*. [Chatham House Report, Juni]. London: The Institute of International Affairs

Haynes, Deborah. 2014. »Russia Fears Prompt Nato to Look East for HQ«. *The Times*, 24. Juli. www.thetimes.co.uk/tto/news/world/europe/article4156155.ece (Zugriff: 2.2.2016)

Helmer, John. 2015. »MH17 – Inadmissible Evidence For What Cannot Have Happened«. *Dances With Bears*, 16. September. http://johnhelmer.net/?p=14117 (Zugriff: 16.9.2015)

Helmer, John. 2015b. »Is there a war crime in what Lord Heh-Heh, Tjibbe Joustra of the Dutch Safety Board, is broadcasting?« *Dances with Bears*, 19. Oktober. http://johnhelmer.net/?p=14356 (Zugriff: 5.7.2016)

Helmer, John. 2016. »MH17 – Dutch Prosecutor Opens Doubt On MH17 Evidence«. *Dances With Bears*, 23. Februar. http://johnhelmer.net/?p=15188] (Zugriff: 24.2.2016)

Helmer, John. 2016a. »The Obama Shoe-Banging Moment on the Ukraine Front – Dutch and Australian Troops Were Planning to Start War with Russia After MH17 Was Shot Down«. *Dances with Bears*, 15. Juni. http://johnhelmer.net/?p=15859#more-15859 (Zugriff: 18.6.2016)

Helmer, John. 2016. »DISGRACE: The West's New MH17 Fakery Exposed and Explained Four MH17 questions - the answers to which prove the Dutch police, Ukrainian secret service, and US government are faking the evidence of the MH17 shootdown«. *Russia Insider*, 30. September. http://russia-insider.com/en/four-mh17-questions-answers-which-prove-dutch-police-ukrainian-secret-service-and-us-government-are (Zugriff: 30.9.2016)

Hersh, Seymour M. 1994. »The Wild East«. *The Atlantic Monthly*, 273 (6) 61-86

Herszenhorn, David M. 2014. »Ukraine Prime Minister Resigns as Key Coalition in Parliament Falls Apart.« *The New York Times*, 24. Juli. www.nytimes.com/2014/07/25/world/europe/ukraine-parliament-takes-step-toward-elections.html (Zugriff: 9.1.2017)

Hess, Maximilian. 2014. »MH17 tragedy has given renewed impetus to bringing abour end to war in eastern Ukraine. *The Telegraph*, 20. Juli. www.telegraph.co.uk/news/worldnews/europe/ukraine/10979252/Maximilian-Hess-MH17-tragedy-has-given-renewed-impetus-to-bringing-about-end-to-war-in-eastern-Ukraine.html (Zugriff: 2.11.2016)

Higgins, Andrew / Kramer, Andrew E. 2015. »Yanukovych was defeated even before his ouster.« *International New York Times*, 5. Januar

Hodgson, Sasha / al Haddad, Mariam / al Zaabi. Salama / Abdulrahim, Sumaya. 2015. »MH17 – Did safety come first?« *Middle East Journal of Business*, 10 (1) 27-38

Hoedeman, Jan / Righton, Natalie. 2014. »Kabinet lobbyt voor gewapende missie naar Oekraïne«. *De Volkskrant*, 24. Juli. www.volkskrant.nl/vk/nl/31522/Vliegtuigcrash-in-Oekraine/article/detail/3696787/2014/07/24/Kabinet-lobbyt-voor-gewapende-missie-naar-Oekraine.dhtml (Zugriff: 19.6.2016)

Holbrooke, Richard. 1995. »America, A European Power«, *Foreign Affairs*, 74 (2) 38-51

Holman, Otto. 1996. *Integrating Southern Europe. EC Expansion and the Transnationalisation of Spain*. London: Routledge

Holman, Otto. 1998. »Integrating Eastern Europe. EU Expansion and the Double Transformation in Poland, the Czech Republic, and Hungary«, *International Journal of Political Economy*. 28 (2) 12-43

Holoyda, Olha. 2013. »Ukrainian Oligarchs and the ›Family‹, a New Generation of Czars – or Hope for the Middle Class?« *Scholar Research Brief*. Washington DC: IREX

House of Lords. 2015. *The EU and Russia: Before and Beyond the Crisis in Ukraine*. EU Committee, 6th Report of Session 2014-2015

Human Rights Investigations. 2014. »MH17: The Lugansk Buk Video«, 5. August. https://humanrightsinvestigations.org/2014/08/05/mh17-the-lugansk-buk-video (Zugriff: 1.5.2016)

Huntington, Samuel P. 1993. »The Clash of Civilizations?«, *Foreign Affairs*, 72 (3) 22-49

Huntington, Samuel P. 1998. *The Clash of Civilizations and the Remaking of World Order*. London: Touchstone Books

Hussain, Haris. 2014. »US analysts conclude MH17 downed by aircraft«. *New

Straits Times, 7. August. www.nst.com.my/news/2015/09/us-analysts-conclude-mh17-downed-aircraft (Zugriff: 2.2.2016)

Hyland, Julie / Marsden, Chris. 2008. »Danger grows of NATO-Russian clash in Black Sea«. *World Socialist Websitei*, 1. September. www.wsws.org/en/articles/2008/09/bsea-s01.html (Zugriff: 5.5.2016)

International Renaissance Foundation. 2013. *International Renaissance Foundation 2014-17 Strategy Proposal Ukraine*. Pdf-file. (über www.dcleaks.com, Zugriff: 1.12.2016)

Investor Intel. 2014. »Global economic consequences of the Malaysian MH17 crash still to come«, 20. Juli. http://investorintel.com/market-analysis-intel/crash-malaysian-mh17-west-russia-economic-consequences (Zugriff: 2.11.2016)

IOM. 2013. *International Organization for Migration, Mission in Ukraine. Migration in Ukraine. Facts and Figures*, 2nd ed. Kiev: IOM-MU

Ishchenko, Volodymyyr. 2014. »Ukraine's Fractures« [interview]. *New Left Review*, 2nd series (87) 7-34

Ishchenko, Volodymyyr. 2015. »Mythologies of Maidan« [review of Andrew Wilson, *Ukraine Crisis*]. *New Left Review*, 2nd series (93) 151-159

Ishchenko, Volodymyr. 2016. »Far right participation in the Ukrainian Maidan protests: an attempt of systematic estimation«. *European Politics and Society*, 17 (4) 453-472

Johnstone, Diana. 2016. *Queen of Chaos. The Misadventures of Hillary Clinton*. Petrolia, Cal.: CounterPunch Books

Jupiter Broadcasting. 2014. »The Truth of MH17 – Unfilter 107«, 25. Juli. www.jupiterbroadcasting.com/63107/the-truth-of-mh17-unfilter-107 (Zugriff: 2.11.2016)

Joint Investigation Team. 2016. »JIT: Presentation preliminary results criminal investigation MH17 28-09-2016«. www.om.nl/onderwerpen/mh17-vliegramp/presentaties/presentation-joint (Zugriff: 30.9.2016)

Karzonov, Vladimir. 2013. »Russia Attempts to Boost Irkut MC-21 Airliner Prospects«. *Aviation International News*, 12. Juni. www.ainonline.com/aviation-news/air-transport/2013-06-12/russia-attempts-boost-irkut-mc-21-airliner-prospects (Zugriff: 3.6.2016)

Kasonta, Adriel / Sakwa, Richard. 2016. »Taking the War Out of Warsaw«. *AntiWar.com*, 7. Juli. http://original.antiwar.com/Adriel_Kasonta/2016/07/06/taking-war-warsaw (Zugriff: 7.7.2016)

Katchanovski, Ivan. 2015. »The ›Snipers‹ Massacre‹ on the Maidan in Ukraine«. Paper, American Political Science Association annual meeting, San Francisco, 3.-6. September. www.academia.edu/8776021/The_Snipers_Massacre_on_the_Maidan_in_Ukraine (Zugriff: 19.2.2016)

Katchanovski, Ivan. 2015a. »Media Silent on Striking Revelations in the Kiev Sniper Massacre Trial in Ukraine«. *Russia Insider*, 23. Juli [urspünglich auf der Facebook-Seite von Katchanovski] http://russia-insider.com/en/politics/media-silent-striking-revelations-kiev-sniper-massacre-trial-ukraine/ri8917 (Zugriff: 20.7.2016)

Katchanovski, Ivan. 2016. »The Separatist War in Donbas: A Violent Break-up of Ukraine?« *European Politics and Society*, 17 (4) 473-489

Kates, Glenn. 2014. »Ukraine's Minister of Facebook«. *Radio Free Europe/Radio Liberty*, 3. Juli. www.rferl.org/content/ukraine-minister-facebook-avakov/25444724.html (Zugriff: 1.5.2016)

Kiryukhin, Denys. 2016. »»Russia and Ukraine: the clash of conservative projects«. *European Politics and Society*, 17 (4) 438-452

Klein, Naomi. 2005. »The Rise of Disaster Capitalism. Rebuilding is no longer the primary purpose of the reconstruction industry.« *The Nation*, 14. April. www.thenation.com/article/rise-disaster-capitalism (Zugriff: 22.5.2016)

Klein, Naomi. 2007. *The Shock Doctrine. The Rise of Disaster Capitalism*. Harmondsworth: Penguin

Knight, George. 2015. »Elbers KLM: Air France vloog over Oost-Oekraine. Waar of onwaar?«, 16. Januar. https://georgeknightlang.wordpress.com/2015/01/16/elbers-klm-air-france-vloog-over-oost-oekraine-waar-of-onwaar (Zugriff: 11.11.2016)

Knox, Olivier / Shiner, Meredith. 2014. »Why did an energy firm with big assets in Ukraine hire Joe Biden's son?« *Yahoo News*, 14. Mai. www.yahoo.com/news/why-did-a-energy-firm-prospecting-for-gas-in-ukraine-hire-joe-biden-s-son-195339212.html?ref=gs (Zugriff: 3.8.2016)

Kobs, Michael (n.d.). »Suspicious Evidence«. www.dropbox.com/s/87dp5zzfyz13e9s/Suspicious%20Evidence2.pdf?dl=0 (Zugriff: 10.12.2016)

Koestler, Arhur. 1976. *The Thirteenth Tribe. The Khazar Empire and Its Heritage*. New York: Random House

Kolko, Gabriel. 1994. *Century of War. Politics, Conflicts, and Society Since 1914*. New York: The New Press

Korosteleva, Elena A. 2016 »Eastern partnership and the Eurasian Union: bringing ›the political‹ back in the eastern region«. *European Politics and Society*, 17 (sup. 1) 67-81

Kościński, Piotr / Vorobiov, Ievgen. 2013. »Do Oligarchs in Ukraine Gain or Lose with an EU Association Agreement?« *PISM Bulletin*, Nr. 86, 17. August. www.pism.pl/publications/bulletin/no-86-539 (Zugriff: 21.2.2016)

Koshiw, Isobel. 2016. »Victor Pinchuk: Friend or foe of Ukraine?« *Kyiv Post*, 14. Oktober. www.kyivpost.com/ukraine-politics/victor-pinchuk-friend-foe-ukraine.html (Zugriff: 24.10.2016)

Kotz, David M. [with F. Weir]. 1997. *Revolution from Above. The demise of the Soviet system*. London: Routledge

Kramer, Andrew E., 2014. »Ukraine Sends Force to Stem Unrest in East«. *The New York Times*, 15. April. www.nytimes.com/2014/04/16/world/europe/ukraine-russia.html (Zugriff: 23.7.2016)

Krasner, Stephen D. 2005. »The Case for Shared Sovereignty«. *Journal of Democracy*, 16 (1) 69-83

Krasner, Stephen D. / Pascual, Carlos. 2005. »Addressing State Failure«. *Foreign Affairs*, 84 (4) 153-163

KremlinTroll (Max van der Werff). 2015. »MH17 – Lying for Justice«, 21. November. http://kremlintroll.nl/?p=605 (Zugriff: 28.5.2016)

Kudelia, Serhiy. 2016. »The Donbas Rift« [Übers.: P. Golub]. *Russian Politics and Law*, 54 (1) 5-27 [ursprünglich in: *Kontrapunkt*, 2015, Nr. 1]

Kuzio, Taras. 1998. *Ukraine. State and nation building*. London: Routledge
Kuzio, Taras. 2001. »‹Nationalising states‹ or nation-building? a critical review of the literature and empirical evidence«. *Nations and Nationalism*, 7 (2) 135-154
Kuzio, Taras. 2005. »Nation-building, history writing and competition over the legacy of Kyiv Rus in Ukraine«. *Nationalities Papers*, 33 (1) 29-58
Kuzio, Taras. 2005a. »Regime type and politics in Ukraine under Kuchma«. *Communist and Post-Communist Studies*, 38, 167-190
Kyselchuk, Elina. 2015. »What effect have sanctions had so far?« In: Adriel Kasonta, ed. *The Sanctions on Russia*. Bow Group Research Paper, August. www.bowgroup.org.uk (Zugriff: 7.7.2016)
La Jornada 2009. »LA JORNADA Profiles Cuban-Am, Carlos Pascual, New Ambassador to Mexico«, 27. März. www.jornada.unam.mx/2009/03/28/index.php?section (Zugriff: 12.5.2016)
LaGrone, Sam. 2014. »U.S. Cruiser Leaves Black Sea, Several NATO Ships Remain«. *UNSI News* (US Naval Institute, 15. Juli). https://news.usni.org/2014/07/15/u-s-cruiser-leaves-black-sea-several-nato-ships-remain (Zugriff: 12.5.2016)
LaGrone, Sam. 2014a. »Navy: No Ship Moves to Black Sea Following Airliner Crash, Plans Could Change.« *USNI News* (US Naval Institute, 18. Juli). https://news.usni.org/2014/07/18/navy-ship-moves-black-sea-following-airliner-crash-plans-change (Zugriff: 12.5.2016)
Lane, David. 1996. *The Rise and Fall of State Socialism. Industrial Society and the Socialist State*. Cambridge: Polity Press
Lantier, Alex. 2014. »Netherlands covers up secret pact controlling investigation of MH17 crash«. *World Socialist Website*, 22. November. www.wsws.org/en/articles/2014/11/22/mh17-n22.html (Zugriff: 19.10.2016)
Larson, Adam. 2014. »Who was Maidan Snipers' Mastermind?«. *Global Research*, 5. Juni. Nachdruck aus: *Oriental Review*, 29. Mai 2014. www.globalresearch.ca/who-was-maidan-snipers-mastermind/5384599 (Zugriff: 11.4.2016)
Lavrov, Sergei. 2016. [Interview with Russian foreign minister S. Lavrov]. *Mediterranean Dialogues*, 2. Dezember. https://youtube/5IOiO4-IPL8 (Zugriff: 2.12.2016)
Lenin, Vladimir Ilitch. *Collected Works*, 39 vols. Moscow: Progress [various years]
Leshchenko, Sergii. 2014. »Ukraine's puppet masters. A typology of oligarchs«. *Transit*, 45, 15. Mai. www.eurozine.com/articles/2014-05-15-leshchenko-en.html (Zugriff: 12.6.2016)
Levi, Michael A. 2015. »Why the oil price drop matters«. *World Economic Forum*, 2. März. www.weforum.org/agenda/2015/03/why-the-oil-price-drop-matters (Zugriff: 23.7.2016)
Lewin, Moshe.1985 *The Making of the Soviet System. Essays in the Social History of Interwar Russia*. London: Methuen
Lieber, Keir A. / Press, Daryl G. 2006. »The Rise of U.S. Nuclear Primacy«. *Foreign Affairs*, 85 (2) 42-54
Linklater, Magnus; Hilton, Isabel and Ascherson, Neal. 1984. *Het Vierde Reich. Het Barbie-dossier* [Übers.: G. Grasman]. Utrecht: Bruna
LiveLeak, 2014. »Ukraine War. Tanks Ukraine in Kiev August 7, 2014« www.liveleak.com/view?i=54c_1407468088 (Zugriff: 19.10.2016)

Live Leak. 2015. »Can Bellingcrap be trusted? What's a Bellingcat Anyway?« www.liveleak.com/view?i=16d_1432796866. (Zugriff: 1.5.2016). Ursprünglich gepostet von https://deepresource.wordpress.com/2015/05/25/whats-a-bellingcat-anyway

Livesey, Bruce. 2014. »Blind eye turned to influence of far-right in Ukrainian crisis: critics.« *Global News*, 7. März. http://globalnews.ca/news/1194100/blind-eye-turned-to-influence-of-far-right-in-ukrainian-crisis-critics (Zugriff: 30.1.2016)

Locke, John. 1965 [1690]. *Two Treatises of Government* [intro. P. Laslett]. New York: Mentor

Lopatynska, Olga. 2015 *CNN vs. RT: Comparative Analysis of Media Coverage of a Malaysian Airlines Aircraft MH17 Shooting Down within the Framework of Propaganda*. Master's Thesis, Department of Journalism, Media and Communication, Stockholm University (September)

Lyne, Roderic 2015. »Russia's Changed Outlook on the West: From Convergence to Confrontation«. In: K. Giles et al., *The Russian Challenge*. [Chatham House Report, Juni]. London: The Institute of International Affairs

Mackinder, Halford J. 1904. »The Geographical Pivot of History«. *The Geographical Journal*, 23 (4) 421-437

Madsen, Wayne. 2014. »Coordinating With NATO«. *Political Vel Craft*, 23. Juli. https://politicalvelcraft.org/2014/07/23/flight-mh17-likely-shot-down-by-kolomoisky-nato-coordination-russia-issues-arrest-warrant-for-ukrainian-rothschild-oligarch-kolomoisky (Zugriff: 16.4.2016)

Mann, James. 2004. *Rise of the Vulcans. The History of Bush's War Cabinet*. New York: Penguin

Marchak, Daria / Donahue, Patrick. 2014. »EU Readies Russia Sanctions Amid U.S. Pressure on Ukraine«. *Bloomberg.com*, 16. Juli. www.bloomberg.com/news/articles/2014-07-15/eu-leaders-weigh-sanctions-against-russia-over-ukraine (Zugriff: 28.5.2016)

Mardirossian, Florence. 2008. »Géorgie-Russie, les enjeux de la crise«. *Le Monde Diplomatique*. August. *Archiv 1954-2012* [CD-Rom ed.]

Marioni, Max. 2015. »The cost of Russian sanctions on Western economies«. In: Adriel Kasonta, ed. *The Sanctions on Russia*. Bow Group Research Paper, August. www.bowgroup.org.uk (Zugriff: 7.7.2016)

Marshall, Jonathan. 2016. »Nazi Roots of Ukraine's Conflict«. *Consortium News*, 28. Januar. https://consortiumnews.com/2016/01/28/nazi-roots-of-ukraines-conflict (Zugriff: 12.2.2016)

Marx, Karl. 1973. *Grundrisse. Introduction to the Critique of Political Economy (Rough Draft)* [Einl. u. Übers.: M. Nicolaus]. Harmondsworth: Pelican. [verfasst 1857-58]

Matuszak, Slawomir. 2012. *The Oligarchic Democracy. The Influence of Business Groups on Ukrainian Politics*. [*OSW Studies*, Nr. 42]. Warschau: Centre for Eastern Studies

Mayer, Arno J. 1971. *Dynamics of Counterrevolution in Europe, 1870-1956*. New York: Harper & Row

Mazneva, Elena. 2015. »Russia 2014 Gas Export Seen Lowest in Decade as Demand Falls.« Bloomberg, 13. Januar. www.bloomberg.com/news/articles/2015-01-13/russia-2014-gas-exports-seen-lowest-in-decade-as-nations-cut-use (Zugriff: 29.10.2016)

McGovern, Ray. 2016. »Russia-Baiting and Risks of Nuclear War«. *Consortium News*, 30. September. https://consortiumnews.com/2016/09/30/russia-baiting-and-risks-of-nuclear-war (Zugriff: 1.10.2016)

Meditelegraph.com. 2014. »Bulgaria hosts NATO manoeuvres in Black Sea«, 4. Juli. www.themeditelegraph.com/it/transport/sea-transport/2014/07/04/bulgaria-hosts-nato-manoeuvres-black-sea-QsPfz9VYoO0uBwSx5gniLL/index.html (Zugriff: 6.5.2016)

Mihalache, Anca Elena. 2015. *South Stream is Dead, Long Live South Stream*. Bukarest: Energy Policy Group. (Januar)

Ministry of Defence of Russian Federation. 2014. »Analysis of satellite imagery released on the Internet by the Security Service of Ukraine on July 30, 2014«, 1. August. http://eng.mil.ru/en/analytics.htm (Zugriff: 2.5.2016)

Ministry of Economic Development and Trade of Ukraine. 2016. Statement by the Minister of Economic Development and Trade of Ukraine Aivaras Abromavicius. www.me.gov.ua/News/Detail?lang=en-GB&id=f13fa574-3e1b-4eca-b294-f9e508910e01&title=StatementByTheMinisterOfEconomicDevelopmentAndTradeOfUkraineAivarasAbromavicius (Zugriff: 6.2.2016)

Moore, Gregory J. 2014. »Ukraine: A military-industrial complex to die for.« *Asia Times online*, 27. Mai. www.atimes.com/atimes/Central_Asia/CEN-01-270514.html (Zugriff: 22.10.2016)

Moreira, Paul. 2016. *Ukraine, les masques de la révolution* (Dokumentation erstmals gesendet von *Canal+*. Mit engl. bzw. dt. Untertitel gepostet auf: www.liveleak.com/view?i=30e_1454796647 (Zugriff: 17.8.2016)

Morris, Jacob. 1982 »The revenge of the rentier or the interest rate crisis in the United States«. *Monthly Review*, 33 (8) 28-34

Murrell, Peter. 1994. »Playing Political Economy. The Goals and Outcomes of Russia's Economic Reforms of 1992«. *International Journal of Political Economy*, 24 (1) 34-51

Myers, Steven Lee / Kramer, Andrew E., 2016. »How Paul Manafort Wielded Power in Ukraine Before Advising Donald Trump«. *The New York Times*, 31. Juli. www.nytimes.com/2016/08/01/us/paul-manafort-ukraine-donald-trump.html?action=click&contentCollection=Politics&module=RelatedCoverage&region=EndOfArticle&pgtype=article (Zugriff: 15.8.2016)

NATO.int. 2014. »NATO stands by Ukraine, Secretary General Says in Kiev«, 7. August. www.nato.int/cps/en/natolive/news_111908.htm (Zugriff: 19.10.2016)

NATO.int. 2014a. »NATO releases satellite imagery showing Russian combat troops inside Ukraine«, 28. August. www.nato.int/cps/en/natohq/news_112193.htm (Zugriff: 19.10.2016)

NATO Review. 2014. »Parubiy visit to NATO Headquarters«, 22. Mai. www.youtube.com/watch?v=8FfiqcoDXxU (Zugriff: 6.9.2016)

Navaltoday.com. 2014. »USS Vella Gulf's Black Sea Ops«. *Naval Today*, 28. August. http://navaltoday.com/2014/08/28/uss-vella-gulfs-black-sea-ops-summarized (Zugriff: 12.5.2016)

Nazemroaya, Mahdi Darius. 2012. *The Globalization of NATO* [Vorwort: Denis J. Halliday]. Atlanta, Georgia: Clarity Press

Neogeography.ru. 2015. »Satellite Images and Science of Prescience«. www.neogeography.ru/rus/news/main-news/mh17-satellite-images-and-science-of-prescience.html (Zugriff: 2.5.2016)

Nesvetailova, Anastasia. 2007. *Fragile Finance. Debt, Speculation and Crisis in the Age of Global Credit.* Basingstoke: Palgrave Macmillan

Nesvetailova, Anastasia. 2010. *Financial Alchemy in Crisis. The Great Liquidity Illusion.* London: Pluto Press

Netanyahu, Benjamin, ed. 1986. *Terrorism. How the West Can Win.* London: Weidenfeld & Nicolson

Netyosov, Alexandr. 2016 [2015]. »MH17 Ukraine Plane Crash: Additional Details Revealed« *South Front*, November. [trans from the Russian]. https://southfront.org/mh17-ukraine-plane-crash-additional-details-revealed-exclusive-photos-from-the-scene (Zugriff: 26.11.2016)

New York Times. 2016. »Editorial: Vladimir Putin's Outlaw State«, 29. September. www.nytimes.com/2016/09/29/opinion/vladimir-putins-outlaw-state.html?_r=0 (Zugriff: 4.10.2016)

Newell, Peter. 2012. *Globalization and the Environment. Capitalism, Ecology and Power.* Cambridge: Polity Press

Niemöller, Joost. 2014. *MH17. De Doofpotdeal* [preface, K. Homan]. Amsterdam: Van Praag

Niemöller, Joost. 2016. »Waarom het OM bij MH17 nog niet eens het begin van een zaak heeft. *De Nieuwe Realist*, 29. September. http://joostniemoller.nl/2016/09/waarom-het-om-bij-mh17-nog-niet-eens-het-begin-van-een-zaak-heeft (Zugriff: 29.9.2016)

Niqnaq. 2015. »NATO apparently masterminding the campaign of assassinations in Ukraine. Anatoliy Shariy's appeal on assassination of Kiev journalist Oles« Buzina«, 17. April. https://niqnaq.wordpress.com/2015/04/17/enigmatic-stuff (Zugriff: 4.5.2016)

Nixey, James. 2015. »Russian Foreign Policy Towards the West and Western Responses«. In: K. Giles et al., *The Russian Challenge.* [Chatham House Report, Juni]. London: The Institute of International Affairs

NOS. 2016. »Amerikaanse miljardair sponsort ›ja‹-campagne Oekraïne-referendum«, 22. Januar. http://nos.nl/artikel/2082091-amerikaanse-miljardair-sponsort-ja-campagne-oekraine-referendum.html (Zugriff: 9.2.2016)

NOS. 2016a. »MH17-documenten op verkeerde grond geweigerd«, 9. Februar. http://nos.nl/artikel/2085789-mh17-documenten-op-verkeerde-grond-geweigerd.html (Zugriff: 9.2.2016)

NOS. 2016b. »Rusland reageert op brief nabestaanden MH17«, 9. Februar. http://nos.nl/artikel/2085815-rusland-reageert-op-brief-nabestaanden-mh17.html (Zugriff: 9.2.2016)

NPO. 2015. »MH17, het onderzoek. Interview with Tjibbe Joustra«, 14. Oktober. www.npo.nl/mh17-het-onderzoek/13-10-2015/KN_1675251 (Zugriff: 22.2.2016)

NRC Handelsblad. 2014. »Live debat kamercommissies over MH17«, 25. Juli. www.nrc.nl/nieuws/2014/07/25/live-debat-kamercommissies-over-mh17-vanmiddag-weer-74-kisten-naar-nederland (Zugriff: 23.6.2016)

NSDC. 2014. Twitter message, 18. Juli. https://twitter.com/rnbo_gov_ua/status/490062188426842112 (Zugriff: 22.11.2016)

Observer Ukraine. 2015. »Kolomoisky's fall undermines Poroshenko as well«. 27. März. http://observerukraine.net/2015/03/27/kolomoiskys-fall-undermines-poroshenko-as-well (Zugriff: 18.3.2016)

Omtzigt, Pieter. 2015. »MH17 en de radar«. *Jalta.nl*, 23. Oktober. https://jalta.nl/politiek/mh17-en-de-radar/?a=ufe1AN9eCEeJqSDNIFTbckYYYCzuJ-OpoG-5N5uIE8F4&b=DHwBPD5iiEYx8vJyGobhARdOBQnPHVzobwULB2H1t8Q (Zugriff: 22.2.2016)

Ong, Larry / Skorbach, Kristina. 2014. »Anton Gerashchenko Buk Missile Photo? Ukrainian Official Posts ›Evidence‹ on Facebook, Accuses Putin of Sponsoring ›Terrorists‹. *Epoch Times*. 17. Juli. www.theepochtimes.com/n3/805272-anton-gerashchenko-buk-missile-photo-ukranian-official-accuses-putin-of-sponsoring-terrorists (Zugriff: 20.4.2016)

Open Society Foundations (n.d.). »Boards: European Advisory Board«. www.opensocietyfoundations.org/about/boards/european-advisory-board (Zugriff: 18.6.2016)

Ortiz, Carlos. 2010. *Private Armed Forces and Global Security*. Santa Barbara, Cal.: Praeger

Overbeek, Henk. 1990. *Global Capitalism and National Decline. The Thatcher Decade in Perspective*. London: Unwin Hyman

Pagano, Margareta. 2014. »Land for gas: Merkel and Putin discussed secret deal could end Ukraine crisis«. *The Independent*, 31. Juli. www.independent.co.uk/news/world/europe/land-for-gas-secret-german-deal-could-end-ukraine-crisis-9638764.html (Zugriff: 2.2.2016)

Palan, Ronen, 2003. *The Offshore World. Sovereign Markets, Virtual Places, and Nomad Millionaires*. Ithaca, NY: Cornell University Press

Parry, Robert. 2014. »What Did US Spy Satellites See in Ukraine?« *Consortium News*, 20. Juli. https://consortiumnews.com/2014/07/20/what-did-us-spy-satellites-see-in-ukraine (Zugriff: 2.2.2016)

Parry, Robert. 2014a. »Was Putin Targeted for Mid-Air Assassination?« *Consortium News*, 8. August. https://consortiumnews.com/2014/08/08/was-putin-targeted-for-mid-air-assassination (Zugriff: 18.3.2016)

Parry, Robert. 2015. »MH17 – The Dog Still Not Barking«. *Consortium News*, 13. Oktober. https://consortiumnews.com/2015/10/13/mh-17-the-dog-still-not-barking (Zugriff: 18.2.2016)

Parry, Robert. 2016. »MH-17 Probe Relies on Ukraine for Evidence«. *Consortium News*, 5. Juni. https://consortiumnews.com/2016/06/05/mh-17-probe-relies-on-ukraine-for-evidence (Zugriff: 9.6.2016)

Parry, Robert. 2016a. »MH-17 Probe Trusts Torture-Implicated Ukraine«. *Consortium News*, 13. Juni. https://consortiumnews.com/2016/06/13/mh-17-probe-trusts-torture-implicated-ukraine (Zugriff: 14.6.2016)

Parry, Robert. 2016b. »Troubling Gaps in the New MH-17 Report.« *Consortium News*, 28. September. https://consortiumnews.com/2016/09/28/troubling-gaps-in-the-new-mh-17-report (Zugriff: 29.9.2016)

Pavlovsky, Gleb. 2014. »Putin's World Outlook« [Interview: Tom Parfitt]. *New Left Review*, 2nd series, 88, 55-66

PBS (n.d.). »›Classic‹ Anti-Aircraft Explosive and Tracer Projectile impact scenario. Unfortunately someone cut it away!« (n.d.). https://pbs.twimg.com/media/Cx-LOFkJWIAAXCLM.jpg (Zugriff: 28.11.2016)

Petro, Nicolai. 2015. »Political assistance: Keeping the focus on Ukraine«. In: Adriel Kasonta, ed. *The Sanctions on Russia*. Bow Group Research Paper, August. www.bowgroup.org.uk (Zugriff: 7.7.2016)

Petro, Nicolai. 2015a. »*Ukraine or the Rebels: Who Won in Minsk?* ». *The National Interest*, 13. Februar. http://nationalinterest.org/blog/ukraine-or-the-rebels-who-won-minsk-12247 (Zugriff: 11.7.2016)

Petro, Nicolai. 2016. »Why Ukraine needs Russia more than ever. With country at risk of becoming a failed state, Kiev must recognise that economic survival depends on Moscow not the west.« *The Guardian*, 9. März. www.theguardian.com/world/2016/mar/09/ukraine-needs-russia-nicolai-petro (Zugriff: 10.3.2016)

Petro, Nicolai. 2016a. »Ukraine's Perpetual War for Perpetual Peace«. *The National Interest*, 7. September. http://nationalinterest.org/feature/ukraines-perpetual-war-perpetual-peace-17614 (Zugriff: 8.9.2016)

Pflimlin, Edouard. 1998. »Ukraine, une société bloquée : paix à l'extérieur, tensions à l'intérieur«. *Le Monde Diplomatique*. Mai. *Archiv 1954-2012* [CD-Rom ed.]

Piketty, Thomas. 2014. *Capital in the Twenty-First Century* [Übers.: A. Goldhammer]. Cambridge, Mass.: Harvard University Press

Pilling, David. 2014. »The BRICS Bank is a Glimpse of the Future«. *Financial Times*, 4. August

Pitt, Wayne. 2010. *Designing Lithium-Ion Batteries for Military OEMs*. Paris: Saft SA (March)

Plank, Christina. 2013. »Ukraine. Land Grabs in the Black Earth: Ukrainian Oligarchs and International Investors«. In: Jennifer Franco / Saturnino M. Borras, Jr, eds. *Land concentration, land grabbing and people's struggles in Europe*. Amsterdam: Transnational Institute MH17:

Pravda 2014. »Some conclusions - Did NATO try to murder Putin?«, 19. Juli. www.pravdareport.com/opinion/columnists/19-07-2014/128094-nato_putin-0 (Zugriff: 14.8.2016)

Presseportal. 2014. »neues deutschland: NVA-Raketenspezialist: MH17 nicht von Boden-Luft-Rakete abgeschossen«, 24. Juli. www.presseportal.de/pm/59019/2791311 (Zugriff: 22.7.2016)

Rabinovitch: www.sourcewatch.org/index.php?title=Vadim_Rabinovich (Zugriff: 16. Juli 2016)

Radio Free Europe 2014. »NATO, Russia launch Black Sea Drills«. *Radio Free Europe/Radio Liberty*, 5. Juli. www.rferl.org/content/ukraine-nato-russia-/25446137.html (Zugriff: 11.4.2016)

Rasmus, Jack. 2016. »Why Trump Won – And What's Next«. *CounterPunch*, 10. November. www.counterpunch.org/2016/11/10/why-trump-won-and-whats-next (Zugriff: 15.11.2016)

Reban, Hector. 2015. »Did the Ukrainians shoot down Flight MH17?«, 18. Juni. https://hectorreban.wordpress.com/2015/06/18/did-the-ukrainians-shoot-down-flight-mh17 (Zugriff: 15.11.2016; mit Updates vom 24.11.2016, Zugriff: 27.11.2016)

Reban, Hector. 2015a.«Misleading the crowds: Bellingcat Infowar Mercenaries Clean Up Secret Service Stuff Again«, 26. Juni. https://hectorreban.wordpress.com/2015/06/26/misleading-the-crowds-bellingcat-infowar-mercenaries-clean-up-secret-service-stuff-again (Zugriff: 1.5.2016)

Reban, Hector. 2015b. »The Mystery of the Two-Faced Launch Plume«, 6. September. https://hectorreban.wordpress.com/2015/09/06/the-mystery-of-the-two-faced-launch-plume (Zugriff: 22.11.2016).

Reban, Hector. 2015c. »The trail that wasn't a launch plume: a reconstruction«, 19. September. https://hectorreban.wordpress.com/2015/09/19/the-trail-that-wasnt-a-launch-plume-a-reconstruction (Zugriff: 15.11.2016)

Reban, Hector. 2015d. »The MH17 13 October verdict, DSB versus Almaz-Antei«, 28. Oktober
https://hectorreban.wordpress.com/2015/10/28/the-mh17-13-october-verdict-dsb-versus-almaz-antei (Zugriff: 30.11.2016)

Reban, Hector. 2016. »JIT comes up with crap launch site (and gets away with it)«, 4. November. https://hectorreban.wordpress.com/2016/11/04/jit-comes-up-with-crap-launch-site-and-gets-away-with-it (Zugriff: 4.11.2016)

Reban, Hector. 2016a. *Problems of the MH17 track-a-trail narrative. The images, videos, postings and intercepts.* https://hectorreban.files.wordpress.com/2016/06/social-media-evidence8.pdf (Zugriff: 28.11.2016)

Resch, Josef. 2016. *Gefahr ist mein Beruf: MH17, Pablo Escobar, Florian Homm – Deutschlands erfahrenster Privatermittler packt aus.* [verfasst von H. Schöttelndreier]. Berlin: Econ

Reuters. 2014. »Ukraine court seizes Odessa refinery – ministry«, 22. April. www.reuters.com/article/ukraine-refinery-impound-idUSL6N0NE3KG20140422 (Zugriff: 17.7.2014)

Reuters. 2015. »U.S. Military trainers in Ukraine may destabilise situation: Kremlin«, 17. April. www.reuters.com/article/us-ukraine-crisis-russia-usa-idUSKBN0N80PR20150417 (Zugriff: 23.7.2016)

Review Committee. 2015: *Review Committee on the Intelligence and Security Services.* 2015. *Review Report arising from the crash of flight MH17. The role of the General Intelligence and Security Service of the Netherlands (AIVD) and the Dutch Military Intelligence and Security Service (MIVD) in the decision-making related to the security of flight routes.* CTIVD, Nr. 43, 8. April. (Publikation der niederländischen Regierung)

Righton, Natalie / Visser, Jeroen. 2015. »Joustra: Rusland probeert rapport koste wat kost onderuit te halen«. *De Volkskrant*, 16. Oktober. www.volkskrant.nl/rampvlucht-mh17-storystream/joustra-kritiek-moskou-op-mh17-rapport-is-uit-angst~a4164202 (Zugriff: 19.7.2016)

Robinson, Julian. 2014. »Revealed: Pet dogs and pigeons were among casualties of MH17 as documents show it was carrying everything from fresh cut flowers to helicopter parts«. *MailOnline*, 19. Juli. www.dailymail.co.uk/news/article-2697844/Revealed-Pet-dogs-pigeons-casualties-MH17-documents-carrying-fresh-cut-flowers-helicopter-parts.html (Zugriff: 14.12.2016)

Robinson, William I. 1996. *Promoting polyarchy: Globalization, US intervention, and hegemony*. Cambridge: Cambridge University Press

RTL Nieuws. 2015. »Stukken MH17 openbaar«, 11. Februar. www.rtlnieuws.nl/nieuws/binnenland/lees-alle-stukken-van-het-kabinet-over-mh17 (Zugriff: 7.1.2017)

Rude, Christopher. 2008. »The Role of Financial Discipline in Imperial Strategy«. In: L. Panitch / M. Konings, eds. *American Empire and the Political Economy of Global Finance*. Basingstoke: Palgrave Macmillan

Rumney, Emma. 2016. »Ukrainian MPs cancel pay rise after shock asset declarations«. *Public Finance International*, 2. November. www.publicfinanceinternational.org/news/2016/11/ukrainian-mps-cancel-pay-rise-after-shock-asset-declarations?utm_source=Adestra&utm_medium=email&utm_term= (Zugriff: 4.11.2016)

Rupert, Mark. 1995. *Producing Hegemony: The Politics of Mass Production and American Global Power*. Cambridge: Cambridge University Press

Russian Aviation. 2014. »Motor Sich to establish a joint venture in Russia«, 9. September. www.ruaviation.com/news/2014/9/9/2601/print/?h (Zugriff: 11.10.2016)

Russia Today. 2014. »Kiev protégé allegedly behind Mariupol and Odessa massacres – leaked tapes«, 15. Mai. www.rt.com/news/159168-kiev-businessman-massacre-mariupol (Zugriff: 22.6.2016)

Russia Today. 2014a. »Putin's L. America ›big tour‹, deals done«, 17. Juli. www.rt.com/business/173520-putin-latin-america-deals (Zugriff: 31.5.2016)

Russia Today, 2014b. »10 more questions Russian military pose to Ukraine, US over MH17 crash«, 21. Juli. www.rt.com/news/174496-malaysia-crash-russia-questions (Zugriff: 2.5.2016)

Russia Today. 2014c. »MH17 crash: Ukraine security chief says missile only Kiev has may be found at crash site«, 10. Oktober. www.rt.com/news/194848-mh17-ukrainian-missile-buk (Zugriff: 19.10.2016)

Russia Today. 2014d. »Kiev secretly received data from MH17 crash investigators – Ukrainian hacktivists«, 11. Oktober. www.rt.com/news/195128-mh17-crash-cyberberkut-leak (Zugriff: 19.10.2016)

Russia Today. 2014e. »American, Georgian & Lithuanian get key jobs in Ukraine's new gov't«, 2. Dezember. www.rt.com/news/210883-ukraine-foreigners-government-poroshenko (Zugriff: 6.2.2016)

Russia Today. 2014f. »Russia to probe media reports that Ukraine military shot down MH17«, 23. Dezember. www.rt.com/news/216871-ukraine-military-mh17-report (Zugriff: 1.7.2016)

Russia Today. 2015. »Could Su-25 fighter jet down a Boeing? Former pilots speak out on MH16 claims«, 11. März. www.rt.com/news/239881-mh17-ukraine-fighter-jet (Zugriff: 22.7.2016)

Russia Today, 2015a. »Putin in film on Crimea: US masterminds behind Ukraine coup, helped train radicals«, 15. März. http://rt.com/news/240921-us-masterminds-ukraine-putin (Zugriff: 1.6.2016)

Russia Today. 2015b. »Ukraine oligarch ›top cash contributor‹ to Clinton Foundation prior to Kiev crisis«, 22. März. http://rt.com/usa/243017-ukraine-clinton-foreign-donors (Zugriff: 23.3.2015)

Russia Today, 2015c. »Russian investigators reveal identity of key witness in MH17 crash«, 3. Juni. www.rt.com/news/264545-mh17-investigators-key-witness (Zugriff: 1.7.2016)

Russia Today. 2015d. »MH17 downed by outdated BUK missile fired from Kiev-controlled area – Defence system manufacturer«, 13. Oktober. www.rt.com/news/318531-mh17-experiment-almaz-antey (Zugriff: 20.12.2016)

Russia Today. 2016. »Dutch investigators say no sat images of MH17 crash exist, enquiry could last years«, 19. Februar. www.rt.com/news/333025-dutch-investigator-mh17-letter (Zugriff: 21.2.2016)

Russia Today. 2016a. »‹Made in USA‹. 3 key signs that point to Washington's hand in Brazil's ›coup‹«, 18. Mai. www.rt.com/news/343390-brazil-rousseff-impeachment-us (Zugriff: 20.12.2016)

Russia Today. 2016b. »Breedlove's war: Emails show ex-NATO general plotting US conflict with Russia«, 1. Juli. www.rt.com/usa/349213-hacked-emails-breedlove-ukraine (Zugriff: 2.7.2016)

Russia Today 2016c. Ukraine's Antonov halts production in 2016 due to lack of Russian parts«, 10. September. www.rt.com/business/358879-antonov-russian-parts-depleted (Zugriff: 10.9.2016)

Russian Aviation. 2012. »Malaysia will order Mi-17 and Ka-32 civil helicopters«, 20. April. www.ruaviation.com/news/2012/4/20/944/%26layout=button_count%26show_faces=false%26width=110%26action=like%26colorscheme=light%26height=27%26locale=en_US%22?h (Zugriff: 3.6.2016)

Rutland, Peter. 2008. »Russia as an Energy Superpower.« *New Political Economy,* 13 (2) 203-210

Sakwa, Richard. 1998. »Russian Political Evolution: A Structural Approach«. In: Michael E. Cox, ed. *Rethinking the Soviet Collapse. Sovietology, the Death of Communism and the New Russia.* London: Pinter

Sakwa, Richard. 2008. »Putin and the Oligarchs«. *New Political Economy,* 13 (2) 185-191

Sakwa, Richard. 2015. *Frontline Ukraine. Crisis in the Borderlands.* London: IB Tauris

Sakwa, Richard. 2016. »How the Eurasian elites envisage the rôle of the EEU in global perspective.« *European Politics and Society,* 17 (sup 1) 4-22

Sand, Shlomo. 2016. *La fin de l'intellectuel français? De Zola à Houellebecq* [Übers.: M. Bilis]. Paris : La Découverte

Sassen, Saskia. 2010. »A Savage Sorting of Winners and Losers. Contemporary Versions of Primitive Accumulation«. *Globalizations,* 7 (1-2) 23-50

Schreiber, Thomas. 2004. »Le rêve américain de la ›nouvelle Europe‹. Depuis la guerre froide jusqu'à l'élargissement de l'union«. *Le Monde Diplomatique*. (May)

Schult, Christoph / Wiegrefe, Klaus. 2016. »Dangerous Propaganda: Network Close to NATO Military Leader Fueled Ukraine Conflict«. *Der Spiegel*, 28. Juli. www.spiegel.de/international/world/breedlove-network-sought-weapons-deliveries-for-ukraine-a-1104837.html (Zugriff: 3.8.2016)

Schwartz, Herman. 2012. »Political Capitalism and the Rise of Sovereign Wealth Funds«. *Globalizations*, 9 (4) 517-530

Schweizer, Peter. 2016 [2015]. *Clinton Cash. The Untold Story of How and Why Foreign governments and Businesses Helped Make Bill and Hillary Rich*. New York: Harper

Scimia, Emanuele. 2016. »Ukraine strives to carve out a role in China's Silk Road strategy«. *Asia Times Online*, 24. September. http://atimes.com/2016/09/ukraine-strives-to-carve-out-a-role-in-chinas-silk-road-strategy/ (Zugriff: 25.9.2016)

Scott, Peter Dale. 1996 [1993]. *Deep Politics and the Death of JFK* [with a new preface]. Berkeley, Cal.: University of California Press

Scott, Peter Dale. 2015. *The American Deep State. Wall Street, Big Oil, and the Attack on U.S. Democracy*. Lanham, Maryland: Rowman & Littlefield

Serfati, Claude. 2001. *La mondialisation armée. Le déséquilibre de la terreur*. Paris : Textuel

Sharma, Ruchir. 2012. »Broken BRICs. Why the Rest Stopped Rising«. *Foreign Affairs*, 91 (6) 2-7

Shekhovtsov, Anton. 2015. »The Ukrainian Far Right and the Ukrainian Revolution«. In: *N.E.C. Black Sea Link Program Yearbook 2014-2015*. Bukarest: New Europe College, 215-237

Sherr, James. 2015.«A War of Narratives and Arms«. In: K. Giles et al., *The Russian Challenge* [Chatham House Report, Juni]. London: The Institute of International Affairs

Silvius, Ray. 2015. »Understanding Eurasian Integration and Contestation in the Post-Soviet Conjuncture: Lessons from Geopolitical Economy and Critical Historicism«. In: Radhika Desai, ed. *Theoretical Engagements in Geopolitical Economy* (*Research in Political Economy*, vol. 30A) 235-258. Bingley: Emerald

Simpson, Christopher. 1988. *Blowback. America's Recruitment of Nazis and Its Effects on the Cold War*. New York: Weidenfeld & Nicolson

Slavyangrad.org. 2014. »Video Report Deleted by BBC«, 25. Juli) http://slavyangrad.org/2014/07/25/video-report-deleted-by-bbc (Zugriff: 2.2.2016)

Solomon, Norman. 2016. »Under Amazon's CIA Cloud: The Washington Post«. *The Huffington Post*, 18. Dezember. www.huffingtonpost.com/norman-solomon/under-amazons-cia-cloud-t_b_4467265.html (Zugriff: 28.12.2016)

Soto, Alonso / Boadle, Anthony. 2014. »BRICS set up bank to counter Western hold on global finances«. *Reuters*, 16. Juli. www.reuters.com/article/us-brics-summit-bank-idUSKBN0FK08V20140716 (Zugriff: 3.6.2016)

Der Spiegel. 2012. »Precious Metal Abroad: Why Germany Wants to See its US Gold« 30. Oktober. www.spiegel.de/international/germany/german-politicians-demand-to-see-gold-in-us-federal-reserve-a-864068.html (Zugriff: 10.6.2016)

Der Spiegel. 2013. »>Land Grabbing‹: Foreign Investors Buy Up Third World Farmland«, 18. Februar. www.spiegel.de/international/world/foreign-investors-are-buying-up-farmland-in-third-world-a-884306.html (Zugriff: 11.2.2016)
Der Spiegel. 2014. »Einsatz gegen Separatisten: Ukrainische Armee bekommt offenbar Unterstützung von US-Söldnern«, 11. Mai. www.spiegel.de/politik/ausland/ukraine-krise-400-us-soeldner-von-academi-kaempfen-gegen-separatisten-a-968745.html (Zugriff: 2.2.2016)
Der Spiegel. 2015. »Interview zu angeblichen MH17-Manipulationen: ›Bellingcat betreibt Kaffeesatzleserei‹«, 3. Juni. www.spiegel.de/politik/ausland/mh17-satellitenbilder-bellingcat-betreibt-kaffeesatzleserei-a-1036874.html (Zugriff: 2.5.2016)
Starrs, Sean. 2014. »The Chimera of Convergence«. *New Left Review*, 2nd series (87) 81-96
Statista. The Statistics Portal. 2016. »Ukraine: Gross domestic product (GDP) per capita from 2010 to 2020«. www.statista.com/statistics/296152/ukraine-gross-domestic-product-per-capita (Zugriff: 22.10.2016)
Stern, Jonathan / Pirani, Simon / Yafimava, Katja, 2015. *Does the cancellation of South Stream signal a fundamental reorientation of Russian gas export policy?* [Oxford Energy Comment]. Oxford: The Oxford Institute for Energy Studies (Januar)
Storchevoy, Oleg. 2016. *Letter to Tjibbe Joustra, Dutch Safety Board*, fascismile on *Fort Russ*, 14. Januar. www.fort-russ.com/2016/01/storchevoys-letter-to-dutch-safety.html (Zugriff: 12.12.2016)
Straits Times, The. 2015. »Shipment containing lithium ion batteries not screened before loading on MH370: Report«, 8. März. www.straitstimes.com/asia/se-asia/shipment-containing-lithium-ion-batteries-not-screened-before-loading-on-mh370-report (Zugriff: 2.12.206)
Stratfor. 2015. »How the Game is Played: The Life and Death of South Stream«, 17. September. www.stratfor.com/sample/analysis/how-game-played-life-and-death-south-stream (Zugriff: 2.11.2016)
Streeck, Wolfgang. 2013. *Gekaufte Zeit. Die vertagte Krise des demokratischen Kapitalismus* [Frankfurter Adorno-Vorlesungen 2012]. Frankfurt: Suhrkamp
Sweetman, Bill. 2014. »Buk Missile System Lethal, But Undiscriminating«. *Aviation Week network*, 23. Juli. http://aviationweek.com/defense/buk-missile-system-lethal-undiscriminating (Zugriff: 23.10.2016)
Szeptycki, Andrzej. 2015. »Rebuilding the Engine of Cooperation«. *New Eastern Europe*, 25. Februar. http://neweasterneurope.eu/articles-and-commentary/1502-rebuilding-the-engine-of-cooperation (Zugriff: 11.10.2016)
Tahil, William. 2006. *The Trouble with Lithium. Implications for Future PHEV Production for Lithium Demand.* Meridian International Research, occasional paper, Dezember
Talbott, Strobe. 1997. *Text: Talbott Speech On Nato Enlargement at Atlantic Council*, 20. Mai. www.mtholyoke.edu/acad/intrel/strbnato.htm (Zugriff: 2.2.2016)
Tatarinform, 2011. »Ukrtatnafta evaluated at $2 billion«, 31. März. http://eng.tatar-inform.ru/news/2011/03/31/35392 (Zugriff: 19.7.2016)

Taylor, David / Hoyle, Ben. 2014. »US starts $1 trillion upgrade to Cold War nuclear arsenal«, *The Times*, 15. November, S. 30

Tenyukh biography, *Military.Wikia.com* (n.d.). http://military.wikia.com/wiki/Ihor_Tenyukh (Zugriff: 23.7.2016)

Thompson, Mark. 2014. »Russia Paying Price for Ukraine Crisis.« *CNN Money*. 6. März. http://money.cnn.com/2014/03/06/investing/russian-economy-damage (Zugriff: 2.2.2016)

Transportation.gov. 2014. »U.S. Department of Transportation Issues New Standards to Improve Safety of Lithium Battery transportation«, 31. Juli. www.transportation.gov/briefing-room/us-department-transportation-issues-new-standards-improve-safety-lithium-battery (Zugriff: 27.10.2016)

Tripathi, Deepak. 2013. *Imperial Designs. War, Humiliation and the Making of History* [Vorwort: J. Galtung]. Washington, D.C.: Potomac Books

Tsygankov, Andrei P. 2008. »Russia's International Assertiveness: What Does It Mean for the West?« *Problems of Post-Communism*, 55 (2) 38-55

Turck, W. C. 2014. *A Tragic Fate. Politics, Oil, the Crash of Malaysia Airlines Flight 17 and the Looming Threats to Civil Aviation*. A Jinxee the Cat Publication. E-book, no pagination

UA Position. 2014 »NATO secretary general to visit Ukraine on August 7«, 6. August. http://uaposition.com/latest-news/nato-secretary-general-to-visit-ukraine-on-august-7 (Zugriff: 19.10.2016)

Ukraine Antifascist Solidarity. 2015. »Who is Andriy Parubiy? Protest UK visit of Ukrainian politician with far right links», 13. Oktober. https://ukraineantifascistsolidarity.wordpress.com/2015/10/13/who-is-andriy-parubiy-protest-uk-visit-of-ukrainian-politician-with-far-right-links (Zugriff: 25.3.2016)

Ukraine Human Rights. 2014. »Massacre in Mariupol: Up to 100 People Shot Dead on Day of Victory over Fascism«, 10. Mai. http://ukraine-human-rights.org/massacre-in-mariupol-up-to-100-people-shot-dead-on-day-of-victory-over-fascism (Zugriff: 22.6.2016)

»Ukraine Oil Refineries«. *A Barrel Full* (n.d.). http://abarrelfull.wikidot.com (Zugriff: 19.7.2016)

UNIAN. 2015. »Antonov design bureau signs contracts for production of 43 aircraft«, 7. September. www.unian.info/economics/1119613-antonov-design-bureau-signs-contracts-for-production-of-43-aircraft.html (Zugriff: 15.2.2016)

UNIAN. 2016. »Ukraine's Antonov Breaks Ties with Russia«, 27. Januar. (www.unian.info/economics/1123354-ukraines-antonov-breaks-ties-with-russia.html (Zugriff: 15.2.2016)

US European Command. 2014. »Hagel, Dempsey Outline U.S., Partner Approach to Ukraine«, 5. März. www.eucom.mil/media-library/article/25605/hagel-dempsey-outline-u-s-partner-approach-to-ukraine (Zugriff: 23.7.2016)

Ustyuzhanina, Elena. 2016. »The Eurasian Union and global value chains.« *European Politics and Society*, 17 (sup 1) 35-45

Van Apeldoorn, Bastiaan. 2002. *Transnational Capitalism and the Struggle over European Integration*. London: Routledge

Van Apeldoorn, Bastiaan / De Graaff, Naná. 2016. *American Grand Strategy and Corporate Elite Networks. The Open Door since the end of the Cold War*. London: Routledge
Van Beek, Bas / Beunder, Sophia / Mast, Jilles. 2015. »Hoe wij het TTIP onderzoek hebben uitgevoerd«. *De Correspondent*, 16. Dezember. https://decorrespondent.nl/3761/Hoe-wij-het-TTIP-onderzoek-hebben-uitgevoerd-en-ga-met-onze-data-aan-de-slag/828625799166-977cdcb2 (Zugriff: 19.2.2016)
Van der Aa, Edwin / Den Hartog, Tobias [with Peter Groenendijk]. 2016. »Kamerleden Pieter Omtzigt (CDA) en Sjoerd Sjoerdsma (D«66) leggen kabinet het vuur aan de schenen«. *De Twentse Courant Tubantia*, 4. Februar
Van der Pijl, Kees. 1984. *The Making of an Atlantic Ruling Class* [new ed., 2012]. London: Verso
Van der Pijl, Kees. 1998. *Transnational Classes and International Relations*. London; Routledge
Van der Pijl, Kees. 2006. *Global Rivalries from the Cold War to Iraq*. London: Pluto and New Delhi: Sage Vistaar
Van der Pijl, Kees. 2007. *Nomads, Empires, States*. Vol. I of *Modes of Foreign Relations and Political Economy*. London: Pluto
Van der Pijl, Kees. 2014. *The Discipline of Western Supremacy*. Vol. III of *Modes of Foreign Relations and Political Economy*. London: Pluto
Van der Pijl, Kees. 2015. »Will MH17 be our 9/11? (4) Satellite traffic and Malaysia Airlines«. *OorlogIsGeenOplossing*, 1. Februar. http://oorlogisgeenoplossing.blogspot.fr/p/will-mh17-be-our-911-4-satellitetraffic.html (Zugriff: 2.5.2016)
Van der Pijl, Kees / Holman, Otto / Raviv, Or. 2011. »The Resurgence of German Capital in Europe: EU Integration and the Restructuring of Atlantic Networks of Interlocking Directorates After 1991«. *Review of International Political Economy*, 18 (3) 384-408
Van Dooren, Joël. 2015. *Opmerkingen bij het OVV rapport ›Crash of Malaysia Airlines flight MH17‹*. Unpublished research paper, 26. Oktober
Van Wolferen, Karel. 2014. »The Ukraine, Corrupted Journalism, and the Atlanticist Faith«. *UNZ Review*, 14. August. www.unz.com/article/the-ukraine-corrupted-journalism-and-the-atlanticist-faith (Zugriff: 2.2.2016)
van Zon, Hans. 2015. »Oekraïne: einde van het conflict in zicht?« *Vlaams Marxistisch Tijdschrift*, 49 (4) 42-48
Van Zon, Hans. 2016. »EU-Associatieakkoord verdeelt Oekraïne«. *Sargasso* (Januar). http://sargasso.nl/eu-associatieakkoord-verdeelt-oekraine (Zugriff: 6.1.2016)
Van Zon, Hans. 2016a. *Globalized Finance and Varieties of Capitalism*. Basingstoke: Palgrave Macmillan
Van Zon, Hans / Batako, André / Kreslavska, Anna. 1998. *Social and Economic Change in Eastern Ukraine: The Example of Zaporizhzhya*. Aldershot: Ashgate
Varoufakis, Yanis. 2013 [2011]. *The Global Minotaur. America, Europe and the Future of the Global Economy* [rev. ed]. London: Zed Books
Vasovic, Aleksander / De Carbonnel, Alissa. 2014. »Deadly gun attack in eastern Ukraine shakes fragile Geneva accord«. *Reuters*, 20. April. www.reuters.com/article/us-ukraine-crisis-idUSBREA3A1B520140420 (Zugriff: 2.2.2016)

Venturini, George. 2015. »Pipeline Geopolitics: From South Stream To Blue Stream.« *Countercurrents.org*, 7. März. www.countercurrents.org/venturini070315.htm (Zugriff: 7.11.2016)

Verceuil, Julien. 2014. »Aide russe ou plan du FMI, Kiev acculé par ses bienfaiteurs. Aux racines économiques du conflit ukrainien« *Le Monde Diplomatique* (Juli)

Verweij, Vincent. 2016. »Vraagtekens bij het JIT-onderzoek naar MH17«. *CrimeSite*, 30. September. www.crimesite.nl/vraagtekens-onderzoek-naar-mh17 (Zugriff: 1.10.2016)

Victor Pinchuk Foundation (n.d.). www.pinchukfund.org/en (Zugriff: 21.12.2016)

Visser, Marco. 2016. »Pluimveehouders bezorgd over Oekraïense plofkip«, *Trouw*, 28. Mai

Vitol. 2012. »Vitol announces agreement to develop oil and gas fields in Ukraine with EastOne«, 29. August. www.vitol.com/vitol-announces-agreement-to-develop-oil-and-gas-fields-in-ukraine-with-eastone (Zugriff: 30.10.2016)

Voltaire Network. 2014. »In Ukraine, Joe Biden's son mixes business with pleasure«, 15. Mai. www.voltairenet.org/article183803.html (Zugriff: 3.8.2016)

Vrijsen, Eric. 2014. »Passagiersvliegtuigen waren feitelijk menselijk schild voor Kiev«. *Elsevier*, 24. Juli. www.elsevier.nl/buitenland/news/2014/07/passagiersvliegtuigen-waren-feitelijk-menselijk-schild-voor-kiev-1566037W (Zugriff: 16.10.2016)

Wellens, Arno. 2015. »VVD, D66 en Guy Verhofstadt werken samen met Moldavische maffiabankier om Grexit te stoppen en TTIP te pushen (3)«. *925.nl*, 8. Juli. http://925.nl/archief/2015/07/08/vvd-d66-en-guy-verhofstadt-werken-samen-met-moldavische-maffiabankier-om-grexit-te-stoppen-en-ttip-te-pushen-3 (Zugriff: 12.2.2016)

Wellens, Arno. 2016. »Stop het associatieverdrag: Oekraïense oligarchen moeten óók belasting betalen [925 Kamervragen]« *925.nl*, 29. Januar. http://925.nl/archief/2016/01/29/stop-het-associatieverdrag-oekraiense-oligarchen-moeten-ook-belasting-betalen-925-kamervragen (Zugriff: 27.7.2016)

Werth, Alexander. 1964. *Russia at War, 1941-1945*. London: Pan

WhatHappenedtoFlightMH17.com. 2015. »Ukraine Air Traffic Control likely did not have primary radar available at time of MH17 shot down«, 27. Dezember. www.whathappenedtoflightmh17.com/ukraine-air-traffic-control-likely-did-not-have-primary-radar-available-at-time-of-mh17-shot-down (Zugriff: 30.11.2016)

WhatHappenedtoFlightMH17.com. 2016. »Could the 1400 kg of lithium batteries have contributed to the downing of MH17?«, 21. Mai. www.whathappenedtoflightmh17.com/could-the-1400-kg-of-lithium-batteries-have-contributed-to-downing-of-mh17 (Zugriff: 20.10.2016)

Whitney, Mike. 2014. »Pushing Ukraine to the Brink.« *CounterPunch*, 9. Juli. www.counterpunch.org/2014/07/09/pushing-ukraine-to-the-brink (Zugriff: 3.11.2016)

Williams, Michael J. 2009. *NATO, Security and Risk Management: From Kosovo to Kandahar*. Abingdon, Oxon: Routledge

Wilson, Eric, ed. 2009. *Government of the Shadows. Parapolitics and Criminal Sovereignty*. London: Pluto
Wilson, Nigel. 2014. »Ukraine: Rosneft oil Refinery on Fire After Shelling«. *International Business Times*, 18. Juli. www.ibtimes.co.uk/ukraine-rosneft-oil-refinery-fire-after-shelling-1457273 (Zugriff: 17.7.2016)
WOB. 2016. *Documenten van de Nederlandse regering betreffende het EU Associatieverdrag met Oekraïne, opgevraagd met beroep op de Wet Openbaarheid Bestuur door journalistencollectief Follow the Money*. (March)
Wood, Andrew. 2015. »Russian and Western Expectations«. In: K. Giles et al., *The Russian Challenge*. [Chatham House Report, Juni]. London: The Institute of International Affairs
Woodward, Bob. 1988. *Veil. The Secret Wars of the CIA 1981-87*. London: Headline Books
Woodward, Susan L. 1995. *Balkan Tragedy. Chaos and Dissolution After the Cold War*. Washington, D.C.: The Brookings Institution
World Bank. »World Development Indicators: Size of the economy« http://wdi.worldbank.org/table/1.1 (Zugriff: 27.12.2016)
Yahoo News. 2014. »Ukraine Dismisses Defence Minister over Crimea«, 25. März. www.yahoo.com/news/ukraine-dismisses-defence-minister-over-crimea-124114042.html?ref=gs (Zugriff: 23.7.2016)
Yalta European Strategy (n.d.). www.yes-ukraine.org (Zugriff: 21.12.2016)
Yardley, Jim / Becker, Jo. 2014. »How Putin Forged a Pipeline Deal That Derailed«. *The New York Times*, 31. Dezember. S. A1
Yates, Michael D. 2016. »Measuring Global Inequality«. *Monthly Review*, 68 (6) 1-13
YouTube. 2014. »There Was a BUK Unit of the Ukrainian Army day before downing of MH17«, 26. Juli. www.youtube.com/watch?v=YGKXnzZExyc (Zugriff: 2.2.2016)
Yurchenko, Yuliya. 2012. »›Black Holes‹ in the Political Economy of Ukraine: The Neoliberalization of Europe's ›Wild East‹.« *Debatte: Journal of Contemporary Central and Eastern Europe*, 20 (2-3) 125-149
Yurchenko, Yuliya. 2013. *Capitalist bloc formation, transnationalisation of the state and the transnational capitalist class in post-1991 Ukraine*. D Phil Thesis University of Sussex
Zajec, Olivier. 2016. »La Russie de la kalachnikov aux tueurs de satellites«. *Le Monde Diplomatique*, April. 16f.
ZDF. 2015. »Merkel bleibt bei Sanktionspolitik gegen Russland«, 7. Juni. https://web.archive.org/web/20151012040407, www.heute.de/g7-gipfel-in-elmau-merkel-bleibt-bei-sanktionspolitik-gegen-russland-38774846.html (Zugriff: 6.12.2016)
Zuesse, Eric. 2014. »Oligarch Ihor Kolomoyskyi: Washington's ›Man in Ukraine‹.« *Global Research*, 18. Mai. www.globalresearch.ca/oligarch-ihor-kolomoyskyi-washingtons-man-in-ukraine/5382766 (Zugriff: 18.3.2016)
Zuesse, Eric. 2014a. »MH-17 ›Investigation‹: Secret August 8th Agreement Seeps Out«. *OpEdNews*, 14. August. www.opednews.com/articles/MH-17-Investigation--Sec-by-Eric-Zuesse-Obama-Administration_Peace_War_President-Barack-Obama-POTUS_Russia-140824-786.html (Zugriff: 19.10.2016)

Zuesse, Eric. 2015. »U.S.-Installed Ukrainian Regime Now Fears Return of Donbass to Ukraine. United States is pushing on with its efforts to restart the war«. *InfoWars*, 14. September. www.infowars.com/u-s-installed-ukrainian-regime-now-fears-return-of-donbass-to-ukraine (Zugriff: 21.4.2016)

Zuesse, Eric. 2015a. »New Video Evidence of America's Coup in Ukraine – And What It Means«. *Washington's Blog*, 8. Februar. www.washingtonsblog.com/2015/02/new-video-evidence-americas-coup-ukraine-means.html (Zugriff: 10.6.2016)

Andreas Wehr

EUROPA, WAS NUN?
Trump, Brexit, Migration und Eurokrise

Paperback
175 Seiten; € 13,90 [D]
ISBN 978-3-89438-653-5

Sechzig Jahre nach Gründung befindet sich die Europäische Union in ihrer schwersten Krise. Die europäische Politik reagiert mit hektischen Aktivitäten. Da man der EU als ganzer einen Neustart nicht mehr zutraut, wird das Modell einer Union der unterschiedlichen Geschwindigkeiten wiederbelebt. Die vielfältigen Krisen zeigen aber, dass das Wirtschaftsmodell des unbeschränkten Freihandels in Europa an sein Ende kommt. In Großbritannien war es die Kritik an der Personenfreizügigkeit, eine der vier liberalen Binnenmarktfreiheiten, die den Ausschlag zugunsten des Brexits gab. Und was das Ziel einer »immer engeren Union« angeht, so zeigt die wirtschaftliche Entwicklung seit Jahren, dass sich in einem schrankenlosen Binnenmarkt die Volkswirtschaften nicht annähern, sondern immer weiter voneinander entfernen. Von der Krise der Union profitieren unterschiedliche Kräfte. Gewinnt im Süden die Linke, so sind es in Kerneuropa und im Norden rechtspopulistische Formationen. Es ist an der Zeit, über neue Wege einer Zusammenarbeit der Völker jenseits der Europäischen Union nachzudenken.

PapyRossa Verlag
Luxemburger Str. 202, 50937 Köln, Tel. (02 21) 44 85 45, Fax 44 43 05
mail@papyrossa.de – www.papyrossa.de

VERLAGSANZEIGE

Jörg Kronauer

MEINST DU, DIE RUSSEN WOLLEN KRIEG?
Russland, der Westen und der zweite Kalte Krieg

Paperback
207 Seiten; € 14,90 [D]
ISBN 978-3-89438-650-4

Die russische Gefahr – in den vergangenen Jahren eines der meistgebrauchten Schlagworte der internationalen Politik. Stimmt es etwa nicht, dass Russland die Krim übernommen hat, die Aufständischen in der Ostukraine unterstützt und in Syrien militärisch interveniert? Doch, das stimmt. Nur: Als russische Aggression kann all dies nur bezeichnen, wer die westliche Umsturzpolitik in der Ukraine und in Syrien geflissentlich übersieht. Dabei gibt es mehrere Stränge. Die USA haben mit Ausnahme von 1941 bis 1945 stets versucht, Russland zu schwächen. Deutschland hat, solange es schwach war, mit Moskau kooperiert; wenn es dann stark genug war, hat es seine Macht stets weiter in Richtung Osten ausgedehnt, bis das schließlich zum Krieg führte. Russland hat nach 1991 versucht, an die westlichen Strukturen anzudocken – erst an die NATO, dann an die EU; als ihm beides verweigert wurde, hat es begonnen, eigene Weltpolitik zu betreiben. Das Buch zeichnet die Stränge der US-amerikanischen, deutschen und russischen Außenpolitik nach, die schließlich in den zweiten Kalten Krieg mündeten.

PapyRossa Verlag
Luxemburger Str. 202, 50937 Köln, Tel. (02 21) 44 85 45, Fax 44 43 05
mail@papyrossa.de – www.papyrossa.de